문화대혁명과 극좌파

마오쩌둥을 비판한 홍위병

이 저서는 2015년 정부(교육부)의 재원으로 한국 연구재단의 지원을 받아 수행된 연구임
(NRF-2015S1A6A4A01010657)
This work was supported by the National Research Foundation of Korea Grant
funded by the Korean Government(NRF-2015S1A6A4A01010657)

이 도서의 국립중앙도서관 출판예정도서목록(CIP)은 서지정보유통지원시스템 홈페이지
(http://seoji.nl.go.kr)와 국가자료공동목록시스템(http://www.nl.go.kr/kolisnet)에서 이
용하실 수 있습니다. CIP제어번호: CIP2019026596(양장), CIP2019026372(무선)

중국근현대사학회 연구총서 06

문화대혁명과 극좌파

마오쩌둥을 비판한 홍위병

文化大革命與極左派:
批判毛澤東的紅衛兵

손승회 孫承會 지음

文化
大革命

한울
아카데미

책머리에

"문화대혁명(文化大革命, 이하 문혁으로 약칭한다)이란 무엇인가?" '10년의 동란 (動亂)'이라는 중국 정부의 공식 평가가 분명하게 내려졌음에도 불구하고 이 진부한 질문이 발발 50여 년이 지난 현재까지 지속되고 있다. 이렇게 된 데에는 문혁이 쉽게 정의될 수 없는 모순의 종합체이며 지금도 여전히 우리 주변을 유령처럼 떠돌고 있는 현재 진행형의 사건으로 남아 있기 때문일 것이다. 더욱이 문혁은 '역사'이기를 거부하고 '연구'와 '분석'의 대상이 아니라 '정치'와 '이념'의 대체물로서 기능해 왔기 때문에, 그 성격과 본질 그리고 사실(史實) 및 기억을 둘러싸고 다양한 주장이 제기되어 왔다. 대표적으로 문혁파 대 주자파(走資派), 보수파 대 조반파(造反派) 대 소요파(逍遙派), 문혁파 대 극좌파(極左派) 등 각 정파적 입장에 따라 상이한 해석과 대응을 보였고 현재에도 가해자/피해자, 좌/우(진보/보수)에 따라 자기중심적인 정치적 견해가 우세하다.

이들 문혁 주체들은 마오쩌둥(毛澤東)의 예상과 달리 서로 저마다의 입장에서 문혁을 구상하고 실행했으며 기억하고 재구성했다. 이 과정에서 충돌과 갈등이 반복되었지만 아직까지 이들 사이에 인간적·감정적 화해가 이루어지지 않았음은 물론이거니와 역사 인식적 화해는 요원한 것 같다. 가해자와 피해자가 혼재하고 보수파와 조반파가 뒤섞여 명확하게 구분되지 않으며 가해자의 반성과 피해자의 복권(復權)이 제대로 이루어지지 않은 상황을 고려하면 문혁에 대한 당사자들의 경험적·인식적 혼란은 이후로도 불가피할 것이다.

한편 기존 문혁 연구에서는 그 기간을 둘러싸고 '2년설', '3년설', '10년설', '11년설' 등이 다양하게 제기되고 있다. 또한 그 성격을 둘러싸고 '권력 투쟁설', '사회 충돌설', '이데올로기 갈등설' 등이 논쟁 중이며, '상층 문혁설'·'하층 문혁설'과 관련해서는 '일개문혁론(一個文革論)' 대 '양개문혁론(兩個文革論)'의 대립이 치열하다. 이러한 학문적 논쟁의 배경에는 '역사로서의 문혁', '신념으로서의 문혁', '동란으로서의 문혁', '반근대성의 문혁' 등과 같은 문혁에 대한 상이한 기본 시각이 깔려 있다. 결국 당사자나 연구자들 사이에서 문혁은 여전히 논쟁 중이며 그렇기 때문에 일반 대중 역시 혼란스러워하거나 천박한 정치적 단죄를 무비판적 수용하는 데 그치고 있다.

그렇다면 "문혁이란 도대체 무엇인가?" 이 질문에 적절하게 답변하기 위해서는 기본적으로 문혁에 대한 역사학의 실증적 접근이 필요하다. "대담한 가설, 세심한 논증(大膽的假說, 小心的求證)"이라는 실사구시(實事求是)적 역사학의 기본 태도는 이때 더욱 절실해진다. 하지만 문혁 연구에 필요한 또 다른 자세는 분절되고 모순된 개별 문혁을 끊임없이 종합하려는 의지와 그것을 바라보는 기본적인 문제의식이라 할 수 있지 않을까? 이 문제와 관련하여 연구자의 인생관·세계관이라는 주관적 측면은 역사학의 실증적·객관적 태도와 더불어 문혁 연구에서 특히 중요한 것은 아닌가?

나의 문혁 극좌파 연구는 기존 연구에서 크게 주목하지 않았던 문혁 시기의 반문혁사(反文革史)를 탐구하려는 연구자의 직업의식에서 시작되었다. 논문을 생산하지 않으면 안 되는 지식노동자로서의 의무감이 그것이다. 하지만 이 책의 저술 과정을 돌이켜 보면 그것만으로는 설명할 수 없는 자족과 성취감이 있었음을 고백해야 할 것 같다. 아마도 그것은 내가 지식노동자가 되기로 결심하고 작성했던 첫 번째 논문, 「허난(河南) 국민혁명」(1925~1927)과 「창회(槍會)'운동에 관한 일고찰」(1996.2)과 관련이 깊을 것 같다. 그것은 대학원 입학 이후 8학기 만에 간신히 완성한 나의 석사학위논문이다. 당시 나이 37세, 뒤늦게 복학한 만학도 였던 나는 중국 혁명과정에서 수행한 대중의 역할에 깊은 관심을 지니고 있었고 그 때문인지 다음과 같이 논문을 시작했다.

> (현대 중국) 인민은 단순히 군벌(軍閥)과 국민당·공산당 양당의 두 세력에 의해 분
> 할 통치되어 타율적으로 수탈당하거나 아니면 혁명에 동원되었을 뿐인가? 다시 말
> 해 '지역' 인민은 군벌과 국·공이란 '이질'적 외부 세력의 침투에 의해 '중앙'에 편입
> 되어 가는 비주체적 존재에 불과했는가?

지금 돌이켜 보면 거칠고 소박하기까지 한 의문이지만 이는 중국 혁명과 현대 화의 주체로서 대중이 지닌 자율적이고 창조적인 모습을 역사 속에서 찾고자 했 던 내 나름의 첫 번째 시도였다고 할 수 있다. 그런데 이러한 문제의식은 마오쩌 둥(毛澤東)의 공산당과 함께하고 또 대항하기도 했던 문혁 대중을 대상으로도 동 일하게 적용할 수 있지 않을까? 문혁 대중은 마오와 공산당의 문혁에 의해 타율 적으로 동원되지 않고 그것을 초월한 자율적 주체로서 이해될 수 있는 측면은 없는가? 사실, 그동안 나는 문혁 이외에 홍창회(紅槍會), 토비(土匪), 만주(滿洲), 헤테로토피아(Heterotopia), 소수자 등 정치·사회·경제·문화·공간의 비주류 내 지는 반주류를 대상으로 연구를 진행해 왔다. 이 책의 연구 대상인 문혁 극좌파 역시 이러한 흐름의 연장선에 있다고 할 수 있을 것이다. 그렇다면 결국 이 책은 나의 20년 지식노동의 결과물이라 해도 과언이 아닐 것이다. 그것이 만성(晚成) 의 대기(大器)로 남을지 아니면 어설픈 졸작(拙作)이 될지는 내중의 판단에 맡겨 질 것이다.

이 책은 주로 지난 10여 년 동안 발표된 다음과 같은 문혁 관련 논문을 중심으 로 작성되었다.

「湖南文革의 전개와 省無聯」, ≪민족문화논총≫, 49(2011.12).

「문화대혁명 極左派 사상의 형성-湖南 省無聯을 중심으로-」, ≪중국근현대사연구≫, 57(2013.3).

「신좌파의 문화대혁명 인식」, ≪인문연구≫, 69(2013.12).

「문화대혁명의 이단자들-廣東 극좌파를 중심으로-」, ≪역사학보≫, 220(2013.12).

「문화대혁명과 武漢 극좌파」, ≪중국학보≫, 73(2015.8).

「1960년대 전반 上山下鄕運動의 전개와 그 성격」, ≪역사문화연구≫, 59(2016.8).

「문화대혁명과 戚本禹(1931-2016)」, ≪동아시아문화연구≫, 67(2016.11).

「문화대혁명과 知靑의 도시 귀환 투쟁」, ≪인문연구≫, 79(2017.4).

「문화대혁명과 '血統論'」, ≪중국사연구≫, 115(2018.8).

「문화대혁명과 극좌파 연구」, ≪역사문화연구≫, 68(2018.11).

위의 논문들은 이 책을 출간하는 데 중요한 바탕이 되었지만, 매년 연구를 진행하면서 책의 전체적 구상을 다시 정리했고 그에 따른 새로운 체제에 맞춰 재정리하고 내용을 보충했다.

연구가 진행되면서 나의 문혁관은 변화했고 또 앞으로도 변화할 것이며 "문혁이란 무엇인가?"라는 질문은 계속될 것이다. 하지만 이 책이 문혁에 대한 대중의 인식적 전환에 도움을 주어 연구 결과가 나만의 자족과 성취에 그치지 않고 약간의 공명을 이끌어낼 수 있기를 소망한다.

2019년 6월 15일

'주변'에서 문혁을 바라보며, 손승회(孫承會)

차례

1. '인민문혁론'과 새로운 문혁 연구

'마오쩌둥(毛澤東)을 비판한 홍위병(紅衛兵)'의 문제의식은 문혁이 한창이던 1970년 한 프랑스 연구자에 의해 제기되었다.[1] 마오쩌둥의 절대적 권위 아래 일사분란하게 진행되었을 것만 같았던 문혁이 그의 충실한 추종자인 홍위병에 의해 비판받았다는 역사적 아이러니를 어떻게 이해해야 할 것인가? 나의 연구는 이렇듯 기존 통념의 문혁관에 대한 의문에서 출발했다. 그리고 이 같은 문제의식은 문혁 관련 선행 연구들 덕분에 어느 정도의 연구 진척을 기대할 수 있게 되었다.[2] 그 가운데 하나는 문혁을 상층부의 권력 투쟁으로 파악하지 않거나 단순한 이데올로기적 이상 추구 및 그것과 현실 괴리의 우여곡절 과정으로 파악하지 않으려는 새로운 문혁 연구 경향이다.

---

1   이 표현은 Hector Mandarès 등이 편집한 『紅衛兵通信集』의 부제로 등장한다. Hector Mandarès 外 編, 『紅衛兵通信集: 毛澤東を批判した紅衛兵』, 山下佑一 譯(日中出版, 1976).

2   문혁에 관한 연구는 많지만 그 가운데 최근의 것으로는 문혁 발발 50주년을 기념하여 제작된 특집 ≪思想: 過ぎ去らぬ文化大革命-50年後の省察≫, No.1101(2016.1); 宋永毅 主編, 『文革五十年: 毛澤東遺産與當代中國』, 上·下(香港: 明鏡出版社, 2016)이 참고할 만하다.

사실 문혁 비판의 가장 강력한 무기로서 등장한 '상층 권력·이데올로기 투쟁설'은 서구 세계는 물론 현재 중국의 문혁 해석에서 오랜 기간 정통적 지위를 유지하고 있다. 공산당의 역사적 정당성을 훼손하지 않는 범위 내에서지만, 현재 중국의 집권자들 입장에서는 문혁이 부정되면 될수록 그들의 통치 정당성은 더욱 강화되는 경향을 띠었다. 그렇기 때문에 그들에게 문혁은 기억에서 지우고 싶은 '중국현대사의 트라우마'[3]임과 동시에 정치적 반대파를 대중[4]으로부터 고립시키기 위해 소환되는 '전가의 보도'로도 기능한다. 이 점은 최근 보시라이(薄熙來)의 '충칭(重慶) 모델'이 '재발된 문혁'이라 공격받았던 사례에서 극단적으로 드러난다.[5] 하지만 이러한 '상층 권력·이데올로기 투쟁설'을 따를 경우 정도의 차이는 있을지 모르지만 대중은 '수동적 대중', '맹목적·맹신적 우상 숭배자로서의 대중', '비합리적 우민(愚民)으로서의 대중'으로 전락할 소지가 많다. 여기에 마오쩌둥의 카리스마가 강조될 경우 이러한 대중의 모습은 더욱 두드러질 수밖에 없다.[6]

　이상과 같은 상층 중심의 문혁론을 전면적으로 비판한 것이 '하층 문혁론', 즉 '아래로부터의 문혁'이다. 그러나 대중운동, 특히 홍위병이나 조반파(造反派)[7] 노

3　이 표현은 백승욱의 저서 『문화대혁명』의 부제이다. 백승욱, 『문화대혁명: 중국현대사의 트라우마』(살림, 2007).

4　대중, 군중, 공중, 군체, 집체, 단체 등에 대한 엄밀한 사회학적 정의와 그들의 집단행동과 사회운동에 대한 상세한 이론적 설명에 대해서는 喬晞華, 『既非一個文革, 也非兩個文革-南外紅衛兵打死工人王金事件個案分析-』(臺北: 博客思出版社, 2015.11), pp.109~129 참조.

5　한 예로 전국인민정치협상회의 상무위원 후더핑(胡德平)은 '충칭모델'을 가리켜 '문혁시대의 발상'이라 비판했다. "中 후더핑, 보시라이 '충칭모델' 공개 비판", ≪연합뉴스≫, 2012.12.4; 또한 총리 원쟈바오(溫家寶)가 2012년 양회(兩會) 폐막을 즈음하여 '중경실험'과 문혁의 관련성을 암시함으로써 그 정치적 휘발성을 극대화시켰다. 이에 대해서는 왕후이, 「충칭사건, 밀실정치와 신자유주의의 권토중래-」, 성근제 옮김, ≪역사비평≫, 봄호(2012), 157~158쪽 참조.

6　이러한 문제의식으로부터 등장한 결과물이 Wang Shaoguang, *Failure of Charisma: The Cultural Revolution in Wuhan*(New York: Oxford University Press, 1995), 그 번역물 王紹光, 『理性與瘋狂: 文化大革命中的群衆』(香港: 牛津大學出版社, 1993)이다.

7　엄밀한 의미에서 홍위병과 조반파는 구분된다. 1966년 5월 마오쩌둥의 호소에 의해 등장한 초

12

동자의 입장에서 문혁을 재구성하려는 이러한 시도는 결과적으로 문혁 과정에서 드러난 극렬한 파벌 투쟁과 무질서의 혼란만을 부각시킬 뿐, 대중의 독자적 문혁 논리를 정리해 내는 데 충분히 성공했다고는 할 수 없다.

이러한 문혁 연구의 현실에서 조반파 출신 류궈카이(劉國凱)가 '하층 문혁론'의 입장에서 제시한 '두 개의 문혁론〔'양개문혁론(兩個文革論)'〕'은 흥미를 끌기에 충분하다. 그에 따르면 문혁에는 '관방문혁'과 함께 '인민문혁'이 존재한다. 여기서 '인민문혁'이란 문혁 기간 중의 대중저항운동 – 구체적으로 정치적 차별과 박해에 대한 반대, 정치적 복권 요구, 생존권리 쟁취, 공산당 통치체제 공격 등 – 을 포함한다. 이러한 점에서 '인민문혁'은 문혁반대운동〔반문혁운동(反文革運動)〕이라고 할 수 있다. 또한 일반적으로 '관방문혁'이 공산당의 전제적 국가 장치와 보수파에 의해 1966년부터 1976년까지 10년 동안 시행된 반면, '인민문혁'은 조반파 대중 조직에 의해 1966년 늦가을부터 1968년 여름까지 3년 동안 시행되었다. '인민문혁'은 비록 마오쩌둥에 의해 간접적으로 발동되었지만 그는 '인민문혁'을 제대로 지도하지 못했고 바로 그러한 이유 때문에 '인민문혁'은 마침내 마오쩌둥에 의해 진압되었다.[8]

이상과 같은 '인민문혁론'은 문혁 시기 반문혁운동의 양상을 잘 보여주지만 문혁 전체 의의를 부정하거나 문혁이 본질적으로 공산당 통치 질서에 대항하는 반

기 홍위병(소위 '노홍위병')이 보였던 '혈통론'과 공작조 옹호 등 보수적 주장에 반대하여 등장한 홍위병이 조반파가 된다. 또한 이후 조반파는 학생은 물론 노동자로까지 확대되어 초기 학생 중심의 홍위병과는 차이를 보인다. 이러한 양자의 구분에 대해서는 谷川眞一, 「政治的アイデンティティとしての「造反派」」, ≪思想: 過ぎ去らぬ文化大革命-50年後の省察≫, No.1101(2016.1) 참조.

8   劉國凱, 「論人民文革」, 『人民文革論』(香港: 博大出版社, 2006). '인민문혁론'은 1997년 발표된 그의 「三年文革與兩條線索」(北美 ≪世界日報≫, 1997.1.26)에서 주장했던 '문혁인민선색(文革人民線索)' 개념이 보다 정치적으로 선명하게 제시된 것이었다. 또한 류궈카이(劉國凱)는 자신 이전에 왕시저(王希哲)와 정이(鄭義)가 이미 유사한 주장을 제기했음에 대해 밝히고 있다(劉國凱, 같은 책, p.8 참조).

공산당운동으로 규정될 여지를 남긴다.[9] 따라서 류궈카이가 미국에서 중국공산당을 부정하는 반체제인사로 활동하다 2007년 중국사회민주당을 창당하여 대표를 맡았다는 사실로부터도 그의 '인민문혁론'이 향하게 될 결말을 예상할 수 있다. 더욱이 이와 같은 그의 '우파적' 문혁론은 상·하층에서 전개되는 관방문혁을 부정하고 하층의 인민문혁을 긍정함으로써 한편으로 '아래로부터의 문혁'을 이해할 수 있게 해주었지만, 동시에 문혁 고유의 이상과 지향을 전면 부정하기 위해 그것을 지나치게 단순화시킨 측면이 강하다. 특히 그 주장에 따를 경우 천보다(陳伯達), 치번위(戚本禹), 관펑(關鋒), 왕리(王力) 등 중앙문혁소조 내부의 좌파 역할과 그들의 숙청 과정에 대해 충분히 설명할 수 없다. 상·하층 문혁의 분리와 대립 현상 이외에도 상층 문혁파 내부의 분열 역시 문혁의 중요한 측면인 것이다. 또한 문혁파와 대중과의 관계 문제에서 '양개문혁론'은 중앙 내부의 투쟁과 대중운동의 흥기를 이념과 의식 및 정치적 연맹의 관계가 아닌 단순한 기만과 이용 및 상호 투쟁의 관계 속에서 단순화시킬 위험성을 지닌다. 하지만 조반파는 상층 마오쩌둥이나 문혁파의 일방적 지시나 의도에 의해 강제적으로 이용·동원되지 않고 반발했을 뿐만 아니라 '자발적'으로 호응하여 정치적 동지로서 행동

---

9   동일한 맥락에서는 그는 혁명위원회 건립 이후 "조반파가 전체적으로 볼 때 공산당 체제 외의 사회 세력이다"라고 주장하면서 이후 새로운 인민문혁을 통해 공산당 독재에 대항한 조반을 이뤄내고 제대로 된 민주제도를 건립하자고 주장했다(劉國凱, 같은 책, pp.19, 31). 이러한 배경에서 '인민문혁론'이 제기되자 즉각적으로 강한 반발에 맞이하게 된다. 한 예로 "문혁 비판과 반성을 '문혁 자체'에 포괄시킬 수 없기 때문에 '일개문혁'만 존재한다"는 주장이 그것이다(「人民文革 說駁難」, ≪大紀元≫, 2006.2.14, http://www.epochtimes.com/b5/6/2/14/n1222875.htm. 검색일: 2017.3.8). 이후 '인민문혁론' 또는 '양개문혁론'을 둘러싼 논쟁은 여전히 치열하게 전개되고 있다. '일개문혁론'의 주장에 따르면 문혁운동은 복잡하고 뒤섞인 인과관계와 시비 곡직의 현상을 내포하지만 전체 과정은 하나의 완정하고 일관되며 일치된 주제의 역사 사건이 된다. 이는 '양개문혁'에 따를 경우 나타나는 '다중심·다주제'의 관점을 비판하는 입장을 따른 것이다(蕭喜東, 「「兩個文革」, 或「一個文革」」, 羅金義·鄭文龍 主編, 『浩劫以外: 再論文化大革命』 (臺北: 風雲論壇出版社有限公司, 1997.3), pp.160~162 참조).

14

하기도 했다. 조반파와 상층 문혁파의 결합은 이 점에서 중요하다. 조반파의 이념 대부분은 문혁파에서 유래했고 1968년 후반기에 이르러 양자는 본격적으로 분리되기 시작했다. 따라서 조반파의 행동은 문혁의 틀 속에서 적극적으로 동의하는 모습을 취할 수 있었고 ― 이 점에서 외부적으로 관방문혁과의 구별이 힘들 수 있다 ― 또 그것에 반대하는 다른 '인민문혁'의 길을 걸을 수 있었다.

더욱이 '양개문혁론'에 따를 경우 마오쩌둥의 문혁이론, 즉 '관방문혁' 이론은 '인민문혁'의 그것과 전혀 다른 것으로 간주된다. 하지만 마오쩌둥의 '대민주', '삼대 차별 철폐', '파리코뮌' 등의 주장은 '인민문혁'의 가장 중요한 이념에 속하며 마오쩌둥 역시 조반파를 상당 기간 지지했다는 사실을 고려하면 양자의 관계를 '인민문혁론'에서 주장하듯 상층 정치투쟁을 위한 대중 동원과 좌절 과정으로 설명할 수는 없을 것 같다. 사실, 1960년대 이래의 '수정주의에 반대하고 방어한다는 주장〔반수방수론(反修防修論)〕', '계속혁명론', '주자파론', '반특권계급론', '반관료주의론' 등에서 보이는 독특한 마오쩌둥의 사상은 이상과 조반을 추구하는 청년들의 '이단사조'에 강력한 영향을 미쳤다.

따라서 이 둘의 관계를 단순히 '두 개'〔양개(兩個)〕로 구분할 수는 없을 것이다. 비록 문혁 전개의 곡절과 세부 변화에도 불구하고 주류적 흐름의 통일적 정체성은 부정될 수 없다. 그리고 그것들은 사상과 노선을 둘러싼 대립을 통해 여러 다른 모습으로 표현되었다. 결국 '양개문혁론'은 상·하층 문학을 분할해 버린 결과 중앙의 노선투쟁과 하층의 조반 대 보수 투쟁 사이에 엄연히 존재했던 연맹과 대립 관계를 인정하지 않고 대중의 자발적 좌경 사상과 새로운 사회주의 제도 건설 노력을 시야에 넣지 않는다. 결국 '좌'의 측면에서 사회주의 개혁과 민주화의 가능성 문제를 고려하지 않음으로써 문혁의 이념성을 사상한 채 권력 투쟁으로 회귀할 위험성을 내포했다.[10]

---

10   이상과 같은 류궈카이를 중심으로 한 '양개문혁론'에 대한 비판과 동시에 '10년 문혁설'에 대한

결국 '아래로부터의 문혁'이 지니는 일방성 혹은 역사적 오류는 '위로부터의 문혁'이 지니는 그것만큼이나 명백하다. 따라서 이 둘 모두의 한계를 뛰어넘으려면 상하 문혁의 역동성 – 그것은 상층 문혁과 하층 문혁의 '상호 이용' 또는 '상호 충돌'의 측면뿐만 아니라 '상호 교착', '상호 영향', '타협'과 '정치연맹'으로 구체화될 수 있다 – 파악이 보다 중요할 것이다.[11] 하지만 '상호 이용'이 동상이몽 속에서 이루어졌거나 '정치연맹'이 매우 취약하고 비대칭적으로 이루어질 수 있다는 문제는 여전히 남는다.

2. '사회충돌론'에서 '역사로서의 문혁'으로

이 문제와 관련하여 문혁 연구의 또 다른 경향인 '사회충돌론'이 주목을 끈다. 그것은 문혁을 단지 상층부의 권력 투쟁이나 이념·노선 투쟁의 차원에서 보는

비판에 대해서는 蕭喜東, 「「兩個文革」, 或「一個文革」」 참조. 그는 '2년 문혁설'을 주장한다. 1966년 8월부터 1968년 8월 공선대(工宣隊)와 군선대(軍宣隊)가 학교에 진주하며 대중운동이 종식된 때까지의 시기를 가리킨다. 류궈카이(劉國凱) 역시 '2년 문혁설'을 주장한다〔劉國凱, 『文化大革命簡析』(香港: 博大出版社, 2006), 4, pp.135~149〕. 한편, 기존과 다른 사회운동의 시각에서 문혁을 파악할 경우 '양개문혁설'이 설득력이 있고, 정책 변화가 없다는 의미에서 '10년 문혁설'을 지지하는 입장에서는 '일개문혁설'이 합리적이라고 주장하면서도 양자 모두의 한계를 지적한 사회학 연구로는 喬晞華, 『旣非一個文革, 也非兩個文革-南外紅衛兵打死工人王金事件個案分析-』(臺北: 博客思出版社, 2015.11), pp.161~192 참조.

11 이 문제의 중요성에 대해 '양개문혁론'을 주장한 류궈카이 역시 충분히 인식하고 있었던 것 같다. 왜냐하면 '양개문혁론'을 본격적으로 주장하기 전에 발표된 "三年文革與兩條線索", 北美 ≪世界日報≫, 1997.1.26〔劉國凱, 『人民文革論』(『人民文革叢書卷四』), 臺灣: 博大出版社, 2006.4 수록〕에서 그는 '관방노선'과 '인민노선'이 각자 독립적인 면과 상호 교착되는 면에 상존하고 있음을 지적했다. 특히 후자의 예로 '일월혁명'과 1967년 '평반(平反)'에 주목했다. 하지만 이러한 절충적인 그의 주장은 「論人民文革」에 이르러서는 양자의 독립적 대립적 측면을 강조하는 것으로 단순화된 것으로 보인다.

것이 아니라 하층 문혁에 주목하면서도 그것이 감정적 분파성 내지는 개인적 보복 차원에서 비롯되었다기보다는 사회적 이익 충돌에 따른 합리적 선택이었다는 점에 주목하는 연구 경향이다. 구체적으로는 '홍오류(紅五類)' 대 '흑오류(黑五類)'의 대결, 보수파 대 급진파라는 홍위병의 파벌투쟁, 국영기업의 정규직 노동자 대 계약·임시직 노동자의 대결 그리고 파벌 참여의 '역사 문제' 배경 등에 대해 집중적인 연구가 진행되었다.[12] '사회충돌설'은 '인민문혁론'과 결합하여 하층 대중운동이 상층 마오쩌둥과 문혁파에 의해 통제되기는커녕 오히려 그들을 견인했다는 주장으로까지 확대되었다. 그 결과 문혁의 최대 희생자는 대중 혹은 지식인이 아닌 마오쩌둥이었다는 역설이 성립했고 문혁은 '카리스마의 실패' 과정이었다.[13]

하지만 이러한 '사회충돌론'은 복잡한 역사 사건의 실체와 전개 과정을 참여사와의 상호작용을 통해 역동적으로 규명하기보다는 신분 또는 계층, 이익에 따른 분파 형성이라는 기계적 결정론으로 흐를 위험성이 많다. 따라서 전반적 사회 이익의 배경을 부정하지는 않지만 인간의 주체적이고 자율적인 결정에 보다 주목할 필요가 있다.

---

12 이러한 연구는 대부분 서구 학자들을 중심으로 진행되었다. 대표적인 연구로는 Hong Yung Lee, *The Politics of the Chinese Cultural Revolution: A Case Study* (Berkeley: University of California Press, 1978); Anita Chan, Stanley Rosen and Jonathan Unger, "Students and Class Warfare: The Social Roots of The Red Guard Conflict in Canton," *The China Quarterly*, No.83(1980); Elizabeth J. Perry, and Li Xun, *Proletarian Power: Shanghai in the Cultural Revolution* (Boulder: Westview Press, 1977), Chapter 4 참조. '사회충돌설'과 관련하여 해리 하딩은 문혁의 주체 형성을 린뱌오 중심의 군, 쟝칭 중심의 문예·학술계, 차별받은 대중으로 셋으로 나눠 정리했다〔해리 하딩, 「위기에 처한 중국·1966-1969」, 로드릭 맥파커 엮음, 김재관·정해용 옮김, 『중국현대정치사: 건국에서 세계화의 수용까지 1949-2009』(푸른길, 2012), 229~238쪽〕. 또한 급진 조반파로서 문혁을 경험하고 그것을 연구한 양시광, 정이, 류궈카이, 왕사오광(王紹光) 등도 이 '사회충돌설'을 지지하는 입장이다.

13 앞서 소개한 왕사오광의 주장이 그것이다. Wang Shaoguang, *Failure of Charisma: The Cultural Revolution in Wuhan* (Hong Kong: Oxford University Press, 1995).

'정치 과정론'은 이러한 '사회충돌설'에 대한 비판 속에서 등장한다. 문혁 이전의 사회계층과 그들 사이의 모순이 이후 문혁운동에 결정적 영향을 미쳤다는 '사회충돌설'에 반대하여 제기된 '정치 과정론'에 따르면 문혁 이후의 분파는 각 개인이 당시의 정치 과정에 직면하여 실질적 생존을 위한 선택의 결과였다. 이 경우 홍위병의 파벌은 사회(계층)구조에 따라 선험적으로 "결정되지" 않고 정치 환경의 급격한 변화 속에서 상하(上下)의 정치작용을 통해 "형성된다."[14] 또한 이것에 영향을 받아 최근에는 조반파의 정체성을 행위 주체 사이의 상호 행위를 통해 구축된 사회관계의 표현으로 이해하려는 '정치적 정체성론'이 등장했다.[15] 조반파의 형성부터 분열까지의 과정을 사회구조와 사상 및 의식 형태를 기준으로 파악하지 않고 사회적 상호 행위를 통해 구축된 일종의 정치적 정체성으로 이해하려는 관점[16]은 문혁의 '역사성'과 '인간성'을 부각시킨다. '사회충돌설'을 좀 더 심화·확대시켜 문혁 이전 당국체제하에서 이루어졌던 사회분층(社會分層), 자원분배, 사회유동 등에서 나타난 불평등의 체계를 '정치신분체계(政治身分體系)'로 규정하고 그를 통한 문혁 군중의 참여 동인과 분열을 설명한 연구도 이러한 정체성론과 관련이 있다.[17] 이 경우 사회집단의 개별적 이익을 초월한 조반파 전체의 정치적 정체성이 중요하다.[18]

---

14   이에 대해서는 Andrew G. Walder, "Beijing Red Guard Factionalism: Social Interpretations Reconsidered," *Journal of Asian Studies* 61, No.2(2002); Andrew G. Walder, *Fractured Rebellion: The Beijing Red Guard Movement* (Cambridge, Mass: Harvard University Press, 2009) 참조.

15   谷川眞一, 『中國文化大革命のダイナミクス』(御茶の水書房, 2011), 第1章 참조.

16   谷川眞一, 「政治的アイデンティティとしての「造反派」」.

17   向前, 「政治身份體系下的社會衝突: 文革初期群衆行爲的社會根源」(上海復旦大學博士學位論文, 2010).

18   조반파의 정체성과 관련해 이전의 부정적 평가와 달리 그들은 정치적 박해와 경제적 수탈을 받았던 피해자로서 문혁을 이용해 특권·극권체제에 반항한 진보적 주체로 새롭게 인정되기도 했다. 1980년 대 이후 '전면요화(全面妖化)'된 조반파에 대한 대표적 재평가로는 周倫佐, 「「文革」造反派眞相」(香港: 田園出版社, 2006) 참조. 이 밖에도 양시광, 왕시저, 류궈카이, 정이 등은 자

이러한 연구 변화를 배경으로 '역사로서의 문혁'이 새롭게 등장한 것을 이해할 수 있다. 주지하듯 '정치(이데올로기) 투쟁의 장으로서의 문혁' 혹은 '이념의 구분으로서의 문혁'을 부정하고 사실(史實)에 의거하여 문혁을 역사적 사건으로 이해하려는 지난한 노력은 기존 문혁 경험과 평가 그리고 연구 등이 지녔던 몰이성과 광기에 대한 반성 때문에 가능했다.[19] 사실, 문학처럼 정치적 이데올로기적으로 민감한 사건의 경우 서술의 역사적 실증은 아무리 강조해도 지나침이 없을 것이다.

그런데 최근까지 세계 각지에서 출간된 대부분의 문혁 회고록이 구체적 실제 경험과 사실을 바탕으로 하고 있다고 공언하고 있지만, 개인 혹은 파벌의 입장을 반영한 편향성을 탈피했다고 보기 힘들다. 특히 피해자의 회고록이 많은 반면 가해자의 참회록이 적은 점도 이 문제와 관련히여 중요하다. '상흔문학(傷痕文學)'이 문학의 비극을 부각시키는 선정성을 내세움으로써 문혁에 대한 편견과 오해를 증폭시켰다는 사실은 이러한 실증성의 시각으로부터 비난받아 마땅하다. 문혁 관련 자료의 발굴과 공개가 절실한 것도 이 때문이다. 그동안 공개된 상층 문혁 자료 이외에 하층 문혁 관련 자료의 공개와 활용이 보다 많이 요구된다. 하지만 더 중요한 것은 문혁을 바라보는 연구자의 균형 잡힌 자세와 시각이라 할 수 있다. 왜냐하면 문혁이란 주제 자체가 갖는 편향성 때문이다. 사실 그동안 '역사로서의 문혁'을 가로막은 것은 사료의 부족이 아니라 사료의 과다함과 과도한 편향성이었다.

신의 직접적인 조반 경험을 바탕으로 그것이 공산당통치의 억압성에 대한 반항이며 이후 민주화운동의 선구적 형태였음을 강조한다.

19 동일한 문제의식에 다음과 같은 책 제목이 정해졌다. Joseph W. Esherick, Paul G. Pickowicz and Andrew G. Walder, *The Chinese Cultural Revolution as History* (Stanford University Press, 2006). 加加美光行, 『歷史なかの中國文化大革命』(岩波書店, 2001) 역시 동일한 문제의식에서 이루어진 연구라 할 것이다.

그렇다면 또다시 "문혁은 역사가 될 수 있는가?"라는 근본적 질문이 제기될 수밖에 없다. 하지만 이러한 회의론은 문제 해결에 아무런 도움도 주지 않는다. 엄연한 역사의 대상을 연구에서 제외시켜 정치적 편향성만을 드러나게 할 뿐이다. 오히려 좀 더 문혁을 역사화하려는 노력을 기울여야 할 것이다. 이러한 기존 역사학의 현실은 문혁에 대한 문학·철학이나 정치학·사회학의 치열한 관심과 좋은 대조를 보인다. 그들에게 문혁은 훌륭한 소재임과 동시에 사회과학 이론의 분석 대상이 된다. 하지만 '역사로서의 문혁'에는 이들이 지니지 못한 강점이 있다.

그것은 우선 '(반면)교훈의 문혁'이나 '신념의 문혁'에서 보이는 '광기의 문혁', '반근대성의 문혁'[20] 등과 같은 편파적 이해를 극복할 수 있다. 문혁이 지니는 복잡성[21]을 최대한 치밀하게 드러내는 것, 문혁을 다양한 주체의 입장에서 다각적으로 분석하는 것, 문혁 지도부의 통제에서 벗어난 대중의 동향을 그들의 입장에서 정확하게 읽어내는 것, 게다가 구조가 아닌 인간에 의해 전개된 문혁 경로를 추적하는 것 등은 '역사로서의 문혁'이 가장 중시해야 할 과제이다. 왜냐하면 '역사로서의 문혁'은 예정된 경로가 없었거나 모호했고 설사 있었다 해도 의도된 대로 진행되지 않은 '문혁의 역설(逆說)'을 규명해야 하기 때문이었다. 결국 '역사로서의 문혁'은 '정치적 문혁', '신념의 문혁' 더 나아가 '문학적 상상의 문혁'과 '사회과학적 분석 대상으로서의 문혁'에 대한 하나의 도전이 될 것이다. 또한 여기서의 역사란 "역사 사건만 존재하고 사람은 없는 또는 역사적 위인(대인물)은 있으나 보통 사람(소인물)은 없는, 집단의 정치는 있으나 개체의 영혼 세계는 없는" 이전의 문혁 역사 서술과는 달라야 했다.[22]

20   '반근대성의 문혁'을 강조하는 대표적인 예로 중국 신좌파의 문혁 인식을 들 수 있다. 이에 대해서는 孫承會, 「신좌파의 문화대혁명 인식」, ≪인문연구≫, 69(2013) 참조.

21   같은 문제의식에서 백승욱은 그의 저서 제목을 『중국 문화대혁명과 정치의 아포리아: 중앙문혁소조장 천보다와 조반의 시대』(그린비, 2012)로 달았다.

22   기존 문혁 역사 서술에 대한 이러한 비판에 대해서는 첸리췬, 『모택동시대와 모택동시대

하지만 '역사로서의 문혁'이 제대로 성립되기 위해서는 몇 가지 주의가 요구된다. 우선 문혁사를 현재의 주류적 문혁관에서 가능한 분리하여 독립적으로 기술할 필요가 있다. 왜냐하면 1981년 중국공산당의 '건국 이래 당의 몇 가지 역사적 문제에 관한 결의'[23] 이후의 문혁관은 일종의 승리자의 역사 인식을 반영하고 있기 때문이다. 하지만 그렇다고 '오유지향(烏有之鄕)'[24]을 중심으로 활동하는 '좌파' 세력의 문혁 찬양론을 반드시 받아들일 필요도 없다. 군부 등 보수파의 지지를 일정 부분 받고 있다고 알려진 소위 신좌파의 문혁 인식이 중요한 의미를 지니는 것은 이 대목에서이다. 왜냐하면 그들은 개혁·개방 이후의 현 중국 사회와 전 지구적 자본주의화로 나아가는 현 세계의 문제에 대한 비판적 인식을 기반으로 문혁을 재평가하기 때문이다. 비록 전문적인 역사 전공자는 아니지만 이들의 주장은 문혁을 역사적으로 이해하는 데에도 시사하는 바가 적지 않다. 그들은 '비판적 지식인'으로서 현 체제에 비판적이지만 그렇다고 체제를 부정하지는 않는다. 또한 자본주의와 사회주의의 모순 모두를 극복하고자 하면서 한편으로 현 시장사회주의 체제를 비판하지만 사회주의 가치 자체를 부정하지는 않는다. 그들에게 문혁의 실증적 재평가는 현 중국 사회의 모순을 완화·개선시킬 유력한 무기가 될 수 있을 것이다.[25]

아울러 '역사로서의 문혁'은 최근 급증하는 문혁에 관한 다양한 입장의 회고로 촉발된 '민주화'된 과거 기억에 대한 '사유화', '파편화', '상업화'를 경계할 필요가

1949-2009: 다르게 쓴 역사』, 연광석 옮김(한울, 2012), 37쪽 참조. 첸리쥔 역시 나와 유사한 시각에서 마오쩌둥 사상과 민간이단 사상의 관계에 대해 집중적으로 검토했다.

23 이 결의안의 정식 명칭은 「關于建國以來黨的若干歷史問題的決議」이고 허원에 의해 이미 국내에 빈역·출간되있나. 중국공산당중앙문헌연구실 편, 『정통중국현대사: 중국공산당의 역사 문제에 관한 결의』, 허원 옮김(사계절, 1990) 참조.

24 http://www.wyzxwk.com

25 이러한 문제의식에서 진행된 신좌파의 문혁 인식에 대한 연구로는 孫承會, 「신좌파의 문화대혁명 인식」, ≪인문연구≫, 69(2013), 12 참고.

있다.[26] 역사와 기억을 대립적으로 이해하는 시각에서 과거 기억에 대한 검열과 탄압의 역사에 대한 '기억의 과잉' 현상 역시 문혁의 진실을 가로막는 또 하나의 문제가 될 수 있기 때문이다. 물론 기억은 근대의 역사가 내포한 '경험 공간'과 '기대지평' 간의 괴리를 극복하는 계기를 마련해 주고 서구 근대성에 대한 자기 성찰로서 객관성, 합리성, 독창성, '역사성'과 근본적으로 대립하는 의미에서 '역사의 대안'이라는 의의를 지녔다. 하지만 지난날 공식적 역사가 경쟁 관계에 있는 기억을 억압, 말살, 배제, 주변화했던 것에 대한 반작용이 지닌 과잉의 문제를 지적하지 않을 수 없다.[27] 결국 '역사로서의 문혁'은 '기억으로서의 문혁'이 지닌 특유의 강제적 폐쇄적 반복성과 과거 재현의 다양한 이야기들(narratives)을 객관성의 명분으로 제어하며 비판적 해석을 가하는 작업이 될 것이다. 또한 이러한 '기억의 역사화'는 다시 역으로 기억의 창조, 수정, 강화를 재촉하는 새로운 순환 고리를 만들어서 문혁의 실상에 한 걸음 더 다가설 것이다.

마지막으로 '역사로서의 문혁'은 더 나아가 '인간의 역사로서의 문혁'으로 심화되어야 한다. 그에 따르면 "'문혁'은 회고적 화제라기보다는 미래에 관한 의제"이며 "중국에 국한된 화제라기보다는 인류의 현대 역사 경험에 전적으로 열려 있는 광범한 시야이다." 이는 이데올로기적 편견을 넘어 문혁을 인간의 역사 속

---

26 최근 수많은 문혁 관련 회고록이 중국 내외에서 출판되고 있으며 인터넷 잡지를 통한 기억과 내레이션이 활발하게 이루어지고 있다. 문혁에 관한 기억을 포함한 관련 사실을 다루는 대표적인 문혁 관련 인터넷 사이트로는 ≪華夏文摘≫(http://museums.cnd.org/), ≪北京之春≫(http://beijingspring.com/bj2/bbs/index.htm), ≪記憶≫(http://prchistory.org/remembrance/), ≪昨天≫(http://prchistory.org/yesterday/), ≪中國文革研究網≫(http://www.wengewang.org/), ≪地方文革史交流網≫(http://www.difangwenge.org/), ≪北京知靑網≫(http://www.bjzqw.com/) 등이 있다.

27 이러한 문제의식에서 기억의 정치사·사회사를 넘어 기억의 문화사를 추구한 것이 전진성, 『역사가 기억을 말하다』(휴머니스트, 2005) 참조. 이 밖에 기억과 역사의 상보적 성격 및 그와 관련된 서양사 중심의 논의 전개 정리 및 소개에 대해서는 최호근, 「집단기억과 역사」, ≪역사교육≫, 85(2003.3); 양호환, 「집단기억, 역사의식, 역사교육」, ≪역사교육≫, 109(2009.3) 참조.

에서 새롭게 이해하고자 한 한사오궁(韓少功)이 그것을 왜곡된 사회 기제에 기인한 인간 욕망의 비정상적 분출로 이해했다는 사실과 일맥상통한다. 이와 관련하여 한사오궁은 조반파 대 보수파라는 기계론적 구분에 반대하며 "이전에는 조반파였지만 후에는 보수파"〔전조후보(前造後保)〕혹은 "이전에는 보수파였지만 후에는 조반파"〔전보후조('前保後造)〕, "내부적으로는 조반파이지만 밖으로는 보수파"〔내조외보(內造外保)〕혹은 "내부적으로는 보수파이지만 밖으로는 조반파"〔내보외조(內保外造)〕, "위에 대해서는 조반파이지만 아래에 대해서는 보수파"〔상조하보(上造下保)〕혹은 "위에 대해서는 보수파이지만 아래에 대해서는 조반파"〔상보하조(上保下造)〕라는 문혁 조직의 현실을 지적했다. 결국 그는 상대적·동태적·다층적 시각에서 문혁에 참가한 인간의 동기와 변화 과정 등을 추적함으로써 이데올로기화된 이분법적 문혁관을 극복하고 문혁이란 사건을 인간의 역사 안으로 끌어들여야 한다고 주장했다.[28]

3. 극좌파란 누구인가?

나는 이상과 같은 문제의식하에 기존 문혁 연구에서 그다지 주목하지 않았던 문혁 시기 극좌파(極左派)의 사상 및 조직 활동을 전면적으로 검토하고자 한다. 그런데 논의를 본격화하기에 앞서 극좌파란 누구를 지칭하는지 먼저 살펴볼 필요가 있을 것 같다. 그동안 극좌파라는 용어가 정치적 입장에 따라 자의적으로 규정되고 또 상대방을 폄하하는 정치적 수사로 활용되어 왔다는 점에서 특히 그러하다.

문혁 시기 극좌파 또는 극좌사조와 관련하여 '급진 조반파', '신사조(新思潮)',

---

28   한사오궁, 『혁명후기』, 백지운 옮김(글항아리, 2016.11), 167~173쪽.

'소요파(逍遙派)', '이단사조', '민간(청년)사조', '무정부주의' 등 다양한 용어가 등 장했다. 이 가운데 '급진 조반파'는 보수파가 소멸된 이후 경쟁에서 승리한 조반 파가 혁명위원회와 군 문제 등 문혁 전망과 관련하여 마오쩌둥과 중앙문혁소조 (이하 문혁소조로 약칭)[29]보다 더 철저하고 급진적인 정치 주장을 한 그룹을 지칭 한다. 그 결과 문혁파로부터 '잘못된 관점'을 지녔다고 비판받았다. 하지만 그렇 다고 '극좌' 또는 '반동'으로 규정되어 탄압받지는 않았다.[30] 이러한 '잘못된 관점' 을 지녔다는 의미에서 문혁파의 정통 사조에 반하는 것으로 이단사조[31] 역시 예 로 들 수 있다. 그것은 문혁파의 공식적·정통적 입장과 배치되는 정치 주장으로 문혁에 반대하거나 문혁을 보다 급진적으로 추진하려는 (극)좌·(극)우 양측 모두 의 사조를 지칭한다.[32]

---

29   이 둘과 군을 대표하는 린뱌오(林彪) 등, 문혁 전반을 주도한 세력을 '문혁파'라고 칭할 수 있을 것 이다. 한편, 저우언라이를 여기에 포함시킬 수 있는지는 좀 더 깊이 있는 연구가 필요해 보인다.

30   보수파 대 조반파의 대립이 지속된 광둥(廣東)성을 제외하고 조반파 내부의 강·온 대립은 전국 적으로 일반적인 현상이었는데 이에 대해서는 徐友漁, 『形形色色的造反: 紅衛兵精神素質的形成 及演變』(香港: 中文大學出版社, 1999), pp.81~123 참조.

31   민간(청년)사조라는 용어 역시 같은 맥락에서 이해될 수 있다. 이에 대해서는 印紅標, 『失踪者 的足跡: 文化大革命時期間的青年思潮』(香港: 中文大學出版社, 2009) 참조. 한편 전리군은 '민간이 단 사상'을 집중적으로 탐구했는데 그것은 마오쩌둥 사상 내의 이단성에서 기원한다고 했다. 즉, 마오쩌둥 자신의 표현대로 그에게는 '호기(虎氣)'와 함께 '후기(候氣)'를 지녔다는 것이다. 전 리군(첸리췬), 『마오쩌둥 시대와 포스트 마오쩌둥 시대: 1949-2009』, 상, 연광석 옮김(한울, 2012), p.29 참조.

32   宋永毅·孫大進, 『文化大革命和它的異端思潮』(香港: 田園書屋, 1997). 미국에서 활동하는 중국계 학자인 쑹융이는 이단사조에 대해 처음 문제를 제기하고 또 본격적으로 자료 수집과 연구를 진 행했다. 그는 문혁 시기의 이단사조와 지하독서운동을 검토하여 홍위병의 각성 과정과 그 기 원, 성숙, 분화 등 사상사적 족적을 추적했다. 그의 작업은 문혁 시기에 문혁파로부터 '大毒草'로 규정된 많은 자료를 개발하고 그 의미를 문혁 후의 민주운동과 관련지어 이해한다는 면에서 의 의를 지닐 수 있다. 기본적으로 그는 홍위병이 왜 마오쩌둥에 의해 유인되어 등장했지만 그에 의해 배신·버림받은 결과 마오쩌둥과 그가 이끄는 중국사회주의체제에 회의하고 저항했는가 를 규명하고자 했다. 그리고 이것이 "급진에서 이성으로", "무지에서 성숙으로" 변화하는 과정 이며 민주와 인권을 추구하는 과정이라 보았다. 그러나 이와 같은 쑹융이의 우파적 문혁 해석

한편 무정부주의는 일반적으로 당과 정부 내의 모든 통치와 권위를 부정하며 개인의 자유와 평등을 숭상하고 각종 자치단체의 연합을 통해 집권적 정부를 대체하고 사유재산을 부정하는 사상으로 규정될 수 있다. 이는 "파리코뮌 건설" 등을 주장한 문혁 극좌사조와 관련하여 주목할 만하며 극좌파가 문혁파의 지시를 거부하고 심지어 당과 국가의 개조를 시도했다는 면에서도 그러하다.[33] 하지만 극좌파 스스로 무정부주의자임을 선언하지 않았고 일체의 권위와 정부 및 당을 전면적으로 부정하지 않았기 때문에 이 용어로 그들의 주장을 대표하기는 힘들

은 대중의 자발성 문제를 잠시 접어놓고라도 문혁 이후 개혁·개방과 '6·4천안문 사건'으로 상징되는 현 중국의 민주화운동에 대한 현재적이면서 결과론적인 추체험에 따른 지나친 일반화의 경향을 띤 것으로 보인다. '반문혁(反文革)'의 이단사조가 과연 사회주의체제에 대한 도전으로까지 나아갔는지, 그 대안인 민주와 인권이 마오쩌둥이 이상으로 삼는 대민주의 그것 또는 문혁의 그것과 얼마나 다른지, 마오쩌둥의 유인에 대한 홍위병의 열광적 호응 문제 등에 대해 분명한 입장을 보여야 할 것이다〔이상, 宋永毅, 「從毛澤東的擁護者到他的反對派: "文革"中年青一代覺醒的心路歷程的本質與毛澤東的執權思想」, 紐約: ≪當代中國研究≫, 2005-4(總第91期, http://archives.cnd.org/HXWK/author/SONG-Yongyi/zk0602c-0.gb.html 검색일: 2017.3.10) 참조〕. 이 문제와 관련하여 또 다른 문혁연구 권위자인 쉬요우위는 문혁을 기본적으로 마오쩌둥의 책략에 입각한 '수권혁명(授權革命)'으로 파악하면서 대중의 자발성과 독립성에 대한 과대평가를 비판했다. 즉, 그에 따르면 문혁 부정을 통해 사회주의체제 부정을 지향하지 않는다면 면에서 문혁을 '반관료·반특권의 자율운동'으로 파악하는 사회충돌설이나 쑹융이의 우파적 문혁관과 구별된다(이상 쉬요우위의 문혁관에 대해서는 徐友漁, 「文革是一場社會衝突嗎?」, 『形形色色的造反: 紅衛兵精神素質的形成及演變』, pp.171~183 참조).

33 그렇기 때문에 문혁파는 1967년 여름 좌파급진분자에 대해 무정부주의자라는 딱지를 붙이고 10가지를 비판했다. 그 가운데 특히 문제가 된 주장은 "우리는 어떠한 권위도 믿지 않는다", "일체에 대한 회의론, 만세", "모든 것을 부정하고 모든 것을 타도한다", "혼란이 모두이다", "어떠한 권력도 무시한다", "빠르게 무정부주의 상태를 조성하자", "일체의 '장(長)'을 타도하자" 등이었다(クラウス·メーネルト, 『北京と新左翼』, 前田壽夫 譯(東京: 時事新書, 1970.6), pp.54, 231~234 참조). 또한 이 문제와 관련하여 쟝칭(江靑)은 "홍위병에는 무정부주의경향이 존재하시만 (그들) 부성부수의라 무를 수 없다. 단지 극단적 민주화의 경향이 있다고 해야 할 것이다"라고 했다(「中央文革召集的部分大專院校革命師生座談會紀要」(1966.12.27); Song Yongyi, *Chinese Cultural Revolution Database*, Published by Universities Service Centre for China Studies, 2010(Third Edition, 이하 CCRD로 약칭) 수록, 참조. 조반파와 무정부주의와 관계에 대해서는 印紅標, 『失踪者的足跡: 文化大革命期間的青年思潮』, pp.73~75 참조.

것 같다. 그들이 부정한 당과 정부 조직은 소련식의 특권 관료제적 기구를 지칭할 뿐 공산당과 공산정부 자체는 아니었다. 더욱이 무정부주의비판은 문혁 전 시기에 걸친 일상적이고 상투적인 비판으로서 특정 시기에 등장한 정치비판운동으로 보기 힘들다.

극좌, 극좌파, 극좌사조의 개념은 일부 급진 조반파를 '반혁명(反革命)' 또는 "형식은 좌이지만 실제는 우가 됨[형좌실우(形左實右)]"을 공격하기 위해 문혁파가 고안한 정치적 수식어이자 모멸어이다. 게다가 문혁 실패의 책임을 '사인방' 중심의 극좌 세력에 전가하는 일반적인 용어 사용법을 고려하더라도 극좌라는 용어는 문제적이다. 그렇기 때문에 극좌사조 대신에 문혁신사조라는 용어를 사용해야 한다는 주장이 제기되기도 한다.[34] 사실 1957년 반우파운동 이후 중국에서는 좌·우의 개념이 계속해서 전도되어 혼란을 야기하고 있다.[35] 하지만 1967년부터 1969년 사이에 사용된 극좌파는 기존의 좌·우 개념이 오용 및 남용되는 가운데 예외적으로 정확하게 사용된 개념이라 할 만하다. 급진적인 체제 반대라는 의미에서 그러하다. 또한 본문에서 자세히 다루겠지만 대표적 극좌파 가운데 한 명으로 지목된 양시광(楊曦光)은 극좌파임을 자임하고 있다. 따라서 그것이 당시 문혁 조반파의 분열과 급진적 흐름을 표현하는 적당한 용어로 판단되기 때문에 이 책에서는 그대로 사용할 것이다. 아울러 1967년 여름 이후 마오쩌둥 또는 문혁파의 지도와 통제를 벗어나 보다 좌측의 시각에서 문혁을 더 급진적으로 추진하고자 했던 일군의 급진 조반파와 그 사상을 가리키는 것으로 극좌파를 잠정

---

34   劉國凱, 『廣州紅旗派的興亡』(香港: 博大出版社, 2006,4), p.163. 또한 류궈카이는 다른 책에서 '문혁신사조'를 '인민문혁' 가운데 "심각하게 궤도를 벗어난 것[深度出軌]"을 지칭한다고 했다[劉國凱, 『論人民革命論』(香港: 博大出版社, 2006,4), pp.22~24 참조].

35   좌, '좌', 우, 극좌, 극우, "형좌실우" 등의 개념 혼란과 전도(轉倒)의 역사적 전개와 그 원인에 대해서는 周倫佐, 『「文革」造反派眞相』, pp.262~264; 조경란, 「좌와 우의 교차, 국가 그리고 지식공동체」, 『현대중국지식인지도』(글항아리, 2013.10), 47~58쪽 참조.

적으로 규정하고자 한다. 이와 관련하여 극좌 신사조[36]라는 용어를 사용한 인훙바오(印紅標)는 극좌사조의 기본적 특징을 다음과 같이 정의했다.

'관료 특권'을 격렬하게 비판함과 동시에 그 정치·경제적 근원을 탐구하고 현실제도를 비판적으로 검토하며 인민의 역량에 호소함으로써 파리코뮌의 원칙으로 제도 및 사회 변혁을 통해 관료가 없는 이상 사회를 건립하고자 했다.[37]

이상은 이 책에서 사용하는 극좌, 극좌파, 극좌사조의 정의와 크게 다르지 않다고 할 수 있다. 그런데 인훙바오의 극좌사조는 개인의 사상적 흐름과 주장을 중심으로 한 구분으로 1966년 8월의 챠오치엔우(喬兼武)와 두원거(杜文革)의 대자보나 1966년 10월의 이워보(李文博)의 대자보까지 소급했다.[38] 이 점은 조반파의 분열 속에 나타난 조직적 경향에 주목한 나의 관점과 구별된다. 사실, 극좌파 혹은 극좌사조라는 정치적 비판은 최초 문혁파가 아닌 조반파 내부의 분열과 상호 비판 과정에서 본격화되었다. 예컨대 온건 조반파를 대표하는 칭화대학징강산병단사일사총부(淸華大學井岡山兵團四一四總部, 약칭 '사일사파(四一四派)')의 저우춰

---

36   신사조에는 문혁에 대한 우파적 비판이 포함된다. 예컨대 '연동'분자로 탄압받은 이후인 1967년 6월 타오톄주(陶鐵柱)는 '공산주의소조'를 건립하고 치번위, '삼사(三司)', '4·3파'를 타도하고 '노홍위병'을 옹호하는 활동을 전개했는데 그 역시 '신사조파'로 분류된 바 있었다(陶鐵柱, 「"聯動"與共産主義小組」, 徐友漁 編, 『1966-我們那一代的回憶』(中國文聯出判公社, 1998), pp.61~62 참조). 더욱이 잡지 ≪신사조≫ 간행에 직접 참여한 '노홍위병'도 존재했다. 이에 대해서는 余夫·汪畢華 編, 『悲愴青春: 中國知青泪』(北京: 團結出版社, 1993), pp.10~17 참조.

37   인훙뱌오의 이러한 정의와 그 구체상에 대해서는 印紅標, 『失踪者的足跡: 文化大革命時期的靑年思潮』, pp.84~131 참조. 또한 그의 정의에 따르면 그것은 "극단적 급진 조반파사조에서 발전하여 일반적인 조반파 사상을 초월한 것으로 일반 조반파로부터 거절당한 극좌 사상 유파를 지칭한다. 그것은 (마오쩌둥의) 계속혁명이론에 기원을 두지만 이 이론의 범주를 초월했기 때문에 문혁지도자들의 비판 또는 진압을 받았다(印紅標, 같은 책, p.57 참조).

38   喬兼武·杜文革, 「給黨中央毛主席國務院的公開信: 造三個大反」(1966.8.30); 李文博, 「公社已不是原來意義上的國家了」(1966.10.17), 모두 CCRD 수록, 참조.

앤잉(周泉纓)은 급진 조반파인 칭화대학징강산병단총부〔淸華大學井岡山兵團總部, 약칭 '단파(團派)'〕와 같은 급진파를 가리키며 '소자산계급민주파' 혹은 '극좌사조'라 비판했다.[39]

마지막으로 소요파 역시 반문혁의 흐름을 잘 보여주는 조반파의 한 행동패턴이라 할 수 있다. 소요파란 보수파, 조반파 등으로 규정되지 않는 제3의 대중을 가리킨다. 이들은 문혁을 계기로 정치에 환멸을 느끼고 의도적으로 정치에 무관심했고 조직을 이끄는 지도자도 없다. 소요파는 한때 대중 조직에 합류했으나 파벌 투쟁에 염증을 느끼고 거리를 둔 사람들이었다. 이들은 문혁정치에 대한 회의, 권태, 무력감, 싫증을 느끼고 독서와 사색, 오락 등 여가 활동에 몰두하면서 상대적 자유를 추구했다.[40] 탄압에 직면한 일부 극좌파가 이러한 소요파로 전환되고 소요파 가운데 지하문학운동[41] 등을 통해 새로운 개혁운동을 전개하는 경우도 있다. 하지만 급진적인 정치문혁운동에 거리를 둔 이들이 전체적으로 보여준 현실 정치에 대한 무관심에서 극좌파의 모습을 찾기는 힘들다.

---

39 周泉纓, 「四‧一四思潮必勝」(1967.8.3), CCRD 수록, 참조. 이 자료에 대한 상세한 분석은 宋永毅‧孫大進, 『文化大革命和它的異端思潮』, pp.365~372; 印紅標, 『失踪者的足跡: 文化大革命時期間的靑年思潮』, pp.75~84; 周泉纓, 「我心中的文革」, ≪華夏文摘≫ 增刊 第193期(1999.9.7), http://www.cnd.org/HXWZ/ZK99/zk193.hz8.html, 검색일: 2017.4.27). 한편, 인홍뱌오는 극좌신사조의 조직적 구성과 그들의 구체적 활동 족적에 주목하기보다 대자보 분석을 통한 정치사상에 주목한 측면이 크다.

40 이와 같은 소요파에 대한 간단한 언급은 프랑크 디쾨터, 『문화대혁명: 중국 인민의 역사 1962-1976』, 고기탁 옮김(열린책들, 2017), 270~273쪽 참조. 일반적인 예상과 달리 이들의 수는 적지 않았고 그 영향력 역시 컸다. 예컨대 광저우 홍위병 분파의 예를 들어보면 흑오류 출신 가운데 상당히 많은 수가 소요파로 머물고 있음을 확인할 수 있는데 그 수는 조반파의 두 배에 이른다. 홍위병 구성에 대한 자세한 통계 분석은 Antia Chan, Stanley Rosen and Jonathan Unger, "Students and Class Warfare: The Social Roots of the Red Guard Conflict in Guangzhou(Canton)," The China Quarterly, No.83(September 1980) 참조.

41 대표적인 연구로는 楊建, 『1966-1976的地下文學』(中共黨史出版社, 2013) 참조.

4. 극좌파 연구의 문제의식

이상으로 이 책의 주된 탐구 대상인 문혁 극좌파가 누구인지는 어느 정도 규정되었다고 할 수 있다. 그렇다면 문혁 극좌파를 검토의 대상으로 삼은 보다 구체적인 이유는 무엇인가?

첫째, 극좌파는 문혁의 이상에 가장 충실하면서도 오히려 문혁의 피해자로 전락해 문혁사에서 망각된 존재이기 때문이다. 일반적으로 알려진 바와 달리 많은 수의 조반파가 희생을 당했고 그 가운데 극좌파의 피해는 알려진 것보다 훨씬 심했다. 그동안 문혁의 피해자는 '반동학술권위'로 지목받았던 지식인 또는 '주자파(走資派)'와 '흑오류'로 지칭된 구(舊)지주, 구(舊)부농, 반혁명분자, 악질분자, 우파분자 또는 그들의 자녀로 알려져 있다. 그러나 보다 더 큰 피해는 문혁파가 군, 혁명 간부, 대중 중심의 혁명위원회 건립과 운영을 통해 자율적인 문혁 대중을 억압하기 시작한 1968년 이후에 나타났다.[42] 그리고 그 피해의 대부분은 혁명

---

42   이러한 사실에 대해서는 1967년부터 1968년 사이 폭력에 의한 피해자 수의 전국적 경향을 분석한 Andrew G. Walder, *China under Mao: A Revolution Derailed* (Harvard University Press, 2015), p.276의 〈표 12.2〉에서 분명하게 드러난다.

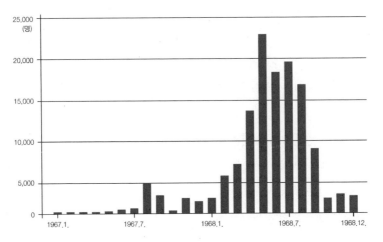

위원회를 통한 문혁 수습에 항거했던 급진적인 조반파, 그 가운데 극좌파에 집중되었다. 그런데 이러한 역사적 피해 사실이나 그들이 추구했던 이상은 개혁, 개방 이후 전면적 문혁 부정의 와중에 부차적인 것으로 취급되거나 말살되었다. 그들의 이상과 행동에 대한 실증적 검토는 그들에 대한 실질적 평반(平反), 복권(復權)이나 다름없지만 정치·사회·이념적 결정론을 넘어선 사실(史實) 규명을 위한 '역사로서의 문혁'이 담당해야 할 본연의 임무이기도 하다.

둘째, 그들은 마오쩌둥의 충실한 추종자이면서 동시에 그와 공산당 그리고 국가체제에 대한 '자발적'·'주체적' 비판 세력이기도 했다. 따라서 그들은 어쩌면 진정한 의미에서 문혁의 이상주의자였고 '아래로부터의 문혁' 혹은 '인민문혁'을 가장 정확하게 대변하는 세력이며 우여곡절 끝에 상층 문혁과 관계를 맺어서 문혁을 예기치 못한 방향으로 추동시킨 중요한 요인이었다. 게다가 문혁의 이상을 통해 그 현실을 전면적으로 비판한 집단이었다. 이러한 의미에서 그들은 문혁 내 대중의 자율성을 이해하기 위해 적당한 집단이라 할 수 있을 것이다.

셋째, 이러한 극좌파의 비판정신은 문혁기의 탄압에도 사라지지 않고 개혁·개방 시기까지 이어졌으며 중국 민주주의의 사상적 계보 형성에 일익을 담당한 것으로까지 평가받기도 한다. 대자보(大字報)를 통해 혁명주권자로서의 대중 등장을 예고한 녜위안쯔(攝元梓), 관료기구에 대한 '탈권(奪權)' 논리를 제공한 콰이다푸(蒯大富), 「출신론(出身論)」을 통해 새로운 계급담론을 등장시킨 위뤄커(遇羅克), 극좌파의 중요한 기준인 전면적 '탈권' 투쟁과 중화 코뮌 건설을 주장한 양시광, 혁명의 제도화와 일상화를 지향하며 민주·법제 논쟁을 촉발시킨 리이저(李一哲) 그리고 이들 혁명 사상에 대해 강한 영향력을 행사한 '신사조파' 등은 명확한 조직적 계통이 확인된 것은 아니지만 하나의 사상적 흐름으로 면면히 이어져 갔다. 이와 관련하여 한 연구자는 이들과 관련된 '독립적 연구소조'가 전국적으로 20~30개 존재했다고 주장했다. 예컨대 베이징사범대학의 '조반병단(造反兵團)', 베이징대학의 '공산주의청년학사', 베이징 중등학교 내의 ≪사삼전보(四三

戰報)≫ 편집부', 산둥(山東)의 '마오쩌둥주의소조'와 '발해전단(渤海傳單)', 상하이
(上海)의 '상하이시중학운동관련회(上海市中學運動串聯會)', 광둥(廣東)의 '팔오공사
(八五公社)', 후난(湖南)의 '성무련(省無聯)', 후베이(湖北) 우한(武漢)의 '북결양(北決
揚)' 등이 대표적으로 제시되었다.[43] 물론 이들이 모두 극좌파의 범주에 포함된다
고는 할 수 없지만 하나의 사상적 계보를 이루며 서로 영향을 주고받았다고 할
수 있다.[44] 게다가 문혁 이전과 이후의 사상적 연관성을 이해하는 데에도 극좌파
의 활동과 영향력이 중요한 실마리를 제공해 줄 수 있으리라 기대된다.

넷째, 기존 관련 연구에 대한 보충이 필요하다. 먼저 문혁 시기 이단사조에
대한 첫 번째의 연구라 할 수 있는 쑹융이(宋永毅)의 저서 『문화대혁명과 이단사
조』는 극좌사조를 포함해 다루고 있지만 대부분 이단적 내용의 관련 사료를 정
리·소개하는 데에 머물고 있다.[45] 또한 인훙뱌오의 연구는 이단사조의 주체인
홍위병과 하방 지식청년(이하 지청으로 약칭)들을 문혁사의 '실종자'로 규정하고
그들의 '족적'을 추적한다. 하지만 그의 연구는 극좌파가 가장 활발하게 활동했
던 시기가 아닌 1969년부터 1976년까지 소위 문혁 후기에 집중되어 있다.[46] 첸

---

43   宋永毅, 「從毛澤東的擁護者到他的反對派」, ≪當代中國研究≫, 2005-4(總第91期), http://archives.
      cnd.org/HXWK/author/SONG-Yongyi/zk0602c-0.gb.html (검색일: 2017.3.4). 이상의 조직에
      대해서는 대부분은 이하 본문에서 상세하게 다룰 예정이다. 이 가운데 '성무련'은 호남성무산계
      급대연합위원회(湖南省無産階級大聯合委員會)의 약칭이고, '북결양(北決揚)'은 북두성학회(北斗
      星學會), 결심장무산계급문화대혁명진행도저적무산계급혁명파연락참(決心將無産階級文化大革
      命進行到底的無産階級革命派聯絡站), 양자강평론(揚子江評論) 등 세 조직의 약칭이다.

44   연구자에 따라서는 극좌파와 극좌사조의 균질성에 회의를 갖고 그들 내부의 차별성에 주목하
      기도 한다(中津俊樹, 「中國文化大革命期における紅衛兵の「極左思潮」について: 革命委員會の成立
      を巡る動きを中心に」, ≪アジア經濟≫(2005.9) 참조).

45   木水毅·揉大進, 『文化大革命和它的異端思潮』(香港: 田園書屋, 1997). 이 책은 宋永毅, 『從毛澤東
      的擁護者到他的反對派: "文革"中異端思潮文獻檔案』(國史出版社, 2015)로 보충·재판되었다.

46   印紅標, 『失踪者的足跡-文化大革命時期間的青年思潮』(香港: 中文大學出版社, 2009). 그는 朱學勤
      의 글 「思想史上的失踪者」에서 책의 기본적인 문제의식을 찾았다(朱學勤, 「思想史的失踪者」, 徐
      友漁編, 『1966: 我們那一代的回憶』(中國文聯出版公社, 1998) 참조). 한편 지청의 사상 동향을 추

리쳰(錢理群)이 초점을 맞춘 민간사조 역시 극좌파만을 대상으로 하지 않았다는 점에서 전면적이지 않다고 할 수 있다.[47]

다섯째, 앞서 제기한 바 있듯이 홍위병과 대중은 마오쩌둥과 문혁파에 의해 동원되고 이용당한 비주체적·비이성적·맹목적 대중이었는가? 아니면 자신의 이익에 따라 사고하고 행동한 주체적·이성적·실리적 주체였는가? 만약 전자라면 문혁은 폭도에 의한 '겁란(劫亂)'이자 '호겁(浩劫)'이 될 것이고 후자라면 무자비한 폭력과 무질서로 점철된 실제 문혁사를 제대로 설명할 수 없을 것이다. 그도 저도 아니라면 보다 구체적인 모습을 특정 시·공간에서 규명해야 할 것이다.[48] 이와 관련해 극좌파는 문혁 시기 대중 가운데 대표적인 이성적 집단이라 할 수 있지 않을까? 왜냐하면 그들이야말로 문혁의 현실과 미래에 대해 끊임없이 진지하게 고민하면서 "중국이 어디로 갈 것인가?"[49]에 대해 이성적으로 탐구했기 때문이다.

결국 조반파 대중 전부를 합리적·이성적·자발적·이익적 각성을 통한 주체적 존재로 파악하여 문혁을 재평가할 수는 없을 것 같다. 하지만 조반파 가운데 극좌파를 중심으로 이러한 가능성을 찾고 또 그들을 통해 문혁을 재평가해 보고자 한다. 왜냐하면 조반파 가운데에는 위뤄커나 양시광 같이 독립적으로 사고한 선각자들이 문혁 과정에서 인민 이익과 관료 이익의 소재를 명확히 구별하면서 명실상부한 '인민의 문혁'을 집행했다고 볼 수 있기 때문이다.[50]

적한 그는 이들이 하방생활 속에서 진행한 독서토론 등을 통해 문혁 현실을 비판적으로 사색함으로써 이후의 민주운동의 토양을 마련했다고 주장했다[印紅標·土屋昌明 譯, 「文革後期における青年たちの思想的探求」, ≪專修大學社會科學研究所月報≫ 585(2012); 土屋昌明, 「書評: 印紅標著 失踪者の足跡-文化大革命時期間的青年思潮」, ≪專修大學社會科學研究所月報≫, 244(2010) 참조].

47 전리군(첸리췬), 『모택동시대와 모택동시대 1949-2009』, 상·하, 연광석 옮김(한울, 2012).
48 이 문제에 대해 천착한 연구가 王紹光, 『理性與瘋狂 : 文化大革命中的群衆』(香港: 牛津大學出版社, 1993)이다.
49 이는 양시광이 쓴 유명한 팸플릿 제목이기도 하다.
50 이러한 평가는 徐友漁, 『形形色色的造反: 紅衛兵精神素質的形成及演變』, p.181 참조.

제 I 부

문혁의 급진화와 극좌사조의 기원

제1장

문혁과 '혈통론'

1. '혈통론'의 등장

왕후장상(王侯將相)의 씨가 따로 있나?

본래 '혈통론(血統論)'은 중국 전통의 봉건적 잔재였고 중화인민공화국 성립 이후에도 엄존했다. 하지만 부모와 자식의 (반)혁명적 유전 여부를 둘러싼 '혈통론' 논쟁은 문혁 발발과 함께 본격화되었다. 논쟁은 누가 문혁의 주체가 될 것인가를 둘러싸고 소위 '홍오류' 대 '흑오류'의 대립으로 발전했고 운동의 추이에 따라 피해자와 가해자가 서로 교차했다. 이와 같은 문혁 시기 '혈통론' 논쟁의 의미와 경과에 대해서는 연구가 상당히 많이 진행되어 있다.[1] 하지만 이 논쟁은 다음과

---

[1] 김미란, 「마오쩌둥의 입시제도개혁과 '출신가정' 문제: 세대갈등을 중심으로」, ≪중국현대문학≫, 48(2009.3); 服部佐代子, 「中華人民共和國における血統論の蔓延と遇羅克の主將に關する一考察」, ≪立命館史學≫, 36(2015); 加加美光行 譯編, 『資料中國文化大革命-出身血統主義をめぐる論爭』(りくえつ刊, 1980); 郭文亮, 「文革初期的血統論之爭」, ≪中國靑年硏究≫(1995.9); 楊秀春, 「文化大革命中的血統論論爭」, ≪社會科學論壇(學術硏究卷)≫(2008.4); 史會來, 「血統論在文革中的興衰」, ≪龍江黨史≫(1994.6); 楊秀春, 「中央文革對血統論態度的陰晴變化」, ≪湘潮≫(2007.8); 印紅標, 「抗爭者的衝突: 遇羅克與聯動的論爭」, ≪中國靑年硏究≫(1997.9).

같은 이유에서 여전히 검토할 만하다.

먼저 '혈통론'의 문제는 문혁의 특정 시기에만 국한되어 등장하지는 않았다. 중국의 '태자당(太子黨)'·'홍이대(紅二代)' 문제나 북한의 '3대 세습' 문제는 차치하고라도 혁명의 지속성을 확보하기 위한 '후계자[接班人]' 문제는 현재 사회주의국가에서도 여전히 진행형이다. 따라서 문혁 초기 공식적으로 부정된 '혈통론'은 이후에도 쉽게 사라지지 않고 영향력을 유지했을 것으로 보인다. 계급적·혁명적 적/아의 구별에 따른 분파투쟁이 시대적 특징이었던 문혁 시기에 개인 당안(檔案)에 기록된 '출신 성분'은 현실적으로 가장 신뢰할 만한 정치적 자산이자 반대의 멍에였다. 이 때문에 문혁 전 시기에 걸쳐 '혈통론'이 어떠한 모습으로 재등장하여 생명력을 유지해 나갔는지 검토가 필요하다.

둘째, 이 문제와 관련하여 마오쩌둥과 중앙문혁소조를 중심으로 한 문혁파가 '혈통론'에 어떠한 태도를 취했는지 살펴볼 필요가 있다. 그들은 '혈통론'과 그 대척점의 '출신론' 모두를 '반동'으로 규정하여 부정했다. 그렇다면 둘은 문혁사에서 사라지는 것이 자연스러웠다. 하지만 둘은 서로 갈등하면서 분파 투쟁의 중요한 근거로 남아 있었다. 그렇다면 겉으로 드러난 것과 달리 문혁파의 태도가 편파적이었거나 대중의 문혁운동을 제대로 장악하지 못했음을 반증하는 것은 아닌가?[2]

셋째, '혈통론'의 궁극적 피해자는 누구이며 그들에게 문혁은 어떠한 의미로 다가왔는가? 문혁의 피해자 문제는 단순히 류사오치(劉少奇), 덩샤오핑(鄧小平)으로 대표되는 주자파이거나 '반동학술권위'로 대표되는 지식인 계층에 머물지 않

---

2   이 점과 관련해서는 문혁파를 중심으로 통일적이고 일관되게 문혁이 지도되었다는 입장과는 달리 하층의 독자적 문혁이 병존했다는 소위 '양개문혁론' 또는 '인민문혁론'에 주목할 만하다. 이에 대해서는 劉國凱, 『人民文革論』(香港: 博大出版社, 2006.4); 喬晞華, 『旣非一個文革, 也非兩個文革: 南外紅衛兵打死工人王金事件個案分析』(臺北: 博客思出版社, 2015.11); 金春明, 「兩個文革說與文化大革命的定性研究」, ≪中國黨史硏究≫(1998.3) 참조.

았다. 오히려 문혁에 호응한 조반파 홍위병이나 문혁파의 '수습'에 대항한 급진 조반파 역시 커다란 피해를 입었다. 이 과정에서 이들 피해자들은 문혁 초기의 계급적 각성과는 또 다른 새로운 '각성'을 했고 그것은 관방·중앙의 문혁과는 또 다른 흐름을 이해하는 데 중요한 역사적 의미가 있다고 판단된다.

'혈통론'은 출신 계급에 따른 정치적 기준으로 개인의 정치적·사회적·경제적 존재 의의를 결정한다는 이론이다. 1949년 중화인민공화국의 성립 이후 착취계급 가정 출신은 교육과 취업 등에서 차별받았다. 하지만 1962년 이후 마오쩌둥이 사회주의국가에서도 계급투쟁이 필요하며 자본주의 복벽의 위험성이 존재한다고 주장한 이후 혈통이 보다 중시되기 시작했다. 그에 따르면 무산계급혁명과 자산계급 '복벽(復辟)'의 주체는 각각 출신 혈통에 의해 결정되기 때문이었다. 그리고 이러한 관점은 1964년 이후 이론적 심화를 거쳐 문혁 시기 '혈통론'으로 확대·발전되었다.[3]

A "부모가 영웅이면 자식은 멋쟁이고, 부모가 반동이면 자식은 개자식이다 — 기본적으로 이러하다(老子英雄兒好漢, 老子反動兒混蛋 — 基本如此)."[4]

이 유명한 대련(對聯)은 문혁이 공식적으로 시작되고 얼마 되지 않은 1966년 6월, 베이징대학 부속중학의 일부 공산당 간부 자녀들과 또 그들을 중심으로 구

---

3   이상, 定宜庄, 『中國知靑史: 初瀾(1953-1968年)』(當代中國出版社, 2009), pp.190~191 참조. 본래 마오쩌둥이 교육혁명의 과정에서 강조했던 '계급노선'이란 본래 생산관계 속의 개인에 대한 차별적 혁명 대책을 가리키는 것으로 단순한 생물적 '혈통론'과는 구별되는 것이었다. 그러나 이러한 마오쩌둥의 본의가 하층관료나 대중에게 그대로 전달되지 않고 오히려 기계론·이분법적인 '계급노선'으로 단순화되어 확대되었다.

4   어떤 경우는 "기본여차" 대신 "절대여차(絶對如此)"로 된 경우도 있으며 후에 "부모가 평범하면 자식은 기회주의자다"("老子平常兒騎牆")가 추가되기도 했다. 이에 대해서는 劉國凱, 『文化革命簡析』(香港: 博大出版社, 2006), p.27 참조.

성된 '노홍위병(老紅衛兵)'에 의해 작성·유포되었다. 이로써 '혈통론'의 시작을 알리게 되었다. 이어 출신에 따른 영웅/반동이라는 단순한 이분법을 넘어 '혈통론'이 나름의 논리를 지닌 정치적 담론으로 체계를 갖추게 된 것은 최고 검찰원 부검찰장 담정문(譚政文)의 아들이자 당시 베이징공업대학 학생이었던 탄리푸(譚力夫)에 의해서였다.[5] 그는 대련 A에 대해 "설사 흑오류의 자제라 해도 아버지가 반동이면 자식이 개자식이 될지 아닐지를 생각할 수 있다"고 보았다. 그렇다면 그들은 "기본적으로 이러하다〔基本如此〕"는 범주 밖의 사람들이 되기를 희망할 수 있다는 것이었다. 이로써 탄리푸는 대련 A가 '절대적' 규정이 아닌 '기본적' 규정임을 강조했다. 이와 관련하여 탄리푸는 상·하 대련이 '혈통론자' 자신이 '유성분론자(唯成分論者)'임을 설명하지만 "기본적으로 이와 같다"는 자신들이 반드시 '유성분론자'만이 아님을 의미한다고 부연했다. 따라서 그는 다음의 대련을 높이 평가했다.

B "아버지가 혁명가이면 자식은 계승자가 되고 아버지가 반동이면 자식은 배반한다 ― 마땅히 이래야 한다(老子革命兒接班, 老子反動兒背叛―應該如此)."

탄리푸는 A가 기본 상황을 묘사하기 때문에 유물론적이라 한다면 B는 발전 방향을 가리키기 때문에 변증법적이라 했다. 또한 "기본적으로 이와 같다"로부터 "마땅히 이와 같아야 한다"〔응해여차(應該如此)〕로의 변화는 변증법적 유물론

---

5   '혈통론' 논쟁을 촉발시킨 글이 그가 류징(劉京)과 함께 작성한 대자보 「從對聯談起」(1966.8. 12), 上海市上海中學 『思潮集』(1968), Song Yongyi, *Chinese Cultural Revolution Database* 〔Published by Universities Service Centre for China Studies, 2010(Third Edition)〕(이하, CCRD) 수록)였다. 이하의 내용은 대자보의 내용에 따른다. 한편, 탄리푸의 글은 당시 "대련의 내용을 전면적·책략적인 당 계급노선으로 삼아 보급했고 그것을 정책으로 끌어올렸으며 논리 정연하게 정리했다"는 평가를 받았다〔上海市上海中學 『思潮集』(1968), 宋永毅·孫大進, 『文化大革命和它的異端思潮』(1997), p.79에서 재인용〕.

의 반영으로 대련 A와 B 둘을 결합시켜야 '혈통론'적 의미가 비교적 잘 갖추어진다고 보았다.

한편, 혈통론의 전개에 따라 다음과 같은 대련도 등장했다.

C "나의 아버지가 혁명을 하면 나는 영광스럽고 (따라서) 태어나면서부터 자래홍(自來紅)이 된다. 반면 그의 아버지가 반동이면 재수 없으니 천생 영원히 자래흑(自來黑)이 된다 — 형이상학(我父革命我光榮, 娘胎里是自來紅, 他父反動他倒霉, 天生永是自來黑 — 形而卜學)."

탄리푸는 이 대련이 '홍오류'에 대한 추악한 놀림이며 '흑오류'에 대한 비열한 도발이라고 반대했다. 그렇다면 그의 '혈통론'은 현실에 근거하지 않는 허황되며 단순한 형이상학에 반대하고 있음을 알 수 있다.

마지막으로 이상의 대련들과는 성격이 다른 것도 등장했다.

D "아버지가 혁명을 하면 자식은 계승해야 하고 아버지가 반동이면 자식은 조반해야 한다 — 표현을 중시해야 한다(老子革命兒應繼承, 老子反動兒應造反 — 重在表現)."

혈통보다는 정치적 '표현'을 중시하는 일종의 '반혈통론(反血統論)'의 등장이다. 탄리푸는 이 주장이 '표현'을 중시한다면서 정작 계급 분석을 무시한다는 한계를 지니고 있음을 지적했다. 그는 출신이 좋은 사람들 대부분이 혁명적 좌파였으며, 출신이 나빠도 집안을 배반하고 혁명을 할 수 있지만 그 수는 확실히 적었다는 사실이 혁명의 실천 과정에서 입증된 결과라 했다. 이상, 다양한 대련의 등장과 그에 대한 탄리푸의 해석을 통해 향후 전개될 '혈통론' 논쟁의 단초가 마련되었다.[6]

그런데 '혈통론'을 둘러싼 논쟁은 대련 중심의 사상 논쟁 차원에 머물지 않았다. 홍위병의 조직과 그들 상호 간의 대립·갈등에 직간접적으로 연결되었고 그 때문에 논쟁은 더욱 가열되었다. 한 예로, 1966년 9월 7일 중경시마오쩌둥주의홍위병총부(重慶市毛澤東主義紅衛兵總部)가 '흑오류' 학생들에게 취한 다음 명령은 앞선 논쟁이 실제 홍위병운동 현실에 어떻게 반영되었는지를 잘 보여준다.[7]

① 1966년 9월 7일부터 '흑오류'는 일률적으로 중경(重慶) 시내를 떠날 수 없다.
② 운동 중 중경을 떠나 외출할 때 경비를 면제받은 '흑오류'는 여비 전부를 상환해야 한다.
③ '흑오류'는 모두 「혁명조반가」를 부를 수 없다.
④ 10월부터 '흑오류'의 학비보조금 혜택을 즉각 취소한다.
⑤ '흑오류'의 민병 조직을 즉각 없애고 모든 직무를 취소한다(일체의 조직과 직무를 포함한다).
⑥ 공청단(共靑團) 조직에 섞여 있는 '흑오류'를 일률적으로 축출한다.

이러한 조치는 '흑오류'에 대한 전면적 탄압으로서 혁명 주권을 말살하는 것이었다. 이제 '혈통론'은 정치적 담론에 머물지 않고 구체적 운동 현실에 적용되어 커다란 영향력을 행사하기 시작했다. 게다가 '혈통론'자들은 자신들이 과거의 착

---

6   문혁이 끝난 뒤 탄리푸는 문제의 대련을 인용함으로써 논쟁의 빌미를 준 것에 대해 반성하지만 자신의 혁명전통에 대한 존중 의도가 문혁파에 의해 왜곡·확대되었고 치번위, 관평 등에 의해 자신과 류사오치나 덩샤오핑과의 관계를 추궁당했다고 변명했다(譚力夫, "談談我這個老紅衛兵的遭遇", ≪人民日報≫, 1978.5.17). 또한 치번위는 탄리푸의 '혈통론'에 대해 마오쩌둥과 장칭의 뜻을 좇아 철회를 그에게 직접 설득한 바 있었다고 회고했다〔戚本禹, 『戚本禹回憶錄』(下), 香港: 中國文革歷史出版社, 2016, pp.489~490〕.
7   이 「通令」은 http://www.360doc.com/content/12/0628/12/1385643_220943383.shtml(검색일: 2016.10.5) 참조.

취계급으로부터 압박·배제·능욕·기만·타격을 당했으니 이제 번신(翻身)하여 조반할 것을 촉구했다. 이들에게 문혁이란 '홍오류'가 주인이 되는 새로운 세상을 만드는 것이었다.[8]

이러한 상황을 배경으로 '혈통론'을 지지하는 홍위병의 조직화가 대규모로 이루어졌다. 대표적인 조직이 1966년 12월 5일 창립된 수도중학홍위병연합행동위원회[首都中學紅衛兵聯合行動委員會, 약칭 '연동(聯動)']이다.[9] '연동'은 이전의 수도홍위병규찰대서역분대[首都紅衛兵糾察隊西域分隊, 약칭 '서규(西糾)'], 수도홍위병규찰대동역분대[首都紅衛兵糾察隊東域分隊, 약칭 '동규(東糾)'], 수도홍위병규찰대해정분대[首都紅衛兵糾察隊海淀分隊, 약칭 '해규(海糾)'], 수도홍위병규찰대선무분대[首都紅衛兵糾察隊宣武分隊, 약칭 '선규(宣糾)'] 등이 연합하여 결성되었다. '연동'은 창립 선언을 통해 '자본주의반동노선'에 대한 철저한 비판을 강조했을 뿐 '혈통론'을 분명하게 제시하지는 않았다.[10] 좀 더 노골적으로 '혈통론'을 내세운 조직으로는 '연동'과 조직적으로 일부 중첩된 것으로 보이는 1966년 10월 1일 조직된 중앙베이징당정군간부자제(여)연합행동위원회[北京黨政軍幹部子弟(女)聯合行動委員會]라 할 수 있다.[11] 이유는 조직명에서 성격이 일부 드러나기 때문이다. 좀 더 구체적

---

8   紅衛兵戰校(前淸華附中)高655班核心組(領導小組), 「做頂天立地的人」, 北京≪兵團戰報≫(1966.11.18).

9   首都紅衛兵聯合行動委員會, 「首都紅衛兵行動委員會宣言」(1966.12.5), CCRD 수록, 참조.

10   명시적으로는 아니지만 실제 '연동' 가입 자격은 13급 이상의 간부자녀로 국한되었다고 한다. 당시 중국의 행정 직급 1급부터 24급 가운데 13급 이상은 고급간부, 14~17급은 중급, 18급 이하는 일반 공무원으로 분류되었다[服部佐代子, 「中華人民共和國における血統論の蔓延と遇羅克の主將に關する一考察」, ≪立命館史學≫, 36(2015), p.31 참조].

11   인훙뱌오는 이 조직 「신연」의 말표 시점이나, 조직 명칭, 설립 지점, 근거 자료 등의 문제점을 지적하며 그것이 광저우홍위병에 의해 기초된 것이고 그가 '연동'에 조직원으로 참가했을 것이라 주장했다(印紅標, 『失踪者的足跡: 文化大革命時期間的靑年思潮』, pp.29~30, 50~51). 따라서 이 문건이 '연동' 사조를 직접적으로 대변한다고 확증하기는 힘들 것 같지만 상호 관련성을 지닌 것임은 분명하다.

으로 말하면 이 조직은 중국공산당중앙위원회·중공베이징시위혁명간부자제(中共北京市委革命幹部子弟)·중화인민공화국국무원(中華人民共和國國務院)·인대상위혁명간부자제(人代常委革命幹部子弟), 중공중앙군위(中共中央軍委)·국방부혁명간부자제(國防部革命幹部子弟), 16성·시위혁명간부부분자제(省·市委革命幹部部分子弟)로 구성되었다. 요컨대 중앙위원회·군사위원회·국무원·인민대표대회상임위원회·베이징시위원회·국방부 등 중국 정부 핵심 요직의 간부 자제, 즉 '홍오류'가 조직의 핵심을 이루고 있었다. 이들은 자신의 임무를 "중공중앙위원회 두 명의 주석과 몇몇 위원의 좌경기회주의노선을 결연하고 철저하면서도 전면적으로 분쇄하고 일체의 전제제도를 금지한다. 중공 전국대표대회를 개최하여 중앙위원회를 선출하고 당내 생활에서 민주집중제가 결연히 관철되기를 보증하며, 중앙 각급 당위 당원의 생명 안전을 보증한다"고 규정했다.[12] "좌경기회주의노선 분쇄!", "민주집중제 관철!" 등의 주장은 구체적으로 어떠한 정치적 상황에서 이루어진 것일까?

이 「통고」가 발표된 1967년 1월의 시점에서 '두 명의 주석'은 명확하지는 않지만 공산당중앙위원회의 주석과 부주석을 맡고 있었던 마오쩌둥과 임표(林彪)를, '몇몇 위원'은 천보다 등 중앙문혁소조를 중심으로 한 중앙위원을 각각 가리키는 것으로 보인다.[13] 또한 그들의 '좌경기회주의노선'이란 "1960년대 이전 마오쩌둥 사상에 충실하라!"는 「통고」의 또 다른 내용을 고려해 본다면 마오쩌둥과 중앙문혁소조를 중심으로 한 문혁의 '극좌'적 흐름을 분명히 반대하고 문혁 전 공산당의 지도 노선으로 회귀할 것을 천명한 것이라 할 수 있다.[14]

---

12 「中央·北京黨政軍幹部子弟[女]聯合行動委員會通告」(1967.1.1), 中發秘字 003, CCRD 수록, 참조.

13 한편, 인흥뱌오는 이 문건의 정확성에 대해 회의하면서 '中央委員會二個主席'을 '中央委員會的主席'의 오독으로 추측했다(印紅標, 『失踪者的足跡: 文化大革命時期間的靑年思潮』, p.52).

14 인흥뱌오 역시 "1960년대 이전 마오쩌둥 사상에 충실하라!"에 주목하면서 그 의미를 다음과 같이 추측했다. ① 1959년의 펑더화이 비판 이후의 당내 좌경 착오를 부정, ② 문혁 전 몇 년간의

그렇기 때문에 대표적 극좌파 가운데 한 명인 양시광은 이후 이 문제에 대해
다음과 같이 지적했다.

연동은 60년 이전의 모 주석 사상을 옹호한다고 떠들어댄다(60년 이후 모 주석의
무산계급 전정 조건하의 혁명 진행 이론이 점차 형성되었다). 이는 마오쩌둥주의에
대한 뼈에 사무치는 원한의 가장 분명한 표현이자 한 줌의 당내 최대 주자파가 권
력을 이용하여 모 주석의 가장 급진적이고 가장 혁명적이며 가장 생동감 있고 가장
활발하며 가장 본질적인 사상을 임중하세 봉쇄해서 일반적인 내용만을 전달하려는
것이다.[15]

양시광에 따르면 '1960년대 이전의 마오쩌둥 사상'을 옹호하는 '연동'은 곧 문
혁과 마오쩌둥의 진정한 혁명이론을 부정하는 반문혁 조직이라 할 수 있다.[16] 하
지만 '연동'이 조직된 1966년 말은 이미 문혁파에 의해 '혈통론'이 공식적으로 부
정되었고 이때 공공연히 당 중앙 전체를 비판하거나 문혁파를 '좌경기회주의'라
고 비판할 수는 없었을 것이다. 오히려 그들의 요구는 이보다 당내의 전제를 부
정하고 민주집중제의 발양에 중점을 두었던 것은 아닐까? 그들은 마오쩌둥과 문
혁파를 감히 직접적으로 비판하지 못하는 상황에서 '민주'를 통해 자신들의 주

착오를 전반적으로 지적하는 것, ③ '1960년'을 '1966년'의 오기로 파악하여 문혁 가운데의 마오
쩌둥의 착오를 부정하는 것 등이다(印紅標, 『失踪者的足跡: 文化大革命時期間的靑年思潮』, p.30,
주 66 참조).

15 紅中會長沙一中奪權一兵, 「關于建立毛澤東主義小組的建議」(1967.10), CCRD 수록, 참조. 양시광
의 주장에 대해서는 孫承會, 「문화대혁명 극좌파 사상의 형성: 후난 성무련을 중심으로」, ≪중
국근현대연구≫, 57(2013.3) 참조.

16 또한 '연동의 동족(同族)'이라 할 수 있는 星星之火戰鬪隊 역시 동일한 입장에서 "홍위병은 연합
하여 중앙문혁을 포격하라!"고 선동했다〔「"星星之火"宣言」(1967.8.1), 首都中學紅大會崇文區委
員會, ≪赤遍全球≫(1967.10), 第3期, CCRD 수록, 참조〕.

장을 확산·관철시키려 한 것으로 보인다. 또한 그들이 말하는 '좌경기회주의노선'이란 혁명 간부와 자제에 대한 감금, 감시, 공격, 희생을 가리키는 것으로 「통고」란 이들 '백색공포'에 대한 투쟁 선언이었다. 이렇게 본다면 「통고」는 문혁의 급진적·'극좌'적 흐름에 반하는 '반문혁'의 조짐 중 하나로 '연동'의 '각성'을 보여주는 한 예라 할 수 있을 것이다. 하지만 그 '각성'이 '혈통론'이라는 나와 타인의 기계적 구분에 입각한 계급구분법이자 계급투쟁론이란 점을 고려하면, 공산당이 제시하는 이념적 패러다임을 넘어서지 못한다고 할 것이다. 그러한 의미에서 '각성'은 여전히 커다란 한계 내에 있다고 할 것이다.

2. '혈통론' 대 '출신론'

1966년 8월 2일 천보다는 홍위병을 접견한 자리에서 대련의 한계를 지적하며 "아버지가 혁명가이면 자식은 계승자가 되고 아버지가 반동이면 자식은 배반한다 — 마땅히 이래야 한다"로 수정했다. 앞서 탄리푸가 언급한 대련 B가 그것이다. 그가 보기에 문혁의 주요 공격 대상은 '흑오류'가 아니라 주자파였다.[17]

하지만 8월 12일 탄리푸의 대자보가 발표된 이후 '혈통론'은 큰 반향을 일으켰다. 그의 주장은 중앙 문건보다도 빠르게 전국 각지로 퍼져 나가 전국적인 학습의 대상이 되었다.[18] 이미 '혈통론'에 대해 비판적 입장을 견지하고 있던 천보다는 10월 16일 중앙공작회의에서 탄리푸와 그를 칭송하는 사회적 분위기에 대해 다음과 같이 비판했다.[19]

---

17 8월 4일 쟝칭 역시 베이징대학에서 문제의 대련에 불만을 표시했다〔江青·康生, 「江青朱德康生在北京大學的講話」(1966.8.4), CCRD 수록, 참조〕.

18 그렇기 때문에 치번위는 그 배후에 류사오치·덩샤오핑이 있는 것으로 의심했다〔戚本禹, 『戚本禹回憶錄』(下), 香港: 中國文革歷史出版社, 2016, pp.487~490 참조〕.

대부분의 고급간부 자녀는 훌륭하거나 비교적 좋기 때문에 대중의 거대한 파도 속에서 단련되어 무산계급혁명 사업의 후계자가 될 수 있다. 하지만 일부는 그다지 좋지 못하거나 매우 좋지 못해 심지어 수정주의의 길을 걷는다. 계급 분석을 하지 않고 사물을 '하나가 둘로 나뉜다'는 원리에서 보지 않고, 단지 '고급간부 자녀가 정권을 잡아야 한다'는 말에 빠지는 것은 무산계급의 길을 완전히 벗어나는 것이고 마오쩌둥 사상과 완전히 배치되는 것이다. … 왜 고급간부 자녀이기 때문에 반드시 권력을 잡아야만 하는가? 그들의 혈통이 고귀해서인가?

천보다의 이 연설에는 공작조를 반대하고 '혈통론'을 명시적으로 비판하려는 마오쩌둥과 중앙문혁소조의 의지가 반영되었다. 따라서 이를 계기로 '혈통론' 논쟁과 공작조 지지를 둘러싸고 수세에 몰렸던 '흑오류' 중심의 조반파 홍위병이 본격적으로 문혁에 등장할 수 있었다. '혈통론'에 대한 천보다의 비판을 좀 더 소개하면 다음과 같다.

그들은 혈통론으로 계급론을 대체하여 계급 전선에 혼란을 주고 무산계급의 혁명 대오를 고립시키려 한다. 각지에 소위 "본래부터 붉다〔自來紅〕"는 황당한 논리가 유행하고 있다. 이러한 논리를 만든 사람은 과거 각종 수단을 동원하여 노동자·농민의 자녀를 타격하고 배척했던 자이다. 그들은 노동자·농민 출신 청소년의 계급 감정을 이용하고 일부 젊은이가 순진하게 제기한 '부모가 영웅이면 자식은 멋쟁이'라는 주장을 이용해 학생들을 현혹했다. 이것은 착취계급의 반동적 혈통론이다. 봉건 지주 계급은 '용은 용을 낳고 봉황은 봉황을 낳으며 쥐가 새끼를 낳으면 쥐구멍만

---

19 陳伯達, 「無産階級文化大革命中的兩條路線」(1966.10.16), 中國人民解放軍·國防大學黨建黨史政工敎硏室, 『"文化大革命"硏究資料(上冊)』(1988), pp.133~141. 천보다는 이 발언 이전 고간자제 중심의 문혁 주도에 반대하여 보통의 공농자제에게 문혁 지도의 지위를 넘겨야 한다는 의견을 제시하기도 했다〔「陳伯達接見重慶及西南地區師生的講話」(1966.9.25), CCRD 수록, 참조〕.

찾는다' 따위의 말을 퍼뜨린다. 이것이 곧 혈통론이다. 이것은 철두철미하게 마르크스·레닌주의와 마오쩌둥주의에 반대하는 반동적 역사유심주의로서 마르크스·레닌주의의 계급 분석과 근본적으로 대립한다.

그렇다면 혈통 문제와 관련된 천보다의 입장은 무엇인가? 그것은 위의 인용에 바로 이어 등장한다.

우리 혁명 대오 가운데 모 주석과 우리당은 줄곧 사람들의 계급 성분·계급 출신을 중시했지만 동시에 '유성분론(唯成分論)'에도 반대했다. … 계급 성분·계급 출신을 중시하지 않는 것은 매우 잘못된 것이다. (그러나) 단지 성분만 보고 정치표현을 중시하지 않는 것도 매우 잘못된 것이다. 이들 잘못된 관점은 반드시 비판받아야 한다.

결국 그의 주장은 "성분을 중시해야 하지만 단지 성분론에 머물 수 없고 표현을 중시해야 한다〔有成分論, 不唯成分論, 重在表現〕"로 정리될 수 있다.[20] 중앙문혁소조 조장 천보다의 이러한 입장은 주지하듯 '혈통론'에 대한 분명한 단죄이며 홍위병 내부의 불필요한 분란을 없애고 투쟁의 방향을 당내의 자산계급반동노선, 즉 당내 당권파로 전환시키려는 문혁파의 목적에서 비롯된 것이었다. 같은 시기 공작조에 의해 '반혁명', '반당분자', '우파분자', '가좌파(假左派)', 진우파(眞右派)'로 탄압받았던 이들에 대한 복권과 명예회복이 이루어짐은 물론 강제된 검토 자료를 폐기하라는 당의 지시가 하달됨[21]으로써 공작조에 반대했던 '흑오류'의 조반

---

20   원래 이 주장은 1963년 농촌사회주의교육운동에 관한 마오쩌둥의 지시에 등장하며 이후 당의 계급 정책으로 천명되었다〔毛澤東, 「關於農村社會主義教育等問題的指示」(1963.5), CCRD 수록; 「重在表現是黨的階級政策」, ≪中國青年報≫(1965.9.9), CCRD 수록, 참조〕.
21   여기서 검토 자료란 개인 당안을 가리키는데 그들에게 신분 혈통 구분의 핵심 근거로 기능했

을 자극했다.[22] 또한 이러한 상황에서 '혈통론'에 대한 반대가 당안제도의 개혁으로 연결되는 것은 자연스러웠다.[23]

하지만 '자래홍'에 대한 천보다의 비판에도 불구하고 오히려 그것을 영광스럽게 여기며 자신들이 "자래홍일 뿐만 아니라 현재도 홍이고 장래에도 홍이며 영원히 홍이고 끝가지 홍이 되겠다"고 천명한 홍위병이 계속 존재했다.[24] 그만큼 '혈통론'은 뿌리 깊게 문혁 속에 자리 잡고 있었다. 게다가 위에 소개한 마오쩌둥과 천보다의 계급담론은 '혈통론'을 부정했지만 개인과 가정의 계급 성분을 애매하게 섞어버림으로써 '차별의 담론'을 완전하게 극복할 수 없었다. 또한 당 중앙은 '혈통론'을 부정하면서도 동시에 '흑오류'를 포함한 21종의 부류에 대해 '경험대교류'를 금지하고 조반 조직을 만들거나 배후에서 조종하지 못하게 명령했다.[25] 또한 '혈통론'이 비난받은 뒤인 1967년 2월 당 중앙은 '홍오류'를 중심으로 한 홍위병 조직을 다시 한 번 강조했다.[26] 앞서 공작조에 의해 작성된 당안의 폐

다. 하지만 1966년 11월 16일 이전 공작조·학교당위 등에 의해 작성되었던 모든 당안 자료가 무효임이 선포되었다〔中國人民解放軍·國防大學黨建黨史政工教硏室, 『"文化大革命"硏究資料(上冊)』(1988), pp.162~163〕.

22 「中共中央批發軍委·總政「於軍隊院校無産階級文化大革命的緊急指示」」(1966.10.5), 中國人民解放軍·國防大學黨建黨史政工教硏室, 『"文化大革命"硏究資料(上冊)』(1988), pp.132~133.

23 중앙문혁소조원 왕리와 관평은 기존 당안제도의 폐기 혹은 개선을 주장함으로써 조반파의 기대에 부응했다(徐友漁, 『形形色色的造反: 紅衛兵精神素質的形成及演變』, p.155 참조). 또한 반드시 혈통 문제와 직결되지는 않지만 임시공, 계약공에 대한 중앙문혁소조의 관심 역시 초기 홍위병운동에서 소외되었던 사회 소수자의 문혁 참가를 촉발시키는 계기로 작용했다. 중앙문혁소조와 이들의 전국 조직인 전국홍색노동자조반총단과의 대화는 「江靑·陳伯達·康生等接見"全國紅色勞動者總團"部分代表時的講話」(1966.12.26), 中國人民解放軍·國防大學黨建黨史政工教硏室, 『"文化大革命"硏究資料(上冊)』(1988), pp.191~193.

24 홍위병 北大附中≪紅旗≫戰鬪小組가 그러했다. 이들은 "부모가 영웅이면 (그) 아들이 멋쟁이(인 것은) 혁명정신이 대대로 전해졌기 때문"이라고 판단했다〔「自來紅們站起來了!」, 北京≪兵團戰報≫(1966.11.26)〕.

25 「中共中央·國務院關於在無産階級文化大革命中加强公安工作的若干規定」(1967.1.13; 中發[67] 19號), CCRD 수록, 참조.

지를 명령했던 당 중앙이 반대로 1967년 2월 '혈통론'의 핵심적 근거인 당안의 보호를 지시한 것도 같은 맥락에서 이해된다.[27]

이러한 상황에서 '혈통론'에 대한 강력한 비판 담론으로 등장한 것이 '출신론(出身論)'이었다. 당연히 그것은 출신 혈통이 나쁘다는 이유로 문혁 초기에 부당하게 억압받던 '흑오류'의 입장을 대변했다. 대표적으로 위뤄커는 「출신론」을 통해 체계적인 주장을 전개했다.[28] 이 글은 본래 '혈통론'이 한창이던 1966년 7월 초고가 완성되었으나 1967년 2월 베이징가정출신문제연구소조의 이름으로 ≪중학문혁보(中學文革報)≫ 창간호에 발표되었다.[29] '연구소조'라는 명칭은 문혁 당시 홍위병 사이에서 유행하던 '전투대' 또는 '병단' 등과는 분명한 차이를 보였다. 이를 통해 그들의 목적이 단순한 '투쟁', '선동', '탈권'이라기보다는 '연구'와

---

26   즉, "홍위병은 마땅히 노동인민가정(공·농·병·혁명간부와 기타 노동자) 출신의 혁명학생이 주체가 되어야 한다"고 했다. 정치표현이 좋은 비노동인민 가정 출신의 홍위병 조직도 인정하기는 했지만 무조건적인 참가 아닌 자의적 해석이 전제되었다〔「中共中央關於中學無産階級文化大革命的意見(供討論和施行用)」(1967.2.19; 中發[67] 59號), CCED 수록, 참조〕. 대전원교 학생에 대해서도 동일한 의견이 제시되었다〔「中共中央關於大專院校當前無産階級文化大革命的規定(草案)(供討論和施行用)」(1967.3.7; 中發[67] 81號), CCED 수록, 참조〕. 이러한 방침에 근거하여 수도대전원홍위병대표대회는 노동인민가정 출신과 비노동인민가정 출신을 구별하여 조직에 참가시킬 것을 선언했다〔「首都大專院校紅衛兵代表大會宣言」(1967.2.22), CCRD 수록, 참조〕.

27   「中共中央·國務院關於確保機要文件和檔案材料安全的幾項規定」(1967.2.17; 中發[67] 52號), CCRD 수록, 참조. '혈통출신주의'와 관련하여 당안제도의 문제점에 대한 지적은 加加美光行, 『逆說としての中國革命-〈反近代〉精神の敗北』(田畑書店, 1987.5), pp.94~101 참조.

28   그 역시 '흑오류'였다. 그의 아버지 위충지(遇崇基)는 우파분자로 낙인찍혔고 어머니 왕취린(王秋琳)은 자본가였기 때문에 위뤄커는 일찍부터 차별 대우를 받았다.

29   이하 내용은 「出身論」, 首都中學革命造反司令部宣傳部 主辦, ≪中學文革報≫, 第1期(1967.1.18) 참조. 이후 ≪中學文革報≫는 중앙문혁소조의 비판을 받아 1967년 4월 1일 제6기를 마지막으로 출간되지 않았다. 제1기부터 제6까지의 잡지 전문은 위뤄커의 동생 위뤄진(遇羅錦)이 편집한 『遇羅克與≪中學文革報≫: 遇羅克爲之而死被中共封閉至今的六期報紙』(香港: 晨鐘書局, 2013.10)에 소개되어 있다. 「출신론」이 1967년 2월 발표될 수 있었던 것은 '혈통론'이 문혁파로부터 공식적으로 비판받았기 때문에 그것이 합법적 지위를 보장받을 수 있을 것이라는 판단과 관련이 있었을 것이다.

'비판'에 있었음을 짐작할 수 있다.

위뤄커는 '혈통론'에 따른 '흑오류'에 대한 차별이 미국의 흑인, 인도의 수드라, 일본의 천민에 대한 차별과 동일하다는 현실 인식에서 출발했다. 그는 먼저 사회 영향과 가정 영향을 구분하고 전자가 후자보다 중요하다고 보았다. 이 둘은 모두 외적 요인이며 지나치게 이를 강조하는 것은 '주관 능동성'을 인정하지 않는 기계론의 폐해를 범한 것이라 보았다. 또한 위뤄커는 "표현을 중시해야 한다〔重在表現〕"를 설명하면서 "출신과 성분은 완전히 다르다"고 했다. 그에 따르면 아버지의 성분이 아들의 출신이 되지만 가정의 구속력이 해체된 근대 이후 사회에서 이 둘을 하나로 묶을 수 없기 때문에 같은 가정의 성원이라 해도 모두 같은 계급의 성원이 될 수 없다고 했다. 하지만 그의 '출신론'은 마오쩌둥의 '계급낙인론(階級烙印論)'에 의해 공격받을 수 있었다.[30] 그러나 위뤄커가 보기에 이러한 낙인은 개인에 국한될 뿐이지 자식으로까지 이어지는 유전자가 아니었다. 그는 여기서 한 걸음 더 나아가 출신·성분과 표현을 구분했다. 즉, 출신은 부모의 정체성이고 성분은 개인의 정체성을 가리켰다. 그의 입장에서 주관능동성을 기준으로 볼 경우 출신보다는 성분, 그리고 성분보다는 표현이 더 중요했다. 결국 "중재표현"은 이를 의미하는 것이었다. 그의 이러한 논리는 자연스럽게 "출신과 표현은 매우 관계가 적다"와 "출신의 좋고 나쁨은 (그들에 대한) 신뢰 가능성 여부와 아무런 관계가 없다"는 명제로 연결되었다.

이상의 논리는 개인의 사상 개조와 사상 투쟁의 가능성뿐만 아니라 필요성도 강조함으로써, 기계론적 유물론의 절대적 '계급 편견'을 부정하고 역으로 "중재표현"을 통한 '흑오류'의 혁명적 전망을 밝혔다. 그런데 문제는 표현에 대한 객관적 평가 기준에 있었다. 당안으로 파악되는 출신의 명확성[31]에 비해 표현이 주관

---

30   그것은 마오쩌둥의 「實踐論」(1937.7) 가운데 등장하는 "계급사회에서 모든 개인은 일정한 계급 지위에서 생활하며 각종 사상에는 계급의 낙인이 찍히지 않은 것이 없다"는 주장을 가리킨다.

적이며 막연했기 때문에 혁명운동의 과정에서 적/아를 구분하는 데 혈통만큼의 효용성을 발휘하기 힘들었다. 이러한 사실은 '혈통론'의 끈질긴 생명력을 설명함과 동시에 '출신론'의 합리성에도 불구하고 그것의 현실적 한계를 드러내기도 한다.

'혈통론'의 등장 때와 마찬가지로 '출신론' 역시 제기되자마자 홍위병 사이에서 큰 반향을 일으켰다.[32] 문혁의 시작과 함께 '홍오류'가 중심이 되어 홍위병이 처음 조직되었던 칭화부중(清華附中)에서 공개적 비판을 제기했다. 그들은 「출신론」을 '반동혈통론'에 의해 핍박받은 사람들을 이용하여 형이상학적 궤변으로 계급대오를 분열시키는 '대독초(大毒草)'로 규정했다. 그들은 「출신론」이 강조한 가정환경과 사회 환경의 관계를 정반대로 해석하여 양자의 관련성을 강조하면서 사회가 개인에게 미치는 영향이 개인별로 큰 차이를 보이며 개인은 계급이란 큰 틀을 벗어날 수 없다고 보았다. 또한 「출신론」에서 가장 중시하는 "중재표현"도 마오쩌둥의 진의를 왜곡한 형이상학으로 보았다. 그들이 표현만 중시하지 출신을 보지 않는다는 것이었다. 1967년 1월 '탈권' 이후 문혁 수습의 일환으로 혁명위원회에 선발된 다수가 홍오류로서 공작조 노선의 집행자라는 「출신론」의 지적에 대해서도 양자의 관련성을 부정했다.[33] 논쟁 가운데 혁명위원회 구성 문

---

31   개인의 당안에는 '계급 구분'(성분)과 '출신 계급'이라는 항목이 있어 개인의 현재 계급과 출신 계급을 바로 알 수 있었다. '출신 계급'에는 지주·부농·반혁명분자·악질분자·우파분자 등 소위 '흑오류'가 포함된다.

32   「출신론」이 포함된 ≪中學文革報≫ 창간호는 발행 수일 만에 3만 부가 매진되어 바로 6만 부가 추가 발행되었을 정도였다. 제2기는 5만 부가 인쇄되었다. 당시 중앙문혁소조의 지지를 받고 있던 ≪清華井岡山≫과 ≪兵團戰報≫가 매기 50만 부 인쇄되어 그 발행 규모가 컸지만 독자로부터의 호응은 ≪中學文革報≫가 최고였다고 한다. 매기 독자의 편지가 수천 통에 이르렀다〔이상, 宋永毅, 「黑暗中的人權宣言書」, p.390; 遇羅錦, 「乾坤特重我頭輕」, p.345, 둘 다, 徐曉·丁東·徐友漁 編, 『遇羅克 遺作與回憶』(中國文聯出版社, 1999.1) 수록〕.

33   清華附中紅衛兵, 「評「出身論」」(1967.1.21), 徐曉·丁東·徐友漁 編, 『遇羅克: 遺作與回憶』(中國文聯出版社, 1999), pp.125~134 수록 참조.

표 1-1 '혈통론'과 '출신론'

구분	'혈통론'	'출신론'
구호	조반유리(造反有利)	조반유리(造反有理)
순(純)/불순(不純)	혈통적 순수	혈통적 불순, 사상적 순수
타도 대상	일부의 특권계층	일체의 특권계층
전선	폐쇄주의	대오의 확대
조직 표준	출신	마오쩌둥 사상
출신과 계급의 관계	같다	다르다
구성	단일성	다양성
소식 성격	혼합물	화합물

제는 이후 '출신론' 주장자들이 혁명위원회를 부정하는 급진적 입장을 전개하는 데 큰 영향을 준 것으로 주목할 만하다. 사실 혁명위원회의 인정·수용 여부와 그 정도는 극좌파/급진파/문혁파/보수파 등을 구분 짓는 중요한 기준점이기도 했다.

위뤄커의 「순(純)'을 말한다」는 '혈통론'에 근거한 '연동'의 반론에 대한 재반론의 성격을 띤 글이다. 그의 주장을 통해 양 파의 주장을 간략하게 정리하면 〈표 1-1〉과 같다.[34] 〈표 1-1〉은 비록 '출신론'의 입장에서 '혈통론'을 비판하기 위해 작성된 것이지만 두 담론의 차이를 일목요연하게 보여준다.

반면, 베이징경공업학원동방홍공사(北京輕工業學院東方紅公社) 작전조(作戰組)·선전조(宣傳組)에 의해 좀 더 체계적으로 '출신론'에 대한 비판이 제기되었다.[35] 그에 따르면 '출신론'은 우선 "형식은 좌이지만 실제는 우가 되는[형좌실우(形左實右)]" 모습을 띤 '혈통론'에 대한 비판을 명분으로 내세웠지만, 실제로는 '계급소

---

34   北京家庭出身問題研究小組, 「談"純"」, ≪中學文革報≫, 第2期(1967.2.2).

35   北京輕工業學院東方紅公社 作戰組·宣傳組, 「大毒草『出身論』必須連根鏟除」(1967.2.22), 北京≪旭日戰報≫(1967.2.25 特刊), CCRD 수록, 참조.

멸론'과 '계급조화론'을 주장한다고 보았다. 좀 더 구체적으로 '출신론'의 일관성 없는 '주관능동성' 강조는 내인과 외인의 관계를 잘못 분석한 것으로 둘 가운데 어느 하나만을 강조할 수는 없다고 보았다. 또한 내·외인의 관계로 가정이 개인에 미치는 영향을 부정하는 것은 잘못된 것이라 했다. 즉, 가정의 영향은 부정하면서 사회 영향을 강조하는 이유가 무엇이냐고 힐난하는 것이었다. 결국 그들은 '성분론(成分論)', '불유성분론(不唯成分論)', "중재표현(重在表現)" 세 가지 모두를 견지해야지 '출신론'의 주장처럼 "중재표현"만을 단편적으로 중시해서는 안 된다고 했다. 게다가 '출신론'은 본래 "중재표현"에 포함된 계급 성질을 제외시킴으로써 "표면을 중시한다(重在表面)"로 변질시켰다고 비판했다.

'출신론'에 대한 좀 더 구체적인 그들의 반감은 다음의 인용을 통해 잘 드러난다.

「출신론」은 공개적으로 반혁명 복벽을 호소한 선언서이며 반동 세력의 '탈권'을 위해 여론 조장을 준비한 것이다. 「출신론」은 또한 살기등등한 반혁명 복수서이다. 현재 전국의 많은 지방에서 제대로 개조되지 않은 한 줌의 지(地)·부(富)·반(反)·회(懷)·우(右) 분자 및 그 자손들이 자산계급반동노선 비판을 이용하여 분분히 등장했다. 그들은 스스로 좌파라 칭하며 조반의 기치를 내걸고 "형좌실우" 비판을 명분으로 당의 계급노선과 노동자·농민의 자녀를 공격했다.

이들 '출신론' 비판론자들이 과거 '혈통론'을 그대로 되풀이하고 있지는 않지만, 큰 영향력을 지닌 하나의 사회사조로 등장한 '출신론'의 위협을 직시하면서 경계심을 드러내고 있다. 문혁파에 의해 이미 '반동적 혈통론'으로 규정된 이상 공개적으로 '혈통론'을 내세울 수는 없었지만, '출신론' 비판을 통해 그 논리가 지속되고 있다는 사실에 주목할 만하다.[36]

이상에서 살펴보았듯이 '혈통론'에 이어 '출신론' 역시 홍위병 사이에서 논쟁을 확산시켜 나갔다. 궁극적으로는 마오쩌둥에 의해 이들 혁명담론 논쟁의 향방과 최종 판단이 이루어지겠지만 현실적으로는 당시 문혁을 주도하고 있던 중앙문혁소조가 그 역할을 대신했다. 이전 '혈통론'에 대해서는 소조 조장 천보다가 나서서 '반동사상'이라 판정했었다면 이번에는 소조원 치번위가 전면에 나섰다.

이미 지적했듯이 '혈통론'을 비판한 바 있었던 치번위는 1967년 4월엔 '출신론'에 대한 비판적 입장을 다음과 같이 천명했다.[37]

> 그것의 착오는 계급 관점을 부정하고 계급 분석을 부정하며 계급 출신의 사람에 대한 영향을 부정하는 것이다. 그는 객관주의라는 위장된 자산계급관념을 이용하여 '혈통론'을 반대하는데 결과적으로 '혈통론'과 동일한 방식으로 사회주의제도를 공격하며 우리나라가 종성제도(種性制度)를 만들어낸다고 말한다. 이는 계급 분석을 부정하며 계급 관점을 말살하고 근본적으로 계급 출신을 말살하려는 기도이다.

그가 보기에 '출신론'은 '혈통론' 반대를 이용하여 당에 대한 홍위병의 불만을 촉발시키고 당을 공격하라고 선동하는 '대독초'이며 '반동사상'이었다. 따라서 그는 "성분을 무시하는 것뿐만 아니라 성분만을 중시하는 것에도 반대한다"는 마오쩌둥의 주장[38]에 근거하여 다음과 같은 결론을 내렸다.

> 먼저 출신을 봐야 한다. 그러나 단지 그것만 봐서는 안 된다. 출신이 좋지 않지만

---

36   베이징가정출신문제연구소조는 이상의 '출신론' 비판에 대한 재비판을 이론적 차원과 정치적 차원에서 각각 재비판했다〔「反動血統論的新反撲:駁「大毒草」「出身論」必須連根剷除」, ≪中學文革報≫, 第3期(1967.3.6)〕.

37   「戚本禹張春橋謝富治接見北京中學代表時的講話」(1967.4.13), CCRD 수록, 참조.

38   毛澤東, 「糾正土地改革宣傳中的"左"傾錯誤」(1948.2.11), https://www.marxists.org/chinese/maozedong/marxist.org-chinese-mao-19480211.htm(검색일: 2017.1.25).

그들은 조반을 환영한다. 하지만 출신을 부정할 수 없고 계급 분석을 부정할 수 없으며 사회생활에서 받는 영향을 부정할 수 없다.

이상, '유성분론'에도 반대해야 하지만 성분을 무시해서도 안 되며, '유성분론'에도 반대하지만 '불성분론'에도 반대한다는 치번위의 논리는 마오쩌둥의 주장에 따른 것으로 앞서 살펴본 베이징경공업학원동방홍공사 홍위병의 주장에서도 확인된다.[39] 하지만 앞서 소개한 천보다의 주장에 비해 치번위는 '출신론' 유행 이후 변화된 상황 속에서 명시적으로 '혈통론'을 비판하지는 않았다. 사실 혈통론'에 대한 쟝칭(江靑)의 태도 역시 그렇게 명확하지 않았다. '대련'에 대한 명확한 입장을 밝혀달라는 홍위병의 요구에 자신은 "완전하게 동의하는 것은 아니다"라고 하면서 이와 같은 '봉건적 술어'로 '새로운 사상'을 대표할 수 없다고 보았다. 아울러 지엽적인 문제에 정력을 소모해서는 안 된다고 하여 논쟁의 불필요성을 강조했다.[40]

어쨌든 앞서 살펴본 탄리푸의 주장에 비해 치번위는 '혈통' 대신 '출신'을 그리고 '가정' 대신 '계급'을 사용했을 뿐 본질적으로 주장에 큰 차이가 없음을 알 수 있다. 결국 치번위는 양비론(兩非論)이 아닌 '혈통론' 쪽으로 한 걸음 더 다가간 것은 아닌가?

실제적으로 이미 '반동 조직'으로 규정되어 '토비(土匪)'로까지 비판받았던 '연동'[41]은 1967년 여름 치번위의 위 강화를 '출신론' 공격에 활용하고 있다. 즉, '연동'은 '출신론' 비판에 편승하여 ≪인민일보≫(1967년 4월 13일 '사론')와 4월 14일의 치번위 강화[42]에 근거하여 베이징 4중 '흑오류'의 '홍4월 운동'에 반격을 가하

---

39   또한 이러한 주장은 '출신론'이 등장하기 전, '혈통론'이 유행하던 시기에도 이미 제기되었다
      (「烈火包不住, 揭開這個盖子」, 北大附中『紅旗』戰士, 第3號(1966.7.8), CCRD 수록, 참조).
40   「江靑王任重康生對北京中學生的講話」(1966.8.6), CCRD 수록, 참조.
41   「戚本禹接見中學代表時的講話」(1967.4.14), CCRD 수록, 참조.

고 그들을 진압하라고 촉구했다. 또한 '연동'은 '흑오류', 즉 '좌파'와 해방군의 관계를 파괴하기 위해 그들에게 "해방군 반대!", "군대 훈련 반대!"의 죄명을 덧씌울 것을 주장했다. 짐작컨대 '연동'은 "혁명간부·혁명군인 자제가 정권을 장악해야 한다!"는 구호에서 명확하게 드러나듯 여전히 '혈통론'를 고수하고 있고, 또한 '흑오류'를 '좌파'로 규정한 데에서 드러나듯 '출신론'을 체제 도전의 급진적 주장으로 이해하고 있다.[43]

'출신론'의 급진성은 '공윤파(公允派)'에 대한 위뤄커의 태도를 통해서도 그 일단을 엿볼 수 있다. 여기서 '공윤파'란 본래 "공평 타당하다"는 의미의 중간적 입장을 견지하는 일파를 가리킨다. 그런데 「출신론」에서 '공윤파'의 주장은 다음과 같이 셋으로 정리되었다. 첫째, "우리는 성분론을 주장한다. 그러나 유성분론은 아니며 정치표현을 중시한다." 둘째, "우리는 출신도 중시할 뿐만 아니라 정치표현도 본다." 셋째, "당연한 것이지만 흑오류의 자녀는 그들의 가정과 완전히 동일한 것은 아니다." 이 세 주장의 각각에 대해 「출신론」은 다음과 같이 비판했다. 첫째에 대해서는 피해받은 대상을 고려한 것이 아니고, 둘째에 대해서는 "출신이 곧 성분"이라는 주장을 되풀이한 것에 불과하고, 셋째에 대해서는 '흑오류'가 '홍오류'와 달리 부모의 나쁜 영향으로부터 보호받을 수 없기 때문에 신뢰할 수 없다는 사실을 암시하고 있다고 했다. 이상과 같이 '출신론'은 일견 절충적인

---

42   이 사론은 ≪人民日報≫의 "革命的大批判促進了革命的大聯合"을 가리키는 것 같다. 또한 치번위의 강화는 「戚本禹接見中學代表時的講話」(1967.4.14)를 가리키는 것으로 보이지만 전날 이루어진 『戚本禹張春橋謝富治接見北京中學代表時的講話』(1967.4.13, CCRD 수록, 참조)에도 동일한 내용의 발언이 등장한다. 일반적으로 치번위의 이 강화로 촉발된 '출신론' 비판 때문에 위뤄커(遇羅克)가 사형에 처해지게 되었다고 알려져 있다. 하지만 치번위 자신은 위뤄커의 사형 시점에 자신이 투옥되어 있었고 그의 인신 구속에 대해 아는 바가 없다고 해명했다(戚本禹, 『戚本禹回憶錄』(下), 香港: 中國文革歷史出版社, 2016, pp.490~491 참조).

43   이상의 내용은 首都紅衛兵聯合行動委員會·首都紅八月革命造反司令部, 「緊急聯合通告」(1967.8), 中發7431 密字 3452(注意此爲暗號!), CCRD 수록, 참조.

입장으로 보이는 '공윤파'의 주장이 실질적으로는 '혈통론'을 대변하고 있다고 비판했던 것이다.

그렇다면 '공윤파'는 누구인가? 「출신론」에 소개된 내용에 따르면 앞서 살펴본 치번위의 절충론이나 그가 근거했던 마오쩌둥의 주장과 일맥상통하고 있다고 할 수 있다. 그렇다면 '공윤파'는 겉으로는 '혈통론'과 '출신론'을 절충하는 듯하지만 '출신론'을 배척함으로써 실질적으로는 '혈통론'을 옹호하는 치번위나 그를 포함한 문혁파를 지칭하는 것은 아닌가? 이러한 '출신론'의 급진성은 위뤄커의 '혈통' 이외에 '경험'에서 비롯된 측면도 있다. 그는 문혁 전 3년 동안 농촌 하방 지식청년(지청)으로 생활하면서 체제에 대한 불만을 키워왔기 때문이었다. 이들이 문혁 발발 이후 도시에 귀환하여 급진 조반파와 깊은 친화성을 갖는 것은 자연스러웠다.

'출신론'에 대한 문혁파의 철저한 탄압은 이로써 충분히 예상될 수 있다. 1968년 1월 5일 체포된 위뤄커는 1970년 3월 5일 '현행반혁명범(現行反革命犯)'으로 사형에 처해졌다. 그의 운명은 1966년 12월 체포된 지 얼마 되지 않아 저우언라이와 중앙문혁소조의 협상 후에 1967년 5월 석방되어 소요파로 문혁에 거리를 둔 채 비교적 순탄한 삶을 살았던 '혈통론'의 탄리푸와는 큰 차이를 보였다.[44] 둘의 상반된 인생 역정은 문혁이 '혈통론'의 원리에서 크게 벗어나지 않은 채 진행되었음을 시사해 주고 있다. 또한 위뤄커가 체포된 것은 문혁파의 반극좌운동이 전국적으로 전개된 시점이기도 하다. 이는 '출신론'의 체제 변혁적 급진성이 극좌파의 그것과 일부 관련되어 있음을 반영하고 있는 것은 아닌가? 1970년의 처형 또한 10만 명이 지켜보는 가운데 베이징공인체육운동장에서 이루어졌고, 이때 마침 '계급대오정리운동'이 전개되면서 '흑오류' 출신의 조반파가 다수 희생되

---

44   散仙谷, 「再看看故宮博物院的黨委書記老紅衛兵譚力夫」, http://bbs.creaders.net/tea/bbsviewer.
      php?trd_id=588637&language=big5(검색일: 2017.1.30).

었다는 사실에도 주의할 필요가 있을 것 같다.

'출신론'은 그만큼 '반체제적 담론'의 성격이 강했고 '흑오류' 지칭 출신 위뤄커의 극좌적 지향을 잘 드러내주고 있다고 할 것이다. 그는 1966년 마지막 날의 일기에서 다음과 같이 쓰고 있다.

만약 내가 스스로 기만하여 혹여 진리 탐구 이외의 것에 굴복한다면 그것은 내 일생 중 가장 참기 힘든 일이 될 것이다. 나는 한 명의 마르크스·레닌주의의 충실한 신도로서 공산주의 사업을 위해 헌신할 것이다!

또한 「출신론」 마지막에 "철저한 유물주의자는 두려워할 것이 없다!" "억압받고 있는 모든 청년들이여 일어서서 용감하게 전투를 전개하라!"고 했다. 이상과 같이 그의 일기와 「출신론」에서 확인되듯 진리·마르크스주의·공산주의·유물주의 등에 대한 절대적 신뢰를 통해 본다면 그의 '출신론'은 보다 철저한 공산주의 이상, 즉 극좌적 이상에 대한 믿음에서 비롯된 것으로 봐야 할 것이다.[45]

3. '4·3파' 대 '4·4파'

1967년 3월 7일 마오쩌둥의 지시[46]에 따라 홍위병은 "학업에 복귀하여 혁명에 열중하며" 군사 훈련, "좌파 지지" 등의 지시에 따라야 했다. 이에 베이징 위수구(衛戍區) 사령부에서 파견된 1만 5000명의 지전원(指戰員)이 군훈단(軍訓團)이라는

---

45 遇羅錦, 「乾坤特重我頭輕-回憶我的哥哥遇羅克」, 『遇羅克 遺作與回憶』, p.353.

46 「在關於天津延安中學以教學班爲基礎實現全校大聯合的報告上的批語」(1967.3.7), 『建國以來毛澤東文稿』, 第12冊(中央文獻出版社, 1998), p.250. 같은 날 '삼지양군'[三支兩軍, 자좌(支左)·지농(支農)·지공(支工)·군관(軍管)·군훈(軍訓)]과 함께 '삼결합'이 통보되었다.

이름으로 베이징 329개 중등학교와 9개 대학 총 31만 명의 학생에게 군사 정치 훈련을 실시했다. 이들 군훈단은 4청운동과 초기 문혁운동을 지도하기 위해 중앙에서 파견된 공작조(工作組)와 마찬가지로 대중운동의 자율성을 억압하는 조직으로 작용할 수 있었다. 하지만 차이가 있다면 공작조 때와 달리 군훈단이 마오쩌둥의 적극적 지지를 받았다는 점이다. 군사훈련은 대학생에 비해 나이가 어린 중·고등학생에게 더 큰 영향을 미쳤다. 특히 군에 의한 조직 정비 과정에서 특정 조직의 해산과 지지는 홍위병 사이에 큰 불만을 야기했다. 게다가 군훈단이 대부분 빈·중·하농 출신으로 구성되었기 때문에, 대체로 그들은 '홍오류' 중심의 홍위병 조직을 지지하는 경향을 보였다. 그 결과 군의 "좌파 지지"를 둘러싸고 베이징의 조반파 홍위병 세력은 크게 둘로 나뉘었다.[47]

구체적으로는 1967년 4월 3일 천보다, 캉성, 쟝칭 등이 중등학생 홍위병 대표를 접견하는 자리에서 중학의 좌파 조직이 해산될 수 없다고 했고, 일부 학생이 이에 근거하여 조직을 결성하고 스스로 '4·3파'로 명명했다.[48] 이날 쟝칭은 몹시 흥분하면서 좌파를 지지해야 하는 군이 오히려 좌파를 해산시키는 잘못을 저지르고 있다고 비판하고 군훈 책임을 맡고 있는 베이징 위수구 부사령관 리중치(李鍾奇)의 3월 27일 강화가 잘못된 '연동'적 관점이라고 주장했다.[49] 아울러 '연동'이 이화원(頤和園)과 팔보산(八寶山)에서 여전히 활동하고 있는 것은 당내·군대 내

---

47 이상의 내용에 대해서는 卜偉華, 「"文化大革命"中北京的"四三派"和"四四派"」, ≪中共黨史資料≫ (2008.6.15) 참조.

48 이하, 양 파의 분열 과정에 대한 연대기적 서술은 江西大學井岡山兵團 ≪井岡輕騎≫、南昌五中 "一小撮"戰鬪團≪猛闖≫兵團, 「震撼世界的偉大革命: 全國無産階級文化大革命大事記革命(二)」(1968. 1.1), CCRD 수록, 참조.

49 캉성 또한 동일한 취지의 발언을 했다〔「中央首長接見大專院校和中等學校代表的講話」(1967.4. 3), CCRD 수록 참조〕. 그에 따르면 3월 27일 리중치는 홍위병 대표들을 향해 "여기에 자리한 사람들은 모두 고간자제·간부자제이고(부모가 문제가 있는 경우는 제외하고), 너희의 부모는 홍군시대, 항일전쟁, 사회주의건설 시기에 매우 큰 공헌을 했다. 너희는 그들의 정신을 지지해야 한다"고 했다.

주자파의 지지 때문이라고 했다. 다음 날 4월 4일 중앙수장(中央首長)들은 베이징 홍대회(紅大會) 대표 앞에서 좌파 지지의 과정에서 보여준 군의 착오에도 불구하고 "리중치 축출!" 구호는 잘못되었고 군을 보호해야 한다고 주장했다.[50] 이에 자극받은 다른 일군의 홍위병이 결성한 조직이 '4·4파'였다. 이들은 '4·3파'가 '연동'에 대해 비판함으로써 대중 내부를 분열시키기 때문에 대다수를 단결시킬 수 없다고 했다. 또한 당시 진행되고 있는 군훈에 대해 '4·3파'와 달리 긍정적으로 평가했다. 중등학교 내의 갈등은 홍위병대표대회에도 그대로 반영되었고 분열된 대학생 홍위병과도 상호 관련되어 복잡한 대립 양상을 띠면서 1968년 말 상산하향운동이 본격적으로 진행될 때까지 지속되었다.[51]

이상의 내용과 회고 등을 종합하여 양 파의 차이를 간략하게 정리하면 〈표 1-2〉과 같다. 〈표 1-2〉를 통해 초기 '혈통론' 논쟁에서와 같은 '홍오류'와 '흑오류'의 명확한 구분은 아니지만 여전히 '혈통론'에 기반을 둔 양 파의 대립이 지속되고 있음을 다시 한 번 확인할 수 있다. 그런데 〈표 1-2〉에 제시된 조직 '규모'로 당시 양 파의 세력 분포를 짐작할 수 있으므로 좀 더 자세히 살펴보도록 하자.

1968년 5월 베이징군훈총지휘부는 양 파의 투쟁이 격렬하고 또한 주변 홍위병에 강한 영향력을 행사하는 칭화부중, 101중, 런다(人大)부중, 28중, 6중, 사대여부중(師大女附中), 31중, 27중, 5중, 사대1부중 등 10개 중등학교에 대해 조사를 진행했다. 그에 따르면 10개 중등학교 혁명위원회의 학생위원은 총 110명이었는데, 그 가운데 '4·3파'가 47명, '4·4파'가 46명, 기타 17명이었다. 그리고 혁명위원회 주임은 일반적으로 학교의 이전 지도 간부 혹은 군 대표가 맡았고 부주임은 각 파가 한 명씩 나눠 맡았다. 비록 전체 수에서는 3만 대 20만으로 '4·3파'

---

50   周恩來·陳伯達·江靑,「中央首長與北京紅代會代表座談紀要談」(1967.4.4), CCRD 수록, 참조.

51   베이징2중을 중심으로 한 양 파의 성립과 갈등의 구체적 모습에 대해서는 劉自立,「四·三、四·四之争-寫在文革四十五周年」, ≪北京之春≫(2014.11. 12), http://beijingspring.com/bj2/2010/170/20141112192514.htm(검색일: 2017.1.15) 참조.

표 1-2 '4·3파'와 '4·4파'의 비교

구분	'4·3파'	'4·4파'
발생 계기	중앙수장의 4월 3일 강화	중앙수장의 4월 4일 강화
군(훈)에 대한 태도	반대	지지
구성	다수 '흑오류'+소수 '홍오류'+소수 '노홍위병'	다수 '홍오류'+다수 '노홍위병'+소수 '흑오류'
'연동' 사상에 대한 태도	적극적 반대	소극적 반대
규모(1968. 5)	소수 / 3만	다수/20만
홍대회(紅大會)에 대한 입장	적극적 개조	지지
대연합 원칙	좌파 주도	단결
대표 인물과 조직	진졘(金堅) 량향전교팔일팔(良鄕電校 八一八) 건공학교비호대(建工學校飛虎隊)	리둥민(李冬民) 류용장(劉龍江) 마오쩌둥 사상홍위병
대학의 지지	칭화대학 징강산병단 콰이다푸 등 대전학교(大專院校) 조반파	베이징대학의 녜위안쯔
주요 주장	"리중치 포격, 홍대회 해산"	내부의 단결
선전 도구	≪중학홍위병(中學紅衛兵)≫ ≪중학논단(中學論壇)≫ ≪사삼전보(四三戰報)≫ ≪신사중(新四中)≫	≪병단전보(兵團戰報)≫ ≪삼필전보(三七戰報)≫

가 열세이지만 지도부의 구성에선 기본적으로 두 세력이 균형을 이루고 있었음을 알 수 있다. 이렇게 된 데에는 개인적 능력 이외에도 내부 결속력과 외부 지원 등의 요소가 복합적으로 작용한 결과일 것이다. 하지만 졸업 이후의 직장 배분이나 특히 군 배치에서 차별이 존재했다. 예컨대 양측 수가 비슷한 런다부중, 101중, 28중, 31중의 경우 군에 배치된 총 266명 가운데 '4·3파'는 36명(전체 '4·3파' 가운데 24%), '4·4파'는 143명('4·4파' 가운데 79%), '노홍위병'이 81명, 기타 조직에 가담하지 않은 자 여섯 명으로 구성되었다. 이러한 차별은 양 파의 지향과 군(훈)에 대한 입장에서 보면 자연스러웠다. 5중의 홍위병 조직인 동방홍(東方紅)

21명의 핵심 분자 가운데 20명은 착취계급 가정 출신이거나 역사 문제 때문에 군훈단으로부터 신뢰를 받지 못했던 것도 같은 이유에서였다. 이후 '계급대오정리' 운동 시기에 비판·축출당한 5개 학교 가운데 4개 학교는 '4·3파' 홍위병이 중심이 되었다.[52]

하지만 이러한 구분법에 대한 반론 또는 분파성에 대한 비판이 제기되었다는 사실도 주목할 필요가 있다. 예컨대 당시 중앙문혁소조는 홍위병의 분열 대립에 불만을 표시했고 특히 천보다는 '4·3파'와 '4·4파'라는 명칭 자체를 부정했다.[53]

또한 베이징 신4중의 츠자오(赤潮)에 따르면 양 파의 차이는 군대 문제가 아니라 혁명의 철저성을 둘러싼 차이, 과거 잘못을 범한 동지에 대한 태도 차이에서 비롯된 것이었다. 결국 그의 주장은 양 파의 모순을 직시하고 대립을 해소하여 '대연합', '삼결합'을 이뤄내야 한다는 것이었다. 이러한 절충적 주장에 대해 이 글을 소개한 ≪사삼전보≫의 편집자는 '책략파' 혹은 '4·35파'의 것으로 규정했다.[54] 그런데 '4·4파'의 입장을 반영하는 ≪병단전보≫ 역시 양 파의 논쟁이 "이전 반동 대련과 똑같이 계급의 적에게 이용당해 혁명대오를 이간질하고 무산계급혁명파의 대연합을 파괴하는 하나의 정치 음모이다"라고 규정했다.[55] '무조건적인 대연합'을 반대하는 '4·3파'의 입장에서 보면 이러한 절충적 '책략파' 혹은 '4·35파'의 주장은 '4·4파'의 입장에서 크게 벗어난 것은 아니라 할 수 있다.

---

52 北京軍訓總指揮部, 「關於北京市中學革命大聯合情況的報告」(1968.7.11), 卜偉華, 「"文化大革命"中 北京的"四三派"和"四四派"」, ≪中共黨史資料≫(2008.6.15)에서 재인용.

53 「中央首長接見北京大學生中學生代表時的講話」(1967.4.21), CCRD 수록, 참조.

54 赤潮, 「"四·三", "四·四"派斗争的意义」, 北京≪四三战报≫第一期(1967.6.11), CCRD 수록, 참조. 베이징 二流社를 중심으로 양 파의 통합 상황과 지식인의 각성에 대해서는 楊健, 「紅衛兵集團向 知青集團的歷史性過渡」(1968年秋-1971年秋), ≪中國青年研究≫, 1996-2; 甘鐵生, 「有關"二流社"的 介紹」, http://blog.sina.com.cn/s/blog_6560dfbf01015afh.html(검색일: 2017.1.15) 참조.

55 ≪兵團戰報≫ 編輯部, 「提倡積極的思想鬪爭, 反對"四三""四四"區分論」, ≪兵團戰報≫(1967.5.20), CCRD 수록, 참조.

아울러 당시 베이징 홍위병 가운데에는 위에서 살펴본 '4·3파'나 '4·4파' 이외에 '홍오류' 중심의 '노홍위병'이 여전히 존재했다. 이들은 문혁 초기 정치적 격변의 과정에서 '반동' 혈통론자로 비판받은 뒤 상당수가 문혁정치에 거리를 둔 소요파가 되었다. 이들 역시 '불삼불사파(不三不四派)' 혹은 '4·35파'로 규정될 수 있을 터이지만, 홍위병 내부에서 비타협적 투쟁을 강조하는 급진적 '4·3파'의 대척점에 있다고 한다면 전체적으로 '4·4파' 쪽으로 기울어져 있다고도 볼 수 있다.

이상에서 살펴보았듯이 1967년 봄 군의 문혁 개입을 계기로 베이징 홍위병 내에 '4·3파'와 '4·4파'라는 분파가 명확히 형성되어 갈등과 투쟁을 지속했고 그 구분에 여전히 '혈통론'이 개입되어 있었다. '출신론'의 급진성은 이제 군과의 관계 속에서 보다 분명해지면서 극좌사조로의 전환이 모색되는 단계에 이르렀다.

제2장

중앙문혁소조와 치번위(戚本禹)

1. 문혁파로서의 치번위

치번위(戚本禹, 1931~2016), 산둥 웨이하이(威海) 인. 1949년 후반 중국공산당에 가
입했다. 일찍이 중공중앙 판공청(辦公廳) 신방과(信訪科) 과장, ≪홍기≫ 역사조 편
집조장, 중앙문혁소조 성원, 중앙판공청비서국 부국장, ≪홍기≫ 부총편집, 중공중
앙판공청 대리주임 등을 역임했다. 1983년 11월 2일 베이징시 중급인민법원은 반
혁명선전선동죄, 무고죄, 조직폭력죄로 징역 18년과 정치권리 박탈 4년 처분을 내
렸다. 그는 1967년 4월 14일 위뤄커의 「출신론」을 '대독초'라고 규정하여 1970년 3
월 5일 사형선고를 받게 했다. 중앙문혁소조의 마지막 성원인 치번위는 2016년 4월
20일 오전 7시 58분 상하이에서 병으로 죽었다.

위의 내용은 중국의 대표적 인터넷 검색사이트인 바이두(www.baidu.com)의
검색 결과이다.[1] 간략한 경력을 통해보면 그가 중앙문혁소조의 일원으로 1966년

---

1 http://baike.baidu.com/link?url=mFzMy9qAM1tYDCdkRWEr1tIW7qpYnvCK1lIGytmp4lFIku
   EOwj5wV-UiVkA51l2h5GEzZYN1OrCx-4eYhuH_5q(검색일: 2016.8.15).

당시 35세의 젊은 나이에 문혁을 실질적으로 추진한 핵심 인물 중 하나였고 역사학도였으며 문혁 이후 '반혁명분자'로 처벌받은 문혁파 가운데 한 명이었음을 짐작할 수 있다. 그런데 위의 약력에서 빠진 중요한 사실은 그가 문혁이 한창 진행 중이던 1967년 8월 중앙문혁소조원 왕리(1921~1996년)와 관평(1919~2005년)의 격리심사〔외부적으로 '청가검토(請假檢討)'〕에 이어 1968년 1월 같은 처분을 받고 바로 친청(秦城) 감옥에 투옥되었다는 것이다. 소위 '왕·관·치 사건'이다. 이렇게 본다면 문혁을 적극적으로 추진했던 치번위는 마오쩌둥과 쟝칭, 린뱌오를 중심으로 하는 문혁파로부터 숙청당하고 문혁 이후 개혁·개방파로부터 다시 한 번 처벌받은 예외적 인물이라 할 수 있다.[2]

중앙문혁소조 제1호 '대필간자(大筆杆子)'로 알려진 왕리는 출옥 후 회고록[3]을 통해 문혁을 '반사(反思)'했다. 그런데 그의 '반사'는 곧 '부정'이었다. 홍위병들 사이에서 중앙수장 가운데 한 명으로 지칭되었던 관평은 출옥 후 문혁에 대해 "보지도 않고 생각도 안 하며 말하지도 쓰지도 않는다"는 '4불 원칙'을 고수했다.[4] 반면 문혁 중 '치대수(戚大帥)'로 알려진 치번위는 회고록을 통해 전면적으로 문혁을 다루면서 왕리와는 정반대의 입장을 취했다.[5]

그렇다면 문혁의 추진·집행자이고 문혁의 '가해자'이자 동시에 '피해자'인 치번위가 18년의 장기 수감 생활 이후 문혁이 철저하게 부정당하고 있는 현실에서

2   왕리와 관평이 문혁 이후 기소면제 처분을 받고 1982년 석방되었다는 점에서도 더욱 그러하다.
3   王力, 『王力反思錄』上·下冊〔香港: 北星出版社有限公司, 2013年(第3版)〕.
4   霞飛, 「王力·關鋒·戚本禹的人生結局」, ≪讀書文摘≫(2010.6).
5   戚本禹, 『戚本禹回顧錄』上·下(香港: 中國文革歷史出版社, 2016). 특히 『戚本禹回顧錄』(下)는 대부분 자신의 문혁 경험에 대한 회고이다. 특히 저자의 후기에는 회고록 판권 획득을 위해 미국의 한 출판사가 선불로 40만 달러를 지급했지만 거부했다는 일화가 소개되었는데 이를 통해 치번위가 고수했던 정치관의 일면을 엿볼 수 있다. 2016년 그의 죽음과 회고록 출판은 홍콩과 대만은 물론 한국 언론에도 소개되어 큰 반향을 일으킨 바 있다〔"마오 연설문 담당, 최후의 중앙문혁소조 치번위 사망", ≪중앙일보≫(2016.4.22), 23면; 江迅·項惟, 「『戚本禹回憶錄』出版前後」, ≪亞洲週刊≫, 第30卷 第21期(2016.5.29), pp.30~32 참조〕.

어떻게 여전히 문혁과 마오쩌둥에 대한 존경과 긍정의 신념을 유지할 수 있었을까?

한편, 쟝칭의 비서였던 옌장구이(閻長貴)는 문혁과 중앙문혁소조 내의 실제 역할을 고려할 때 '왕·관·치'가 아니라 오히려 '치·관·왕'의 순서로 해야 한다고 주장했다.[6] 이러한 주장은 치번위가 중앙문혁소조 내에서는 물론 문혁의 초기 과정에서 두드러진 역할을 수행했음을 짐작케 한다. 그렇다면 중앙문혁소조 내에서 그리고 문혁운동의 과정에서 수행했던 구체적인 역할은 무엇이고 그것은 또 어떻게 평가될 수 있을 것인가? 그는 중앙문혁소조 내에서는 물론 홍위병과의 관계 속에서 두각을 나타내었고 마오쩌둥과 쟝칭의 개인비서를 맡음으로써 그들과 중앙문혁소조를 연결하는 중요한 역할을 수행했다. 따라서 그의 발언은 그동안 베일에 싸여 있었던 상층 문혁의 내막과 논란의 여지가 많은 사실(史實)에 대해 유용한 정보를 제공해 줄 것으로 기대된다. 마지막으로 문혁 시기 급진적 대중운동과의 관련 속에서 치번위가 수행한 역할은 무엇인가? 문혁은 대중의 자발적 참여를 강조했지만 초기에 마오쩌둥과 중앙문혁소조의 역할은 매우 중요했다. 어떻게 문혁파의 의지가 대중에게 관철되어 갔으며 치번위의 정치적 입장은 어떻게 정리될 수 있을까? 이하에서는 이러한 몇 가지 의문에 초점을 맞춰 그의 죽음에 즈음하여 최근 발행된 『치번위회고록(戚本禹回憶錄)』을 상세히 검토할 것이다. 이로써 기존 문혁에 대한 일면적·사회 이론적·권력 투쟁적·이데올로기적 이해를 넘어 새로운 '역사로서의 문혁'을 재구성하고 또 문혁의 급진화를 이해하는 데에 기여할 수 있을 것이다.

1966년 5월 중앙정치국 확대회의 결정에 따라 중앙문혁소조가 건립되었다.

---

[6] 「閻長貴: 戚本禹談文化大革命中的一些問題」, http://news.ifeng.com/a/20160421/48537880_0.shtml (검색일: 2016.8.1). 관평 역시 마오쩌둥·쟝칭의 비서라는 특수지위 때문에 치번위의 권한이 컸고 따라서 '치·왕·관'이라 해야 한다고 했다(霞飛, 「戚本禹沈浮錄」, ≪黨史博覽≫, 2005-7, p.52).

구체적 인선은 캉성, 천보다, 쟝칭에 의해 주도되었다. 캉성은 왕리, 무신(穆欣)을, 쟝칭은 장춘챠오, 관펑, 치번위를 각각 추천했다.[7] 당시 35세의 젊은 나이에 치번위가 문혁 핵심 추진기구가 될 중앙문혁소조 소조원으로 발탁될 수 있었던 직접적 이유는 '혁명을 위한 역사연구'를 강조하면서 베이징 부시장 우한(吳晗) 비판에 앞장섰으며 문화혁명5인소조의 「2월제강(二月提綱)」(본래 명칭은 「현재 학술토론에 관한 종합보고 제강」)을 비판하는 「5·16통지」(본래 명칭은 「중국공산당중앙위원회통지」이다) 작성 과정에서 두각을 나타내어 마오쩌둥과 쟝칭으로부터 능력을 인정받았기 때문이었다.

중앙문혁소조는 내부에 기자실(記者站), 쾌보조(快報組), 신방조(信訪組), 보밀조(保密組)를 먼저 설치했다. 이 가운데 쾌보조는 중앙문혁소조의 눈과 귀 또는 신경이라 평가받을 만큼 지방의 정보를 빠르게 중앙에 전달하고 또 역으로 중앙의 결정을 하달했다. 또한 중앙문혁소조는 ≪쾌보(快報)≫와 ≪문혁간보(文革簡報)≫를 발행하여 중앙서기처 서기 이상의 간부에게 일련번호를 붙여 배포했다. 이 과정에서 별도의 ≪요사회보(要事匯報)≫를 작성한 치번위는 중요 사건을 빠르게 정리하여 마오쩌둥, 린뱌오, 저우언라이, 쟝칭, 천보다 등 핵심 지도자에게 보고했다. 이로써 ≪쾌보≫와 ≪문혁간보≫는 바로 이들 중앙수장 사이에서 문혁 관련 정보를 제공하는 핵심 문건으로 자리 잡게 되었다. 이 밖에 중앙문혁소조는 통신원을 통해 지방과의 연락망을 구축하고 각 단위, 지역에서 올라오는 많은 편지와 상방(上訪)을 처리하며 문혁접대실에서의 접견을 통해 문혁의 지도기관으로 기능하기 시작했다.[8]

---

7   戚本禹, 『戚本禹回憶錄』(下), pp.378~380. 이 외에도 부조장에 왕런중(王任重), 류즈젠(劉志堅), 조원에 셰탕중(謝鐘忠), 인다(尹達), 야오원위안(姚文元)이 포함되었다. 중앙문혁소조의 명단은 「中共中央關於中央文化革命小組名單的通知」(1966.5.28), 中國人民解放軍·國防大學黨建黨史政工敎硏室, 『"文化大革命"硏究資料』, 上冊(1988), p.26 참조.

8   戚本禹, 『戚本禹回憶錄』(下), pp.426~432; 穆欣, 「劍拔弩張: 中央文革小組實錄」, ≪縱橫≫,

하지만 1966년 5월부터 12월까지 중공중앙의 일상공작은 정치국과 서기처가 주관했고 중앙문혁소조는 단지 중앙회의에 열석참가(列席參加)만 가능했다. 「문혁16조」(1966.8.8)[9]에 의해 '당과 군중을 밀접히 연결시키는 교량'이자 '무산계급 문화대혁명의 권력기구'로 규정된 중앙문혁소조였지만 아직까지 중앙권력을 완전하게 대체하지는 못했다. 하지만 1967년 1월, 타오주(陶鑄), 왕런중(王任重) 등이 숙청되어 중앙서기처의 기능이 정지되고 소위 '2월 역류(逆流)'로 정치국의 기능이 상실되자 중앙문혁소조는 당 중앙의 실권을 장악하기에 이른다.[10] 이는 정상적인 상황에서 정치국, 서기처, 중앙판공실, 중앙선전부, 2보·1간(≪인민일보≫·≪해방일보≫·≪홍기≫) 등으로 분산되었던 당의 권력이 중앙문혁소조라는 하나의 조직으로 통합되었음을 의미한다.

1967년 1월 11일 상하이시 혁명조반파의 '탈권'에 대해 중공중앙·국무원·중앙군사위원회와 함께 문혁소조(文革小組)가 축전을 보냈다는 사실은 그의 위상을 대외적으로 분명하게 과시하는 것이었다.[11] 더 나아가 1968년 1월 29일 중공중앙·국무원·중앙군위와 함께 중앙문혁소조가 허베이성 혁명위원회(河北省革命委員會)를 비준했다는 사실은 중앙문혁이 중앙권력을 넘어 지방의 최고 조직에 대

2006-1, p.28.

9   정식 명칭은 「中國共産黨中央委員會關於無産階級文化大革命的決定」(1966.8.8), ≪人民日報≫, 1966.8.9. 그의 번역은 백승욱, 『문화대혁명: 중국 현대사의 트라우마』(살림, 2007.7), 「부록: 문혁16조」 참조.

10   王毅, 「「中央文革小組」及其文化基因」, ≪二十一世紀≫(1998.12), 第50期, pp.55~56; 沈傳寶, 「中央文革小組的歷史沿革及立廢原因探析」, ≪中共黨史研究≫, 2007-1, p.51. 중앙문혁소조가 중공중앙서기처와 중앙정치국을 대체한 정확한 시점에 대해서는 의견이 분분하지만 1966년 12월 하순 이후로 보는 것이 유력하다(「博覽之窓」, ≪黨史博覽≫, 2016.4, p.24).

11   「中共中央·國務院·中央軍委·中央文革小組给上海市各革命造反團體的賀電」(1967.1.11), CCRD 수록, 참조. 이후 당 중앙의 지시는 대부분 이러한 형식으로 발표되었다. 그 마지막은 중앙문혁소조가 취소된 1969년 3월 9일에 발표된 「中共中央·國務院·中央軍委·中央文革關於將農墾部所屬東北農墾總局劃歸瀋陽軍區的決定」인 것으로 보인다.

한 임면 대권까지 장악했음을 의미한다.[12] 왜냐하면 직전인 1968년 1월 23일과 25일 간쑤성(甘肅省) 혁명위원회와 허난성(河南省) 혁명위원회에 대한 성립 비준은 중공중앙 단독으로 통보되고 있기 때문이다.[13] 이렇게 본다면 1968년 초는 중앙문혁소조의 최전성기라고 할 수 있다.[14]

이상과 같은 권력의 부침은 중앙수장들의 회의 형식의 변화에서도 분명하게 드러났다. 1966년 8월 중국공산당 8기 11중전회 이후 중앙의 중요 결정은 중앙 대면회(中央碰頭會)에서 이루어졌다. 대체로 회의는 총리 저우언라이의 주재하에 화이런탕(懷仁堂)에서 열렸고 국무원 책임자와 중앙문혁소조원이 참가했다. 그러나 '2월 역류' 이후 회의 장소는 회인당(懷仁堂)에서 중앙문혁소조가 위치한 댜오위타이(釣魚臺)로 옮겨졌고 회의 명칭도 중앙문혁대면회(中央文革碰頭會)로 바뀌었다. 이후 회의에서는 문혁과 관련된 결정은 물론 국무원의 업무까지 처리·결정되었다. 이로써 중앙문혁소조는 지방 부문 및 각급 당 조직을 초월하여 마오쩌둥과 직결되어 대중운동을 지도하는 막강한 중앙 권력기구가 되었다. 이러한 하향식·중앙집권적 중앙문혁소조와 「16개조」에 의해 보장된 자율적·상향식 조직인 대중 조직의 갈등과 대립은 문혁의 내재적 모순이자 태생적 한계일 수밖에

---

12 「中共中央·國務院·中央軍委·中央文革批准河北省革命委員會成立的報告」(1968.1.29), 『"文化大革命"研究資料』中冊(1988.10), p.14. 이후 등장한 지방 혁명위원회는 모두 중앙문혁소조의 이름으로 비준되었다.

13 「中央關於甘肅省成立革命委員會的批示」(1968.1.23); 「中央關於河南省成立革命委員會的批示」(1968.1.25), 둘 다 『"文化大革命"研究資料』中冊(1988.10), pp.11~12 수록.

14 당내의 중앙문혁소조 지위를 상징적으로 보여주는 것이 1969년 4월 개최된 공산당 9차대회의 의전이었다. 대회 주석대(主席臺)의 좌측에 중앙문혁소조 성원이 위치했고 정치국 위원은 우측에 자리했다. 또한 주석단 명단에는 중앙문혁소조 성원이 앞에 정치국위원이 그 뒤에 위치했다〔王毅, 「「中央文革」生成和運作方式中的歷史文化基因」, 羅金義·鄭文龍 主編, 『浩劫以外: 再論文化大革命』(臺北: 風雲論壇出版社有限公司, 1997), p.228〕. 아울러 왕이(王毅)는 이 글에서 중국의 전통적 정치제도에서 보이는 유전자가 중앙문혁소조의 정치 기능 속에서 부활했음을 강조했다.

없었다. 특히 보수파 홍위병과 중앙문혁소조와의 첨예한 갈등은 후술하는 '11월 흑풍(黑風)'으로 나타났다.

1967년 초 중앙문혁소조는 내부 조직 개편을 통해 판사조(왕리, 치번위 책임), 문예조(쟝칭, 치번위 책임), 선전조(관펑, 왕리 책임), 이론조(관펑, 왕리, 치번위 책임), 기자실(記者站, 왕리, 관펑, 치번위 책임)을 두었다.[15] 치번위의 주장에 근거한 것이기는 하지만 이로써 중앙문혁을 실질적으로 치·관·왕이 장악하고 있음을 알 수 있다. 이는 1966년 말, 문혁에 소극적이며 류사오치, 덩샤오핑과 함께 공작조의 오류를 범한 깃으로 비판받아 중앙문혁소조 내의 타오주, 왕런중, 류즈지앤(劉志堅) 등이 실각되고 무리한 반자산계급노선을 추진했다는 죄목으로 무신과 인다(尹達) 역시 중앙문혁소조를 떠나게 된 사정과도 관련이 있다. 이러한 변화를 가리켜 중앙문혁소조 내에 이제 '3노(三老)', '3중(三中)', '양청(兩靑)'이 있다는 말로 묘사되었다. 여기서 '3노'는 캉성·천보다·쟝칭을, '3중'은 장춘챠오·관펑·왕리를, '양청'은 야오원위안(姚文元)·치번위를 각각 가리켰다.[16]

중앙문혁소조 내에서 치번위는 다양한 역할을 수행했다. 비서로서 마오쩌둥과 쟝칭에게 직접 보고하고 지시받는 것 이외에도 그는 당 중앙의 주요 문건과 신문의 사론을 기초·토론·결정하는 데에 주도적으로 참여했다. 예컨대 치번위는 문혁의 핵심 문건인 「5·16통지」를 기초하는 작업에 참여했다. 또한 ≪홍기≫ 편집부의 이름으로 발표된 「군중을 신임하고 군중에 의지해야 한다」[17] 역시 치번위가 관펑과 함께 작성한 것이었다. 특히 후자는 공작조의 취소를 결정한 마오쩌둥의 정신을 선전하기 위해 작성된 것으로 홍위병 사이에서 매우 큰 영향력을 발휘하여 학생들은 다투어 이 사론을 발췌하여 대자보를 작성했다.[18]

---

15   戚本禹, 『戚本禹回憶錄』(下), p.432.

16   戚本禹, 같은 책, p.568.

17   ≪紅旗≫雜志編輯部, 「信任群衆, 依靠群衆」, ≪紅旗≫, 1966-9(1966.7.1); ≪人民日報≫, 1966. 7.3.

아울러 지앤보짠(翦伯贊) 등 기존의 역사학계와 펑전(彭眞) 등 문혁5인 소조 그리고 류사오치를 비판·타도하기 위해 마오쩌둥과 장칭과의 교감 속에서 이루어진 정치적 행위로 일련의 역사 논문이 작성되었다. 이것들이 홍위병의 대자보를 통해 전재(轉載)와 재해석의 형식으로 확대 재생산되었다.

이러한 여론전 이외에 치번위는 홍위병과 직접 대면 접촉해서 문혁을 선전하고 문혁파가 지목하는 인물에 대한 타도 투쟁을 선동했다. 현재까지 출간된 가장 체계적인 문혁 관련 데이터베이스라 할 수 있는 CCRD에는 1966년 5월 16일부터 그가 숙청된 1968년 1월까지의 지시, 강화, 편지 등 총 175건이 등장한다. 그 대부분은 치번위 개인 또는 저우언라이, 장칭, 캉성, 셰푸즈, 천보다, 왕리, 관펑과 같은 중앙수장들과 함께 이루어진 것들이다. 같은 방식으로 계산했을 때 왕리의 발표가 총 94건, 관펑 총 71건인 점과 비교하면 왕·관·치 내에서도 치번위의 활동이 좀 더 두드러졌음을 짐작할 수 있다.

그렇다면 좀 더 구체적으로 치번위의 직접적인 문혁 개입의 사례를 살펴보자. 주지하듯 1966년 5월 25일 베이징대학에 등장한 대자보[19]는 문혁의 폭발적 대중 확산을 초래했다.[20] 이 대자보는 학교 당서기와 펑전(彭眞)을 수반으로 하고 있던 베이징 시위를 겨냥해서 비판한다. 단순한 학내의 '반동권위'가 아닌 정치적 비판 대상을 적시했다는 점에서 「5·16통지」의 정신에 잘 부합했다.

중앙문혁소조가 이 대자보에 지지를 표명한 것은 자연스러웠다. 그런데 둘은 대자보의 작성 과정부터 관련되었다. 대자보를 기초한 베이징대학 철학과 교수 양커밍(楊克明)이 중앙문혁소조에 보고한 「베이징대학의 전국 첫 번째 마르크스

18　戚本禹, 『戚本禹回憶錄』(下), pp.447~448.

19　北京大學 聶元梓·宋一秀·夏劍豸·楊克明·趙正義·高雲鵬·李醒塵, 「宋碩·陸平·彭佩雲在文化革命中究竟幹些什么?」(1966.5.25), ≪人民日報≫, 1966.6.2.

20　이하 베이징대학 대자보와 치번위의 관계에 대한 설명은 주로 戚本禹, 『戚本禹回憶錄』(下), pp.416~420 참조.

레닌주의 대자보 생산 과정(北京大學的全國第一張馬列主義大字報的生産經過)」에 따르면 같은 과의 장은츠(張恩慈)는 중앙문혁소조 판사조에서 근무 중이던 차오이오우(曹軼歐)를 사전에 만나 대자보 작성에 대해 지지를 얻었다. 장은츠는 대자보를 작성하기 이전인 1966년 5월 5일 마오쩌둥에게 편지를 보내 베이징대 사청(四清)공작조와 베이징대당위·중공베이징시위의 베이징대 사청운동 지도 등에서 드러난 문제를 지적한 바 있었다. 이 편지는 치번위와 관펑의 지지를 받은 뒤 마오쩌둥에게 전달되었고 마오쩌둥은 5월 11일 「베이징대학 사청운동에 대한 장은츠 동지의 의견(張恩慈同志對北京人學'四清'運動的意見)」이란 제목으로 수정하여 당시 진행 중이던 중앙정치국확대회의에 회부토록 했다.[21] 이 회의에서 문혁의 시작을 알리는 「5·16통지」가 채택되었음은 주지의 사실이다. 결국 짐작건대 마오쩌둥은 장은츠의 편지를 이용하여 새로운 중앙문혁소조를 조직하고 문혁을 발동시키려 했다. 그렇다면 녜위안쯔, 양커밍 등 일곱 명 연명으로 발표된 베이징대 대자보에 대해 마오쩌둥은 물론 치번위, 관펑 등 중앙문혁소조의 핵심이 지지를 표명할 것임을 예상할 수 있다.

대자보 소식을 접한 치번위는 쟝칭에게 전화를 걸어 대자보의 내용을 한 글자, 한 구절씩 끊어 읽어 보고했으며 차오이오우를 통해 대학생들에게 중앙문혁소조에 대한 지지 입장을 밝혔다. 그리고 치번위는 녜위안쯔의 대자보를 ≪문화혁명간보≫ 제13기(1966.5.27)에 실어 마오쩌둥에게 보고했고 6월 1일 마오쩌둥은 거기에 '전국 첫 번째의 마르크스레닌주의 대자보'라는 비시(批示)를 내려 캉성과 천보다가 신화사를 통해 전문을 방송하고 전국 각 신문 잡지에 게재 발표토록 했다.[22] 이에 따라 치번위는 왕리, 관펑과 함께 「베이징대학의 대자보를

---

21 장은츠(張恩慈)의 편지 제목은 원래 「我對北京大學"四清"運動的意見」이었다. 이상은 「印發張恩慈對北大"四清"運動意見的批語」(1966.5.11)와 注釋 ①, ②, 모두 『建國以來毛澤東文稿』 第12冊(中央文獻出版社, 1998), p.57 수록, 참조.

22 「關于播發「「宋碩·陸平·彭佩雲在文化革命中究竟幹些什么?」大字報的批語」(1966.6.1)와 주석 ①,

환영한다(歡呼北大的一張大字報)」를 ≪인민일보≫ 평론원의 이름으로 발표했다.[23] 1966년 8월 5일 마오쩌둥은 이 평론에 비주(批注)를 가하여 중공8기11중전회에 배포했고[24] 같은 날 '전국 첫 번째의 마르크스레닌주의 대자보'와 '≪인민일보≫ 평론원의 평론'을 높이 평가한 「사령부를 포격하라(炮擊司令部)!」를[25] 인쇄 배포했다. 물론 위의 '대자보'는 전술한 베이징대 대자보를 그리고 '평론'은 치번위의 글을 가리킨다.

이상과 같이 베이징대 대자보·≪인민일보≫ 평론·마오쩌둥의 대자보는 치번위를 중심으로 한 중앙문혁소조를 매개로 서로 호응하고 상승작용을 일으키고 있음을 알 수 있다. 그리고 그 결과는 문혁의 발발, 즉 '반동학술권위'에서 '사령부 타도'로의 전환과 운동의 확대였고 활동의 중심은 마오쩌둥이었으며 전위부대는 중앙문혁소조였다. 치번위는 행동대장 가운데 한 명이었다.[26]

문혁 초기 홍위병 조직으로 수도대전원교홍위병사령부〔首都大專院校紅衛兵司令部('一司')〕와 수도대전원교홍위병총부〔首都大專院校紅衛兵總部('二司')〕가 등장했다. 쟝칭 등 중앙문혁소조의 판단에 따르면 전자는 고급간부 자제를 중심으로 구성되었고 후자는 공작조를 지지하는 보수적 성격을 지녔다. 이에 쟝칭의 명을 받은 치번위는 지질학원의 주청자오(朱成昭)를 만나 칭화대의 콰이다푸와 연합하

『建國以來毛澤東文稿』, 第13冊(中央文獻出版社, 1998), pp.62~63 참조.

23 "歡呼北大的一張大字報", ≪人民日報≫, 1966.6.2.

24 毛澤東, 「在「歡呼北大的一張大字報」一文中加寫的批注」(1966.8.5)와 注釋 ①, 『建國以來毛澤東文稿』, 第13冊(中央文獻出版社, 1998), p.93 참조.

25 毛澤東, "炮擊司令部-我的一張大字報"(1966.8.5), ≪人民日報≫, 1967.8.5.

26 이와 같이 치번위, 캉성 등과 녜위안쯔의 밀접한 관련성이 있다고 해서 학교 당국과 공작조에 대한 학생 대중운동의 자발성을 부정하고 상층의 정치가들에 의한 '조작된 동원'이 강조될 수는 없을 것 같다. 오히려 학생 대중운동의 자발적 의식적 행동이 중앙문혁소조와 '정치연맹'의 형태를 취한 것으로 이해하는 편이 합리적일 것이다〔蕭喜東, 「「兩個文革」, 或「一個文革」」, 羅金義·鄭文龍 主編, 『浩劫之外: 再論文化大革命』(臺北: 風雲論壇出版社有限公司, 1997.3), pp.154~155〕.

여 수도대전원교홍위병혁명조반총사령〔首都大專院校紅衛兵革命造反總司令部('三司')〕을 조직하도록 지시했다. 그런데 1967년 2월 홍위병 통합 조직인 수도대전원교 홍위병대표대회(紅代會) 조직을 지원할 때 치번위는 대회 선언문에 '3사'를 핵심으로 한다는 내용을 포함시켜서는 안 되고 대연합을 원칙으로 내세우도록 지시하여 관철시켰다. 이로써 그가 홍위병의 조직과 운영 등 구체적인 부분까지 관여하고 있음을 알 수 있다.[27]

일반적으로 그는 정치적으로 필요할 경우 홍위병의 지도자를 직접 찾아 상의하는 방식으로 조반운동에 개입했다. 치번위는 이를 지하공작 때 겪었던 경험에서 비롯된 것이라 했다. 이렇듯 치번위는 직간접적으로 홍위병과 빈번한 연계활동을 활발히 벌였기 때문에 언제부터인지 확실치 않지만 학생들 사이에서 '치대수(戚大帥)'로 칭해졌고 1968년 1월 격리심사를 받으면서 '배후불순 세력〔흑후대(黑後臺)〕'으로 지목되었다.[28] 그런데 중앙문혁소조는 일사불란한 조직은 아니었다. 소조원이었던 무신의 회고에 따르면 그가 경험한 공산당 조직 가운데 가장 무정부적이고 무원칙의 조직이었다. 쟝칭의 일방적 독주만이 존재할 뿐이었다. 이 점에 대해서는 치번위 역시 동의했다. 그는 중앙문혁소조가 국무원의 업무까지 결정했고 이때 실질적인 결정권자는 총리가 아닌 쟝칭이라고 회고했다.[29] 심지어 조장 천보다는 '괴뢰', 즉 류펀쯔(劉盆自)이고 부조장 쟝칭이 소조 내에서 독재와 전정(專政)을 휘둘렀다고 했다.[30]

---

27   「戚本禹接見北京紅代會籌備人員時的講話」(1967.2.13); 「戚本禹與北京紅衛兵代表座談紀要」(1967. 2.19); 「首都大專院校紅衛兵代表大會宣言」(1967.2.22), CCRD 수록, 참조.

28   이상, 치번위와 홍위병운동과의 관계에 대해서는 戚本禹, 『戚本禹回憶錄』(下), pp.470~471, 473~474 참조.

29   戚本禹, 『戚本禹回憶錄』, pp.432~433; pp.673~676.

30   이 점에 대해서는 치번위와 무신(穆欣) 이외에 천보다, 왕리 등 중앙문혁소조 구성원들 모두 동의한다(閻長貴, 「江靑在中央文革小組專政」, ≪炎黃春秋≫, 2008-11 참조). 류펀쯔는 신(新) 왕망(王莽) 말년 반란군 적민군(赤米軍)에 의해 제위에 옹립된 한의 황족이었다.

게다가 중앙문혁소조는 기존의 정상적인 정규 권력기구를 대체한 새로운 정치도구인 만큼 다음과 같은 조건을 갖춰야 했다. ① 마오쩌둥의 직접적인 그리고 확실한 통제하에 있어야 한다. ② 강력한 정치 역량과 권력 욕망을 갖추어 기존 체제를 대체할 수 있어야 한다. ③ 정치적 지향에서 기존 국가권력체제와 상호 모순관계이거나 심지어 적대적이어야 한다. ④ 정치행위에서 기존 방식이 아닌 음모와 선동, 사주 등 비상식적 방식을 기본 수단으로 삼아야 한다. ⑤ 동시에 사상문화 영역의 상황을 잘 이해하고 효과적인 선전활동으로 여론을 주도할 수 있어야 한다.[31]

이상의 조건에 가장 잘 부합하는 정치집단이 중앙문혁소조이며 그 가운데 왕·관·치 집단이었고 그중에서도 치번위가 대표적이었다고 할 수 있다. 심지어 치번위는 쟝칭의 비호 아래 중앙문혁소조 내에서 또 하나의 조반파를 형성했다고까지 평가받았다.[32] 사실 공산당의 여타 조직과 마찬가지로 중앙문혁소조 역시 그 내부의 파벌적 구조와 비공식 정치에 좌지우지되었다. 특히 중앙문혁소조 판사조는 공식 임명장 없이 쟝칭에 의해 자의적으로 책임자가 자주 교체되었고 운영원칙이 부재했으며 심지어 회의록까지 남기지 않았다.[33] 마지막 판사조의 책임자로 쟝칭의 딸인 샤오리[肖力, 리나(李訥)]가 임명되기도 했다. 이렇게 비공식적으로 운영되는 정치 조직 내에서는 조직의 핵심 인물인 쟝칭과의 친소 관계의 정도가 곧 권력과 권위의 강약을 좌우할 수밖에 없었다. 마오쩌둥·쟝칭의 비서였던 치번위가 두각을 나타낼 수밖에 없는 상황은 이렇게 구조적으로 갖춰져 있었다.

그러나 문혁과 중앙문혁소조 내에서 왕·관·치의 지위가 상승되었지만 다른

---

31   王毅, 「「中央文革小組」及其文化基因」, ≪二十一世紀≫, 第50期(1998.12), p.57.

32   穆欣, 「劍拔弩張: 中央文革小組實錄」, ≪縱橫≫, 2006-1, p.24.

33   이는 쟝칭의 주장 때문이라 하는데 회의록 작성을 두고 저우언라이와 쟝칭의 대립도 있었다(王广宇, 「關於中央文革建立下屬機構的回憶」, ≪黨史博覽≫, 2005-11, p.23).

한편으로는 반문혁(反文革) 혹은 비문혁(非文革) 세력의 공격에 쉽게 노출될 수도 있었다. 왜냐하면 치번위의 회고대로 과거 타오주가 건재할 땐 내부적으로 논쟁이 많더라도 외부에 대해 중앙문혁소조를 보호하는 기능을 맡았지만, 1967년 1월 그가 타도되자 상황이 바뀌었기 때문이다. 중앙문혁소조와 기타 중앙부서의 갈등이 심각해졌고 중앙문혁소조 내에 지위가 가장 낮은 왕·관·치가 문혁을 둘러싼 노선 투쟁의 희생양이 될 가능성이 높아졌다.[34]

2. 혁명을 위한 역사 연구

마오쩌둥이 역사에 깊은 관심을 지녔다는 사실은 이미 많이 알려져 있다. 그는 역사를 읽을 뿐만 아니라 역사를 심판하기도 한다. 특히 역사적 인물과 사건에 대한 그의 평가는 정치계는 물론 학술계에서도 절대적 권위를 지녔다. 아래 인용은 문혁 전야에 역사(연구)를 둘러싼 마오쩌둥의 단정적 평가를 잘 보여준다.

당신들 철학하는 사람들은 실제적 철학에 대해 써야 사람들이 볼 것이다. 탁상공론식의 철학은 이해하기 힘드니 써보았자 누가 읽겠는가? 일부 지식인들 가운데 우한(吳晗)이나 지엔보짠 등은 점점 더 문제가 많아지고 있다. 현재 쑨다런(孫達人)이란 자가 글을 써 지엔보짠(翦伯贊)의 농민에 대한 봉건지주계급의 이른바 '양보 정책'을 비판했다. 농민전쟁 이후 지주계급은 단지 반공도산(反攻倒算)[35]만을 획책했을

---

34 『戚本禹回憶錄』(下), pp.563, 568; 穆欣, 「劍拔弩張: 中央文革小組實錄」, ≪縱橫≫, 2006-1, pp.29~30.
35 농민계급에 밀려난 지주 등이 반공을 가해 토지와 재산을 되찾고 농민정권을 전복시키는 것.

뿐인데 무슨 양보를 했다는 것인가? 의화단(義和團)은 먼저 "반청멸양(反淸滅洋)"을 내세우다 후에 "부청멸양(扶淸滅洋)"으로 주장을 바꾸어 자희(慈禧)의 지지를 받았다. 그러나 청조가 제국주의에 패배하고 자희와 황제가 도망간 뒤 자희는 다시 "부청멸단(扶洋滅團)"을 주장했다. 〈청궁비사(淸宮秘史)〉에 대해 어떤 사람은 애국주의적 (영화)라고 하는데 나는 매국주의, 철저한 매국주의 (영화)라고 생각한다. 왜 어떤 사람은 그것이 애국주의적이라고 할까? 광서(光緒) 황제는 가련한 사람으로 캉유웨이(康有爲)와 함께 학교를 세우고 신군을 건립하며 약간의 개명적인 조치를 취했을 뿐이다.[36]

위의 인용에 등장하는 쑨다런은 당시 30세의 청년 역사학자로서 사회의 진보가 통치자의 양보 때문이 아닌 농민전쟁의 직접적 결과라고 주장함으로써[37] 마오쩌둥의 높은 평가를 받았다. 또한 〈청궁비사〉란 1948년 홍콩에서 제작된 흑백영화로 청말 무술변법에서 의화단에 이르는 시기까지 광서제·서태후(西太后)와 관련된 고사를 주로 다뤘다. 마오쩌둥은 위의 발언을 통해 우한과 지엔보짠 그리고 〈청궁비사〉에 대해 분명한 비판 입장을 밝혔다.

1950년대 『우쉰전(武訓傳)』 비판운동[38]에서 알 수 있듯이 마오쩌둥의 역사 또는 그와 관련된 영화 등 예술작품에 대한 평가는 절대적 권위를 가졌다. 치번위의 역사연구 자세 역시 기본적으로 이러한 마오쩌둥의 지침에서 크게 벗어날 수 없었다. 이하에서는 먼저 청년 역사가로서 치번위가 주목받게 된 중요한 계기로 보이는 태평천국의 리슈청(李秀成) 연구를 검토하고 이어서 지엔보짠의 '양보 정

---

36 毛澤東, 「在杭州的談話」(1965. 12. 21), CCRD 수록, 참조

37 이 주장은 「怎樣估價讓步政策」, ≪光明日報≫, 1965. 11. 20에 발표되었다.

38 영화 『우쉰전』 비판운동 역시 청말 우쉰의 활동에 대한 마오쩌둥의 역사적 평가와 밀접한 관련을 지녔다. 우쉰, 『우쉰전』에 대한 비판과 평반 과정에 대해서는 孫承會, 「武訓·『武訓傳』 批判과 平反」, ≪대구사학≫, 104(2011) 참조.

책론'과 〈청궁비사〉에 대한 그의 비판을 살펴보겠다.

치번위는 1950년 중난하이(中南海)에서 업무를 시작한 이래 지속적으로 역사 특히 중국근대사에 많은 관심을 가졌다.[39] 최초의 전문적 결과물은 1963년 8월 발표된 「리슈청 자술을 평하다: 뤄얼강·량구루·루지이 선생과의 토론」일 것이다.[40] 그는 이 글에서 리슈청을 태평천국의 반도로 규정하고 좌파적 관점에서 정치적으로 단죄했다.[41] 치번위에 따르면 리슈청은 투항변절한 반도이며 그의 『자술』은 태평천국혁명사업을 배반한 자백서였다. 반면 태평천국의 전문 역사연구가인 뤄얼강(羅爾綱), 량구루(梁岵廬), 루지이(呂集義) 등은 그가 시종 혁명에 충실했고 『자술』은 적의 신임을 얻기 위한 기만책으로서 이를 이용해 혁명실력을 보유하고자 했으며 쩡궈판(曾國藩) 등 한인 지주와 만주 통치자 사이의 모순을 이용하여 외국 침략자에 반대하게 만들도록 작성된 것이라 주장했다.

이러한 치번위의 주장에 당시 역사학계 주류는 물론 중앙선전부의 저우양(周揚) 그리고 저우언라이까지 나서 비판했다. 그러나 치번위의 주장을 둘러싼 논란을 알고 있던 마오쩌둥은 쟝칭을 통해 대만에서 새롭게 출판된 『리슈청공장(李秀成供狀)』을 전달해 주면서 "리슈청의 자술서는 백지에 검은 글씨로 되어 있는 만큼 위작의 가능성이 없는 명백한 증거이다. 충왕(忠王) 리슈청은 만년의 절조를 지키기 어려웠으니 교훈으로 삼을 만하지 못하다"는 '16자 비시(批示)'를 내렸다.[42] 쟝칭이 지적했듯이 이 논란은 원칙을 둘러싼 투쟁의 문제였다. 따라서 마

---

39 이러한 치번위에 대해 저우언라이는 따라 배워야 할 청년·역사학자로 높이 평가했다(「閻長貴: 戚本禹談"文化大革命"中的一些問題」, http://news.ifeng.com/a/20160421/48537880_1.shtml(검색일: 2016.8.15).

40 「評李秀成自述-幷同羅爾綱·梁岵廬·呂集義等先生商榷」, 《歷史硏究》, 1963-4. 이하, 이 논문에 대한 설명은 『戚本禹回憶錄』(上), pp.303~324에 따랐다.

41 치번위의 李秀成 비판에 대해서는 戚本禹, 『戚本禹回憶錄』(上), pp.289~303; 張聿溫, 「戚本禹平李秀成引發的政治風雲」, 《同舟共進》, 2015-11 참조.

42 戚本禹, 『戚本禹回憶錄』(上), pp.296~297.

오쩌둥의 지시는 역사학계뿐만 아니라 정치판도에도 큰 영향을 끼쳤다. 게다가 당시 《역사연구》나 그 발행을 주관했던 근대사연구소는 모두 중앙선전부의 관할에 있어서 정치와 역사가 밀접하게 관련될 수밖에 없었다.

1964년 봄 치번위는 마오쩌둥의 지지에 자극받아 「리슈청의 변절행위를 어떻게 바라볼 것인가(怎样對待李秀成的投降變節行爲)?」를 작성했다. 초고는 이후 캉성과 왕리가 활동하던 반수정주의편집실(反修寫作班子)의 지원으로 수정되었다. 이 조직은 당시 소련과 수정주의를 둘러싸고 전면적인 논쟁 중에 있었다. 8월 23일 《인민일보》와 《광명일보(光明日報)》에 이 글이 발표되었고 이어 《역사연구》(1964-4)에도 게재되었다. 이 과정에서 치번위는 "역사는 함부로 조탁할 수 있는 대리석이 아니다. 역사는 객관적 존재이며 객관적 역사의 진상은 변경될 수 없다"고 천명하면서 리슈청의 자술서인 『충왕리슈청자술교보본(忠王李秀成自述校補本)』〔광서인민출판사(廣西人民出版社), 1961〕을 천착했다. 하지만 또 다른 한편으로 그는 농민운동이 지닌 '역사적 한계성'이란 지적에 대해 "농민군중의 영웅적 투쟁은 새로운 사회계급 형성 이전에 역사적 유일의 동력이다. 이러한 투쟁이 없다면 역사는 한 걸음도 전진할 수 없다"[43]고 단언함으로써 생산력이 아닌 계급투쟁으로 역사발전을 설명하는 마오쩌둥의 농민기의론[44]에 적극 호응했다.

결국 그에게는 사료적 가치보다는 근본적으로 그에 대한 역사적 평가가 중요했다. 그것은 당시 리슈청이 단지 역사학의 대상일 뿐만 아니라 혁명가로서 광범하게 선전되고 있는 상황에서 정확한 역사적 평가가 필요했던 정치적 상황과도 관련이 있었다. 여기서 후술하는 '혁명을 위한 역사 연구'의 단초가 보이는 것

---

43 같은 책, pp.305, 319 참조.
44 이에 대해서는 민두기, 『중공에서의 역사동력 논쟁: 계급투쟁인가 생산력인가-』(한울, 1987) 참조.

은 이 때문이다. 그런데 이후 그의 역사 관련 글에서만큼 계급적 정치성을 강하게 내포하거나 영사사학(影射史學)으로서 복선을 명확히 드러내지는 않았다는 점에서 이 글은 일정 부분 학술적 저술로 인정된다. 하지만 그가 집필 동기 가운데 하나로 인정했던 소련 수정주의에 대한 반감에는 혁명과 변절이라는 명확한 이분법에 입각한 역사적 단죄가 기본적으로 내재되어 있으므로 그의 학문은 여전히 정치라는 한계 내에 있었다고 할 것이다.[45] 어쨌든 이로써 치번위는 마오쩌둥에게 인정받기 시작했고 단순한 당 관료가 아닌 역사 문제를 다루는 이론가이자 저술가〔'필간자(筆杆子)'〕의 반열에 오르기 시작했다. 그가 ≪홍기≫의 역사조 조장으로 발탁된 것은 이러한 배경에서 가능했다.

「혁명을 위한 역사연구(爲革命而硏究歷史)」[46]는 역사가이면서 정치가인 치번위의 본격적인 역사이론 논문이다. 그가 스스로 밝히고 있듯이 지엔보짠의 역사주의를 비판하는 데 목적이 있었다. 또한 역사적으로 파괴와 반동의 작용만을 했다는 그의 농민혁명관을 비판함으로써 마오쩌둥의 농민혁명에서 보이는 진보적 역사 인식을 강조하려는 것이기도 했다.[47] 「혁명을 위한 역사연구」는 제목에서도 분명하게 드러나듯 '역사를 위한 역사', 즉 객관적 실증주의를 부정했다. 이러한 반역사주의적 태도는 "역사란 계급투쟁의 교과서이며" "계급을 초월한 순객관적 역사는 없다"라는 그의 선언에서 이미 명확히 드러난다.

그렇다면 '혁명을 위한 역사'란 무엇인가? 그것은 무산계급의 입장에서 그들의 관점과 방법으로 역사를 연구하는 것이다. 그런데 단지 계급 관점만 있고 역

---

45 이어 그는 다시 양한성(陽翰笙)의 화극(話劇) 「李秀成之死」와 오우양위치앤(歐陽予倩)의 화극
    「忠王李秀成」을 비판하는 글을 발표했다〔霞飛, 「中央文革小組骨幹戚本禹」, ≪黨史博采≫(2012.
    12), p.43〕.

46 「爲革命而硏究歷史」, ≪紅旗≫, 第13期(1965.12.6) 수록. 이하 내용은 특별히 주기하지 않는 한
    이에 따른다.

47 戚本禹, 『戚本禹回憶錄』(下), p.351.

사주의가 없다면 "모든 것을 부정하는" 비역사주의적 착오를 범하게 된다고 주장하는 역사주의자가 있다고 치번위는 지적했다. 그는 이 '역사주의자'가 누구인지 실명을 밝히지는 않았다. 하지만 그가 역사발전의 진정한 원동력을 농민의 계급투쟁이자 농민의 기의, 농민의 투쟁이라고 강조한 마오쩌둥의 입장에 반대했던 지엔보짠이었음은 충분히 짐작할 수 있다.

계급과 계급투쟁이 없는 그의 역사주의와 달리 마르크스주의적 역사주의는 역사 자체의 발전, 투쟁 과정 속에서 역사 사건을 관찰하며 그것을 일정한 역사 범위 내에서 구체적으로 분석하여 시간, 지점, 조건에 따라 전이시켜야 했다. 이에 따르면 농민 투쟁은 "조반유리(造反有理)"했다. 하지만 치번위는 '역사주의자'들이 구체적인 역사 분석에서 봉건사회 초기의 상승, 발전하는 지주계급에 대해서는 역사적 진보작용을 인정하면서 이들과 투쟁한 농민은 우매하고 낙후되었으며 개인적 출세를 지향한다고 보기 때문에 "조반무리(造反無理)"하고 봉건주의적이라 비판했다.

이어 치번위는 '객관주의 역사학'을 내세우는 랑케나 증거와 사실을 강조했던 후스(胡適) 모두 자신이 속한 지배계급의 이익을 벗어날 수 없는 반면, 사회발전과 이익을 인민대중과 같이 하는 무산계급의 입장만이 역사연구의 과학성을 담보할 수 있다고 했다. 이러한 그의 계급적 역사관은 다음과 같이 귀결되었다.

역사연구는 이전부터 사상 투쟁이 매우 격렬한 영역이었다. 봉건통치계급과 자산계급은 자신들의 계급 이익을 유지하기 위해 그리고 노동인민의 반항의지를 마비시키기 위해 이제까지 이 영역에 대한 통제력을 놓지 않았다. 사회주의사회에서도 계급과 계급투쟁이 여전히 존재하며 타도된 통치계급의 역사 관점은 자동적으로 역사연구의 영역에서 사라지지 않는다.

결국 치번위는 '(무산계급)혁명을 위한 역사연구'를 통해 '탈(초)계급[脫(超)階

級ﹺﹺ』, '순객관'의 자산계급 역사학을 타도하여 인민의 사상적 각성과 무장을 이룩해야 한다고 강조했다.

그런데 이 글에 대해 치번위는 앞서 소개한 「리슈청 자술을 평하다(評李秀成的自述)」가 누구의 지시도 없이 완전히 자발적으로 썼던 글이라고 밝히고 있다.[48] 하지만 마오쩌둥은 치번위의 글에 큰 관심을 보였다. 1965년 12월 21일 마오쩌둥은 "치번위의 문장은 매우 잘 썼다. 내가 세 차례나 보았는데 결점이 있다면 (구체적으로) 사람을 지목하지 않았다는 점이다. 야오원위안의 문장 역시 매우 잘 썼다. 사람을 지목했다. 연극계, 역사계, 철학계에 매우 큰 충격을 줄 것이다"[49] 라고 평했다.

마오쩌둥이 치번위에 관심을 가진 것은 무엇보다도 그가 제기한 '혁명을 위한 역사연구'의 당위성에 공감했기 때문이다. 하지만 위의 인용 기운데 강조한 부분에서 드러나듯 '사회주의하의 계속혁명론'이 문혁 시기 마오쩌둥의 중요한 주장이었다는 사실에도 주목할 필요가 있다. 아울러 문혁 때의 공공연한 구호였던 "조반유리"는 본래 마오쩌둥의 표현이었지만 치번위가 되살려냈다는 데에 의미가 있었다.[50] 이렇게 본다면 '문혁의 도화선'이라고도 평가되는 야오원위안의 글 「신편역사극『해서파관』을 평하다(評新編歷史劇『海瑞罷官』)」와 거의 같은 시기에 등장한 치번위의 글 「혁명을 위한 역사연구」 역시 향후 전개될 문혁과 깊은 관

48　戚本禹, 같은 책, pp.350~351. 그가 이를 강조한 것은 후술하는 바의 「愛國主義還是賣國主義?-平反動影片『淸宮秘史』」등 기타 역사 관련 저술이 마오쩌둥의 지시에 의해 혹은 그에 이상과 희망에 부응하기 위해 쓰였음을 시사한다.

49　毛澤東, 「在杭州的談話」(1965.12.21), CCRD 수록, 참조. 한편 같은 글이 「改造學校教育讓學生接觸社會關係」(1965.12.21)라는 제목으로 『建國以來毛澤東文稿』, 第11冊(中央文獻出版社, 1997), pp.492~493에 실렸지만 본문에서 인용된 부분은 생략되어 있다.

50　원래 이 말은 1939년 혁명근거지 옌안(延安)에서 개최된 스탈린 탄생 60주년 축하대회에서 마오쩌둥이 했던 강화 "마르크스주의의 도리는 매우 복잡하여 이해하기 힘들지만 결국에는 한 마디로 요약할 수 있는데 그것은 바로 '조반유리'이다"라는 데에서 유래한다.

련을 지닌 것으로 볼 수 있을 것이다. 단지 차이가 있다면 마오쩌둥도 지적했듯이 명확한 공격 대상을 지목했는지의 여부였다. 이러한 지적 때문에 치번위는 1967년 3월 린제(林杰), 옌장구이(閻長貴)와 함께 지엔보짠의 역사관을 비판하는 글을 다시 발표했다.[51] 치번위는 이 글에서 지엔보짠을 지명해 비판하면서 특히 그의 '양보 정책론'에 초점을 맞추었다.

'문혁의 도화선'이라 평가받는 야오원위안의 글 「신편역사극 『해서파관』을 평하다」(1965.11.10) 역시 역사 사건을 소재로 다룬 정치적 주장인 이상 치번위의 관심을 비껴갈 수는 없었다. 1965년 11월 말 치번위, 관펑은 야오원위안의 글에 지지를 표시했다. 하지만 이러한 태도는 그에 반대하거나 학술적 비판에 국한하는 소극적 태도로 일관한 베이징시와 시당위원회, 중앙선전부 등의 일반적 입장과 배치되었다.[52] 결국 치번위의 지지는 당시 베이징 학술계에서 예외적이었기 때문에 마오쩌둥과 쟝칭을 크게 만족시켰고 치번위와 관펑은 '베이징의 좌파'가 되어 "남쪽엔 야오원위안, 북쪽엔 치번위〔남야오북치(南姚北戚)〕"라는 상황을 연출하는 하나의 계기가 되었다.[53]

전백찬·우한 등 '반동적 사학진지'로 확대된 치번위의 공격 대상은 최종적으로 당내 최대 주자파로 지목된 류사오치를 향했다. 그에 대한 공격에서도 역사(극) 평가를 둘러싼 영사사학이 동원되었다. 구체적으로 이때 류사오치가 애국

51   戚本禹·林杰·閻長貴, "翦伯贊同志的歷史觀點應當批判", ≪人民日報≫, 1966.3.25. 이하 치번위의 비판은 이에 따른다. 또한 이들은 지엔보짠을 '자산계급반동학벌·반동학술권위'로 비판했다(戚本禹·林杰·閻長貴, 「反共知識分子翦伯贊的眞面目」, ≪紅旗≫, 1966-15; ≪人民日報≫, 1966.12.25).

52   야오원위안의 글이 발표된 이후 20여 일이 지난 뒤인 11월 30일 ≪인민일보≫에 전재된 것은 이러한 베이징 당 지도부의 소극적 태도 때문이었다(郝懷明, 「文革初的中央宣傳部」, ≪炎黃春秋≫, 2010-12 참조). 마오쩌둥으로부터 '염왕전(閻王殿)'으로 비판받았던 중선부에 대한 보다 자세한 회고로는 龔育之, 『龔育之回憶閻王殿舊事』(江西人民出版社, 2008) 참조.

53   戚本禹, 『戚本禹回憶錄』(下), pp.348~349.

주의 역사 영화로 평가했다고 알려진 〈청궁비사〉가 선택되었다.[54]

영화 〈청궁비사〉에 대한 치번위의 평가는 명확했다.

그것은 제국주의, 봉건주의, 반동자산계급의 입장에서 역사 사실을 임의로 왜곡하고 제국주의를 미화하며 봉건주의와 자산계급 개량주의를 미화했다. 보황파를 칭송하며 혁명적 군중운동과 용감한 인민의 반제, 반봉건 투쟁을 모멸하고 민족투항주의와 계급투항주의를 찬양했다.

치번위가 보기에 이상한 것은 이러한 영화를 중앙선전부 부장과 부부장들 및 배후에서 그들을 지지하는 '당내 최대의 자본주의의 길을 걷는 당권파', 즉 주자파가 애국주의 영화라고 찬양한다는 데에 있었다. 그렇기 때문에 그에게 영화가 애국주의인가 아니면 매국주의인가라는 구분은 단순히 역사 영화에 대한 평가에 그치는 것이 아니었다.

어떻게 반동 영화 〈청궁비사〉에 대처하는가는 하나의 분기이며 폭발점이다. 이것은 무산계급과 자산계급 양 계급, 사회주의와 자본주의 두 노선 투쟁이 문화 사상전선에서 충돌한 첫 번째 교전이다.

이와 같이 치번위는 영화에 대한 비판의 역사적 의의를 높이 평가한 다음, 무술변법, 의화단, 태평천국 등 영화가 다루는 근대사의 주요 사건에 대해 계급적 시각에서 역사적 평가를 내렸다. 그는 이미 '혁명을 위한 역사연구'에서 그의 목

---

54   戚本禹, 「愛國主義還是賣國主義?-評反動影片『淸宮秘史』」(1967.3.30), ≪紅旗≫(1967.3.30), 第
      5期; ≪人民日報≫, 1967.4.1. 이하 내용은 특별히 주기하지 않는 한 모두 이에 따른다. 또한
      이 글의 작성 과정에 대해서는 霞飛, 「中央文革小組骨幹戚本禹」, ≪黨史博采≫(2012.12), p.45
      참조.

적이 단순히 역사적 사건에 대한 평가에 머물지 않을 것임을 밝혔다. 애국주의/매국주의 평가가 단지 과거 일이 아니라 당시 중국에서 벌어지고 있는 수정주의 사조를 배경으로 하고 있다고 보았던 치번위는 역사적 평가에 이어 건국 이후 각계에서 등장한 자본주의 복벽 움직임에 대해 경고했다. 이렇듯 수정주의를 배후에서 지지하는 주자파에 공격을 집중하는 것이 치번위의 주된 집필 동기였다.

치번위는 그가 누구인지 끝까지 밝히지 않았다. 하지만 대신 논문의 말미에 『수양을 논하다(論修養)』에 대한 비판이 등장한다.[55]

왜 당신은 1962년에 혁명, 계급투쟁, 정권탈취, 무산계급독재가 필요 없다고 하면서 마르크스·레닌주의, 마오쩌둥 사상에 반대하고 부패한 자산계급 세계관과 반동적 자산계급 유심주의 철학을 찬양하며 사람들을 기만하는 대독초『수양을 논하다』를 재판하였는가?

『수양을 논하다』란 1939년 7월 류사오치가 쓴 『공산당원의 수양을 논하다(論共産黨員的修養)』라는 소책자[56]를 가리킨다. 따라서 '당신'은 곧 주자파로 지목된 류사오치임이 분명했다. 이 책은 일찍이 마오쩌둥으로부터 비판받은 바 있었다. 왜냐하면 혁명의 기본 문제로서 정권문제를 다루지 않고 단지 개인의 수양에만 초점을 맞췄기 때문이었다. 즉, 정권을 탈취할 건지 말 건지, 정권을 탈취할 수 있는지 없는지, 어떻게 정권을 탈취할 것인지와 같이 가장 기본적인 문제를 다루지 않았다는 점에서 비판받았다.[57]

---

55 『修養論』에 대한 본격적인 비판은 역시 마오쩌둥의 지시에 의해 작성된 왕리와 관평의 「修養的要害背叛無産階級專政」, ≪人民日報≫, 1967.5.8이다.

56 이것은 본래 연안 마르크스·레닌학원에서의 강연 원고였다. 1943년 해방출판사의 『黨風文獻』에 편입되었던 것이 1962년 류사오치의 수정을 거쳐 인민출판사에 의해 재판되었다〔劉少奇, 「論共産黨員的修養」(1939.7), 『劉少奇選集』, 上卷(人民出版社, 1981), pp.97~167〕.

이제 문혁의 와중에서 치번위는 『수양을 논하다』를 다시 비판함으로써 직접적으로 류사오치를 주자파로 규정한 것이었다. 이렇게 본다면 〈청궁비사〉가 류사오치에 의해 애국주의 영화로 평가받았는지 여부는 중요한 문제가 아니었다. 오히려 '주자파'가 중요했고 역사 영화 〈청궁비사〉는 누가 '주자파'였는지 정치적으로 판단하기 위한 실마리를 제공했을 뿐이었다. 치번위의 글이 얼마나 '주자파'에 관심을 집중했는지를 단적으로 보여주는 예로 그의 글 전체에서 '당내 최대의 자본주의 길을 걷는 당권파'라는 표현이 무려 36번이나 등장한다. 그리고 그것이 『수양을 논하다』를 매개로 자연스럽게 류사오치로 연결되었던 것이다.

치번위의 글은 철저하게 마오쩌둥의 지시와 판단에 근거하여 이루어진 것이다. 1967년 3월 22일 치번위는 다섯 번째 수정원고를 보내면서 "이것은 작년 영화 〈청궁비사〉를 보고 작성한 것으로 최근 한 차례 수정한 것입니다. 주석께서 한 번 봐 주기 바랍니다. 현재 이 영화가 자산계급반동노선에 대한 비판 전개와 관련이 있는지 살펴주기 바랍니다"라고 했다. 글이 주자파를 겨냥하고 있음을 명확히 밝힌 것이었다. 이에 대해 마오쩌둥은 다음과 같은 비어(批語)와 수정을 가했다.[58]

치번위 동지:
이미 검토했다. 매우 잘 썼다. 작은 부분 몇 가지 개수한다. 타당한지 모르겠으니 동지들과 상의하여 처리하기 바란다.

---

57   『論修養』과는 대조적으로 1940년 1월의 마오쩌둥의 『신민주주의론』은 혁명의 경험을 총괄하고 향후 방향을 정확히 제시한 것으로 평가되었다〔約翰·西西弗斯,『資深獄吏: 康生與「文革」』(臺灣: 西西弗斯文化出版, 2016), pp.288~289〕.

58   이하, 초고가 완성된 이후 마오쩌둥의 직접 수정 과정에 대해서는 「對「愛國主義還是賣國主義?」一文的批語和改修」(1967.3.23), 『建國以来毛澤東文稿』, 第12册(中共中央文獻出版社, 1998), pp.292~294 참조.

마오쩌둥이 수정을 요구한 부분은 청 대신의 이름이 자오쉬라오(趙舒饒)가 아니라 자오쉬챠오(趙舒翹)라고 하는 구체적인 부분에서부터 다음과 같은 역사적 사실에 관한 것도 있었다.

홍등조(紅鄧照) 또한 당시 북방의 많은 지방의 여성청년 조직이다. 그들은 규율이 있으며 스스로 조직하여 무술을 연마하고 제국주의 주구(走狗)에 반대한다. 여기에 몇 구절 추가할 수 있을 것 같다.

이 지시는 "홍등조와 의화단은 친형제 친자매 같고 기뻐 일어나 한 마음으로 관군을 살해한다(紅鄧照, 義和團, 親兄妹, 鬧得歡, 一個心, 殺洋官)"는 치번위의 원고 옆에 가해진 것이었다. 마오쩌둥의 지시로 홍등조에 관련한 내용이 발표 논문에 보다 상세하게 추가 수정되었음은 물론이다. 마지막으로 마오쩌둥은 다음과 같이 의화단에 대한 역사적 평가를 내렸다.

중국 인민이 의화단을 조직하여 구미, 일본 제국주의 국가를 향해 달려가 조반(造反)을 한 것이 대체 어떻게 '살인방화'인가? 아니면 각 제국주의 국가가 중국을 침략하고 중국 인민을 압박 수탈했기 때문에 중국 인민이 떨쳐 일어나 제국주의와 그 주구인 판관오리에 반대한 것인가? 이것은 원칙적으로 옳고 그름의 문제이니 분명하게 논쟁하지 않으면 안 된다.

이상과 같이 마오쩌둥이 치번위의 글에 세세한 수정 지시를 하는 데에서 근본적 문제 제기까지 하고 있음을 확인할 수 있다. 심지어 그가 의화단의 행동을 조반으로까지 확대 해석하고 있음도 알 수 있다. 이 글은 이어 저우언라이가 주관하는 몇 차례의 회의를 통해 내용 검토와 수정은 물론 공격 대상의 실명을 어디까지 거론할지 또 누구 명의로 발표할지 등 상세한 토론 검토를 거쳐 결정 발표되었다.[59] 마오쩌둥과 저우언라이, 중앙문혁소조의 엄밀한 검토 후 발표된 문장이고 '당내 최대 자본주의 길을 걷는 당권파'에 대한 첫 번째 공개적 비판이었기 때문에 이 글은 당연히 ≪홍기≫·≪인민일보≫·≪해방군보≫의 공동 사론 또는 평론원의 이름으로 발표되었어야 했다. 하지만 국가 주석 류사오치에 대한 공개적 비판이 가져올 국내외적 파장을 고려하여 중앙수장들의 논의를 거쳐 치번위 개인의 이름으로 발표되도록 결정되었다.[60]

야오원위안의 『해서파관』 비판의 글이 문혁의 시작을 알렸다면 치번위의 「애국주의인가 매국주의인가(愛國主義還是賣國主義)?」는 문혁의 또 다른 국면 전환을 가져왔다. 이 점과 관련하여 마오쩌둥은 1967년 5월 1일 알바니아군사대표단과의 접견 강화 가운데 문혁의 중요 단계를 다음과 같이 구분했다.[61]

무산계급문화대혁명은 정책 책략에서 보면 크게 4개의 단계로 나눌 수 있다. 야오원위안동지의 문장이 발표된 때부터 당 8기 11중전회까지가 제1단계로 발동단계라 할 수 있다. 8기 11중전에서 1월 폭풍[風暴]까지 제2단계로 방향 전환의 단계가 된다. 1월 폭풍의 '탈권' 대연합 삼결합이 제3단계라 할 수 있다. 치번위의 「애국주의인가 매국주의인가?」 및 「수양의 핵심은 무산계급전정 배반이다(修養的要害是背叛無産階級專政)」 이후는 제4단계라 할 수 있다. 제3·4단계는 모두 '탈권'의 문제와 관계된다. 제4단계는 사상적으로 수정주의와 자산계급에 대한 '탈권'이 이루어졌다.

---

59   비판 대상을 실명으로 거론할지 말지의 문제를 둘러싸고 정치국 회의에서 논의가 진행되었다. 결국 비록 본문에서 류사오치를 거론하지 않기로 했지만 '당내 최대적 자본주의 길을 걷는 당권파'는 그를 가리켰다. 또한 '또 다른 당내 최대의 자본주의 길을 걷는 당권파'는 덩샤오핑을 가리킨다〔閻長貴, 「戚本禹談"文化大革命"中的一些問題」, http://news.ifeng.com/a/20160421/48537880_0.shtml (검색일: 2016.8.15)〕.
60   戚本禹, 『戚本禹回憶錄』(下), pp.605~606 참조.
61   毛澤東, 「接見阿爾巴尼亞軍事代表團時的講話」(1967.5.1), CCRD 수록, 참조.

이를 통해 마오쩌둥이 치번위의 글을 얼마나 중시하는지 분명하게 알 수 있다. 마오쩌둥에게 문혁의 제4단계, 즉 사상적 '탈권'이 시작되는 계기가 바로 치번위의 글이었다. 실제적으로 치번위의 글이 발표된 이후 전국적으로 류사오치, 덩샤오핑 등 주자파에 대한 항의 시위가 확대되어 갔고 치번위를 지지하는 홍위병 역시 이러한 타도 투쟁에 적극 동참했다.[62]

3. 급진파로서의 치번위

치번위의 급진적인 역사 인식은 정치적인 입장에도 그대로 투영되었고 당시 그의 정치적 위상을 고려해 볼 때 초기 문혁의 급진화와 서로 관련될 수밖에 없었다. 이하에서는 문혁 초기의 정치적 쟁점을 둘러싼 치번위의 인식과 정치행위에 대해 살펴보고자 한다.

1966년 마오쩌둥의 「5·7지시」[63]는 문혁 발발을 공식적으로 알렸다는 「5·16통지」와 비교하여 덜 주목받았지만 그의 공산주의 모델을 제시한 중요한 문건으로 평가받는다. 그것은 공업과 농업 그리고 문(文)과 무(武)가 통합되어 분업과 상품경제가 폐기된 혁명화한 큰 학교를 만들려는 마오쩌둥의 공산주의 실현을 위한 청사진이며 과거 인민공사보다 더욱 급진화된 극좌적 구상이었다.[64] 1967년 「5·7지시」 발표 1주년을 기념하여 치번위 등은 관평·왕리의 검토를 거쳐 ≪인민일보≫ 사론을 발표했다.[65] 이 사론을 통해 치번위는 「5·7지시」가 "마

---

62 李傳俊, 「在中央文革辦事機構的見聞」, ≪炎黃春秋≫, 2012-11, p.5.

63 본래 명칭은 「對總後勤部關於進一步搞好部隊農業副業生産報告的批語」〔『建國以來毛澤東文庫』, 第12冊(中共中央文獻出版社, 1998), pp.53~54〕.

64 「5·7지시」의 역사적·급진적·극좌적 의의에 대해서는 矢吹晋, 『文化大革命』(講談社, 1989), pp.81~91 참조〔손승회 옮김, 『문화대혁명』(영남대출판부, 2017)〕.

르크스 레닌주의를 새롭게 획기적으로 발전시킨 극히 중요한 역사적 의의를 지닌 문헌으로 문혁 전진의 방향을 제시했다"고 높이 평가했다. 그런데 그가 보기에 1967년의 시점에서 「5·7지시」의 정신이 구체적으로 발현되는 조직 형식은 새롭게 등장한 혁명위원회였던 것 같다. 그는 혁명위원회가 '탈권' 이후 삼결합에 의해 건립된 임시권력기구로서 군중과 노동에서 이탈할 경우 문혁 자체가 좌절에 빠질 것이고 대표성을 상실할 위험성이 있다고 경고했다. 이처럼 혁명위원회의 '혁명성'보다 '임시성'과 '위험성'을 강조하는 것은 일부 급진 조반파의 반혁명위원회운동을 자극할 수 있었다. 사실 혁명위원회라는 신질서에 대한 동의 여부는 극좌파와 문혁파를 구분 짓는 중요한 기준이었다.[66]

또한 이미 지적했듯이 「5·7지시」의 근본적 지향은 공산주의의 구체적 실천 방안에 있었고 그에 따라 마오쩌둥은 평상시 공산주의의 실현 방안에 깊은 관심을 기울였다. 치번위가 관료계급과 노동자계급 사이의 임금격차를 줄이는 방법에 대한 연구에 참여하여 고위직의 임금을 깎고 노동자의 임금을 올리는 방식의 임금 재조정안을 제시한 것도 마오쩌둥의 이 같은 관심에 부응하기 위해서였다. 치번위는 연구조사를 통해 상하 공무원의 임금격차를 최대 7~8배 이하로 낮춰 당시 중국의 10배 차이를 극복하고 또한 파리코뮌에서 제시된 8배 차이보다 더 낮출 수 있는 방안을 제시했다. 이 정책은 비록 천보다의 반대 등을 이유로 실행에 옮기진 못했지만 '3대 차별' 해소에 대한 마오쩌둥의 의지와 그에 대한 치번위의 공감과 실천을 잘 보여준다. 또한 치번위의 안이 문혁 극좌파의 이상이자 구체적 실천의 실례였던 파리코뮌의 정책을 준거 틀로 삼고 있었던 점도 그의 급

---

65 "一定要把全国办成毛泽东思想的大学校", 《人民日報》, 1967.5.7. 발표는 편집부 이름으로 되었지만 치번위는 자신이 주축이 되어 작성했다고 밝히고 있다(戚本禹, 『戚本禹回憶錄』(下), p.401).

66 문혁 극좌파의 반혁명위원회 주장에 대해서는 孫承會, 「文化大革命과 武漢 極左派」, 《中國學報》, 73호(2015), pp.427~428 참조.

진적 사고와 관련하여 흥미롭다.[67]

문혁기간 설치되었던 '5·7학교'에 대한 치번위의 평가 역시 임시적 우붕(牛棚)이며 노동개조를 통한 정치적 박해라는 일반의 논리와는 크게 다르다. 즉, 그는 '5·7학교'를 「5·7지시」에 근거한 것으로 군중과 노동에서 간부를 이탈시키지 않음으로써 특권 이익 계급이 발생하지 않게 하는 유효한 방법으로 이해했다. 또한 문혁 기간 농촌에서 공업을 진흥시켜 사대기업(社隊企業)을 발전시킨 것도 「5·7지시」에서 유래한 것으로 이후 개혁·개방 이후의 향진기업(鄕鎭企業)이 보였던 발전을 예비한 것이라는 긍정적 평가를 내렸다.[68]

「5·7지시」가 문혁의 청사진이라면 1966년 6월 1일 ≪인민일보≫에 발표된 '모든 우귀사신을 소탕하자(橫掃一切牛鬼蛇神)'라는 제목의 사론은 현실의 타도 대상을 거론하는 행동지침이었다. 작자는 편집부로 명기되었지만 실은 중앙문혁소조 조장 천보다 책임 아래 중앙문혁소조나 마오쩌둥의 동의 없이 독단적으로 작성된 것이었다.[69] 그 목적은 "사상문화진지 내에 다량으로 반거(盤踞)하고 있는 〔자산계급이 만들어 놓은 구사상(舊思想)·구문화(舊文化)·구풍속(舊風俗)·구습관(舊習慣)의〕 우귀사신(牛鬼蛇神)을 소탕하는 것이었다." 여기서 우귀사신이란 온갖 잡귀신을 뜻하며 1963년 농촌사회주의교육운동 과정에서 마오쩌둥이 "사회주의를 파괴하는 우귀사신을 폭로하라"고 지시하면서부터 주목을 받았다.[70] 문혁운동 과정에서 큰 문제가 없을 것 같은 이 사론에 대해 치번위와 일부 중앙문혁소조원 사이에서 다음과 같은 이견이 제시되었다. "모든 우귀사신을 소탕하라!"는 주

---

67   임금차와 관련하여 '극좌반동사조'로 지목된 하얼빈공업대학(哈爾濱工業大學)의 위무(衛無)는
      '1.2론'을 주장했다. 그에 따르면 상하 관료의 임금격차 기준은 1.2배로 제한되었다〔「砸爛舊中
      國, 建設新中國」, 上海市革命委員會寫作組編輯, 『無産階級文化大革命時間各種反動思潮資料匯編』,
      2稿(1970.1), 印紅標, 『失踪者的足跡: 文化大革命時期間的青年思潮』, pp.121~122에서 재인용〕.
68   이상, 치번위의 「5·7지시」에 대한 평가는 戚本禹, 『戚本禹回憶錄』(下), pp.402~403 참조.
69   이하 이 사론의 작성 경위에 대해서는 戚本禹, 같은 책, pp.420~421 참조.
70   毛澤東, 「關於農村社會主義教育問題的指示」(1963.5), CCRD 수록, 참조.

장은 객관적으로 군중운동의 투쟁 방향을 당내의 주자파가 아니라 이미 타도된 '지(地, 지주)·부(富, 부농)·반(反, 반동분자)·회(懷, 악질분자)·우(右, 우파분자)'로 맞추게 됨으로써 운동 전선을 지나치게 확대시켜 결과적으로 주자파를 보호하게 될 수 있다는 것이었다. 형식적으로는 극좌적 형태를 취했지만 실질적으로는 우파를 보호하는 소위 "형좌실우"의 오류를 지적한 것이었다.

중국 혁명의 과정에서 공산당의 타도 대상은 혁명의 성격에 따라 변화했다. 중화인민공화국 성립 이전에는 봉건지주, 매판자본가 이외에도 '토호열신(土豪劣紳)' 등이 타도 대상이었지만 문혁을 스음해서는 '지·부·반·회·우'(소위 '흑오류')가 등장하기에 이르렀다. 그런데 혁명의 타도 대상이 '지·부·반·회'에서 '지·부·반·회·우'로 확대된 것은 대체로 1966년 5월 문혁 발발과 함께였던 것으로 보인다. 한 예로 천보다는 1966년 5월 24일의 중앙정치국확대회의에서 펑전이 "모든 악인, 즉 지·부·반·회·우의 반공도산(反攻倒算)을 비호한다"고 비판했다.[71] 이것과 앞서의 6월 1일 사론을 연결하면 그의 '우귀사신'은 '모든 악인, 즉 지·부·반·회·우'를 포괄하는 것으로 생각된다.

하지만 이전 공격과 타도 대상으로서의 계급의 적은 '지·부·반·회'였다. 이는 1958년 반우파 투쟁을 이미 겪은 뒤의 상황에서 여전히 우파를 타도의 대상에 포함시키는 것은 정치논리상 받아들이기 힘들었기 때문으로 추측된다. 그렇기 때문에 마오쩌둥은 1965년 11월의 시점에서 "내부에 숨어 있는 반혁명분자를 가려내야 한다. 또한 지·부·반·회가 있지만 지·부·반·회 역시 전부가 아니다. 역사상 가려낸 바 있었다"라고 하여 '지·부·반·회'와 우파를 구분했다. 또한 문혁의 시작을 알리는 계기로 평가받은 우한에 대한 공격에서도 여전히 계급의 적은 '지·부·반·회'였다.[72] 더욱이 마오쩌둥은 '우귀사신'을 타도 대상에 포함시킬 경

---

71   「陳伯達在中央政治局擴大會議上的講話」(1966.5.24), CCRD 수록, 참조.

72   毛澤東, 「在一次視察各地工作時的講話」(1965.11). CCRD 수록; ≪人民日報≫ 編者, "吳晗同志

우에도 매우 조심스러웠다. 그는 '지·부·반·회·우귀사신'을 한 번에 정체를 드러내게 하라고 촉구함으로써 '우귀사신'과 우파의 관계를 명확하게 구분하지 않았을 뿐만 아니라 그것이 무엇인지 명확하게 드러내지도 않았다.[73]

이러한 배경에서 마오쩌둥의 충실한 대변인이었던 치번위는 문혁 직후인 1966년 5월 23일의 시점에서 동일한 입장을 견지했다.[74]

> 우리의 무대에서 주요한 지위를 차지한 자는 노동자·농민·군인이 아니며 역사의 진정한 창조자가 아니다. 제왕장상(帝王將相)·재자가인(才子佳人)·지부반회(地富反壞)·우귀사신·봉건주의·자본주의·수정주의가 무대에서 우리에게 전정(專政)을 펼치고 있다.

또한 '탈권'이 한창이던 1967년 초 치번위는 '탈권'이 주자파로부터 이루어져야지 자산계급 반동노선을 견지하는 일반을 대상으로 해서 전선을 확대시켜서는 안 된다고 강조했다.[75]

천보다는 회고를 통해 6월 1일의 사론은 자신이 직접 작성하지 않았을뿐더러

寫『海瑞罷官』的政治目的是什么?", ≪人民日報≫, 1966.4.8 참조.

73 毛澤東, 「轉發浙康生七個關於幹部參加勞動的好材料的批語」(1963.5.9), 『建國以來毛澤東文稿』, 第10冊(中央文獻出版社, 1997, 第2次), p.293. 이 밖에도 문혁 이전 이하의 문건에는 마오쩌둥의 뜻에 따라 계급의 적을 '지·부·반·회·우'에 대신에 '지·부·반·회·우귀사신'을 선택하고 있다〔「關於印發"中共中央關於目前農村工作中若干問題的決定(草案)"的通知」(1963.5.20); 「中央關於轉發湖南迎豊公社反革命事件的嚴重敎訓和江蘇淮陽地委張景良同志在省委擴大會議上的發兩個文件的批示」(1964.9.2); ≪人民日報≫編輯部, "突出政治是一切工作的根本: 一論突出政治", ≪人民日報≫, 1966.4.6; ≪解放軍報≫ 編輯部社論, "千万不要忘記階級鬪爭记", ≪解放軍報≫, 1966.5.4, 이상 모두 CCRD 수록, 참조〕.

74 「戚本禹在紀念毛澤東『在延安文藝座談會上的講話』發表二十五周年大會上的講話」(1967.5.23), CCRD 수록, 참조.

75 「戚本禹接見北京紅代會籌備人員時的講話」(1967.2.13), CCRD 수록, 참조.

5월 각 신문 잡지에 "우귀사신 타도" 주장이 등장하여 마오쩌둥, 류사오치, 저우언라이, 덩샤오핑 등 중앙지도자들 역시 공통으로 인정한 것이라고 하며 억울해했다.[76] 하지만 핵심은 "우귀사신 타도"가 아닌 계급의 적으로서의 "우파 타도"였다고 봐야 할 것이다. 즉, 문혁의 진전에 따라 "일체의 우귀사신 소탕"은 중요한 선전선동 구호로 자리 잡았고 거기에 우파가 새롭게 포함되면서 타도 대상으로서의 '반혁명분자'가 되었다. 이렇게 '흑오류'가 탄생했고 문혁의 급진화에 따라 계급의 적은 여기에 더해 주자파와 자본가가 포함되어 '흑칠류'로 확대되었고 주지하다시피 '혈통론'에 의해 적은 고성화·절대화되었다.

치번위가 반대한 것은 바로 '혈통론'에 근거한 문혁 전선의 확대·고정이었다. 그런데 치번위는 위에서 언급한 천보다의 착오를 과거 사회주의교육운동과 반우파 투쟁을 동일하게 처리하여 주자파가 아닌 '지·부·반·회'와 기층 간부 타도에 맞췄던 류사오치의 착오에 대비시켰다.[77] 또한 치번위는 문혁 초기에 나타난 공작조의 폐해, '노홍위병'의 만행, '혈통론' 유행 등의 책임을 류사오치에게 전가했다. 그는 문혁의 폐해를 마오쩌둥이나 중앙문혁소조의 책임에서가 아니라 오히려 문혁의 피해자에게서 찾음으로써 가해자와 피해자의 역전을 시도하고 있다.

군의 좌파 지지 정책에 대한 평가 문제 역시 문혁파와 극좌파의 중요한 구분점이라 할 수 있다.[78] '혈통론'에 반대하지만 '출신론'에도 동의하지 않고, 주자파를 타도해야 하지만 '우파'를 공격 대상에 포함시켜서는 안 된다는 치번위의 절

---

76 陳曉農 編纂, 『陳伯達最後口述回憶』〔星克爾出判(香港)有限公司, 2006.3(3版)〕, pp.270~282.

77 戚本禹, 『戚本禹回憶錄』(下), p.421. 마오쩌둥이 1966년 8월 자신의 대자보를 통해 "사령부를 포격하라!"고 선동하면서 1962년의 우경적 오류에 대비하여 1964년의 "형좌실우"의 오류를 지적했는데 이는 사회주의교육운동 과정에 나타난 류사오치의 투쟁 전선 확대에서 나타난 극좌적 오류를 가리키는 것으로 보인다.

78 '홍오류' 중심의 '연동'이 '좌파'에게 "해방군 반대", "군훈 반대"를 했다는 죄목을 붙여 공격하고자 했던 것도 군과 극좌파의 관계를 드러낸다고 할 수 있다〔首都紅衛兵聯合行動委員會,「緊急聯合通告」(中發 7431 密字 3452), CCRD 수록, 참조〕.

충적 주장은 군에 대해서는 어떻게 발현되었을까?

군의 좌파 지지 활동을 비판적으로 파악한 '4·3파'와 달리 치번위는 중앙수장과 동일한 입장을 취했다. 아직까지 우한 '7·20 사건'에서와 같이 군의 우경화가 분명하게 드러나지 않는 이상 치번위 역시 해방군에 대한 급진 조반파의 공격을 수용하기는 힘들었을 것이다. 사실 그는 해방군이 좌파 지지 과정에서 칭하이(靑海), 쓰촨(四川), 네이멍구(內蒙古) 등지에서 잘못을 저질렀지만 산시(山西), 귀저우(歸州), 헤이룽장(黑龍江) 등지에서는 좌파를 지지하는 등 전체적으로 큰 공헌을 했다고 평가하면서 비교적 객관적 태도를 유지했다.[79]

이렇듯 해방군의 좌파 지지 정책에 '비판적 지지'의 입장을 취했던 치번위는 '대연합', '삼결합'에 대한 급진 조반파의 공격에 반대했다. 그는 이러한 경향을 극좌파의 새로운 반격이라 하면서 "모두를 회의하고 모두를 타도하라(懷疑一切, 打倒一切)"를 내세우는 무정부주의적 태도에 대해 공격했다. 이와 같이 치번위는 일부 급진 조반파를 극좌파로 비판하면서 이들 극좌파 반혁명주의자를 제외한 나머지는 인민 내부의 모순에서 비롯되었으므로 협상으로 문제를 해결해야 한다고 했다.[80]

4. '좌파연맹'의 파열: 왕리(王力)·관펑(關鋒)·치번위 숙청

이렇듯 문혁 초기 고비 때마다 중요한 역할을 수행했던 왕·관·치는 1967년

---

79 「戚本禹張春橋謝富治接見北京中學代表時的講話」(1967.4.13), CCRD 수록, 참조. 치번위가 "해방군이 보황군(保皇軍)이다"라는 일부 극좌파의 주장에 반대했음을 물론이었다. 「戚本禹與北京紅衛兵代表座談紀要」(1967.2.19) CCRD 수록, 참조.

80 「戚本禹接見北京紅代會籌備人員時的講話」(1967.2.13); 「戚本禹與北京紅衛兵代表座談紀要」(1967.2. 19) CCRD 수록, 참조.

여름 (치번위는 1968년 1월) 돌연 실각했다. 이들의 숙청 과정에 대해서는 다양한 주장이 제기됨으로써 아직까지 그 실체가 명확하지 않다.[81] 하지만 왕·관·치라는 중앙문혁소조 내의 일파가 지닌 급진성이 중요한 배경이 되었음은 분명하다. 먼저 왕력의 다음 발언에 주목해 보자.

세 방면에서 임시권력기구 건립을 협상하는 것은 산만하여 좋지 않다. 이것은 임시 정부이며 과도적인 것이기 때문이다. 과도기가 지나면 파리공사식의 베이징 인민 공사, 상하이인민공사가 성립될 것이다. 우리는 인민공사 건립을 주장한다. 모 주 석은 1958년 도시 인민공사 건립을 원했다. 하나의 과도기를 거치면 다시 또 하나 의 주비위원회를 거칠 수 있고 그리고 나서야 비로소 철저하고 완전한 형식에 도달 할 수 있다.[82]

여기서 임시권력기구란 혁명위원회를 가리킨다. 중요한 사실은 왕력이 상하 이인민공사가 마오쩌둥에 의해 이미 부정되었음에도 여전히 파리코뮌을 주장했다는 것이다. 사실 당시 중앙문혁소조는 중요한 노선 차이를 둘러싸고 둘로 분열되어 있었다. 하나는 삼결합 방식에 의한 '탈권'을 장기적으로 용인하는 마오

---

81 이들의 숙청에 대해서는 쟝칭 주도설, 군과 중앙문혁소조의 갈등설, 마오쩌둥 주도설, 군과의 전략적 타협설, 린뱌오에 대한 마오쩌둥의 경고설, 저우언라이 주도설 등 다양한 주장이 제기 되고 있는 형편이다. 이에 대한 간략한 소개에 대해서는 백승욱, 『중국 문화대혁명과 정치의 아포리아: 중앙문혁소조장 천보다와 조반의 시대』(그린비, 2012), pp.137~140 참조. 왕리(王 力)·관펑·치번위의 숙청 과정은 중앙문혁소조 내의 급진파 제거라는 중요한 사건이라 할 수 있 다. 이에 대해서는 霞飛, 「王力·關鋒·戚本禹的人生結局」, 向繼東 編選, 『2005中國文史精華年選』 (花城出版社, 2006.1); 老田, 「毛澤東爲何突然要將王力·關鋒·戚本禹整下去?」, http://www.wen gewang.org/read.php?tid=9098&keyword (검색일: 2012.8.28); 王年一, 『大動亂的年代』(河南 人民出版社, 1996), pp.266~275 참조.

82 「王力談≪紅旗≫第三期社論精神」(1967.1.31), CCRD 수록, 참조. 아울러 사론 전문은 "論無産階 級革命派的奪權鬪爭", ≪人民日報≫, 1967.1.31 참조.

쩌둥파, 즉 쟝칭, 장춘교, 요문원이고 다른 하나는 그 임시성, 과도성을 주장하면서 파리코뮌형의 '탈권'을 주장하는 왕·관·치 그리고 린졔 등이었다. 그리고 이러한 대립은 1967년 8월 왕·관과 린졔의 실각, 1968년 1월 치번위의 실각으로 이어졌다고 봐야 할 것이다.[83]

하지만 최종 결정은 마오쩌둥이 내린 것이 분명하다. 그렇다면 치번위는 어떤 반응을 보였는가? 1967년 8월 26일의 중앙문혁대면회(中央文革碰頭會)에서 왕리와 관펑의 격리심사가 결정된[84] 후인 9월 4일 치번위는 마오쩌둥에게 다음과 같은 내용의 편지를 썼다.[85]

관펑, 왕리는 매우 엄중한 착오를 범했으니 그것의 표현 형식은 '좌'경맹동이다. ① 전국적 형세를 판단할 때 투쟁 과정 중의 반복현상을 전국적으로 자본주의 복벽이 출현하는 것으로 보고 혁명군중의 투쟁 성과와 역량을 보지 못했다. ② 중국 인민해방군을 잘못 평가하여 신문과 방송사 도처에서 "군 내의 한 줌 (주자파) 축출(抓軍內一小撮)"을 호소했다. ③ "모두를 회의하라(懷疑一切)"를 통해 마오쩌둥 주석의 영도를 함부로 동요시켰다. 그들이 범한 착오의 근원은 개인주의이자 자아 팽창으로 스스로를 대단하게 여기는 데에 있다. 누구보다 혁명적이라 여기며 다른 의견을 들으려 하지 않았다. 나는 이런 그들의 문제를 제대로 파악하지 못했다. 왕리가 외교부 문제에서 범한 착오는 나와 관계가 있다. 나는 마음 깊이 노력하여 스스로를 개조하고 영원히 마오쩌둥 사상에 충성하는 소병(小兵)이 되고자 한다.

83　이 문제를 본격적으로 다루지는 않았지만 같은 맥락에서 왕·관·척의 실각을 분석한 것이 加加美光行,『逆說としての中國革命-〈反近代〉精神の敗北』, p.76. 본래 파리코뮌을 강력하게 주장했으나 '탈권' 이후 입장이 바뀐 천보다의 위치는 좀 애매하다〔이 문제에 대해서는 백승욱,「천보다(陳伯達)를 통해 본 중앙문혁소조의 문화대혁명」,≪현대중국연구≫, 12(2010) 참조〕.

84　이 과정은 戚本禹,『戚本禹回憶錄』(下), pp.663~664 참조.

85　『建國以來毛澤東文稿』, 第12冊(中央文獻出版社, 1998.1), pp.412~413 참조.

치번위의 편지는 기본적으로 왕리, 관평 숙청 이후에 자신에게 전개될 공격을 무마시키려는 선제적인 조치로 이해된다. 그렇기 때문에 그의 비겁한 모습을 비판하는 좋은 소재로 활용될 수도 있다. 하지만 보다 중요한 사실은 치번위 자신이 왕리, 관평과 함께 진행했던 일련의 행동을 '좌'경맹동, 즉 극좌주의로 이해하고 구체적으로 "군 내의 한 줌 (주자파) 축출" "모두를 회의하라", "외교부 탈권" 등을 인정하고 있다는 것이다.

여기서 "군 내의 한 줌 (주자파) 축출"이란 우한(武漢) '7·20 사건'에 자극받아 1967년 8월 1일 발표된 ≪홍기≫ 사론에서 제기된 주상이었다.[86] 치번위는 이 사론이 천보다, 왕리, 관평, 린제 등에 의해 작성된 것으로 회고하면서 이를 통해 문혁의 투쟁 방향이 "당내 한 줌 주자파 축출"에서 "군 내 한 줌 주자파 축출"로 전환된 것이라고 평가했다.[87] ≪홍기≫ 사론 사건에 뒤이어 발표된 왕리의 '8·/강화'[88] 역시 큰 풍파를 일으켰다. 핵심적인 주장은 홍위병도 조반을 통해 외교부장을 맡을 수 있다는 것이었다. 이 강화에 자극받은 급진 홍위병은 외교부를 상대로 조반을 일으키고 8월 22일 영국 사무소를 방화하기까지 했다. 인용에서의 "외교부 탈권"은 이를 가리킨다. "모두를 회의하라"는 이미 지적했듯이 무정부주의적 급진파, 즉 극좌파의 주장이었다. 결국 치번위는 왕리와 관평이 극좌파의 오류에 빠졌고 자기 또한 그에 연루된 것을 인정하면서 오류를 시정하겠다고 공언한 것이었다.

---

86 「無産階級必須牢牢掌握槍杆子: 紀念中國人民解放軍四十周年」(1967.8.1), ≪紅旗≫, 1967-12.

87 戚本禹,『戚本禹回憶錄』(下), p.660. 왕·관·치 숙청 이후 홍위병의 치번위 비판은 주로 '군 내 한 줌 주자파' 축출 구호를 통해 군에 반대하고 특히 후난 극좌파를 선동해 군구 공격을 선동한 데에 맞춰졌다〔한 예로 칭하이성 홍위병 대자보 「打倒戚本禹」(上), ≪八一八工人戰報≫(1968.4.3) 참조〕. 사실, 1967년 1월 치번위는 "군 내에 자본주의 길을 걷는 당권파가 존재한다"고 지적하여 '군 내 한 줌 주자파' 문제를 일찍부터 제기한 바 있었다〔王新亭關鋒戚本禹對軍隊總參三部工作員的講話」(1967.1.10), CCRD 수록, 참조〕.

88 왕리의 「王力對外交部革命造反聯絡站代表姚登山等同志的講話」(1967.8.7)를 가리킨다.

이에 대해 마오쩌둥은 다음과 같은 답변을 썼다.

이미 열람했다. 치번위 동지에게 되돌려줘라. 이들 착오를 범하는 것은 유익하니 깊은 생각을 끌어내어 착오를 교정시킬 수 있다. 적절한 때에 왕리와 관펑 동지에게도 알려주기 바란다.[89]

이 같은 마오쩌둥의 답신만으로 판단컨대 아직까지 왕·관·치에 대한 마오쩌둥의 관심이 유지되고 있음을 짐작할 수 있다. 하지만 이것은 어디까지나 개인적인 관계에서 그렇다고 할 수 있다. 극좌주의와 같은 이념적 노선 갈등이 드러난 이상 정치권력 투쟁 내의 개인적 친소 관계는 중요한 의미를 가질 수 없었다.

치번위는 왕리와 관펑의 실각 과정에서 문혁의 전환 사실을 분명하게 느꼈다. 1967년 10월 그는 마오쩌둥의 지방 시찰 강화를 정리할 때의 상황을 다음과 같이 회고했다.[90]

나는 주석 강화의 가장 중요한 사상이 '대연합'의 실행을 제출하는 것이며, 각파 모두 권력 장악 투쟁에 참가하지만 어느 특정 일파를 지지하여 다른 일파를 압도하는 것이 아니라는 사실을 발견했다. 이것은 실제적으로 전략 사상의 대전변이다. 나는 모 주석이 그렇게 큰 결심을 했고 왕리와 관펑을 타도한 것도 이러한 새로운 전략 사상을 실천하기 위해서였다고 생각한다.

치번위는 1967년 상반기를 즈음하여 문혁이 '조반'의 단계에서 '대연합'의 단계로 전환했다고 판단했다. 하지만 중앙문혁소조를 중심으로 문혁이 급진화되

89　「在戚本禹檢討信上的秘語」(1967.9.7),『建國以來毛澤東文稿』, 第12(中央文獻出版社, 1998), p.412.
90　戚本禹,『戚本禹回憶錄』(下), p.666.

면서 ≪홍기≫ 사론과 왕리의 '8·7강화' 통해 단적으로 드러나듯 상황은 마오쩌둥의 뜻과는 다른 방향으로 전개되었다. 결국 왕리와 관펑의 실각은 이러한 문혁파 내부의 급진화를 막으려는 마오쩌둥의 고육지책이었던 것으로 치번위는 이해했다. 그렇게 본다면 약간의 시차가 있었지만 치번위 역시 중앙문혁소조 내의 급진화를 추동했던 책임에서 근본적으로 자유로울 수 없어서 실각했을 것이다.

게다가 왕·관·치는 본래 중앙문혁소조 내의 소장 급진파로서 정체성을 지녔다. 천보나 캉성과 같은 원로파에도 소속되지 않았고 야오원위안이나 장춘챠오만큼 쟝칭과 긴밀하지도 않았다. 단지 중앙문혁소조 내의 실무진으로서 마오쩌둥과 쟝칭의 뜻에 따라 문혁을 구체적으로 주도한 집단이었다. 더욱이 천이는 "왕리와 관펑만을 잡고 치번위를 잡지 않으면 아무도 잡지 않은 것과 같다"고 했다.[91]

결국 1968년 1월 치번위는 체포되어 친청(秦城) 감옥에 수감되었다. 격리심사 이후의 상황에 대해 치번위는 다음과 같이 서술했다.[92]

> 나 역시 격리심사를 받게 된 이후 조반파에 대한 지지는 감소했다. 본래 각지에서 진행되고 있던 혁명위원회 담판 중에 조반파의 태도는 비교적 강경했다. 하지만 이제는 그들 역시 타협적으로 돌아섰다. 이와 같은 각지의 대연합 실현과 삼결합 실행, 더 나아가 혁명위원회 성립 공작은 비교적 순리적으로 이루어졌다.

치번위는 위의 회고를 통해 조반파에 대한 스스로의 영향력을 강조하고 있는 듯하다. 사실 조반파에 강한 영향력을 끼쳤던 ≪홍기≫지 1967년 16기(11월 23

---

91 戚本禹, 같은 책, p.699.

92 戚本禹, 같은 책, p.699.

일)부터 1968년 1기(7월 1일)까지 7개월 동안 사실상 정간된 것은 부총편집을 맡고 있던 왕·관·치의 숙청과도 밀접한 관련이 있었다.[93] 하지만 그보다는 치번위가 자신의 숙청에 큰 불만이 없다는 점이 주목을 끈다. 마오쩌둥에게 보낸 '반성문'에서도 확인되듯이 치번위는 자신이 주도했던 문혁의 급진화에 반성하며 마오쩌둥의 문혁 수습 노력을 이해하고 그에 따르지 못한 자신의 과오를 진심으로 자아비판하고 있다. 그렇기 때문에 그는 문혁에 의해 커다란 피해를 입었음에도 불구하고 여전히 문혁의 이상을 포기하지 않고 그에 대한 신념을 죽을 때까지 간직하고 있었던 것은 아닌가?

5. 신념으로서의 문혁

이 책으로써 마오쩌둥이 발동한 무산계급문화대혁명 50주년을 삼가 기념한다!

이 구절은 치번위가 죽기 직전인 2016년 3월 1일 자신의 회고록 『치번위회고록』(상) 첫 장에 친필로 써넣어 인쇄한 것이다. 사전적 의미의 기념이 반드시 주관적 가치판단을 전제로 쓰일 필요는 없지만 위의 표현은 분명 문혁에 대한 그의 긍정의 신념을 반영한 것으로 보인다. 단적으로 그의 회고록에는 문혁에 대한 공식적 평가와는 전혀 다른 현 중국과 문혁 부정에 대한 비판의 예가 많이 등장한다. 몇 가지 예를 들면 다음과 같다.

---

93 ≪紅旗≫의 총편집은 천보다였지만 왕·관·척은 ≪홍기≫의 '총아(寵兒)', '홍인(紅人)', '별'이었다. 이상, 王永興, 「"王·關·戚"借≪紅旗≫雜志竄紅的前前後後」, 『文史精華』(2001.1), http://www.chinaelections.com/article/224/167136.html (검색일: 2016.8.31).

주석과 우리들이 대화를 나눈 지 이미 반세기가 흘렀다. 나 역시 이미 노년에 들어섰다. 당시 주석께서는 확신을 갖고 나 같은 젊은이가 혁명만 견지한다면 공산주의의 서광을 볼 수 있을 것이라 말했다. 애석하다! 나는 현재 그 어떤 공산주의의의 서광도 보지 못하고 있다. 나는 단지 자본주의가 많은 영역에서 창궐하여 복벽을 이루고 있으며 미국과 일본의 제국주의가 소련을 포위하고 와해시키려 했던 것처럼 중국이 변화하고 또 분열될지 모른다는 불길한 조짐을 보고 있을 뿐이다.[94]

이것은 마오쩌둥의 이상이 사라진 현 중국에 대한 통렬한 비판이다. 좀 더 구체적으로 치번위는 당대 중국의 문제점을 다음과 같이 지적한다.

현재 돌이켜 보면 모 주석은 어떻게 파리코뮌의 원칙을 실천할 수 있는지, 어떻게 인민이 진정으로 주인이 될 수 있는지, 어떻게 노동자가 국가 관리에 참여할 수 있는지, 어떠한 민주 형식으로 인민 군중이 인민의 공복을 감독하여 그들이 인민의 주인으로 변모하는 것을 방지할 수 있는지에 대해 지속적으로 사고하고 모색했다. 나는 문혁운동의 '4대'를 생각한다. 즉, '대명(大鳴)·대방(大放)·대자보(大字報)·대변론(大辯論)'이 체현된 언론자유, 홍위병 조직·군중 조직의 성립으로 체현된 결사 자유, 이러한 대민주의 형식은 간단하게 부정될 수 없다. 진지하게 총결되어 법률 형식과 규범으로 갖춰져야 한다. 그러나 문제는 덩샤오핑이 권력을 잡은 뒤『헌법』수정을 통해 4대 합법성에 대한 이전『헌법』의 규정이 폐지된 것이다. 인민 군중의 공권력 감독의 구체적 형식과 조직 역량이 없으며 모든 감독은 형식적인 것으로 되고 말았다.[95]

---

94   戚本禹,『戚本禹回憶錄』(下), p.403.
95   戚本禹, 같은 책, p.478.

여기서의 '『헌법』 수정'이란 문혁이 종결된 이후인 1982년 12월 제5기 전국인민대표대회 제5차 회의에서 통과된 『팔이헌법(八二憲法)』을 가리킨다. 치번위는 '4대'를 통한 '4구 타파'의 이름으로 자행된 각종 폭력 등 문혁 폐해의 책임을 자신과 중앙문혁소조에 의해 조종된 조반파 홍위병이 아니라 예젠잉(葉劍英) 등에 의해 조종된 고관 자제 중심의 '노홍위병', '서규(西紏)', '연동' 등에게 전가하고 있다. 또한 문혁의 폭력 사태는 문혁 이후 중앙문혁소조의 책임으로 규정되었지만 폭력이 자행되던 1966년 7~8월 문혁과 관련된 중대 결정은 모두 류사오치, 덩샤오핑이 지도하는 당 중앙 상임위원회와 중앙서기처에서 이루어졌으며 그들이 파견한 공작조도 일말의 책임이 있다고 변명했다.[96]

또한 문혁의 주요 책임자 가운데 한 명으로 총리 저우언라이를 지목했다.

총리의 이 말은 후에 총리가 문혁을 반대하거나 억제하려는 태도를 지녔음을 설명하는 근거로 항상 인용된다. 어쩔 수 없이 치욕을 참아가며 중임을 맡았다는 것이다. 하지만 이것은 사실과 부합하지 않는다. 실제, 내가 이해하는 바로는 당시 문혁의 필요성과 중요성에 대한 총리의 인식은 모 주석과 기본적으로 일치했지 절대 자신의 뜻을 굽히고 아첨한 것이 아니었다. 일부 구체적인 업무에서 봉착한 문제가 다르거나 혹 문제를 바라보는 시각이 달라 그와 주석 및 중앙문혁소조 사이에 일부 의견이 다를 수는 있었다. 하지만 일반적으로 그는 주석의 의도를 알고 난 뒤 바로 자신의 견해를 조정했다.[97]

결론적으로 치번위가 보기에는 기존에 알려진 바와 달리 저우언라이는 문혁에 적극적이었다. 이 점은 린뱌오의 군과 저우언라이의 행정력이 마오쩌둥의 문

96 戚本禹, 같은 책, pp.474~476, 479-489, 499 참조.
97 戚本禹, 같은 책, p.539.

혁을 지탱하는 양대 축이었다는 지적에서도 어느 정도는 예상된다.[98]

또한 문혁과 경제의 관계에 대해서도 다른 의견을 제시한다. 치번위에 따르면 문혁을 반대하는 일부 사람들이 지적하는 것과 같이 중앙문혁소조가 결코 혁명을 일으켜 생산을 파괴하지 않았다는 것이다. 오히려 정반대로 문혁을 반대하고 저지하려는 사람들이 항상 온갖 술수를 동원하여 생산을 움켜쥐고 혁명을 탄압했다는 것이다.[99]

이상의 문제들은 좀 더 객관적 연구와 증거 자료를 갖추고 검토해 볼 만한 것으로, 치번위나 그와 상반된 기타 증언 가운데 어느 한편의 주장을 일면적으로 받아들이기는 힘들 것이다. 하지만 분명한 사실은 치번위가 문혁의 이상과 실천이 올바르다는 신념에 찬 문혁관을 바탕으로 기존의 문혁평가와는 전혀 다른 문혁을 말하고 있다는 점이다.

문혁에 대한 이러한 신념은 마오쩌둥에 대한 무한한 존경심으로 발현되었다.

그는 평생 어떻게 인민이 주인이 되는 인민민주정권을 공고히 할 수 있을까, 그리고 어떻게 인민이 고통스러운 분투를 통해 행복한 생활을 하게 할 수 있을까만을 생각했다. 그의 사상은 심오하고 총명하고 지혜로우며 시야가 넓다. 그의 이론 조예와 문화 소질은 극히 심후하여 동시대인 중에서 그와 견줄만한 사람이 없을 뿐만 아니라 수천 년의 세계 역사 속에서도 찾아보기 힘들다. 그는 70여 세의 고령이 되어서 집정 이후의 공산당이 인민 이익을 위해 분투하는 혁명당에서 인민의 머리 위에 올라 권세를 부리는 통치자로 변모하지 못하도록 결연하게 무산계급문화대혁명 운동을 발동하고 영도했다. 그는 최저층의 인민 군중을 발동시키고 지지하여 그들

---

98 문혁에 대한 저우언라이의 적극적 지원에 관해서는 矢吹晉, 『文化大革命』(講談社, 2010, 第19 刷) 참조〔손승회 옮김, 『문화대혁명』(영남대출판부, 2017.8), pp.187~196〕.
99 戚本禹, 『戚本禹回憶錄』(下), p.540. 문혁의 경제적 영향에 대한 긍정과 부정의 복잡한 논의에 대해서는 矢吹晉, 같은 책, pp.30~38 참조.

이 "국가 대사에 관심을 갖게 했고" '주자파'에 대해 감히 조반을 일으키게 했다.[100]

이러한 문혁에 대해 주자파 등 반대파들은 당연히 저항했다. 하지만 마오쩌둥의 절대적 권위에 공공연히 도전하기 힘들었기 때문에 그 대신 중앙문혁소조가 공격 대상이 되었다. 그리고 중앙문혁소조 내에서 가장 이력이 일천하고 지위가 낮은 왕·관·치가 자연스럽게 집중적인 공격을 받고 숙청될 수밖에 없었다. 이것이 치번위가 생각하는 정치 공학적 원인 분석이었다. 하지만 치번위는 여기서 더 나아가 '7·20 사건' 이후, 마오쩌둥의 전략적 방침이 조반 → '탈권' → '삼결합'에 의한 혁명위원회 → 파리공사식의 신정권 수립에서 혁명적 '대연합'으로 변모했음을 근본 원인으로 이해했다. 즉, 이러한 변화에도 불구하고 쟝칭, 천보다, 캉성은 물론 왕·관·치가 이를 충분히 인식하지 못했고 문제의 ≪홍기≫ 사론과 우한 영국 사무소 방화 사건이 발생하면서 돌이킬 수 없는 국면에 접어들었다고 판단했다. 이러한 분석은 자신의 숙청을 문혁운동의 전개 과정 속에서 비교적 객관적으로 파악한 것으로 판단된다. 하지만 치번위가 내린 최종적 판단은 "그럼에도 불구하고 무산계급문화대혁명 목표의 추구와 모 주석 계속혁명 사상 충성에 대한 신념에는 흔들림이 없다"는 것이었다.[101] 결국 그에게 문혁은 곧 신념이었던 것이다.[102]

---

100 戚本禹, 같은 책, p.711.

101 戚本禹, 같은 책, pp.711~712.

102 이러한 '신념으로서의 문혁'은 1949년 작가 선충원(沈從文)의 다음 발언을 떠올리게 한다. "과거 1920~1930년대 중국은 '사(思)'라는 글자로 출발한 시대였으나, 앞으로는 '신(信)'의 신대로 진입할 것이다." 즉, 중화인민공화국 이후 마오쩌둥의 시대는 믿음이 올곧고 그와 행위가 일치되어야 하는 시대가 될 터였다[이상, 전리군(첸리췬), 『마오쩌둥 시대와 포스트 마오쩌둥 시대; 1949-2009』, 연광석 옮김(한울, 2012.9), p.59 참조].

제3장

'신사조'의 전개와 극좌 사상의 형성

1. '11월 흑풍(黑風)'과 중앙문혁소조 비판

이미 잘 알려져 있듯이 대중운동으로서의 문혁은 대명·대방·대자보·대변론
이라는 아래로부터의 '대민주(大民主)'를 바탕으로 본격화되었다. 따라서 대중의
자발적 정치 참여와 정치 비판은 원칙적으로 자연스럽고 또 자유로워야 했다.
하지만 비판의 대상이 당 중앙, 특히 중앙문혁소조를 비롯한 핵심 문혁파를 향
할 경우 문제는 간단치 않았다. 문혁이 급진화되면서 피해를 입거나 탄압을 받
은 보수파의 입장에서 볼 때나 반대로 문혁이 지지부진하다고 생각하는 급진파
의 입장에서 볼 때 중앙문혁소조는 불만의 대상이었다. 이에 따라 현실적으로
명확하게 드러나지는 않았지만 실제적으로 '마오쩌둥을 비판한 홍위병'이 등장
하지 말라는 법도 없었다. 이와 관련하여 이하에서는 먼저 마오쩌둥과 함께 문
혁을 앞장서 지휘한 중앙문혁소조에 대한 비판 사례를 검토해 보겠다.

1966년 12월 12일과 26일 두 차례에 걸쳐 베이징대 물리학과 학생 추이쯔밍
(崔子明), 시관페이(席關培), 장정(張拯) 등 세 명은 중앙문혁소조 고문 캉성에게 편
지를 보냈다. 그들은 "리훙산(李洪山) 등 일부 극소수 반혁명분자가 중앙문혁소
조에 반대하며 분수를 모르고 나섰는데, 이는 대수롭지 않고 그들에게 세상을

뒤집을 만한 힘도 없다"고 설명했다.[1] 내용상 중앙문혁소조에 대한 명확한 반대의 입장을 담지 않아서 3인의 주장이 크게 문제될 것도 없어 보였다. 그러나 캉성은 1967년 1월 1일 중앙문혁소조 조장 천보다와 부조장 쟝칭 등에게 편지를 보내 3인의 주장에서 문제점을 지적했다. 캉성이 보기에 3인의 주장은 리훙산·챠오지엔우(喬兼武)·양쉰(楊勛)·양빙장(楊炳章) 등 '반혁명분자'를 보호하기 위한 것이며 ① 리훙산·② 이전야(易振亞)·③ 완휘친(萬會秦)·④ 이린(伊林)·⑤ 챠오지엔우·⑥ 양빙장·⑦ 후산싱(虎山行) 등과 연계된 "일정 정도 대표성을 지닌" 발언이었다.

아직 위의 인물들이 지니는 '반혁명성'이 무엇인지 명확하지 않다. 하지만 짐작건대 이들이 문혁파를 비판했기 때문에 문혁 핵심부의 관심 인물로 부상했던 것 같다. 그렇다면 이들이 구체적으로 어떤 주장을 했는지 '반혁명분자'로 지목된 ① 리훙산을 중심으로 먼저 살펴보도록 하자.

1966년 11월 30일 오전, 베이징임학원(林學院) 홍위병군중참모부 지도자 리훙산은 홍위병전투병단 자오취앤라이의 협조를 받아 「중앙문혁소조를 걷어 차버리고 스스로 혁명에 나서자(踢開中央文革小組自己起來鬧革命)」라는 제목의 대자보를 붙였다. 그가 이렇게 중앙문혁소조를 공격할 수 있는 근거로 내세운 세 가지 사실은 그것이 대중의 선거로 구성되지 않았고, "모두에 대해 회의〔회의일체(懷疑一切)〕"를 할 수 있으며, 대중은 자유언론의 권력을 지닌다는 것이었다.[2] 즉, 그의 견해에 따르면, 문혁의 분열을 야기한 중앙문혁소조와 린뱌오, 저우언라이 등 당 중앙의 지도자 모두에 대해 대중은 자유롭게 회의하고 비판할 수 있었고, "설사 (중앙문혁소조를) 누가 지정했든 이는 원칙의 문제이니 반드시 버려야 했다."

---

1   편지의 내용과 이하 캉성의 반박 내용은 「康生對北大學生崔子明等人兩封信的批駁」(1967.1.3), CCRD 수록, 참조.
2   「外地革命師生同李紅山辯論整理的會議紀錄」(1966.12.1), CCRD 수록, 참조.

이를 통해 리훙산의 중앙문혁 비판의 근간에 「문혁16조」에 천명된 파리코뮌의 원칙이 반영되어 있음을 알 수 있다. 이것은 그가 자신의 입장을 설명하기에 앞서 학생 대중 앞에서 파리코뮌의 전면적 선거제를 강조한 「문혁16조」 가운데 9조 「문화혁명소조·문화혁명위원회·문화혁명대표회의」 부분을 먼저 낭독한 데에서도 알 수 있다.

비록 린뱌오와 저우언라이 등이 포함되었다 해도, 리훙산의 주된 비판 대상은 파리코뮌의 원칙에 따르지 않은 채 대중의 창의성을 압살하여 문혁을 분열시킨 중앙문혁소조였다. 그렇기 때문에 그의 대자보에 이어 문혁의 걸림돌인 중앙문혁소조를 해산시키고 마오쩌둥과 린뱌오와 함께 전진하자는 또 다른 대자보가 등장했다.[3] 여기에 리훙산의 베이징임학원 이외에도 '1·29'전투대, '영향당(永向黨)'전투대, 홍위전투병단, '영향동(永向東)'전투대, '혁명도저(革命到底)'전투대, '호적흔(好的很)'전투대 등이 동조했다고 볼 때, 중앙문혁소조 해산과 같은 과격한 주장이 소수의 개별적 움직임이 아니라 집단적 여론의 한 반향이었음을 알 수 있다. 리훙산이 12월 5일 임학원에서 칭화대학, 인민대학, 임학원 등 23개 조직 145명을 규합해 수도 홍위병연락원 회의를 개최하고 중앙문혁소조를 비판하면서 12월 9일 거리 시위 계획을 선전할 수 있었던 것도 이러한 배경에서 가능했다.[4]

---

3   「踢开中央文革小组緊跟毛主席鬧革命」, 北京大學 ≪文化革命通訊≫, 第4期(1966.12.2), 宋永毅·孫大進, 『文化革命的異端思潮』(香港: 田園書室, 1997), pp.231~232 수록, 참조.

4   그는 이 회의 석상에서 천보다를 비판하는 문건 「一篇很好的反面教材-扼殺無産階級文化大革命的毒草-評陳伯達"對兩個月運動的總結"」을   낭독했다〔首都部分大專院校·中等學校毛澤東思想學習書, 『天飜地覆慨而慷-無産階級文化大革命大事記(1963.9~1967.10)』(河南二七公社, 1967, 이하 『大事記』로 약칭), p.139 참조〕. 천보다를 수반으로 하는 중앙문혁소조가 좌경노선을 취하고 있고 '홍오류' 중심의 홍위병 조직을 '수정주의홍위병', '보황파', '보수파'로 비판했다는 내용은 北京林學院 紅衛兵戰鬪團 '一二·九'·'永向黨'戰鬪隊·紅衛兵'永向東」, 「扼殺無産階級文化大革命的毒草-評陳伯達"對兩個月運動的總結"」(1966.12.5), CCRD 수록, 참조.

캉성이 언급한 ② 이전야, ③ 완휘친은 위의 회의에서 리훙산의 입장을 공개적으로 지지했다.[5] 그들은 중앙문혁소조가 당 중앙이 아님에도 불구하고 중앙의 문제를 언급하고 심지어 마오쩌둥의 뜻을 거론하는 현실까지도 문제로 삼았다. 또한 중앙문혁소조가 자신들의 결정을 절대시하여 그에 반대하는 것이 곧 마오쩌둥에 반대하는 것이라고 위협함으로써 대중의 회의와 자발적 비판 역량을 무시한다고 비판했다. 더욱이 그들은 중앙문혁소조의 해산을 주장하면서 당시 마오쩌둥의 실질적 후계자로 공인된 린뱌오에 대해 회의하고 비판할 수 있다는 분명한 입장을 취했다. 문혁 이전에 중국 마르크스·레닌주의를 대표했던 류사오치가 문혁 이후에 비판받은 현실을 고려할 때 마오쩌둥과 달리 오랜 혁명 투쟁 경험으로 검증받지 못한 린뱌오 역시 회의의 대상에 포함시켜야 한다는 것이었다.[6]

그들보다 먼저 이런 주장을 돌출적으로 공개한 인물이 ④ 이린이었다. 베이징 농대부속중등학생 이린과 디시(滌西)는 1966년 11월 15일 린뱌오에게 공개적인 비판 편지를 보냈다.[7] 그들은 먼저 9월 18일의 린뱌오 강화[8] 가운데 "모 주석은 마르크스, 엥겔스, 레닌, 스탈린에 비해 수준이 더 높으며" "모 주석과 같은 천재

---

5 『大事記』, p.139. 또한 이 둘의 주장에 대해서는 이하 모두 易振亞·萬會秦, 「十二月五日晚在林學院辯論會上的發言」(1966.12.5), CCRD 수록, 참조.

6 또한 칭화대학 '한위16조전사(捍衛十六條戰士)'는 「16개조」에 근거하여 중앙문혁소조에게 16가지의 질문을 던지며 그 오류를 따진 것도 이들과 같은 배경에서 이루어졌다〔「中央文革小組向何處去」, 中國人民大學函授學院紅十月聯合戰鬪隊·毛澤東思想敎硏室支隊'長纓'戰鬪組編, 『反面材料』(油印, 1966.12.14), CCRD 수록, 참조〕.

7 이 편지는 余習廣 主編, 『位卑未敢忘憂國-"文化大革命"上書集』(長沙: 湖南人民出版社, 1989), pp. 75~82 수록. 그들의 본명은 류워중(劉握中)과 장리차이(張立才)이다. 류워중의 아버지는 과거 국민당 군인이었고 장리차이의 아버지는 중국의학과학원의 직원이었다(印紅標, 『失踪者的足跡: 文化大革命時期間的靑年思潮』, p.90).

8 「關于把學習毛主席著作提高到一个新階段的指示: 接見高等軍事學院·政治學院治和總政治部宣傳部負責同志時的談話」, CCRD 수록, 참조.

는 전 세계에서 수백 년 만에, 전 중국에서는 수천 년 만에 처음 출현했다"라는 주장에 정면으로 도전했다. 즉, 린뱌오 식의 마오쩌둥 개인숭배에 반대했던 것이다. 또한 그들은 린뱌오가 무산계급사령부에 대한 일부 소수의 공격 사실을 지나치게 부정적으로 과장했으며 "무산계급독재 개선이나 사회주의제도 혁신"과 같은 문혁 이후 돌출적으로 제기된 중요 문제의 심각성을 이해하지 못한다고 비판하면서 다음과 같이 지적했다.

> 17년 동안 인민민주독재의 중화인민공화국은 이미 낡았기 때문에 중국 역사의 특징에 적합한, 하지만 아직까지 세계에서 볼 수 없었던 국가기구를 창조해야 할 절박한 필요가 있다. … (하지만 린뱌오 동지는 국가의) 관리기구가 이미 끝장났고 중국을 대표하는 동방공사(東方公社)의 빛이 이미 동방의 지평선을 비추고 있음을 보지 못하고 있다.

여기서 주목해야 할 부분은 기존 국가기구에 대한 인식의 차이다. 린뱌오는 당연히 당시의 "국가 영도권이 무산계급의 손에 장악되었다"고 파악했다. 하지만 이린 등은 이미 당과 국가의 조직이 낡아 수명을 다했기 때문에 새로운 기구인 공사, 즉 코뮌이 필요하다고 보았다. 또한 린뱌오의 이러한 인식 때문에 다수의 혁명대중을 '반혁명분자'로 규정한 후난성위원회 장핑화(張平化)의 '9·24지시'가 나왔다는 이린의 판단은 흥미를 끈다. 이러한 후난성위의 결정에 반발한 조반파가 베이징으로 상경하여 명예회복을 요구하면서 후난 문혁은 전국화·급진화되었다.[9] 이린 등이 명확히 설명하고 있지는 않지만 이상의 사실을 통해 후난

---

9   이에 대해서는 孫承會, 「湖南文革의 전개와 省無聯」, ≪民族文化論叢≫, 49(2011.12), pp.175~178 참조. 이하 후난 문혁의 전개 과정과 성무련의 성립 그리고 그에 대한 비판운동에 대해서는 특별히 주기하지 않고 같은 글을 참조한다.

내에 그들과 입장을 같이하는 급진파가 이미 광범하게 존재하고 있었음을 짐작할 수 있다. 마지막으로 이린 등은 이론과 실천을 결합하기 위한 방법인 마오쩌둥 식 사회조사를 린뱌오가 누락시킨 점을 비난하면서, 다음과 같이 경고했다.

> 만약 모 주석의 후계자가 모 주석과 같은 무산계급의 지도자가 될 수 없다면, 중국 (공산)당은 파시스트당으로 전락할 위험에 직면할 것이다. 다시 한 번 말하지만 무정한 변증법에 따라 장차 당신은 권좌에서 물러나게 될 것이다.

편지는 본래 대자보의 형식으로 11월 15일 칭화대학 구내에 붙여졌으나 당일 '독초', '반혁명'이라 비판받아 훼손되었다. 그러자 이린 등이 18일 유인물의 형식으로 다시 공개한 것이었다.[10] 그 이유는 당과 국가 지도자를 감독할 '대자유'를 대중이 취득해야 하는데, 자신들의 정당한 문제 제기가 이해할 수 없는 방식으로 좌절당했기 때문이었다. 린뱌오에 대한 문혁 최초의 공개적 비판이라 할 만한 이 편지는 정치·사회적으로 큰 파장을 일으켰다. 하지만 그 결과는 중공중앙과 국무원 명의로 1967년 1월 13일 '1월 혁명'의 과정에서 내린 결정이었다. 그에 따르면 마오쩌둥은 물론이거니와 그의 '친밀한 전우' 린뱌오를 공격·모욕하는 행위 모두는 '반혁명행위'로 규정되어 법적 처벌의 대상이 되었다.[11] 이는 권위를 도전받은 린뱌오에 대한 당 중앙의 공식적 보호 선언이라 할만 했다.

하지만 캉성이 위에서 지적한 ⑤ 챠오지엔우는 12월 18일, 이린의 주장을 옹호하는 「린뱌오동지에게 보내는 공개 편지」에 말하다(談"致林彪同志的一封公開

---

10 余習廣 主編, 『位卑未敢忘憂國-"文化大革命"上書集』, pp.81~82에 수록된 이린의 「附注」참조. 또한 책의 편자에 따르면 이 편지는 문혁 초기 린뱌오를 반대하는 '첫 번째 천둥소리'로서 사회 전반에 큰 충격을 주었으며 저자들은 바로 체포, 투옥되었다.

11 「中共中央·國務院關于在無産階級文化大革命中加强公安工作的若干規定」(1967.1.13), CCRD 수록, 참조.

信)」라는 전단을 돌리다 체포되었다.[12] 그는 같은 해 8월 30일 두원거와 함께 당 내의 주자파와 사회주의혁명·사회주의 경제 기초에 조응하지 않는 착취계급의 상부구조 일체를 일소하기 위해, 당 중앙과 국무원에 세 가지의 조반을 공개 제 안했다. 그에 따르면 첫째, 기존의 당단(黨團) 조직 형식을 혁명위원회로 대체하고, 둘째 기존의 당·정 양 조직을 혁명위원회로 통일시키며, 셋째 혁명위원회 위원은 일체의 사무실 없이 생산 현장에서 인민에 봉사하는 노동자로 근무해야 했다.[13] 그의 혁명위원회는 '1월 혁명' 이후의 혁명위원회를 의미하는 것이 아니라 「문혁16조」 9조에 등장하는 파리코뮌식 전면선거제로 이뤄지는 새로운 권력 기구로서의 문혁 혁명위원회일 것이다. 하지만 마오쩌둥과 린뱌오를 중심으로 한 당 중앙과 군대 내의 조직 개편을 반대했다는 측면에서, 그의 구상은 전면적 '탈권' 내지는 '탈군권(奪軍權)'이 아닌 비교적 온건한 주장이었다고 할 수 있다. 이는 이린의 주장과는 달리 린뱌오에 대한 회의와 비판을 전제로 하지 않았다는 점에서도 확인할 수 있다. 하지만 그의 혁명위원회는 기존의 당·단 그리고 당·정 조직을 개선 또는 부정하고 있고, 12월에 이르러서는 이린의 주장까지 옹호한다는 측면에서 본다면 캉성이 주장하듯 충분히 '반혁명적'이라 할 것이다.

이렇듯 1966년 말에 이르면 문혁 또는 중앙문혁소조에 대한 비판이 상당히 급진화하고 있음을 알 수 있다. 이러한 경향은 앞서 리훙산의 예에서 두드러지지만 ⑦ 후산싱의 경우에서도 확인할 수 있다. 1966년 12월 10일, 베이징대학 홍위병 호산행전투단(虎山行戰鬪團)은 중앙문혁소조에 대해 첫째 왜 문혁이 제대로

---

12 『大事記』, pp.144~145. 그 내용은 이림과 동일한 것으로 당 주석과 국가 주석에 대한 비판과 빈대의 가능성을 인정하는 것이었다. 「談"致林彪同志的一封公開信"」의 원래 제목은 「觸及林彪同志的靈魂」(1966.12.7), 北京大學文化大革命委員會大字報組編, 『大字報選』, 增刊第14號(1966.12. 25), pp.33~36, 印紅標, 『失踪者的足跡: 文化大革命時期間的青年思潮』, p.93 재인용.

13 喬兼武(喬俊禮)·杜文革(杜文忠), 「給黨中央毛主席國務院的公開信; 造三個大反-用毛澤東思想改造舊世界」(1966.8.30), CCRD 수록, 참조.

진행되지 못하는지, 둘째 왜 마오쩌둥이 아닌 당 수장의 지시로 최고지시를 대체하는지, 셋째 왜 군중 사이의 투쟁이 더 심각해지는지, 넷째 왜 중앙문혁소조를 포격할 수 없는지 등의 공개 질의를 했다.[14] 즉, 후산싱은 마오쩌둥의 최고지시가 중앙문혁소조 수장들의 강화로 대체됨으로써 문혁이 잘못된 방향으로 진행되고 있다고 당시의 현실을 진단하면서, 해결책으로 마오쩌둥의 '대민주'를 바탕으로 중앙문혁소조에 대한 '포격'과 '정풍'을 제시했다.[15] 주지하듯 '사령부 포격'은 류사오치를 중심으로 한 당 중앙을 제거하기 위해 마오쩌둥에 의해 처음 제기되었지만,[16] 이제 중앙문혁소조는 명확히 새로운 포격 대상이 되었고 결코 절대적 존재도 아니었다.[17]

그런데 이들의 중앙문혁소조 비판은 어떠한 관점에서 비롯되었는가? 위의 서술에서 일부 드러나듯이 그것은 문혁파의 「문혁16조」에 나타난 '4대 민주' 또는 파리코뮌 원칙 등에 입각해 있었다. 즉, 문혁파의 논리에 의거해 문혁파를 공격하는 아이러니가 나타나게 되는 셈이었다. 그렇다면 그들을 문혁파보다 더 급진적인 문혁을 추구하는 극좌파로 규정할 수 있는가? 문혁파 비판의 배후에 존재한 그들의 사상적 동향을 검토해 볼 때 반드시 그런 것 같지는 않다. 예컨대 이 시기 문혁파에 대한 대표적 반대론자였던 리훙산은 탄리푸와 그의 '혈통론'을 옹호했다. 주지하듯 여기서 '혈통론'은 학교에 파견된 공작조 문제와 함께 홍위병을 보수파와 조반파로 구분하는 문혁 초기의 대표적 정치 어젠다였다. 결국, 그

---

14   北京大學虎山行戰鬪團, 「第一把火」(1966.12.10), CCRD 수록, 참조.

15   北京大學虎山行戰鬪團, 「毛主席的大民主萬歲!」(1966.12.10), CCRD 수록, 참조.

16   「炮打司令部-我的一張大字報」(1966.8.5), 『建國以來毛澤東文稿』, 12(中央文獻出版社, 1998), pp. 90~92.

17   캉성이 '반혁명분자'로 지목한 사람 가운데 ⑥ 양빙장의 주장은 명확하지 않지만 12월 19일 베이징대학에서 개최된 후산싱 비판 대회에서 그를 변론하다 체포된 바 있었고 일기와 《紅旗》 十五期社論摘評, 「致毛主席的一封信」 등의 기록을 남겼다. 이러한 경력을 통해 그 역시 같은 범주에 포함시킬 수 있을 것 같다(이상, 『大事記』, pp.144~145 참조).

는 신중국 건립 이후 17년 동안의 정치질서를 인정하는 보수파에 포함된다고 할 수 있다.

한편, 문혁파의 공식적 연대기라 할 수 있는 『대사기』는 리훙산을 중심으로 11월부터 12월 중순까지 조직적으로 이어진 중앙문혁소조 공격을 '11월 흑풍(黑風)'이라 규정하면서 이 시기 중앙문혁소조 비판 활동을 아래와 같이 소개했다.[18]

11월 8일: 칭화대학에 「류사오치 만세!」라는 표어가 등장

11월 9일: 고위간부 자제가 '4야(四野)'를 조직하여 중앙문혁소조 측 조직 '수도3사
    (首都三司)'를 공격

11월 25일: 베이항(北航) '8·1종대(縱隊)'는 「중앙문혁에 대한 첫 번째 질문(一問中
    央文革)」을 통해 중앙문혁소조가 "자산계급반동노선을 계속 집행한다"고
    하면서 포격을 선동

11월 27일: 리훙산은 중앙문혁소조를 반대하는 대자보 게시

11월 28일: '1사연락처(一司聯絡站)'는 연석회의를 개최하여 중앙문혁소조를 공격

11월 29일: 베이항 '8·1종대'는 「중앙문혁에 대한 두 번째 질문(二問中央文革)」, 12
    월 2일 「중앙문혁에 대한 세 번째 질문(三問中央文革), 「중앙문혁에 대
    한 또 다른 질문(也問中央文革)」을 통해 중앙문혁소조가 "군중을 동원해
    군중과 투쟁시키고", "소수파를 종용하여 다수파를 억압한다"고 비판

11월 30일: '1사연락처'는 "장칭이 '좌경'노선을 제출했고" "중앙문혁소조는 마땅히
    파리코뮌의 선거를 실시해야 하며" "탄리푸를 복권시켜야 한다"고 주장

12월 1일: 임학원 홍위병 '장정(長征)전투대'는 「중앙문혁소조에 보내는 공개 서신
    (給中央文革小組的一封公開信)」이라는 대자보 게재

12월 2일: 임학원 '12·9', '영향당'은 천안문 앞 관람대 양측에 "중앙문혁소조가 집행

---

18   『大事記』, pp.134~136 참조.

하는 것은 자산계급 반동노선이다"라는 표어를 게재

12월 4일: '칭화홍위병', '홍뢰소조(紅雷小組)'는 「중앙문혁소조의 노선성 착오는 반
      드시 비판받아야 한다(中央文革小組的路線性錯誤必須批判)」라는 대자보
      게재

12월 4일: 칭화대학과 베이징 시내에 "모 주석 주변의 진정한 자산계급 음모분자를
      맹세코 추출해야 한다"는 구호가 린뱌오를 겨냥하여 내걸림

이상과 같은 홍위병의 활동 상황을 검토해 보면 캉성의 우려가 단순한 기우가
아니며 일부 보수적 홍위병을 중심으로 문혁에 대한 비판의 목소리가 광범하게
존재했음을 알 수 있다. 그리고 그 '반혁명성'은 주로 마오쩌둥을 제외한 당 중앙
또는 중앙문혁소조에 대한 비판과 '포격' 또는 '정풍'으로 나타났고, 기존 당·정
조직의 부정으로 귀결되었다. 그런데 이러한 주장이 비록 기본적으로 문혁 이전
의 기존 정치질서를 옹호하는 보수적 입장에서 비롯된 것일지라도, 기존의 낡은
국가기구와 당 조직을 부정하고 파리코뮌 식의 새로운 정치기구를 성립시켜야
한다는 주장은 중앙문혁소조를 뛰어넘는 급진적·극좌적 사상과도 관련지어 이
해할 수도 있겠다.

마오쩌둥을 제외한 모든 기존 권위에 대한 비판과 부정이라는 급진적 사상과
관련하여 주목을 끄는 것은 "일체의 것에 대해 회의하자"는 소위 회의파의 등장
이었다. "회의일체"의 문제는 1966년 6월 25일 중국의과대학 공청단원 구뤼화
(顧瑞華)의 편지에서 공개적으로 제기된다. 그는 당시 중앙문혁소조 고문이었던
타오주에게 보낸 편지에서 6월 2일 베이징대학에 붙은 대자보 가운데 "일체의
것에 대해 회의하자, 일체의 것에 회의하는 데에는 잘못이 없다"는 부분을 비판
했다.[19] 그가 "회의일체"와 관련된 자신의 입장을 타오주에게 알렸던 이유는 불

---

19   「陶鑄給中國醫科大學學生顧瑞華的信」(1966.7.3), CCRD 수록, 참조.

분명하지만, 타오주는 그의 주장과는 반대로 마오쩌둥을 제외한 일체에 대해 회의하는 것을 인정했다.[20] 하지만 1967년 2월 장춘챠오는 마오쩌둥의 새로운 지시를 전달하는 과정에서 "'회의일체, 타도일체'의 사상은 반동적이다. 이것은 우리 조반파의 사상이 아니지만 우리에게 영향을 끼치고 있다"고 하여 이를 부정했다.[21] 또한 중앙문혁소조원 야오원위안은 타오주의 "회의일체" 주장을 극좌적 무정부주의로 공격하며 "회의일체"와 "타도일체"의 대상이 결국 마오쩌둥을 수반으로 하는 무산계급사령부가 될 것이라 비판했다.[22] 이러한 양자의 논쟁은 문혁파 대 류사오치·덩샤오핑파의 정치투쟁의 일환이라는 측면이 강하다고 할 수 있다. 하지만 극좌파 논의와 관련하여 우리의 관심을 끄는 것은 "회의일체"의 논의가 '아래로부터의 문혁'을 이상으로 삼는 조반파 홍위병 사이에서 더 큰 반향을 일으켰다는 사실이다.

1966년 9월 7일 칭화대학 동방홍남하혁명전투대(東方紅南下革命戰鬪隊)는 "조반을 위해 일체에 대해 회의한다"고 주장하며 대중·당·마오쩌둥에 대한 신뢰를 바탕으로 모두에 대한 '혁명적 회의'를 강조했다.[23] 하지만 이에 뒤이어 같은 대학 동방홍남하연대선봉대(東方紅南下串聯隊先鋒隊)는 형이상학적 추상성을 비판하면서 "회의일체"가 결국 당 중앙과 마오쩌둥을 회의하는 것이라 했다.[24]

비교적 체계적인 회의파의 논리는 베이항홍기전투대의 주장에서 찾을 수 있을 것 같다. 그들은 "회의일체" 정신의 본질을 비판·혁명·조반에서 찾으며 그러한 혁명적 구호는 유물변증법과 실사구시(實事求是)의 정신에 부합한다고 했다.[25]

20   「陶鑄在中國醫科大學的講話」(1966.8.23), CCRD 수록, 참조.
21   「張春橋傳達毛主席最新指示」(1967.2.24),『"文化大革命"研究資料』, 上冊(1988. 10), p.322.
22   姚文元, "評陶鑄的兩本書", 《人民日報》, 1967.9.8.
23   「革命的"懷疑一切"萬歲」(1966.9.7), 宋永毅·孫大進, 『文化革命的異端思潮』(香港: 田園書室, 1997), pp.228~230 참조.
24   「再論革命的懷疑一切-砸碎形而上學的謬論」(1966.9.12) 참조. 또한 '서규' 역시 '회의파'를 같은 논리로 비판했다〔炮打什么樣的司令部?」(1966.9.28), 둘 다 CCRD 수록, 참조〕.

더 나아가 그들은 "회의일체"가 '대민주'의 구호이며 그것에 반대하는 자는 맹목주의자, 절충주의자, 기회주의자라고 비판했다.[26]

앞서 살펴본 리훙산은 자신의 중앙문혁소조 비판 논리를 이러한 "회의일체"론과 관련시켰다.

> 중앙문혁소조로는 안 된다. 그것은 초등학생이나 될 수 있지 지도자가 될 수 없다.
> 부통수(副統帥) 린뱌오 동지 역시 최고 통수의 뜻을 잘 따라야 한다. 중국에서는 단
> 지 모 주석만이 지도할 수 있을 뿐이다. 모든 사물에 대해 회의해야 하고 일체를 회
> 의해야 한다. 저우 총리, 장칭, 천보다 등의 강화는 최고지시로서 분석해야 한다.
> 모든 것에 대해 회의해야 한다.[27]

이상과 같이 보수적 혹은 급진적 이념 가운데 어디에 근거를 두고 있든 "회의일체"론은 중앙문혁소조를 비롯하여 마오쩌둥을 제외한 모든 대상에 대한 회의와 부정·정풍으로 구체화될 수 있었다. 린뱌오에 대한 이린의 비판 역시 같은 맥락에서 이해할 수 있다. 그렇기 때문에 신중한 사고와 고려·분석을 전제로 회의자체를 인정한 천보다로서도 일체에 대한 부정으로 귀결될 "회의일체"론에 대해 부정적 입장을 취했다.[28] 또한 정부행정 조직을 대표한 국무원 총리 저우언라이가 "회의일체"론이 부정확하고 비과학적이라 하면서 "회의일체, 타도일체"를 무정부주의 사상으로 비판한 것은 당연했다.[29]

---

25 「論"懷疑一切"」(1966.10), CCRD 수록, 참조.

26 「毛主席的大民主萬歲!」(1966.11.4), CCRD 수록, 참조.

27 「外地革命師生同李洪山辯論整理的會議紀錄」(1966.12.1), CCRD 수록.

28 「陳伯達對北京市部分學生的講話」(1966.10.24);「陳伯達戚本禹關鋒首都紅衛兵第三司令部同學時的
    講話」(1966.10.25), 둘 다 CCRD 수록, 참조.

29 「周恩來對首都大專院校代表和全國二五省市紅衛兵的談講話」(1966.10.22);「周恩來在"首都科技界
    徹底粉碎資産階級反動路線新反撲"大會上的講話」(1967.1.25), 둘 모두 CCRD 수록, 참조.

비록 "회의일체"론이 '11월 흑풍'과 결합하여 중앙문혁소조와 린뱌오 등 당 중앙의 지도자들에 대한 전례 없는 회의와 비판으로 확대되었더라도, 이념적 지향이 명확하지 않았을뿐더러 회의와 비판·부정 이후의 대안도 제대로 제시되지 못했다. 하나의 분명한 사상체제로서 '반문혁 사상'이 성립하기 위해선 구체적인 역사적 경험과 실천의 결합이 필요했던 것이다. 또한 1966년 11월부터 12월까지 전개된 중앙문혁소조에 대한 공격은 한편으로는 급진 조반의 흐름을 띠고 있었지만 다른 한편으로는 '연동'이나 기타 '보수파'의 사상 역시 포함하고 있었다. 특히 후자의 경우는 제도변혁의 사상이나 린뱌오와 같은 수장 반대의 주장까지에는 이르지 않았다. 하지만 이 시기에 '좌' 혹은 '우'의 입장에서 문혁파에 대한 비판이 본격화됨으로써 둘 다 문혁파로부터 비판받았다. 이후 이렇듯 애매한 공동 보조가 붕괴되고 보다 명확한 대립 전선이 형성되면서 문혁 극좌파기 등징하게 된다.[30]

2. '탈권'과 상하이인민공사의 좌절

'탈권(奪權)'은 "회의일체"론의 구체적 실천 과정이라 할 수 있다. 그 시작은 문혁 개시 이전에 이미 당 중앙에 의해 공식화된 바 있었다. 1964년 10월 24일 당 중앙은 톈진(天津)시 소참지구(小站地區)의 '탈권' 투쟁 경험에 대해 언급하면서 기타 지역에서의 '탈권'을 강조했다.[31] 하지만 이 시기의 '탈권'은 공작조를 중심으

---

30 이와 관련하여 인훙뱌오는 중앙문혁소조에 대한 반대 흐름을 '12월 흑풍'으로 규정하고 그 내부에 보수적 흐름(주류), 급진적 흐름(지류)로 구분했다(印紅標, 『失踪者的足跡: 文化大革命時期間的青年思潮』, p.94 참조).

31 지시에 따르면 당시 '탈권' 투쟁의 대상 지역은 이곳 이외에도 信陽, 白銀廠, 貴陽 등이 포함되었다. 이상, 「中共中央關于社會主義敎育運動奪權鬪爭問題的指示」(1964.10.24), CCRD 수록, 참조.

로 이루어졌다는 측면에서 문혁 시기와는 달랐다.

문혁 초기 '반당·반사회주의적 사학 진지' 같은 '학술권위'에 대한 공격에 한정되던 '탈권' 투쟁이 당·정부의 공식 조직으로 점차 전환·확대되었다. 이 경우 '탈권'의 대상은 "반당·반사회주의적 자산계급 대표 인물이 영도권을 장악한" 당·정부 조직이었다.[32] 여기서 당·정부 조직이 구체적으로 무엇을 가리키는지는 아직 명확하지 않았다. 그런데 1966년 6월 칭화대학생 콰이다푸의 대자보는 '탈권'의 대상을 명확히 지칭했다. 그는 혁명의 가장 중요한 문제를 '탈권' 투쟁으로 전제하면서 학교 당위원회에서 공작조로 넘어간 권력을 재차 빼앗아야 한다고 주장했다.[33]

주지하듯 공작조는 1966년 5월 25일 녜위안쯔의 대자보 이후 혼란에 빠진 학교 현장에 문혁 지도를 위해 당 중앙에서 공식 파견한 임시 권력 조직이었다. 따라서 공작조에 대한 '탈권'은 그의 파견을 주도한 당·정부에 대한 '탈권'으로 확대될 수 있었다. 한 예로 국무원 부총리 보이부(薄一波)는 공작조에 대한 '탈권'이 공산당에 대한 '탈권'이며 '반혁명'임을 강조했다.[34] 그러나 이미 알려진 바와 같이 콰이다푸는 공작조 비판과 당 중앙·마오쩌둥 비판의 관련성을 부정했고 당초 공작조 파견을 허가했던 마오쩌둥 역시 태도를 바꾸어 그의 주장을 옹호했다. "사령부를 포격하라"는 마오쩌둥의 대자보가 등장하고 문혁의 최고지시라 할 「문혁16조」가 등장한 것은 바로 이 즈음이었다.

마오쩌둥의 대자보에서 지목된 사령부 또는 「문혁16조」에서 문혁의 대상으로 명시된 '당내 자본주의 노선을 걷는 당권파'는 공작조 파견을 주도한 류사오

---

32 "奪取資産階級覇占的史學陣地", ≪人民日報≫, 1966.6.3; "放手發動群衆, 徹底打倒反革命黑幇", ≪人民日報≫, 1966.6.16.

33 이 사실은 그의 대자보(「大家想一想」)와 칭화대학교 공작조 조장 예린(葉林)에게 보내는 글에 잘 나타나 있다〔「致葉林同志」(1966.6.29), CCRD 수록, 참조〕.

34 「薄一波視察淸華大學時與學生們的對話」(1966.7.3), CCRD 수록, 참조.

치·덩샤오핑이 장악한 당 중앙이었다. 따라서 마오쩌둥은 네위안쯔, 콰이다푸 등의 홍위병을 이용하여 당내의 주자파를 제거하려 했을 것이다. 하지만 마오쩌둥의 의도가 무엇이든 당 공식 기구에 대한 '탈권'이 용인되고 또 당 중앙에 대한 포격까지 촉구되는 상황에서, 대중은 보다 적극적으로 '탈권' 투쟁에 나설 수 있게 되었다. 그 결과 이후 몇 개월 사이에 국무원 각 부와 위원회, 그리고 각지의 성·시·현 각급 당정기관은 조반파의 '탈권' 투쟁으로 마비 상태에 빠졌다.[35]

특히 1966년 말부터 시작된 상하이의 '탈권' 투쟁은 보다 심각하여 안팅(安亭) 사건, 캉핑로(康平路) 사건, 《문회보(文匯報)》·《해방일보》 지도권 탈취, 시위 원회 권력 탈취로 이어져 소위 '1월 혁명'이 전개되었다. 이에 대해 마오쩌둥은 상하이 '탈권'을 인정했고 《홍기》와 《인민일보》 역시 전국의 조반파를 향해 무산계급혁명파의 연합과 주자파에 대한 '탈권'을 강조했다. 이제 혁명구호 역시 "조반유리"와 함께 "탈권유리(奪權有理)"가 유행했다. 그에 따라 상하이를 이어 산 시, 산둥, 구이저우(貴州), 헤이룽쟝 등지에서 조반파에게 성 권력이 탈취되었고 이어 각 지구와 현, 그리고 각 부문, 각 단위의 '탈권' 투쟁이 계속되었다.[36]

이러한 과정은 이전의 문혁에서 볼 수 없었던 전면적 '탈권' 투쟁이었다. 기존 당정기관을 탈취한 이후 조반파들이 구상한 대안은 「문혁16조」에 제시된 인민 공사, 즉 코뮌이었다. 코뮌 이상은 '탈권'의 논리와 마찬가지로 마오쩌둥을 위시 한 당 중앙과 중앙문혁소조에 의해 제시되고 또 추동되었다.[37] 그 결과 1967년 2

---

35 이러한 '탈권' 투쟁의 고양에는 마오쩌둥의 의중을 담은 1967년 1월 1일 《人民日報》와 《紅 旗》 사설 「把無産階級文化大革命進行到底」이 미친 영향이 컸다.

36 상하이 '1월 혁명'에 대해서는 많은 연구가 진행되는데 Neale Hunter, *Shanghai Journal* (Boston: Beacon Press, 1969)가 낭시의 기록으로 참고할 만하며 최근의 것으로는 이정희, 「문 화대혁명 초기 상하이인민공사에 관한 연구: 파리코뮌 모델과 노동자 조반운동을 중심으로」, 영남대학교 사학과 대학원 석사학위논문(2012.8); 李遜, 『革命造反時代: 上海文革運動史稿 I·II』 (HongKong: Oxford University Press, 2015) 참조.

37 문혁의 이상과 코뮌의 관계에 대해서는 鄭謙, 「"文化大革命"的巴黎公社情結」, 《中共黨史研究》,

월 5일 장춘챠오, 야오원위안, 왕홍원(王洪文)과 그들의 지지를 받은 노동자 조반 파 조직 상하이공인혁명조반총사령부(上海工人革命造反總司令部)를 주축으로 상하 이인민공사가 건립되었다.

그러나 인민공사, 즉 코뮌이란 명칭은 20일 만에 사라지고 상하이인민공사는 2월 24일 상하이시혁명위원회라는 명칭으로 교체되었다. 이와 같은 명칭의 변 경은 상하이 조반파에 의해 이루어진 것은 아니었다. 당 지도자 사이에서 인민 공사 성립을 둘러싼 여러 논의가 있었지만 베이징으로 올라온 장춘챠오와 야오 원위안에게 인민공사라는 명칭을 쓰지 말라고 직접 지시한 인물은 그때까지 코 뮌을 선전해 오고 상하이 '탈권'을 적극 지지했던 마오쩌둥이었다.[38]

이 과정은 단순한 명칭상의 변경을 의미하지 않았다. 왜냐하면 마오쩌둥이 장 춘챠오를 통해 전달한 지시 가운데 '탈권' 이후의 극단적 무정부주의를 경계하며 "회의일체·타도일체의 구호는 반동적이다"라고 했기 때문이다. '탈권' 과정에서 지나친 대중운동의 '과화(過火)'를 목도한 마오쩌둥에게는 '탈권' 이후의 조정과 통제가 요구되었고, 파리코뮌을 모델로 한 상하이인민공사는 더 이상 용인할 수 없는 이상적 구호에 불과한 것으로 현실적·정치적 대안이 될 수 없었다.[39]

아울러 마오쩌둥이 인민공사 대신 인정한 혁명위원회는 혁명군중 조직·인민 해방군·당정간부 세 개의 결합으로 이루어졌다. 이 중에서도 '삼지양군(三支兩

2010-2; John Bryan Starr, "The Paris Commune through Chinese Eyes," *The China Quarterly*, No.49(1972) 참조.

38 마오쩌둥에 의한 명칭 변경 과정에 대해서는 「張春橋二月二十九日在上海群衆大會上傳達的毛澤 東指示」(1967.2.12~16); 「上海市革命委員會關于上海人民公社臨時委員會改稱上海市革命委員會的 決定」, (1967.2.23), CCRD 수록; 閻長貴, 「"上海人民公社"名稱使用和廢止的內情」, ≪百年潮≫, 2005-8 참조. 또한 '탈권'에 대한 그의 직접적 지지는 「對≪文彙報≫·≪解放日報≫奪權事件的談 話」(1967.1.8),『建國以來毛澤東文稿』, 12, p.185 참조.

39 상하이문혁의 이상과 현실의 모순을 파리코뮌 문제를 중심 주제로 삼아 검토한 것으로 李遜, 「巴黎公社原則在文革中的蛻變」, ≪二十一世紀評論≫總第一五五期(2016.6) 참조.

120   제I부 문혁의 급진화와 극좌사조의 기원

軍)'〔좌파지원·공업지원·농업지원과 군관(軍管)·군훈(軍訓)〕을 주장하면서 문혁에 개입한 군의 역할이 중요했다. 이제 혁명위원회는 1968년 9월 5일까지 전국적으로 29개 성·시·자치구로 확대되었고, 이로써 "전국 산하 모두가 붉게 물들게 되었다".[40]

문혁파의 입장에서든 문혁 이후 그를 부정하고 등장한 개혁·개방파의 입장에서든 혁명위원회는 일정 정도의 평가를 받았다.[41] 하지만 혁명위원회의 본질적 목표가 '탈권' 이후의 혼란스러운 정국을 군을 중심으로 조절·통제하는 데에 있었던 만큼, 파리코뮌을 모델로 인민공사를 추진하던 마오쩌둥의 충실한 추종자들은 이를 그대로 수용하기 힘들었다. 더욱이 그들은 마오쩌둥의 '탈권' 논리와 코뮌론, "회의일체, 타도일체"론으로 무장하고 정치 전면에 등장한 급진적 조반파였기 때문이었다. 그들은 체제 내의 중앙문혁소조와 달리 인민공사의 부정과 혁명위원회의 성립 그리고 군의 등장이라는 일련의 과정을 인정할 수 없었다. 왜냐하면 비록 그것이 마오쩌둥의 지시에 근거한 것이었더라도, 자신들의 행동과 논리 역시 마오쩌둥과 당의 최고지시에 근거하고 있었기 때문이었다. 문혁 극좌파의 성립 계기는 바로 여기에서 찾을 수 있다.

---

40   "億萬軍民最熱烈歡呼全國山河一片紅", ≪人民日報≫, 1968.9.5. 혁명위원회에 대해서는 대표적으로 張志明, 「"文化大革命"時期革命委員會硏究」(中共中央黨校 博士學位論文, 1995.4) 참조. 장즈밍(張志明)은 혁명위원회를 "'문화대혁명' 시기 국부적 '탈권'에서 전면적 '탈권'으로 발전하여 전체가 통제 불능의 상황으로 빠져드는 심각한 정세에서, 여러 곤란을 극복하고 군의 '좌파 지지'와 다양한 역량의 평형에 의지하여 건립된 특수한 형식의 지방 국가권력 기구"라고 정의했다.

41   문혁 이후 전면적 재평가의 과정에서 혁명위원회는 본질적으로 부정당했지만, 한편으로는 "당과 국가가 대동란이 과정에서 멸망하지 않을 수 있었던 중요한 요인"이라 평가받기도 했다. 전자에 대해서는 진춘밍(金春明)과 그의 제자 장즈밍의 평가가 대표적이다〔金春明, 席宣, 『文化大革命史』(나무와 숲, 2005), pp.234~237; 張志明, 「"文化大革命"時期革命委員會硏究」, pp.150~175 참조〕. 후자의 입장으로는 대표적으로 霞飛, 「革命委員會始末」, ≪黨史博覽≫, 2005-2을 들수 있다.

본래 극좌파란 편협한 보복주의, 개인 영웅주의, 자유주의, 극단적 민주주의, 비조직주의, 소집단주의, 종파주의(宗派主義), 유구사상(流寇思想), 맹동주의와 같이 무산계급 혁명노선과 병존할 수 없는 반혁명적인 부정적 어휘였다.[42] 이러한 맥락에서 문혁 초기 극좌파로 지목받은 인물로는 먼저 콰이다푸를 들 수 있다. 앞서 소개한 보이부는 공작대에 대한 '탈권'을 주장한 그를 극좌파로 지목하면서 실질적으로 우파처럼 위험한 반혁명분자라고 공격한 바 있었다.[43] 또한 베이징 시위원회 서기 궈잉치우(郭影秋)는 극좌파에 대해 홍기를 내걸고 오히려 그에 반대하며 공공연히 당단원(黨團員) 모두를 '흑방(黑幫)'으로 비판한다고 했다. 또한 극좌파는 "지도에 대한 반대가 곧 혁명"이라 주장하면서, 마오쩌둥을 제외한 모두를 회의하고 "자유세계에서는 누구도 관여할 수 없다"고 하며 "폭동 만세"를 강조하는 거짓 좌파로 규정되었다.[44]

그런데 좌파와 우파는 상대적인 개념이며 극좌와 극우 역시 그러하다. 절대적 기준이 모호해서 극좌파는 정적에 의해 일방적이면서도 폭력적으로 규정되기 쉬웠다. 이런 이유로 앞서 극좌파로 비난받던 콰이다푸가 곧이어 홍위병 '5대 영수' 가운데 한 명으로 주목받았던 것이다. 같은 맥락에서 쟝칭의 비서 옌장구이는 린뱌오를 공격하는 우한의 학생들을 극좌파와 연결시켰다.[45] 이렇듯 문혁파에 대한 공격을 비난하기 위한 하나의 방편으로 극좌파의 규정이 이루어졌다. 극좌파를 "회의일체, 타도일체"론자 또는 무정부주의와 관련시켜 비판했던 문혁파의 핵심 치번위[46]가 1968년 저우언라이에 의해 왕리, 관평과 함께 당내의 대표

---

42 「革命少數派, 向何處去」, 北京航空學院紅旗戰鬪隊, ≪紅旗≫(1967.1.8), CCRD 수록, 참조.

43 「薄一波視察清華大學時與學生們的對話」(1966.7.3), CCRD 수록, 참조.

44 「郭影秋關于北京市文教系統文化大革命運動的滙報要點」(1966.7.3), CCRD 수록, 참조.

45 「閻長貴接見武漢部分師生講話記錄」(1966.12), CCRD 수록, 참조.

46 「戚本禹接見北京紅代會籌備人員時的講話」(1967.2.13); 「戚本禹與北京紅衛兵代表座談紀要」(1967. 2.19), 둘 모두 CCRD 수록, 참조.

적 극좌파 인사로 지목받고 숙청되었다는 사실[47] 역시 문혁 초기 극좌파의 개념 규정이 작위적이고 일방적이었음을 증명한다.

하지만 실제로 각지에서 국가와 당 조직의 권위와 지도를 부정하며 파리코뮌 성립과 같은 전면적 '탈권'을 주장하는 급진적 흐름이 존재했다. 예컨대, 1966년 베이징사범대학 학생 이원보(李文博)는 기존 체제가 구(舊)사회 자산계급 독재기구와 동일하며 관료자본주의와 노예주의의 온상이라 비판하면서 기존 체제를 전면적으로 부정하고 문혁의 목적인 파리코뮌의 원칙에 입각한 청렴한 새로운 정부 구성을 촉구했다.[48]

문혁 발동과 함께 이러한 급진적 논리와 주장은 당 내부의 주자파를 공격하는 주요한 도구로 활용되었다. 하지만 주지하듯이 그것은 린뱌오나 중앙문혁소조에 대한 공격 재료로 활용될 수도 있는 급진적 주장이기도 했다. 예컨대 파시스트 정당 출현의 위험성을 경고한 1963년 마오쩌둥의 지적[49]에 근거하여 베이징 항공학원 학생이 쓴 대자보 「파시스트당의 위험이 눈앞에 있다(法西斯黨的危險就在眼前)」는 사상해방과 회의일체론, '탈권'이 대두된 시기에 이르러 커다란 사상적 반향을 일으키며 '신사조'의 선봉을 이루게 되었다.[50] 그렇다면 이하에서는 극좌파의 본격적 성립과 관련하여 '신사조'의 계보를 추적해 보자.

47 「周恩來接見國防科委代表時的講話」(1968.4.20), CCRD 수록, 참조.

48 그의 파리코뮌 원칙에 따르면 관리의 임금이 숙련노동자의 그것을 초월할 수 없고, 인민은 수시로 관리를 파면할 수 있었다(「公社已不是原來意義上的國歌了」(1966.10.17), CCRD 수록, 참조).

49 毛澤東, 「轉發浙江省七個關于幹部參加勞動的好材料的批語」(1963.5.9), 『建國以來毛澤東文稿』, 10 (1997), pp.292~294.

50 베이징의 초기 '신사조'파에 가담했던 中國科技大學 4학년 학생 華新民의 회고 「我所知道的北京 "新思潮"」, ≪華夏文摘≫ 增刊, 制391期(2004.8.23) 참조.

3. '신사조'의 전개

앞서 살펴본 '4·3파'는 '4·4파'의 갈등을 통해 '혈통론' 대 '출신론'의 논쟁을 재론하며 문혁의 급진화를 촉발시켰다는 점에서 의미를 찾을 수 있지만, 또한 그 나름의 독자적 이론체계를 갖추었다는 점에서도 중요하다. 대표적으로 '4·3파'의 기관지 가운데 하나로 보이는 ≪사삼전보(四三戰報)≫에는 편집부 이름으로 「신사조를 논한다 - 4·3파 선언」(이하 「선언」)이 등장한다.[51] 이때 본격적으로 '신사조'라는 용어가 등장하는 것으로 보인다.[52] 이 글의 주요 저자는 베이징 4중 '4·3파' 조직원 장샹핑(張祥平)과 베이징 양향전교(良郷電校)의 장샹룽(張祥龍) 형제였다. 당시 장샹핑은 ≪사삼전보≫의 편집을 맡고 있었기 때문에 「선언」을 게재할 수 있었다. 비록 '4·3파' 지도부가 이 글을 '습작'으로 파악해서 자신들의 '선언'으로까지는 공식적으로 인정하지 않았다 하더라도,[53] '4·3파'의 사상이 이전 홍위병들과 다른 '신사조'를 지향하고 있다는 점에서 좀 더 자세하게 살펴볼 필요가 있을 것 같다.

먼저 '4·3파'는 다음과 같은 논리로 '권력과 재산의 재분배론'을 주장했다. 사

---

51 編輯部, 「論新思潮-四三派宣言」, ≪四三戰報≫, 第1期(1967.6.11), CCRD 수록, 참조.

52 본래 '신사조'라는 표현은 마오쩌둥이 작성한 ≪湘江評論≫, 「創刊宣言」(1919.7.24)에 처음 등장한다. 그 내용은 다음과 같다. "때가 왔다! 세계의 큰 물결이 더욱 세차게 휘몰아친다! 닫혔던 둥팅후(洞庭湖)의 갑문이 이제 크게 열렸다! 한없이 넓고 큰 신사조는 상강(湘江)의 양안(兩岸)을 따라 도도하게 흐른다! 그에 순응하면 살 것이고 역행하면 죽을 것인데 어떻게 그것을 받아들일 것이며 어떻게 그것을 전파할 것이고 어떻게 그것을 연구할 것인가? 이것이 우리 상강 인민 전체가 가장 절실하게 그리고 가장 중요하게 물어야 할 큰 질문이다." 이 부분은 새로운 정당의 맹아로서의 마오쩌둥주의소조 건립 필요성을 역설하는 양시광의 글 「關於建立毛澤東主義小組的建議」(宋永毅·孫大進, 『文化革命的異端思潮』, 1997, pp.331~332)에도 동일하게 등장한다.

53 이러한 사실은 1997년과 1998년 이들을 직접 방문한 인훙뱌오와 쑹융이의 주장에 따른다. 印紅標, 『失踪者的足跡』(香港: 中文大學, 2009), pp.100~102, 주 118 참조.

회주의사회 역시 이전 역사발전 단계와 동일하게 권력과 재산의 재분배가 이루어져야 하는데 처음엔 그 임무가 당권파에게 위임되었다. 진정한 공유사회를 위해 이루어져야 할 이 임무가 '혁(革)'의 본질이었지만 부패하고 특권화된 당권파가 재분배를 회피하면서 '보(保)'의 본질이 되었다. 결국 이러한 '보'와 '혁'의 모순 폭발이 곧 문혁이었다. 그들은 이 '재분배론'이 사회적 존재가 사회적 의식을 규정한다는 마르크스·레닌주의의 필연적 결과라 강변하여 자신들의 논리의 정당성을 강조했다.[54]

그들은 자신들의 주장을 '신사조'라 규정했는데 그것은 다음과 같은 의미를 지녔다.

4·3사조는 또한 역사발전과 매우 긴밀하게 결합된 생기발랄한 신사조이다. 그것은 분배를 저지하는 반동적 연동사조와 전혀 어울리지 않으며 가장 급진적이고 가장 철저한 자세로 전투에 돌입한다. 그것은 특권 인물로 하여금 가장 두렵게 만드는 것이다.

이렇게 본다면 신사조의 '새로움'은 과거의 '연동'사조와 완전히 다른 데에서 찾을 수 있는 것으로 결국 '혈통론'에 대한 철저한 반대를 의미했다. 주지했다시피 '혈통론'은 이미 문혁파로부터 '반동'으로 규정되었음에도 불구하고 현실에서의 영향력은 여전히 계속되고 있었다. 따라서 '4·3파'의 '신사조'란 사회주의 중

---

54 공개적으로 천명하지 않았지만 '재분배론'은 마오쩌둥의 뜻을 좇은 장칭의 '권력과 재산의 재분배론'과 일맥상통한다〔「江青在車委擴大曾議上的講話」(1967.4.12), CCRD 수록, 참조〕. 또한 양 파의 대립 갈등이 한창 진행 중이던 1967년 봄 베이징의 홍위병 류쯔리(劉自立)는 파리코뮌에 심취하여 '상비군 취소'라는 급진적 주장을 제기했다〔劉自立, 「四·三, 四·四之争-寫在文革四十五周年」, ≪北京之春≫, 2014년 11月號, http://beijingspring.com/bj2/2010/170/2014111219 2514.htm (검색일: 2016.12.27)〕.

국 성립 이후 새롭게 등장한 특권 인물을 보위하는 '연동'사조를 가장 급진적으로 철저하게 비판하는 새로운 사상 풍조를 지칭했다. 그렇다면 그것은 '출신론'의 새로운 판본이 될 터였다. 하지만 「선언」에서 밝히고 있듯이 당시는 "수많은 사람들이 '반동적 4·3사조'를 몰아내기 위해 신성동맹을 구축"하고 있었고 '4·3'은 상대방을 공격하기 위한 정치적 수사로 전락했다. 또한 '4·3파'는 공작조에 이어 혁명위원회에 반대했기 때문에 '반혁명'으로 몰렸다.

이러한 상황에서 '신사조'는 전통 관념을 부정하는 '이단사설(異端邪說)' 가운데 하나로 등장했고 '재분배론'은 완성된 하나의 규율 속에서 이루어지기 때문에 '좌파분화론', '신 단계론' 등의 관점과는 구별되었다. 결국 '신사조'의 논리에 따르면 문혁 이래의 규율에 따라 전진하든가 아니면 새로운 단계에 이르러 후퇴하든가의 차이만 있을 뿐이었다. 그리고 '재분배론'은 '제2차 문혁'을 상정함으로써 자연스럽게 마오쩌둥의 '계속혁명론'으로 연결되었다. 다만 두 가지의 노선 투쟁을 '신사조'에서는 권력과 재산의 재분배 투쟁으로, 자산계급(또는 주자파)과 무산계급의 계급투쟁을 조반파와 특권층의 투쟁으로 대체했을 뿐이었다.

'신사조'가 등장한 이후 ≪병단전보≫ 편집부의 이름으로 그를 직접 비판하는 글이 발표되었다.[55] ≪병단전보≫는 먼저 「신사조를 논한다」가 ① 철두철미한 반마오쩌둥 사상의 대독초이며, ② 자본주의 복벽의 선언서이고, ③ 지·부·반·회·우 및 그 자손이 당에게 날린 공개적인 독전(毒箭)이라고 규정했다. ①과 ②가 문혁 시기 상대방을 공격하기 위한 상투적 표현이라 할 때 ③이 보다 핵심이라 할 수 있다. 이를 통해 비판이 '혈통론'의 틀 속에서 이루어지고 있음을 알 수 있다. 또한 그들은 「선언」의 핵심 개념을 '재분배'로 파악하면서 사회주의제도하의 권력 재산 재분배는 곧 자본주의의 복벽이며 거기에는 구체적 계급 분석이

55　「「論新思潮」是爲資本主義復辟招降納叛的宣言書-評「四三派宣言」」, ≪兵團戰報≫, 1967.6.24. 이하 내용은 이에 따른다.

결여되고 있음을 지적했다. 따라서 그들에게 '신사조'의 재분배는 자산계급 대 무산계급의 교체를 의미할 뿐이었다.

또한 '신사조'가 '출신론'에서의 '흑오류'와 마찬가지로 재분배에서 소외된 계층을 선동한다는 데에 비판이 가해졌다. 즉, '신사조'가 '출신론'의 재판이라는 것이었다. 더 나아가 '4·4파'가 보기에 문제의 심각성은 다음에 있었다.

현재 소위 '신사조'의 등장은 결코 중학에만 한정되지 않는다. 그것은 사회적 지·부·반·회·우가 공동 구비한 반동 '사조'이다. 현재 계급의 적은 중학의 무정부주의 사조의 범람을 이용하고 일부 중학생의 소자산계급성의 특징과 젊음의 유치함을 이용하여 중학에서 이 사조의 판로를 확장하고 있다. 이것이 곧 계급투쟁의 표현인 것이다.

이를 통해 그들이 두려워하는 것은 '신사조'와 홍위병 내의 무정부주의사조의 결합이었음을 알 수 있다. 이는 곧 양 사조의 친화성을 반영한 것이고 이후 극좌파라는 형태로 새롭게 등장할 터였다.

또한 ≪병단전보≫에는 '신사조'를 정통 사조와 대비한 베이징35중징강산공사(北京35中井岡山公社)의 대자보가 게재되었다.[56]

베이징35중징강산공사는 '신사조'가 '출신론'과 동일하게 '계급 대 계급의 투쟁'을 '특권 인물 대 인민'의 투쟁으로 변질시켰고 무산계급의 것을 '재분배'해야 한다고 비판했다. 또한 그들이 '무산계급전정'이란 표현을 거의 사용하지 않고 예외적으로 사용할 경우에도 자신들의 한계를 미봉하기 위해 의도적으로 배치

---

56 이하 내용은 北京三十五中井岡山公社, 「剝開「論新思潮」的畫皮」, ≪兵團戰報≫, 1967.7.13 참조. 또한 같은 잡지에는 '신사조'를 비판하는 「「論新思潮」是爲資本主義復辟招降納叛的宣言書-評「四三派宣言」」(≪兵團戰報≫, 1967 6.24)이 실렸다.

표 3-1 정통 사조와 이단 사조

마르크스·레닌주의·마오쩌둥 사상 = 정통 사조	「선언」 주장 = 이단사조
계급사회 가운데 착취계급과 피착취계급의 모순이 주요 모순이다.	사회주의 이전 시기 주요 모순은 '특권 인물과 인민'의 모순이다.
계급투쟁을 통해 일부 계급이 승리했고 일부 계급은 소멸했다. 이것은 역사이며 수천 년의 문명사이다.	무산계급전정 이전 매번 대(大)사회변혁은 모두 재산과 권력의 재분배를 동반했다.
무산계급의 정권 탈취 이후 타도당한 착취계급은 멸망을 받아들이지 않고 반드시 열 배의 미친 모습으로 잃어버린 천당을 되찾으려고 헛되이 기도했다.	무산계급의 정권 탈취 이후 재분배는 여전히 이상적이지 않았고, 재산과 권력이 소수, 즉 당권파의 수중에 집중되었다.
이때 주요 모순은 무산계급노동인민과 타도된 착취계급(지·부·반·회·우)의 모순이다.	특권 인물은 각 역사 시기와 동일하게 수많은 인민이 구성한 사회주의 사회와 사회의 주요 모순이 되었다.
당내 자본주의 길을 걷는 당권파는 타도된 착취계급이 당내에 섞여 들어온 대표 인물이다.	타도된 착취계급(지·부·반·회·우·자)과 무산계급노동인민의 모순은 부차적인 모순이 되었다.
무산계급전정을 반드시 강화하고 타도된 착취계급의 복벽활동을 진압해야 한다.	'재산과 권력의 재분배'를 반드시 실행해야 한다.

한 것이라 했다. 이들의 주장은 '신사조'와 '출신론'에 반대하는 문혁파의 입장을 대변한 것이기에 '4·4파'와 문혁파의 긴밀한 관계도 예상하게 한다. 결국 이전 '혈통론' 대 '출신론'의 논쟁은 '4·4파' 대 '4·3파'의 논쟁으로 확대 재생산되었고, '탈권'과 혁명위원회의 성립 이후 문혁파는 '4·3파'와 그의 '신사조'를 지나치게 급진적이고 이단적으로 간주하기 시작했다.

이상과 같은 「선언」의 내용을 통해 분명해지는 사실은 그것이 기본적으로 쟝칭의 권력·재산 재분배론과 위뤄커의 '출신론'에 입각한 반특권 선언이었으며, 특권계층의 정점에 류사오치 등 당권파를 위치시키고 '연동'을 강하게 비판했다는 것이었다. 하지만 그것은 이후 새롭게 정통으로 등장하게 될 '신사조'가 아직까지 출발이 미약한 이단사설이 될 수 있음을 인정했고, 군에 대한 반대를 명시적으로 부정했다. 따라서 "혁명적·투쟁적 요소가 충만하며 부단히 비약 돌변하는 새로운 사조"로 스스로 규정한 '신사조'가 군과 중앙문혁소조를 넘어 더욱 급진적인 지향을 갖기 위해선 또 다른 계기가 필요했다.

4. 양시광(楊曦光)과 극좌사조

후난 성무련의 주장을 대변하는 대표적 인물 가운데 한 명인 양시광[57]은 자신과 '신사조'의 관련성을 직접적으로 언급했다. 회고에 따르면 그는 1966년 말 '반혁명분자'로 규정된 노동자 조반파의 평반(平反), 즉 명예회복 활동에 적극적으로 참여했고, 후난의 대표적 '준정당' 조반파 조직으로 평가받던 상강풍뢰〔湘江風雷, 정식 명칭은 마오쩌둥주의홍위병상강풍뢰정진종대(毛澤東主義紅衛兵湘江風雷挺進縱隊)〕에 동정과 지지를 표했다. 또한 '2월 역류(逆流)'의 과정에서 보수파의 지원을 받은 군에 의해 1개월여 동안 투옥되었던 양시광은 출옥 후 베이징에서 교류활동으로 '신사조'와 접촉하면서, 베이징의 '4·3파' 내에 '신사조'의 지지자가 많다는 것을 발견했다.[58]

이러한 회고에 따르면 양시광은 분명히 '신사조'의 직간접적인 영향을 받았다. 후술하겠지만 더욱이 성무련은 '보'와 '혁'의 문제, '혈통론' 반대 등을 주장하는 극좌파 조직의 비난을 받았는데,[59] 주지하다시피 이것들은 '4·3파'의 대표적 주

---

57 그의 필명 '省無聯一中紅造會鋼三一九兵團奪軍權一兵'은 양시광과 성무련의 관계를 잘 나타낸다.
    즉, 長沙一中'奪軍權'='紅造會(紅衛兵革命造反委員會)奪軍權' → '紅中會'(紅衛兵長沙市中學校革命委
    員會) → 省無聯이라는 조직적 위계를 형성했다. 紅造會, 紅中會의 조직 구성과 양시광의 역할에
    대해서는 楊大慶,「文革中的長沙"紅中會"」,≪華夏文摘≫ 增刊, 第557期(2007.2.20) 참조.
58 이상, 楊小凱,「中國向何處去大字報始末」,≪中國之春≫, 第12月號(1990年), p.66; 楊曦光,『牛鬼
    蛇神錄-文革囚禁中的精靈』(牛津大學出版社, 1994), p.4 참조. 이때 양시광에게 큰 영향을 준 대
    자보는「法西斯黨的危險就在眼前」,「重建馬列主義小組」,「廢除官僚機構」,「論新思潮」 등이었다.
59 이러한 비난은 혁명적 3결합을 통해 문혁을 수습하려는 중공중앙의 뜻에 따라서 결성된 후난

장이라 할 수 있다.

그렇기 때문에 1968년 1월 24일, 중공중앙이 후난의 성무련을 대표적 극좌 조직으로 지목해 대대적으로 전개한 비판운동에 즈음해서 양시광은 신사조와 성무련의 관계를 다음과 같이 설명했다.

성무련의 수많은 대중 역시 '신사조'를 증오하는 자가 성무련을 진압하는 자라는 사실을 마음속 깊이 깨닫게 되었다. 적(의 공격)을 통해 대중들은 '신사조'가 성무련 대중의 친구이자 동지라는 사실을 알았다. 또한 적은 '신사조'와 성무련을 함께 연결시켜 그들이 본질적으로 혁명인민의 이익을 근본적으로 대변한다는 사실을 증명했다.[60]

결국 성무련에 대한 탄압은 사상적 배경인 '신사조'에 대한 공격이기도 했다. 게다가 성무련이 극좌파 조직으로 비판받은 점을 고려한다면 '4·3파'의 사조='신사조'는 상강풍뢰와 양시광을 거쳐 성무련 사조 = 극좌파 사조로 이어진다는 사상적·조직적 흐름을 확인할 수 있을 것 같다.

그런데 양시광은 극좌파라는 비난에 어떠한 입장을 취했는가? 또한 극좌성은 어떠한 내용을 담고 있는가? 그리고 성무련의 입장은 그것들과 어떠한 관계를 지니는가? 이러한 질문에 대해 아래에서는 먼저 성무련의 대표적 문건으로 잘 알려진 양시광의 「중국은 어디로 가는가(中國向何處去)?」(1968.1.6) 등 주요 문건[61]

省革籌의 지도자 黎元에 의해 이루어졌다〔「黎原在傳達林副主席和周總理對湖南無産階級文化大革命的重要指示大會上的講話」(1967.10.30), CCRD 수록, 참조〕. 이에 대해서는 후술한다.

60   長沙一中'奪軍權'鋼812分隊 楊曦光, 劉小兵, 「關于目前時局的嚴重聲明」(1968.2.5), CCRD 수록, 참조.

61   이 밖에 양시광의 문건으로는 「關於建立毛澤東主義小組的建議」(1967.10, 이하 「小組建議」로 약칭), 「長沙知識靑年運動考察報告」(1967.11.16 이하 「長沙報告」로 약칭) 등이 있다. 둘은 宋永毅·孫大進, 『文化革命的異端思潮』(香港: 田園書室, 1997), pp.312~333에 수록.

의 분석을 통해 답해 보도록 하자. 이 밖에도 성무련과 관련된 주요 문건으로 먼저 성무련 비판운동 과정에서 중난광야학원징강산공사(中南礦冶學院井岡山公社) ≪징강산인(井岡山人)≫ 편집부 일병(一兵)에 의해 1967년 11월 2일 제작되었다는 「성무련의 흑지시 - 반역류제강(省無聯的黑指示-反逆流提綱)」(이하 「반역류제강」으로 약칭), ≪광인홍기(廣印紅旗)≫에 게재된 「우리들의 강령(我們的綱領)」(1967.12), 마지막으로 1967년 12월 21일 통과된 「당면 후난무산계급문화대혁명 약간 문제에 관한 후난성무산계급혁명파대연합위원회의 결정(湖南省無産階級革命派大聯合委員會關于目前湖南無産階級文化大革命中的若干問題的決定)」(이하 「결정」) 등도 고려의 대상으로 삼을 것이다.[62]

이미 살펴보았듯이 문혁 시기 극좌파는 중앙문혁소조를 포함한 문혁파 또는 보수파를 공격하는 자발적 대중 조직에 대한 정치적·부정저·상대적·인위적 개념이었다. 후난성의 경우 1967년 '8·10결정'[63]에 따라 성혁주[省革籌, 정식 명칭은 후난성혁명위원회주비소조(湖南省革命委員會籌備小組)]가 건립된 이후 전성 차원에서 극좌반대운동이 전개되었다. 이에 대해 성무련은 12월 21일 혁명 진영 내에 극좌사조가 존재하지 않음에도 이러한 운동을 전개하는 것은 혁명세력의 조반 정신을 부정·탄압하고 성혁주의 기득권을 옹호하려는 불순한 의도로 규정했다[「결정(決定)」]. 또한 성무련은 극좌반대운동이 혁명운동 과정의 일부 '과화' 행위에 대해 교조적 잣대를 들이대어 후난 문혁을 왜곡 부정한다고 하면서, "소위 '반극좌'가 실질적으로 반혁명이며, 반극좌운동이 반혁명역류"라고 비판했다.

하지만 위의 「결정」만을 통해서는 성무련 스스로가 극좌파임을 자임했다고

---

62 「反逆流提綱」와 「間題的決定」끠 「中國向何處去」는 『徹底催毁"省無聯"專輯』, 淸遠≪東風戰報≫(編輯部飜印, 1968.3)에 게재되어 있다. 또한 「我們的綱領」은 宋永毅·孫大進, 같은 책, pp.300~304에 수록되어 있다. 특별히 주기할 때의 쪽수는 이들에 따른다.

63 「中共中央關于湖南問題的若干決定」(1967.8.10), CCRD 수록; 「對中央關于湖南問題若干決定稿的批語和修改(1967.8.4, 8.7), 『建國以來毛澤東文稿』, 第12冊(1998), pp.395~396 참조.

볼 수는 없을 것 같다. 즉, "반극좌가 반혁명"이라고 해서 "극좌가 곧 혁명"을 의미한다고는 할 수 없다고 했기 때문이다. 그러나 양시광에게 극좌가 의미하는 바는 달랐다. 그의 주장 가운데 극좌파는 다음과 같은 용례를 보인다.[64]

① (「중국은 어디로 가는가」는) 「극좌파공사성립선언」을 대표할 수 있는가?
② (1967년 10월 이후 등장한 개량주의적 역류) 이에 어떻게 할 것인지, 중국은 어디로 가는지가 또 다시 문제가 되었다. 이제 극좌파공사가 가장 먼저 대답해야 할 엄숙한 문제가 되었다.
③ 현재 극좌파는 사람들을 적극 조직하여 '1월 혁명'이 창조한 극히 풍부한 결과물을 정리 연구해야 한다.
④ 제1차 문혁이 성공하려면 군대의 근본적 변동을 일으켜야 하는데 극좌파는 모 주석의 어록 가운데에서 자신의 사상적 근거를 찾아야 한다.
⑤ (1967년) 7~8월에 있었던 격렬한 계급투쟁 가운데 극소수의 극좌파는 "극좌파가 마땅히 자신의 정당을 소유해야 한다"고 주장했다.
⑥ 신사조는 적들에 의해 극좌사조로 (지목)되었다.
⑦ 극좌파공사는 자신의 관점과 의도를 속일 필요가 없으며 우리는 "중화인민공사를 건립하려는 우리의 목적이 단지 폭력으로 혁명위원회의 자산계급 독재와 수정주의제도를 타도해야 비로소 달성될 수 있다"는 사실을 공개적으로 선포해야 한다.
⑧ 극좌파는 홍중회(紅中會)와 고교풍뢰(高校風雷) 등을 가리킨다.
⑨ 극좌파 투쟁의 예봉은 특권계층, 관료기구 및 그들의 중앙 대리인을 가리킨다.
⑩ 현재 나타나는 혁명 과정의 우여곡절로 인해 극좌파 가운데 사상적 혼란 상황

---

64   이하 용례는 양시광의 「中國向何處去」(①~⑨)와 「小組建議」(⑩), 「長沙報告」(⑪)에 각각 등장한다.

이 유발된다.

⑪ 지식인 가운데 극좌파는 어디로 가는가? 퇴폐적인 길 혹은 상아탑 혁명으로 갈 수 있는데 이는 혁명이 아니며 반혁명의 길이다. 유일하고 정확한 길은 사회의 최저층으로, 노동자 농민에게로, 지식청년 가운데로 들어가는 것이다.

이상을 통해 보면 먼저 성무련의 공식적 결정에서와 달리 양시광은 극좌파의 존재를 적극적으로 인정하고 있으며 자신이 소속한 홍중회(紅中會)와 자신의 사상인 '신사조'를 가각 극좌파, 극좌파사조로 인정하고 더 나아가 성무련을 극좌파공사로 상정하고 있음을 알 수 있다. 그렇다면 그에게 극좌사조는 단순한 모험주의·무정부주의·극단주의가 아니라 문혁 중단·수습이라는 위기를 극복할 혁명적 주체의 사상이다. 환언하면 그것은 반대파의 정치적 공세의 역선전을 무시하려는 자신감의 발로이며 문혁 이상에 대한 적극적 의지의 표시로도 읽힌다. 하지만 양시광이 보기에 극좌파의 한계도 분명했다. 즉, 공담만을 일삼거나 혁명적 유행을 쫓고 또 소요파로 전락하게 될 지식인 내의 일부 급진분자의 문제점을 염두에 둔 것이었다(⑪).

한편, 극좌파의 극좌성은 일단 중화인민공사 설립(①·②), 군대 내의 조반(④), '탈권' 투쟁(③), 독자적 정당(⑤), '신사조'(⑥), 혁명위원회 타도(⑦), 특권계층·관료기구·중앙 대리인 타도(⑨), 지식청년과의 결합(⑩) 등으로 요약될 수 있을 것 같다. 이들 극좌적 주장들은 상호 긴밀하게 관련되어 있지만 궁극적으로는 극좌파공사, 즉 중화인민공사의 건립을 목표로 두고 있었다. 이 주장은 「중국은 어디로 가는가」를 제외한 「반역류제강」, 「우리들의 강령」, 「결정」 등에는 명시적으로 등장하지 않는다. 하지만 인민공사, 즉 코뮌은 문혁 발발 이후 「문혁16조」에 따라 행동한 조반파 및 성무련의 염원[65]이었다. 그렇기 때문에 "왜 공사를 적극

---

65 쑹융이가 성무련을 소개한 장의 제목을 「湖南省無聯巴黎公社式民主的憧憬」으로 정한 것이 이러

적으로 주장하던 마오쩌둥이 1월에 '상하이인민공사' 건립을 돌연 반대했는지 혁명인민은 이해할 수 없었던 것이다"(「중국은 어디로 가는가」).

즉, 양시광에게 극좌파공사란 마오쩌둥이 '과학적 예견'을 한 인민공사와 다름 없고 기존 국가기구의 전면적 해체라는 급진적 주장을 전제로 한 새로운 인민공 사로서 소련식의 평화적 이행이 아닌 폭력 투쟁을 통해 도달할 수 있었다. 그런 데 폭력 투쟁은 누구를 상대로 해야 하는가? 이에 대한 대답으로 양시광은 '홍색 자본가'를 제시했다. '홍색자본가'란 광대한 인민 대중에 대한 억압과 착취로 특 권적 계급 이익 및 높은 보수를 획득한 관료주의자를 지칭했다. 이러한 논리는 양시광 자신이 크게 영향받은 위뤄커나 '신사조파'의 주장, 즉 관료계급을 특권 계급으로 규정한 것에서 더 급진화한 것으로 볼 수 있다.[66]

이 '홍색자본가론'은 '신사조'의 '재산·권력 재분배론'과 결합하여 극좌파의 전 면적 '탈권'을 보증하는 논리로 발전했다. 그것은 신중국 건립 이후 18년 동안 새 롭게 축적된 홍색자본가의 재산·권력을 폭력적 대중 투쟁으로 재분배해야 한다 는 급진적 주장이었다. 또한 '탈권'의 논리는 마오쩌둥의 '계속혁명론'과 다시 결 합하여 "(문혁은) 투쟁-실패-재투쟁-재실패-재투쟁-승리"라는 장기적인 우여곡 절을 거치게 될 터었다. 따라서 이러한 주장은 일부 보수적 홍위병이 제기한 '2 차 혁명론'이나 그 구체적 표현인 '신단계론', '좌파전화론', '환원론·수습론', '3년 문혁론'과는 전혀 달랐다. 하지만 양시광은 공산주의 실현 및 계급과 3대 차별의 즉각적인 소멸 주장을 '좌경적 1차 혁명론'이라 비판하면서 당면한 최저 강령으

한 사실을 극명하게 보여준다(宋永毅·孫大進, 『文化革命的異端思潮』, pp.267~333 참조). 코뮌 건설 주장은 이미 1950년대 후반 대약진운동 시기 인민공사를 통해 실천적 좌절을 겪은 바 있 었고 1966년 5월 「5·7지시」를 통해 그 일단의 모습이 재등장하여 「문혁16조」에서 본격적으로 주장되었다.

66 「我們的綱領」 역시 한 계급이 다른 계급을 전복하는 폭력적 행동으로 문혁을 규정하면서 그 대 상으로 류사오치·덩샤오핑을 중심으로 한 자산계급 특권계층 그리고 그들을 위해 복무하는 낡 은 국가기구를 설정했다.

로 새로운 관료자산계급의 통치를 타도하고 3대 차별을 축소해야 한다고 했다. 그런 의미에서 그에게 극좌파란 "계속혁명론자이면서 동시에 단계혁명론자이기도 했다"(「중국은 어디로 가는가」).

그렇다면 성무련의 당면과제는 중화인민공사의 즉각적 건립이 아니지만 그렇다고 제1차 문혁과는 질적으로 다른 새로운 단계로의 돌입도 아니었다. 기존의 '재산·권력 재분배론'이란 하나의 원칙에 입각한 부단한 전진만이 필요했을 뿐이었다. 하지만 현실은 이와 달랐다. '1월 혁명'과 '2월 역류' 그리고 '8월 혁명'을 거치면서 혁명위원회(혹은 혁명위원회주비소조)라는 새로운 조직이 등장했다. 그 결과 혁명위원회의 성립 과정, 성격, 군과의 관계, 혁명 전망 등에 대해 극좌파는 자신들의 입장을 새롭게 제시해야 했다.

혁명위원회는 '탈권' 이후 기존의 당정기관을 대체한 임시권력기구로 등장했다. 하지만 상하이인민공사의 명칭 변경 과정에서 드러났듯이 혁명위원회는 극좌파가 추구하는 이상인 인민공사와는 거리가 멀었다. 원래 양시광 등이 상정한 인민공사 내의 지도부는 특권계급과의 계급투쟁 과정에서 자연스럽게 성장하여 진정한 무산계급의 권위를 지닌 자들로서, 일체의 특권이 없고 경제적으로도 일반 대중과 동일한 대우를 받으며 대중의 요구에 의해 수시로 교체될 수 있어야 했다. 하지만 현실의 혁명위원회는 군·구 간부·대중 대표의 3결합으로 이루어졌고 주도적 지위에 있던 군은 보수파와 결탁하여 조반파를 탄압하는 상황을 자주 연출했다.

따라서 양시광 등 극좌파는 혁명위원회(또는 성혁주) 비판에 나서게 된다. 한 예로 성무련은 후난 문혁을 빈틈없이 추진하려면 반드시 과거의 국가기구를 철저하게 파괴해야 하는 원칙을 견지해야 한다고 전제하면서 성혁주를 구징권의 복제판으로 파악했다. 또한 이 경우 과거 '1월 혁명'에서 보여주었던 '관료 파면 운동〔파관운동(罷官運動)〕'이나 '개인 축출 운동〔추인운동(揪人運動)〕'과 같은 개량주의 방식을 채택해서는 안 되었다. 그 이유는 문혁이 일부 개인에 대한 투쟁이 아니라 특권계층 전부와 그들이 장악한 국가기구에 대한 전면적 투쟁이기 때문이었다(「우리들의 강령」). 동일한 논리로 「결정」 역시 '반동적' 3결합으로 이루어진 성혁주 내의 자산계급 사령부를 상대로 새로운 '탈권' 투쟁을 결의했고 성혁주에 참여한 후융(胡勇)과 예둥추(葉東初)를 혁명 원칙을 방기한 '노동자의 적〔공적(工賊)〕'이라 비판했다. 동시에 이들과 대비되는 대표적 혁명적 연합 조직이 바로 성무련임을 천명했다.

이 문제는 저우언라이에 대한 극좌파의 공격으로 보다 구체화되었다. '8월 무투(武鬪)', 즉 국내혁명전쟁을 통한 새로운 '탈권'의 단계에 이르면, 극좌파는 이제 더 이상 전면적·즉각적 혁명위원회 건립을 통한 문혁 수습이라는 저우언라이의 방침을 받아들일 수 없었다. 양시광 등은 당내의 주자파로 지목된 류사오치·덩샤오핑에 이어 '2월 역류'와 '반동적' 혁명위원회 구성을 주도하는 것으로 인식된 저우언라이를 '현 홍색자본가 계급의 총대표'로 규정했다.[67] 이러한 인식은 베이징을 중심으로 한 또 다른 극좌파 조직인 수도5·16홍위병단의 그것과 완전히 일치한다. 그들은 "저우언라이가 덩샤오핑·류사오치 사령부의 수완가이자 중국 최대의 반혁명 양면파이고, 중국 최대의 매국주의자·수정주의자·우경기회주의자 가운데 한 명"이라고 규정했다. 아울러 수도5·16홍위병단은 저우언라이를 우두머리로 하는 반혁명집단의 대표인 리셴녠(李先念)·천이·위치우리(余秋裡)·구무(谷牧) 등과 결연히 투쟁할 것임을 천명했다.[68]

---

67 양시광에 따르면 저우언라이는 '2월 역류' 때 군대를 직접 지휘하여 조반파를 체포하여 '반혁명분자'로 규정한 보수파의 수령이었다. 하지만 저우언라이 반대 활동을 적극적으로 전개했다는 이유로 성무련의 문예계조반파의 쏭사오원(宋紹文)은 '반혁명흑수(反革命黑手)'라는 죄목으로 징역 15년형에 처해졌다〔楊曦光, 『牛鬼蛇神錄: 文革囚禁中的精靈』(牛津大學出版社, 1994), p.185〕.

68 「首都五·一六紅衛兵團第一屆代表大會決議」(1967.7.11), 宋永毅·孫大進, 『文化革命的異端思潮』, pp.262~265. 이 조직 활동이 '사인방'의 배후 조종에 의한 것이 아니라 "회의일체" 사조의 영향 하에서 독자적으로 이루어졌다는 주장은 宋永毅·孫大進, 같은 책, pp.257~259 참조.

한편, '8월 무투' 이후 혁명위원회의 주요 임무 가운데 하나였던 대중의 무장 문제 해결을 둘러싸고 갈등이 발생했다. 양시광은 '8월 무투'가 대중의 '무기 탈취 운동〔창창운동(搶槍運動)〕'을 통해 이루어졌음을 높이 평가하면서, 무기 반납을 지시한 당의 '9·5명령'에 반발해 새로이 '무기 은닉 운동〔장창운동(藏槍運動)〕'이 전개되었음을 지적했다.[69] 따라서 그는 '9·5명령'에 대해 다음과 같이 강하게 반발했다.

"좌파는 무장하라"는 모 주석의 호소에 자극받아 노동자계급은 용감하게 일어나 고도의 집중력을 보였다. 그러나 '9·5명령'의 하달은 "좌파는 무장하라"는 구호를 공문(空文)으로 만들었고 노동자계급의 무장은 해제되었으며 다시 관료들의 복벽(復辟)이 이뤄졌다(「중국은 어디로 가는가」).

위의 인용을 보면 "좌파는 무장하라"는 호소가 마오쩌둥에 의해 이루어졌음이 분명하게 드러나 있지만 그에 반하는 '9·5명령'이 누구에 의해 하달되었는지는 불분명하다. 이 명령의 주체는 중공중앙·국무원·중앙군위·중앙문혁소조였지만, 실제로는 다른 문혁 시기 주요 문건과 마찬가지로 이미 마오쩌둥의 비준을 획득한 것이었다.[70] 따라서 상하이인민공사의 부정과 혁명위원회의 구성에 이은 마오쩌둥의 무기 반납 지시는 극좌 조반파의 반발을 야기하기에 충분했다. 구체적으로 성무련은 「결정」을 통해 "언론과 문장으로 반대파를 공격하고 무력으로 자기편을 보호하라는 문공무위(文攻武衛)의 정확한 방침을 견지하라"고 촉구했

69　총기 반대 지시에 대한 후난의 반발에 대해서는 陳益南, 『靑春無痕: 一個造反派工人的十年文革』 (香港中文大學出版社, 2006), pp.277~291 참조. 그에 따르면 "총기 반납은 곧 자살을 의미했다".

70　「中共中央·國務院·中央軍委·中央文革小組關于不准搶奪人民解放軍武器, 裝備和各種軍用物資的命令」(1967.9.5), CCRD 수록; 「對不准搶奪人民解放軍武器·裝備和各種軍用物資的命令稿的批語」(1967.9.5), 『建國以來毛澤東文稿』, 第12冊(中央文獻出版社, 1998), pp.410~411.

다. 잘 알려져 있듯이 "문공무위"는 1967년 7월 쟝칭이 제창한 무장투쟁 도발의 슬로건이었다.[71]

양시광과 성무련은 "좌파무장"과 "문공무위"라는 마오쩌둥과 쟝칭의 주장을 근거로 당 중앙의 '9·5명령'에 항거했던 것이다. 그렇다면 그들이 자신들의 주장의 근거를 마오쩌둥이나 쟝칭, 중앙문혁소조 등 당내의 문혁파에서 찾았다는 의미에서 그들의 극좌성은 체제를 완전히 뛰어넘는 것이 아니었다. 동일한 맥락에서 양시광이나 「우리들의 강령」은 후난 문혁의 특수성의 배경을 쟝칭이 제기한 '혁명의 불평형성'과 린뱌오의 '10·24지시'와 관련시켜 설명했다.[72] 양시광이 보기에 후난 문혁의 '돌출적 존재'는 곧 성무련을 의미했다. 그는 성무련의 위상에 대해 다음과 같이 서술했다.

> 성무련은 실제적으로 1월 혁명군중독재의 형식-문공무위지휘부의 〔민판적(民辦的)〕 경험 축적을 통해 형성되었다. 그것은 1월과 8월과 비교하여 더 높은 수준의 군중독재 권력기구이며 …… 소비에트에 비길 만한 신생의 어린싹으로 1월과 8월과 비교하여 훨씬 성숙된 공사의 초기 형태이다(「중국은 어디로 가는가」).

즉, 양시광은 성무련과 성혁주의 대립을 소련 혁명 과정에서 나타났던 소비에트와 자산계급 임시정부의 '이중권력 병존'의 국면으로 보면서 결국 성무련이 승리하여 중화인민공사로 발전할 것이라 예상했다.

---

71   「中央首長第七次接見河南赴京代表團紀要」(1967.7.21), CCRD 수록, 참조.

72   '혁명의 불평형성'-혁명의 발전이 지역에 따라 차별적으로 나타날 수 있다는 쟝칭의 '11·12강화'는 「江青陳伯達在中央直屬文藝系統座談會의講話」를, 린뱌오의 '10·24지시'는 「接見黎原關于湖南問題의指示」를 각각 가리킨다, 둘 다 CCRD 수록, 참조. 하지만 이 가운데 린뱌오의 지시는 성무련을 옹호하기 위한 것이 아니라 후난의 극좌파를 비판하기 위해 이루어진 것이다. 결국 성무련 측은 린뱌오의 비판을 역으로 활용하여 자신들 극좌파의 존재감을 대외적으로 확인하고자 했음을 알 수 있다.

하지만 이러한 낙관적 전망은 주체적 노력 없이 저절로 이루어질 수 없었다. 성무련은 「반역류제강」을 통해 린뱌오의 '10·24지시' 이후 자신들에게 가해진 대대적 탄압을 성혁주의 '흑선인물(黑線人物)'의 막후 획책에 따른 '공련(工聯)', '9·17', '8·19' 조직의 '반극좌 포위 공격〔반극좌위초(反極左圍剿)〕'로 규정했다. 이에 대해 「반역류제강」은 통일적 지휘부를 구성하고 단순한 선전이 아닌 조직과 지휘를 위한 기관지 발행을 강조했다. 아울러 이 기관지는 주요 조직 책임자들로 구성된 편집진을 제안했고 이는 성무련 기관지 ≪상강평론(湘江評論)≫의 간행으로 구체화되었다.[73]

이상과 같이 군의 개입과 혁명위원회의 설치로 나타나는 문혁의 현실적 전개 과정은 급진 조반파, 결국 극좌파의 실망을 야기하기에 충분했다. 따라서 그들은 대안을 모색하기 시작했다. 일부 극좌적 조반파는 문혁 발발 이후 혁명 대중조직만 존재할 뿐 혁명정당이 없음을 비판했고 마오쩌둥 역시 이미 파시스트정당으로 변모한 현실의 공산당 내에서 스스로 소수파에 불과하다고 지적한 바 있었다. 양시광은 이에 근거해 새로운 혁명정당 건설을 주장했다(이하 「소조건의(小組建議)」 참조).

그는 1966년 「파시스트정당의 위험이 눈앞에 있다(法西斯黨的危險就在眼前)」, 「마르크스·레닌주의소조를 재건하자(重建馬列主義小組)」, 「관료기구의 철폐(廢除官僚機構)」 등의 급진적 주장이 제기되었음에도 자산계급 특권계층의 공격으로 무산되었다고 지적했다. 하지만 양시광은 이들 '급진파〔격진분자(激進分子)〕'가 '1월 혁명'과 '8월 무투' 그리고 '신사조'의 영향으로 독립적인 정치 사조를 받아들여 점차 파벌을 형성함으로써 새로운 정당, 즉 마오쩌둥주의정당의 맹아로서 마

---

73 ≪湘江評論≫은 4기까지 정상적으로 출간되었고 성무련이 불법화된 이후에도 9기까지 계속 발행되었다〔趙聰,「湖南省會無産階級革命派大聯合委員會の成立と壞滅」, 『文革運動歷程述略』, 第3卷(友聯研究所, 1975), 『文化大革命と現代中國Ⅱ-資料と解題』(アジア經濟研究所, 1983.3), p.122 수록〕.

오쩌둥주의소조가 건립될 시기가 도래했다고 파악했다. 그렇다면 결국 성무련이 그 구체적 표현이라 할 수 있을 것이다.

새로운 정당과 관련된 양시광의 주장을 통해 다음의 사실을 알 수 있다. 첫째, 그것이 비록 마오쩌둥과 마오쩌둥주의를 중심에 둔 정치적 주장이더라도, 독립적 정치 사조를 띤 정치파벌이라는 측면에서 본다면 기존 공산당의 권위와 지도를 부정할 수 있었다. 게다가 극좌파가 성무련이라는 정치적 실체를 지니게 되는 단계에 이르면 그 주장이 단순히 공산당 내의 정풍운동 차원을 넘어설 가능성이 있었다. 성무련에 대한 공산당의 대대적 비판운동이 전국적으로 전개된 원인은 여기에서도 찾을 수 있을 것이다. 둘째, 급진파→'신사조파'→극좌파로 이어지는 사상적·조직적 계보를 다시 한 번 확인할 수 있다. 즉, 급진파에 의해 마오쩌둥주의소조를 건립하자고 주장한 양시광은 성무련 건립 이후 "극좌파가 마땅히 자신의 정당을 가져야 한다"는 주장을 강조했다. 구체적으로 문혁 초기 베이징 지식인을 중심으로 한 마르크스·레닌주의소조 중건(重建)이라는 공상적 주장이 '7~8월 혁명'을 거치면서 전투적 무산계급의 실제적인 '혁명당' 요구로 발전했다는 것이었다.[74] '혁명당', 즉 마오쩌둥주의정당은 정작 마오쩌둥의 지시로 이루어진 당 중앙의 회복·정돈·중건 규정에 의한 정당과는 성격상 차이를 보일 수 있었다.[75]

74　「中國向何處去」, p.15. 새로운 당의 건립이라는 급진적 주장은 1967년 7월 1일 당 창건 46주년을 기념해 발표된 ≪人民日報≫와 ≪解放日報≫의 사설 "毛澤東思想照亮了我們黨勝利前進的道路"에서 촉발된 측면이 강하다. 사설은 당내의 주자파가 주장한 '전민당(全民黨)', '생산력 발전론', "국가의 중요 임무가 곧 조직사회 생활이다" 등을 비판하면서 당의 정돈을 강조했다.

75　하지만 양시광은 본질적으로 마오쩌둥과 마오쩌둥 사상을 부정하는 것은 아니었다. 오히려 마오쩌둥 사상의 "가장 급진적이고, 가장 혁명적이며, 가장 생동하고, 가장 활력 있으며, 가장 본질적인" 부분을 받아들여 전파하고 연구하며, 실행하려는 '청년 마오쩌둥주의자'였다. 양시광의 이러한 평가에 대해서는 전리군, 『마오쩌둥 시대와 포스트 마오쩌둥 시대 1949-2009: 다르게 쓴 역사』(하), 연광석 옮김(한울, 2012), pp.86~89 참조. 하지만 문혁 이후 양시광 스스로는 문혁의 군중 조직을 '준정당'으로까지 평가하면서 1966년 8월부터 2년 동안의 군중운동이 실질적

그런데 이렇게 건립될 마오쩌둥주의소조가 당면한 중국의 신생자본계급 특권계층과 관료기구 통치를 타도한다는 강령을 달성하기 위해서는 "노동자·농민과 결합", "이론과 실천의 결합", "중국 사회에 대한 진지한 조사" 등을 시급히 실천해야 했다. 양시광의 이 같은 주장은 자신의 직접적인 현지 조사를 바탕으로 극좌파 지식인과 농촌 지식청년의 결합을 강조한 「창사보고」에 구체적으로 반영되었다. 여기서 지식청년이란 1960년대 초반부터 도시의 식량, 진학, 취직 등의 문제를 해결한다는 명목으로 농촌에 하방(下放)된 초등학교 졸업자 이상의 학력 소유자를 가리킨다. 이들 가운데 상당수기 비노동인민 가정 출신이기 때문에 문혁 시기 도시로 돌아와 '호구 획득을 위한 조반운동〔조호구반운동(造戶口反運動)〕'과 '복학운동〔복과운동(復課運動)〕'을 전개하는 과정에서 극좌파를 구성했다.[76] 양시광은 후난의 지식청년을 일찍이 공작조 반대 활동을 전개한 조반파로서 '혈통론'과 '반경제주의(反經濟主義)'에 반대하는 3대 차별의 최대 희생자로 파악하고 극좌파가 지식인의 관념론이나 사상적 불철저함을 극복하기 위해 지식청년운동과 결합해야 한다고 강조했다. 그 이유는 지식청년운동이 가장 첨예하게 노동자 농민의 사회혁명을 요구하고 있고 양자가 함께 사회 모순을 연구·조사함으로써 문혁이 견실한 기초 위에 설 수 있기 때문이었다.

하지만 이러한 양시광의 지적에도 불구하고 둘의 결합이 제대로 이루어진 것 같지는 않다. 1968년 1월 24일 이후 전개된 대대적인 성무련 비판운동에 제대로 대처하지 못한 극좌파에 대해 양시광은 상황을 터무니없이 과장하고 얕은 지식

으로 극우의 편향을 띠었으며 적극적인 조반파 모두는 공산당에 대한 불만을 지닌 시민이었다고 주장했다[楊小凱, 「六四省悟·反文革造反派飄案」, 《中國之春》, 8月號(1990年), pp.42~43 참조, http://iconada.tv/profiles/blogs/3600580:BlogPost:306149 (검색일: 2017.3.17)]. 그가 언급한 '극우'는 이 책의 '극좌'와 통한다.

76 湖南省省直文化系統革命派批"省無聯"聯絡站, 『鄭波同志在省會文藝系的重要講話』(1968.2.15), p.11 참조.

에 안주하는 지식인의 성향을 강하게 비판했다.[77] 또한 탄압 이후 같은 '탈군권
(奪軍權)' 조직원 쑨샤오빙(孫小兵)에게 보내는 편지에서 양시광은 극좌파 노동자
의 사상 동향에 대해 질의하면서 성무련에 대한 '1·24' 탄압이 성과를 보인 것은
'신사조'가 노동자계급의 투쟁이론이 되지 못했기 때문이라고 재차 지적했다.
즉, '신사조'를 지식계급의 사상 무기를 넘어 기층 민중과 결합시켜야 한다는 극
좌파의 당면 과제를 거듭 강조했던 것이다.

이상, 1966년 11월 '흑풍'에서 시작하여 '신사조'를 거쳐 극좌파 사상이 형성되
는 사상적 계보를 추적해 보았다. 그 과정은 동시에 '회의일체파' → '4·3파' → 양
시광 → 성무련으로 이어지는 조직적 계보와 맥을 같이 하는 것이기도 했다. '흑
풍'은 문혁의 정통 조직인 중앙문혁소조는 물론 마오쩌둥의 후계자인 린뱌오에
대해서도 회의, 비판, 부정하는 데까지 급진화했다. 비록 그것이 보수적 입장에
서 이루어진 것이라 하더라도 문혁파에 대한 최초의 전면적·공개적 비판이었다
는 점에서 정치 사회적으로 큰 충격을 주었고, 향후 극좌파의 자율적 비판정신
과도 일맥상통한다고 할 수 있다.

극좌파 형성의 사상적 계보 가운데 양시광은 매우 중요한 위치를 점했다. 그
는 성혁주(省革籌)와 군에 의해 문혁의 이상인 코뮌이 좌절되는 것을 경험했으며
베이징 '신사조'를 직접 접했고, 지식청년에 대한 사회조사를 통해 극좌파 지식
인의 한계와 극복 방안을 고민했다. 이러한 그의 구체적 경험이 응축되어 「중국
은 어디로 가는가」에 반영되었고 그의 필명 '성무련일중홍조회강삼일구병단탈
군권일병(省無聯一中紅造會鋼三一九兵團奪軍權一兵)'은 성무련과의 조직적 소속 관계
를 입증해 준다.

양시광의 글과 그 밖의 성무련 관련 문건들을 종합 검토해 볼 때 성무련의 극
좌성은 다음과 같이 정리될 수 있다. 첫째, 혁명위원회를 거부하고 중화인민공

---

77   楊曦光, 「堅持和鞏固新思潮的辦法應該改變」(1968.2.1), CCRD 수록, 참조.

사 실현을 적극 옹호했다. 이는 신중국 성립 이후의 기득권층을 적대시하는 '홍색자본가론', '권력·재산 재분배론', '반혈통론' 등에 근거를 둔 전면적 '탈권' 주장으로 구체화되었다. 따라서 극좌파는 류사오치·덩샤오핑은 물론 혁명위원회 구성을 주도한 저우언라이도 비판했고 또한 '탈권'의 대상을 군대 내까지 확장시켰다. 둘째 이 과정은 '3년 문혁론', '좌파전화론', '문혁 환원론·수습론'의 형태를 띤 '2차 혁명론'을 부정한 '계속혁명론'의 실천이자 동시에 즉각적인 공산주의 실현을 부정한 '단계혁명론'의 실천이기도 했다. 셋째, 극좌파의 주장은 마오쩌둥과 문혁소조의 사상을 근거로 한 문혁 공격이었다. 중화인민공사, '권력·재산 재분배론', '계속혁명론' 등은 모두 마오쩌둥과 문혁소조가 인정한 정치적 주장이었다. 하지만 극좌파는 이들에 근거하여 혁명위원회를 부정하고 무기 반납을 거부했으며 군대 내의 '탈권'을 주장했다. 더 나아가 극좌파 혁명당이 맹아로서 마오쩌둥주의정당소조를 건립해야 한다고 주장했다. 상황이 여기에까지 이르자 마오쩌둥과 문혁파는 더 이상 그들을 용인하기 힘들게 되었다. 그 결과 대대적인 성무련 비판운동이 등장했다. 그렇다면 이하에서는 각지에서 전개되었던 극좌운동의 실상을 보다 구체적으로 검토하고 그에 대한 문혁파의 반응을 살펴보도록 하겠다.

제II부

문혁 극좌파 운동의 전개

제4장

후난(湖南) 문혁의 전개와 성무련(省無聯)

1. 후난 문혁의 전개와 조반파의 성립

1967년 10월 11일 성립된 성무련은 문혁 시기 대표적 극좌 조반파 조직으로 알려져 있다. 문혁이 낳은 조직 가운데 가장 비판적이고 급진적이며 또한 가장 정교한 논리를 갖춘 조직 가운데 하나로 평가되는 성무련은 마오쩌둥 이론인 '프롤레타리아 독재하에서의 계속혁명'을 옹호하고 저우언라이로 대표되는 '홍색자본가 계급'을 전복하는 것을 목표로 삼았다. 따라서 성무련은 기존의 국가기구를 파괴하고 파리 코뮌의 대중주의 원칙에 입각하여 중화인민공사를 건설하고자 했다.[1]

이렇듯 마오쩌둥의 당과 국가를 대신할 또 다른 체제를 구상하는 돌출적인 주장을 전개한 성무련은 어떻게 등장하게 되었는가? 환언하면 왜 성무련은 그와

---

[1] 모리스 마이스너, 『마오의 중국과 그 이후』, 2, 김수영 옮김(이산, 2004), pp.497~498. 이러한 마이스너의 주장은 성무련의 목표를 「中國向何處去」의 저자 양시광의 이상과 동일시하는 데에서 이루어진 것이다. 또한 마이스너는 성무련이 자신들의 사상적 영감을 문혁소조 내의 극좌파 지식인 가운데 한 명인 치번위에게서 얻었을 것으로 추측하고 있다(모리스 마이스너, 같은 책, p.760 참조). 치번위의 급진적 주장에 대해서는 이 책의 제2장을 참조하기 바란다.

같은 급진적인 주장을 하게 되었는가? 후난의 문혁 전개와 성무련의 조직적 구성은 극좌파 형성과 어떤 관련성을 지니는가?

이러한 문제에 대해 기존 연구는 나름의 해답과 시사점을 제공해 주었다.[2] 하지만 다음과 같은 몇 가지 문제는 좀 더 자세하게 다루어질 필요가 있을 것 같다. 먼저 성무련이 왜 극좌적 성격을 지니게 되었는지는 '신사조'의 계보 속에서 사상사적으로 접근할 필요도 있지만, 조직의 구성과 형성이라는 조직사적 설명 역시 좀 더 보충될 필요가 있어 보인다. 또한 이전의 연구는 자료 제약 때문에 회고록이나 비판운동의 과정에서 중공중앙의 의도에 맞게 제작된 비판 문건을 무비판적으로 이용함으로써 성무련의 조직적 실체를 제대로 규명하지 못했다. 따라서 이하에서는 새로운 자료를 바탕으로 성무련의 성립과 좌절 과정을 조직사 측면에서 재검토할 것이다.

중화인민공화국 성립 이후 등장한 다양한 정치운동의 과정에서 베이징이라는 중심과 지역은 서로 무관하게 독립적으로 존재할 수는 없었다. 문혁에서도 이 점은 동일했다. 왜냐하면 중앙은 지방에 문혁의 전체적 방향과 구체적 기준 및 지침을 제시했고 지방은 중앙에 청원과 요구 그리고 새로운 압력을 가할 수 있기 때문이었다. 이러한 상호작용은 전 지역에 걸쳐 광범하게 또 어느 정도는 차별적으로 이루어졌을 것이다. 하지만 여기서는 특히 성무련의 성립 과정을

---

2   대표적인 연구로 渡邊一衛, 「湖南文革と省無聯」, 加加美光行編, 『現代中國の挫折-文化大革命の省察』(亞細亞經濟研究所, 1985); 渡辺一衛, 「湖南省無聯から啓蒙社へ-紅衛兵はなにを學んだか-」, ≪思想の科學≫, 第6次(122), 1980; 北野譽, 「湖南省無連と「造反」の系譜」, 栗原幸夫編, 『超克と抵抗』(社會評論社, 1991); 趙聰, 「湖南省會無産階級革命派大聯合委員會の成立と壞滅」, 『文革運動歷程述略』, 第3卷(友聯研究所, 1975), 『文化大革命と現代中國II-資料と解題』(アジア經濟研究所, 1983.3); クラウス・メーネルト(Klaus Mehnert), 『北京と新左翼』, 前田壽夫 譯(時事通信社, 1970); Wang Shaoguang, "'New Trends of Thought' on the Cultural Revolution," *Journal of Contemporary China*(1999), 8(21); Jonathan Unger, "Whither China? Yang Xiguang, Red Capitalists, and the Social Turmoil of the Cultural Revolution," http://rspas.anu.edu.au/papers/ccc/JU_Whither_China.pdf, p.15(검색일: 2011.7.2) 등을 들 수 있다.

둘러싼 후난 문혁운동의 추이를 중앙-지방의 상호작용을 중심으로 살펴보도록 하자.[3]

후난 홍위병은 공산당8기11중전회에서 통과된 「문혁에 관한 중국공산당중앙위원회의 결정(中國共産黨中央委員會關于無産階級文化大革命的決定)」(1966.8.8),[4] 마오쩌둥의 「사령부를 포격하라-나의 대자보(炮擊司令部-我的一張大字報)」(1966.8.5)[5], 「칭화대학부속중학 홍위병에게 보내는 편지(給淸華大學附屬中學紅衛兵的信)」(1966. 8.1)[6]를 계기로 본격적으로 조직되었다. 먼저 '홍오류'를 중심으로 창사시홍색정권보위군[長沙市紅色政權保衛軍, 이하 '장보군(長保軍)'으로 약칭]이 조직되었다. 이들의 주된 공격 대상은 '홍오류'와 '4구(구사상, 구문화, 구풍속, 구습관)' 등이었다.

반면 일부 홍위병은 마오쩌둥의 절대적 무오류성을 강조하면서 성위원회, 시위원회 등 공식적인 당 기구에 공개적으로 문제를 제기했다. 이때 문혁 초기 성위원회, 시위원회가 파견한 공작조에 대한 평가 문제 역시 논란의 중심에 있었다.[7] 둘의 대립은 8월 19일 수백 명의 후난대학(湖南大學) 홍위병이 창사(長沙) 시

---

3   이하 후난 문혁에 대한 일반적 서술은 특별히 주기하지 않는 한 中共湖南省委黨史委編, 『中共湖南黨史大事年表(社會主義時期, 1949.8~1989.10)』(國防科技大學出版社, 1992), pp.149~163; 陳益南, 『靑春無痕--一個造反派工人的十年文革』(香港中文大學, 2006) 참조.

4   "中國共産黨中央委員會關于無産階級文化大革命的決定"(1966.8.8), ≪人民日報≫, 1966.8.9. 즉, 소위 「문혁16조」를 가리킨다.

5   "炮擊司令部-我的一張大字報"(1966.8.5), ≪人民日報≫, 1966.8.5.

6   「給淸華大學附屬中學紅衛兵的信」(1966.8.1), 『建國以來毛澤東文稿』, 第12冊(中央文獻出版社, 1998), pp.87~88.

7   양시광과 같은 장사일중(長沙一中) 출신 노동자로서 후난 문혁에 직접 참가한 천이난(陳益南)은 장문의 회고를 통해 당시의 구체적 상황을 상세하게 소개하고 있다. 그는 승리(勝利) 촬영회사에 파견된 시위인회의 사회주의교육운동 공작조에 의해 주도된 1966년 5~6월의 삼가촌(三家村) 반대운동('작은 덩퉈(鄧拓)', '작은 우한(吳晗)', '작은 랴오모사(廖沫沙)' 비판운동)이 성과 없이 마무리되는 과정을 서술하면서 "위아래로 연결된" 이 운동이 문혁의 첫 번째 단계라 했다(陳益南, 「一九六六年六月: 照像館的職員竟被打成「小三家村」」, 『靑春無痕--一個造反派工人的十年文革』, pp.1~13 참조).

위원회로 몰려가 시위하던 중에 시위원회가 파견한 노동자적위대와 충돌해 부상당한 사건으로 분명해졌다. 이 '8·19 사건'을 계기로 홍위병운동은 한편으로는 더욱 가열되었고 다른 한편으로는 분열되었다. 조반파는 "일개삼파(一改三罷)"〔즉, 성위 개조와 왕옌춘(王延春), 완다(萬達), 장보썬(章伯森) 등 3인의 당 관료 파면〕를 요구하면서 성·시 사령부 포격대회를 개최했고 반면 '장보군'으로 대표되는 일부 보수파는 "삼상신(三相信)"〔성위(省委)·시위(市委)·공작조 신임〕을 주장했다.

마오쩌둥이 양쪽의 시비를 판단했다. 구체적으로 그는 9월 7일 장사를 지명하고 당위원회가 노동자, 농민을 조직하여 학생운동에 관여하는 현상을 비판했다.[8] '8·19 사건'에서 조반파가 승리했음은 면직된 왕옌춘을 대신해 2개월 만에 다시 성위 제1서기에 임명된 장핑화가 후난대학 학생들을 상대로 한 강화[9]에서 자신의 임무를 사죄와 조반이라 정리하고 홍위병의 '경험 대교류'를 강조한 데에서 분명하게 드러난다. 그러나 9월 24일 이후 후난 문혁은 이러한 흐름에 역행했다. 같은 날 거행된 지위(地委)·시위 서기회의에서 장핑화는 이제까지 수동적 위치에 있었던 성위가 적극적으로 반격을 나설 시기가 도래했음을 천명했다. 이제 '8·19 사건'은 '반혁명 사건'이 되었고 그를 지지한 노동자와 농민들은 '우파', '반당분자' 혹은 '흑괴(黑鬼)'로 낙인찍혔다.[10]

하지만 이러한 탄압은 오히려 조반파의 대규모 상경 호소로 이어졌다. 베이징과 장사 조반파 홍위병은 이미 '경험 대교류'를 통해 연결되어 있었다. 중앙문혁

---

8 「關于不準調動工農干預學生運動的批語」(1966.9.7), 『建國以來毛澤東文稿』, 第12冊, pp.124~125; 「在中央工作會議上的講話」(1966.8.23), CCRD 수록, 참조.

9 「張平化在湖南大學的講話」(1966.8.30), 北京航空大學院紅旗戰鬪隊, 『無産階級文化大革命運動中首長講話』(1966.11), CCRD 수록. 9월 9일 그의 강화(講話)에도 같은 내용이 있다〔「張平化對湖南"九·九"大會代表的講話」(1966.9.9), 『無産階級文化大革命首長講話』(1966.11), CCRD 수록〕.

10 이것은 무산계급혁명 사령부에 대한 '지·부·반·회·우 5류분자'의 공격을 분쇄하라는 린뱌오의 9월 15일 지시와 연결되었다〔林彪, 「在接見全國各地來京革命師生大會上的講話」(1966.9.15), CCRD 수록〕.

소조와 연결되어 베이징의 새로운 정보를 지방의 성·시위원회보다 더 정확하고 빠르게 입수할 수 있었던 베이징의 수도홍위병 제3사령부('수도3사')와 베이징항공학원 홍기전투대('베이항홍기') 등은 창사에 연락소를 설치하고 후난의 문혁에 강한 영향력을 미쳤다.[11] '9·24지시'에 따른 '우파' 또는 그 이전에 성·시위에 의해 '반당분자' 등으로 낙인찍힌 후난의 조반파는 베이징 중앙에 직접 명예회복을 요청했다.

10월 초 이들을 중심으로 이후 후난 문혁의 핵심이 될 상강풍뢰가 결성되었다. 지도자는 사1중의 교사로 학교의 당지부로부터 '우파분자'로 지목된 예웨이둥(葉衛東)과 전 국민당 군의관 아들 장쟈정(張家政)이었다. 10월 30일 이들은 상강풍뢰의 책임자 자격으로 '수도3사' 대표와 함께 문혁소조 고문 타오주를 만났다. 이날 모임에서 타오주는 쟝핑화의 '9·24보고'가 '방향성과 노선에서 착오를 범한 것'이라 비판하고 참석자들에게도 비판을 종용했다. 이것은 곧 당 중앙의 쟝핑화와 그를 보위하자고 주장한 '쟝보군'에 대한 비판이자 동시에 기존 '우파분자'로 지목된 자들에 대한 사실상의 복권을 의미했다.[12]

베이징에서 상강풍뢰는 도주에게 조직의 고문을 맡아달라고 요청했다. 이에 대해 도주는 홍위병 완장과 상강풍뢰 혁명조반선언 등을 받아 들고는 고문이 아닌 일반 대원이 되겠다고 답했다.[13] 당시 중남국 제1서기이자 당 중앙 지도자 서

---

11 金煌, 「湖南文革體驗記」, 『文化大革命と現代中國 I』, 資料と解題(アジア經濟研究所, 1982.3), pp. 112~113 수록. 이 글은 8년 동안 후난 문혁에 직접 참가한 진황(金煌)의 체험기로서 성무련을 둘러싼 구체적 동향을 서술했다.

12 진황(金煌)은 「문혁 16조」의 규정에 따라 이들의 명예회복이 이루어졌고 이를 계기로 반면 성·시위를 시시한 '쟝보군'은 와해되었다고 했다(金煌, 같은 글, p.112).

13 타오주가 고문직을 거절한 이유는 그가 당시 문혁소조 고문을 비롯해 여러 고문직을 맡고 있었기 때문이었다. 이상, 도주와 '수도3사', 상강풍뢰 대표와의 면담에 대해서는 「陶鑄接見湖南赴京工人師生幹部代表座談紀要」(1966.10.30), 北京航空學院紅旗戰鬪隊, 『無産階級文化大革命運動中首長講話』(1966.11), CCRD 수록, 참조.

열 4위였던 타오주가 조직원이 되었다는 사실에 상강풍뢰 등 조반파는 크게 고무되었다. 이를 계기로 후난에는 10월부터 다양한 조반파가 형성·발전했다. 대표적인 조반파 조직으로는 '장보군'에 대항해 형성된 대학생 중심의 창사시고등학원교홍위병사령부〔長沙市高等院校紅衛兵司令部, '고사(高司)'로 약칭〕와 중·고등학생 중심의 마오쩌둥사상홍위병조반유리군(毛澤東思想紅衛兵造反有理軍)이 있었고, 노동자 조직으로는 상강풍뢰 이외에도 동방홍총부(東方紅總部), 국제홍위군(國際紅衛軍) 등이 조직되었다. 반면 '장보군'과 그와 동맹 관계인 '8·1병단', 노동자적 위대 등은 수세에 몰렸다.[14]

중앙 성·시위는 물론 하층단위의 공산당·공청단 조직 활동이 정지되고 지도간부에 대한 비판이 확대되는 과정에서 성위는 10월 19일 "성위를 보호하기 위한 어떤 구호도 제출하지 말고, 성위를 변론하는 전단과 대자보를 작성하지도 말 것이며", 홍위병학생들에게 각 단위에 대한 '혁명조사'를 허락했다.[15] 이는 실제적으로 성위가 문혁에 대한 지도력과 통제력을 스스로 포기했음을 의미했다. 또한 11월 8일 성위는 재차 '자산계급반동노선'을 집행했다고 인정하면서 과거의 '우파분자', '반동분자'에 대한 '철저한 복권'을 천명했다.[16]

일단 성위의 권위가 몰락하자 조반파는 '흑재료(黑材料)' 수색을 명분으로 성위를 봉쇄했고 성위의 기관지 ≪후난일보≫(湖南日報)의 발행을 중지시켰다. 여기

---

14   1967년 1월 ≪人民日報≫는 주자파가 홍색정권보위군 등의 어용단체를 조직하여 혁명대중을 진압하고 자신의 이익을 보호한다고 지적함으로써 '장보군'을 공식적으로 비판했다〔"無産階級革命派聯合起來", ≪人民日報≫, 1967.1.16〕. 저우언라이 역시 中國工農紅旗軍, 戰備軍, 全國工農紅色奪權司令部, 聯合行動委員會, 西安紅色恐怖隊와 함께 湖南紅色政權保衛軍을 가리켜 홍기를 내걸었지만 홍기에 반대하는 반혁명 조직으로 규정했다〔「周恩來陳伯達在外地來京群衆有線廣播大會上的講話」(1967.1.22), CCRD 수록, 참조〕.

15   「中共湖南省爲關于加强革命團結和更好地支持革命調査的建議」(1966.10.19),『中共湖南黨史大事年表』, pp.153~154 참조.

16   「關于堅決迅速地作好平反工作的通知」(1966.11.8),『中共湖南黨史大事年表』, p.154.

서 '흑재료'란 문혁 당시 계급 성분과 과거 행적을 담아 정치적으로 악용될 소지가 있는 개인 당안을 가리키기 때문에 조반파의 주요 탈취·소각 대상이 되었다. 조반파가 득세한 이상 그들에게 불리한 내용의 과거 기록물은 폐기될 필요가 있었다.[17]

1967년 상하이 '1월 혁명'의 영향이 후난성으로 확대되면서 '탈권'의 분위기가 팽배해졌다. 그해 1월 15일 '고사'는 비판대회를 통해 성위가 자산계급반동노선을 따른다고 비판했고 장핑화, 왕옌춘, 완다, 장보썬, 쑤강(蘇鋼) 등은 이 비판을 공개적으로 수용했다. 이후 성 전체는 무정부 상태로 빠져들었고 조반파의 세력이 확대되는 과정에서 후난의 대중 조직은 학생 중심의 '고사'와 노동자를 비롯한 각 계층·직종을 망라한 상강풍뢰로 분열되었다. 이 대립은 문혁 초기 '장보군'과 같은 보수파와의 대립이 아닌 조반파 내부의 분열이었다.

조반파 내부의 분열은 후난군구의 지방문혁 개입 방침에 따라 더욱 가속화되었다. '탈권'의 혼란과 무질서를 경계한 당 중앙은 1967년 1월 23일 기존 방침을 변경해 지방문혁에 대한 군의 개입을 결정했다.[18] 이에 따라 후난군구[사령관 룽수진(龍書金)]는 "삼지양군"을 내세우면서 문혁에 개입했다. 이때 후난군구에게 누가 좌파인지 결정할 수 있는 권한이 부여되었다. 군은 '고사'와 상강풍뢰 가운데 전자를 선택했다. 이는 군이 급진적인 노동자 중심의 상강풍뢰보다 온건한 '고사'를 더 선호했기 때문이었다.

급진적 조반파에 대한 탄압은 퇴역군인을 중심으로 1966년 10월 성립된 후난홍기군(湖南紅旗軍)에 먼저 집중되었다. 그것은 상강풍뢰와 함께 후난의 대표적

---

17 조반파에 의친 '黑材料' 깅딜 사건을 나둔 연ㅜ로는 林秀光, 「造反派組織の連帶と對立」, 國分良成, 『中國文化大革命再論』(慶應義塾大學出版會, 2003); 樊建政·董國强, 「文革初期復旦大學的「黑材料」風潮」, ≪二十一世紀評論≫總第一五五期(2016.6) 참조.

18 「中共中央, 國務院, 中央軍委, 中央文革小組關于人民解放軍堅決支持革命左派群衆的決定」(1967.1.23), 『無産階級革命文化大革命有關文件彙集(第一集)』(1967.2), CCRD 수록.

인 조반파 조직이었다. 군의 지휘, 기밀 등에 대한 외부인의 공격과 관리를 인정할 수 없다고 판단한 당 중앙은 후난군구를 공격한 '홍기군'을 '반동 조직'으로 규정했다.[19] 다음 공격 대상은 100만 조직원을 소유했다고 알려진 후난 최대의 조반파 조직인 상강풍뢰였다. '홍기군'과 같이 직접적으로 성군구를 공격하지 않았음에도 '고사'는 상강풍뢰 지도자의 출신과 정치 행적 등을 조사하여 중앙에 보고했다. 이에 근거한 '2·4지시'가 중앙으로부터 하달되었다. 즉, 중앙문혁소조는 2월 4일 후난군구의 요구를 받아들여 상강풍뢰와 '홍기군'의 지도자들을 탄압하여 조직을 강제로 분화·와해시키라고 명령했다.[20] 이에 따라 군은 1만 명 이상의 조직 간부들을 체포했고,[21] 이로써 후난 최대의 조반파 조직인 상강풍뢰는 바로 해체되었다.

성군구가 주도한 상강풍뢰와 '홍기군'의 해산은 군에 대한 조반파의 반발을 야기했다. 반발의 중심은 불법화된 상강풍뢰를 대신해 1967년 3월 말 성립된 창사시공인조반파연합위원회〔長沙市工人造反派聯合委員會, 즉 '공련(工聯)'〕였다. 그것은

---

19 「中共中央,國務院,中央軍委,中央文革關于湖南紅旗軍,紅導彈等紅衛兵組織到湖南省軍區動手打人,抓人問題的指示」(1967.1.20), 湖南『反復辟戰報』, 1967.7.17(第1期, 第1版), CCRD 수록.

20 「全軍文革辦傳達中央文革小組關于湖南"湘江風雷"·"紅旗軍"的批示」(1967.2.4), 湖南 『反復辟戰報』, 1967.7.17(第1期, 第1版), CCRD 수록. 한편, '2·4지시'의 원인에 대해 다양한 견해가 제시된다. 먼저 100만이 넘는 상강풍뢰가 세력이 지나치게 강해질 것에 대해 중앙이 위협을 느꼈다는 견해가 있다. 게다가 그들이 무장했다는 군구의 보고도 이러한 경계심을 증폭시켰을 것이다. 또한 룽수진과 군구 사령관인 황용성(黃永勝) 모두 린뱌오 계열의 장군이었기 때문에 그들의 보고를 중앙문혁이 무시하지 못했을 것이라는 주장도 있다. 하지만 모두 확실치 않으며 진황은 단지 상강풍뢰가 '혈통론'에 입각하여 '우파 조직'으로 매도되었고 '2·4지시'가 쟝칭에 의해 결정된 것이라 했다(金煌, 「湖南文革體驗記」, pp.116~117; 陳益南, 『靑春無痕: 一個造反派工人的十年文革』, p.114 참조). 1967년 1월 타오주의 몰락도 상강풍뢰 불법화와도 관련이 있었을 것으로 추측된다. 하지만 후에 저우언라이는 상강풍뢰 조직 취소를 명령한 적이 없다고 '2·4지시'를 부정했다〔中央首長第三次接見湖南三方代表的講話」(1967.7.27), ≪新北大報≫, ≪湘江風雷≫, CCRD 수록〕. 결국 '2·4지시'의 실체는 여전히 불분명하다고 할 수 있다.

21 군은 5000명을 체포했다고 보고했지만 저우언라이는 1만 명 이상 2만 명 또는 3만 명에까지 이를 것이라 했다〔「中央首長接見湖南軍隊代表談話紀要」(1967.7.10), CCRD 수록〕.

복잡하게 구성된 이전의 상강풍뢰와는 다르게 순전히 산업노동자 중심으로 조직되었다.[22] 5월에는 이들과 '수도3사'에 의해 선동된 조반파 홍위병 중심으로 군을 상대로 한 대규모 단식 투쟁이 전개되었다. 앞서 서술한 양시광의 필명 '홍조회강삼일구병단탈군권(紅造會鋼三一九兵團奪軍權)' 중에 '탈군권'은 기존 관료기구에 대한 '탈권'에서 더 나아가 상강풍뢰와 같은 조반파를 진압하는 군부에 대한 반감 내지는 강한 도전 의지를 드러낸다.

이렇듯 '2·4지시' 이후 후난 조반파는 비록 '고사'와 군의 탄압을 받았음에도 불구하고 베이징의 소반파와 연결되어 계속 활동했다. 구체적으로 상강풍뢰의 복권은 군에 대한 반항 투쟁을 강화했는데 이것이 후난 극좌파운동의 한 배경을 이룬다고 할 수 있다.

같은 해 6월 6일 창사시 중소우호관(中蘇友好館)에서 발생한 무장 충돌은 문혁 이후 후난에서 최초로 발생한 대규모 무장투쟁이었다. 이 사건은 '고사'와 '공련'의 하부 조직 육호문(六號門)의 충돌로 야기되었고, 수십 명이 사망하면서 중앙의 큰 관심을 이끌어냈다. 중앙은 거리 시위와 상호 무장투쟁 및 교통 방해 행위를 금지하고 농민을 도시의 무장투쟁에 동원하지 말 것을 지시했다.[23] 하지만 이러한 지시는 제대로 지켜지지 않았고 특히 농민의 도시 무장투쟁 참여 현상은 계속되었다.[24]

---

22 천이난은 '공련'의 주요 구성원으로 造反有理總隊, 聯總, 3·31紅色造反團, 紅總, 紅色造反團, 文革籌委會, 六號門, 造反總隊, 東方紅觀察哨 등이 포함된다고 하면서 그 수가 수십 만에 이르는 후난 최강의 노동자 조반파 조직이라 했다. 또한 그에 따르면 지도자 후용(胡勇) 역시 '8·19 사건' 때 후난대학 홍위병을 지지하다 '반혁명분자'로 몰려 조사를 받았고 이후 조반운동을 전개했다(陳益南, 『青春無痕: 一個造反派工人的十年文革』, pp.135~136 참조).

23 『中央首長接見詹才芳章伯森來京談話紀要』(1967.6.16), CCRD 수록; 「中共中央關于各地群衆組織代表團來京談判需達成六條協議的通知」(1967.6.24), 『無産階級文化大革命有關文件彙集(第三集)』, 1967.7, CCRD 수록.

24 그렇기 때문에 치번위는 7월 16일 재차 강화를 통해 이의 중지를 요청했다〔「戚本禹關于農民進城問題的講話」(1967.7.16), CCRD 수록〕. 부성장 장보선은 '고사' 측이 일당 8각으로 농민을

무장투쟁의 계기가 된 상강풍뢰의 불법화에 대한 항의가 계속되자 중공중앙
은 '2·4지시' 때와는 다른 태도를 보이기 시작했다. 그 조짐은 7월 10일 후난군
대 대표들과 중앙의 지도자들 사이의 대화에서 유추해 볼 수 있다. 이날 저우언
라이는 군 대표 전원에게 '고사'와 '공련' 중 어느 쪽을 지지하는지 확인했다. 탄
원방(譚文邦)을 대신해 치번위는 그가 '공련'을 지지한다고 대답했고, 리위안(黎
原)은 양쪽을 어느 정도 알고 있다고 대답했으며, 추이린(崔琳)은 '고사'의 관점을
갖고 있지 않다고 했다. 장광비(張廣弼)는 양쪽 모두 지지한다고 했고 톈윈(田雲)
과 왕헝이(王恒一) 그리고 다른 군인들은 대답하지 못했다. 이는 군이 두 파벌에
명확한 입장을 갖지 못했거나 이미 '공련'의 입장에 선 저우언라이를 의식해 입
장 표명을 유보한 것으로 보인다. 왜냐하면 대화 시작부터 저우언라이는 '고사'
의 입장에서 상강풍뢰와 그 뒤를 이은 '공련'에 반대의 입장을 취하고 있던 룽수
진을 비판했기 때문이다.[25] 또한 저우언라이는 '공련'을 지지하고 동정하면서도
머뭇거리는 쑨쑤제(孫素洁)에게 '공련'을 확실하게 지지할 것을 주문하면서 비록
"군 내부에서는 소수이지만 외부에서는 다수가 되니 두려워하지 말라!"고 격려
했다. 아울러 '고사'를 지지하면서 '공련'과 대립하는 군은 이동시켜야 한다고 했
다. 이상과 같은 입장에서 저우언라이는 '공련'의 전신에 해당하는 상강풍뢰에
대해서도 군이 그 지도자 석방 요구를 받아들이지 않는다고 비판했다. 최종적으
로 그는 예웨이둥을 석방시켜 함께 상강풍뢰 문제를 토론해 보자는 것이 마오쩌
둥의 의견임을 밝혔다.[26]

동원했다고 주장했다〔「中央首長接見詹才芳章伯森梁春陽同志的談話紀要」(1967.6.16), CCRD
수록〕.

25 이것은 룽수진의 「湖南省軍區關于貫徹廣州軍區首長指示的情況報告」(1967.5.12), 『無産階級文化
大革命有關文件彙集(第三集), 1967.9(CCRD 수록)에서 보이는 내용을 가리킨다.

26 「中央首長接見湖南軍隊代表談話紀要」(1967.7.10), CCRD 수록. 성위서기·부성장 화궈펑(華國
鋒)이 공개적으로 '공련'의 '조반행동'을 지지했던 것도 이 즈음인 7월 3일이었다(『中共湖南黨史
大事年表』, p.154).

가열된 후난의 무장투쟁 문제를 협의하기 위해 1967년 7월 27일 후난에서·올라온 대표와 중앙의 지도자들 사이에 담판이 이루어졌다.[27] 이 자리에는 당 중앙을 대표해 저우언라이, 치번위, 양청우(楊成武) 등이 그리고 군중 조직을 대표해 '고사', '공련', '홍련(紅聯)'[28]의 대표 외에 막 석방된 상강풍뢰의 지도자 예웨이둥이 참석했다. 중앙 지도자를 앞에 두고 이루어진 '공련파'와 '홍련파'의 논쟁은 무장투쟁 도발의 책임 문제, 군대 무기 탈취 문제,[29] 하방 청년의 도시 회귀 문제,[30] 당안 탈취 문제,[31] 각 조직의 귀속 및 성격 문제 등을 놓고 다양하게 진행되었다. 그러나 이미 '공련파'의 입장으로 기울어 있던 저우언라이와 지번위 등은 상강풍뢰를 불법화한 '2·4지시'를 부정하면서 그들이 '조반 조직'이자 '좌파 조직'임을 분명히 했다. 아울러 그들은 잘못된 노선과 방향성을 보인 후난군구의 개조를 결정[32]했고, 군구와 무관하다고 강변하는 '고사' 대표에 대해서는 군구에 기만당

---

27 이날의 대화 내용에 대해서는 「中央首長第三次接見湖南三方代表的講話」(1967.7.27), ≪新北大報≫, ≪湘江風雷≫, CCRD 수록, 참조.

28 '고사' 중심의 연합 조직인 호남성조반파연합위원회를 가리킨다. 약칭하여 '성홍련'(省紅聯)이라 하기도 한다. '고사' 이외에 시위기관주위(市委機關籌委), 진리군(眞理軍), 혁명조반군(革命造反軍), 홍류(洪流) 등이 포함되었다.

29 그 가운데 무장투쟁은 긴급히 해결해야 할 후난의 당면 문제였다. 그렇기 때문에 담판에서 군대의 무기를 탈취한 '홍색노화(紅色怒火)'의 소속이 어디인가를 둘러싸고 논란이 분분했다. 거듭된 '고사' 측의 부정에도 불구하고 '홍색노화'와 관련이 있었던 것으로 보인다. 회의 도중 불려온 '홍색노화'의 간부 왕커지엔(王克檢) 역시 '고사'와의 관계를 인정했기 때문이다. 반면 상강풍뢰 내에도 유사한 행동대인 청년근위군이 조직되어 양측의 무장투쟁은 한층 격화되었다. 앞서 소개한 천이난은 바로 후자의 조직에 참가하여 직접 활동했는데 그 역시 홍색노화와 '고사'와 관련을 지닌다고 했다(陳益南, 「參加神秘的'靑年近衛軍」, 「親歷眞槍眞彈的武鬪」, 『靑春無痕-一個造反派工人的十年文革』, pp.159~195 참조).

30 이날 회의에서 '홍련파' 농민대표는 '농련'이 상산하향 청년의 불안한 농촌 생활을 이용, 도발시켜 두시로 진출시켰다고 비판했고 '농련'은 이에 만박했다.

31 '홍련파' 소속의 '공검법(公檢法)'이 '공련파'의 '서위둥(誓衛東)'을 공격하면서 그들이 무기뿐만 아니라 당안도 탈취했다고 비판했다. 즉, 당안 탈취 문제는 당시 조반파의 주요 현안 가운데 하나였음을 다시 한 번 확인할 수 있다.

32 후난성군구사령관 룽수진과 성군구 상임위원회는 결국 상강풍뢰에 대한 거짓된 보고와 '2·4지

했다고 지적했다.[33]

한편, 7월 27일의 대화 과정에서 상강풍뢰와 그 지도자 예웨이둥이 분명하게 복권되었음을 알 수 있다.[34] 또한 '탈권' 과정에서 당·정부가 마비되었고 이제 성 군구마저 위신을 잃고 마비 상태에 빠지게 되자 중공중앙은 성 군구를 개조하여 새로이 47군을 후난에 파견해 주둔시키고 후술하게 될 후난성혁명위원회주비소 조〔성혁주(省革籌)〕를 성립시켜 새롭게 문혁을 통제하려 했다. 또한 중공중앙은 이날의 모임으로 이러한 자신의 의지를 후난의 대중 조직, 당 관료, 군 등 3방면 의 대표들에게 주지시키고 '고사'와 '홍련' 대신 복권된 상강풍뢰와 '공련'을 중심 으로 후난 문혁을 추진하고자 했다.

그런데 이 같은 극적인 변화는 어떻게 가능했는가?[35] 치번위가 '반혁명분자'에 서 복권된 후난 조반파 대표들에게 했던 발언에서 구체적 과정을 알 수 있다. 치 번위는 복권 과정에서 후난 조반파에 대한 '베이항홍기'의 협조[36]가 주효했고 특

시' 이후의 혁명조반파 진압에 대한 책임을 인정하는 자아비판을 했다〔「龍書金的檢討」(1967. 7.31); 「湖南省軍區關于支左工作中所犯錯誤的檢討報告」(1967.8.8), 모두 衡陽黨政機關≪革命到 底≫兵團辦公室, 衡陽工總職敎≪黎明≫大隊編印, 『毛主席的革命路線勝利萬歲－中央關于湖南問題 的指示資料彙編』(CCRD 수록)에서 인용〕. 하지만 중공중앙은 룽수진 휘하의 군구당위상위(軍區 黨委常委) 류쯔윈(劉子雲)과 정치부 부주임 추이린의 착오를 보다 중시했다. 그렇기 때문에 룽 수진은 정식으로 후난성혁명위원회가 구성될 때 제1서기로 재등장했다.

33 이러한 중앙의 결정에 따라 '고사'는 대표 잔셴례(詹先禮) 황사오셴(黃紹賢), 후사오치(胡少奇), 왕지셴(王吉賢), 친다오강(秦道綱)의 이름으로 성군구에 기만당해 상강풍뢰와 '공련'을 잘못 비 판했음에 대해 중앙에 '자아비평을 했다〔「湖南"高司"代表給中央文革的書面檢討」(1967.8.8), 衡 陽黨政機關≪革命到底≫兵團辦公室, 衡陽工總職敎≪黎明≫大隊編印, 『毛主席的革命路線勝利萬歲 －中央關于湖南問題的指示資料彙編』, CCRD 수록〕.

34 이날 저우언라이와의 대화에서 예웨이둥은 이미 상강풍뢰 조직이 회복되어 장사에만 조직원이 1만여 명에 이른다고 했다. 또한 당시 장사 이외에도 주저우(珠洲), 샹탄(湘潭), 빈저우(彬洲), 지다오(吉首), 링룽(零陵) 등지에서도 상강풍뢰 조직이 회복되었다.

35 陳益南은 문혁 기간 중앙문혁소조가 지방의 조반파 조직을 진압하라고 직접 지시를 내렸다. 다 시 이들의 명예를 회복시켜 준 경우는 후난이 유일한 예일 것이라 했다(陳益南, 『青春無痕-一個 造反派工人的十年文革』, p.114).

그림 4-1 창사 대중 조직의 변화 과정

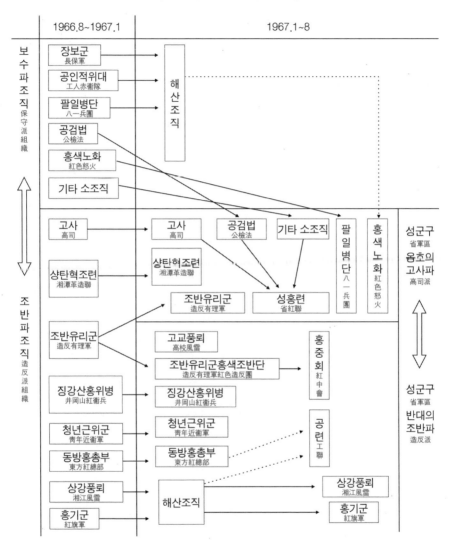

36   저우언라이 역시 8월 2일의 4차 접견에서 '首都三司'와 '北航紅旗'가 후난 문혁 가운데에서 수행
      했던 공훈에 대해 높이 평가했다〔「中央首長第四次接見湖南三方代表時的指示」(1967.8.2), ≪新北
      大報≫, ≪湘江風雷≫(1967.8.24), CCRD 수록〕.

히 후술하게 될 셰뤄빙(謝若冰)이 제출한 소명 자료가 쟝칭의 반성을 이끌어내어 결국에는 마오쩌둥에게까지 번안 요구가 전달되었다고 했다.[37] '후난무산계급혁명파', '홍련 고사파', 군부 등 3개 방면 대표와 이루어진 8월 2일의 제4차 접견에서 저우언라이는 "(이미 7월 23일 대화에서) 상강풍뢰는 조반파 조직이며 좌파로서 마땅히 조직과 명예를 회복해야 한다"고 했고 이 발언이 마오쩌둥의 뜻에 근거한 것이라 밝히면서 '2·4지시'가 중앙의 착오였음을 다시 한 번 인정했다.[38]

결국 보수파와 조반파의 대립과 조반파의 승리, 그리고 그에 이은 조반파의 분열 과정은 물론 상강풍뢰에 대한 문혁파의 탄압과 복권이라는 우여곡절을 거치기는 했지만 전체적으로는 전국적인 문혁운동과 유사한 방식으로 진행되었다. 〈그림 4-1〉은 지금까지 살펴본 창사 대중 조직의 변화 과정을 보수파 대 조반파의 대립과 조반파의 분열을 중심으로 정리한 것이다.[39]

2. 후난성혁명위원회주비소조〔성혁주(省革籌)〕와 성무련

후난 문혁은 앞서 살펴본 대로 우여곡절을 거치면서 나온 중공중앙의 '8·10결정'[40]에 따라 새로운 국면을 맞게 되었다. 이 결정은 다음의 4개항으로 이루어졌

---

37 「戚本禹同湖南造反派代表談話紀要」(1967.8.4), CCRD 수록.

38 「中央首長第四次接見湖南三方代表時的指示」(1967.8.2), ≪新北大報≫, ≪湘江風雷≫(1967.8.24), CCRD 수록.

39 向前, 「政治身份體系下的社會衝突: 文革初期群衆行爲的社會根源」, p.133, 「창사(長沙) 대중조직 변천도」참조.

40 「中共中央關于湖南問題的若干決定」(1967.8.10), 中共中央辦公廳·國務院秘書廳文化革命聯合接待室編印, 『無産階級文化大革命有關文件彙編(第三集)』(北京, 1967.9, CCRD 수록); 「對中央關于湖南問題若干決定稿的批語和修改(1967.8.4, 8.7), 『建國以來毛澤東文稿』, 第12冊(1998), pp.395~396 참조.

다. ① 성군구는 혁명군중 조직인 상강풍뢰를 공격하고 혁명조반파 조직인 '공련'을 탄압하는 착오를 범했다. 또한 '2·4지시'를 내린 중앙문혁소조의 결정은 잘못되었고 중앙은 이에 책임져야 한다. ② 중앙은 성군구를 개조하고 인민해방군 제47군 군장 리위안과 화궈펑, 장보썬 등을 수반으로 혁명군중조직대표, 군대대표, 혁명지도 간부가 참여하는 성혁주를 결성하여 문혁을 지도한다. ③ 각 혁명군중 조직은 성혁주의 지도 아래 혁명적 대연합을 이룩하여 혁명에 매진하고 생산을 촉진한다. ④ 대중 대표의 협의(「무장투쟁의 즉시 제지에 관한 협의(關于立卽堅決制止武鬪的協議)」를 가리킨다)에 따라 무장투쟁을 즉각 중지하고 농민의 도시 진입과 노동자·학생의 하향(下鄕) 선동활동을 금지하고 또한 무기탈취를 금지하며 군의 혁명질서 유지에 협조한다.[41]

이로써 상강풍뢰와 '공련'은 합법화되었고 무기를 이용한 대규모 무장투쟁은 불법화되었으며 하향 선동활동 및 하방지식인의 도시회귀는 금지되었고 군·관료·조반파대중 3중심의 성혁주가 '탈권'과 무장투쟁의 무정부 상태를 극복할 대안으로 제시되었다.

그렇다면 성혁주에 포함될 구성은 구체적으로 어떻게 이루어졌는가? 이미 당중앙은 리위안, 화궈펑, 장보썬 등과 같이 군과 당·정부의 참여 인사 명단을 확정지었기 때문에 이제 남은 것은 대중 조직 대표 인선과 조직별 배분 문제였다. 상강풍뢰와 '공련'이 이번 복권의 주요 대상이었기 때문에 이들 대표가 성혁주의 대중 대표에 포함되는 것은 당연했다. 그렇기 때문에 치번위는 후난 조반파 대표들과의 8월 4일 회동에서 참가 대표 구성과 관련해 '공련'(2명), 대학생 대표(1명), '창사공인'(1명), 상강풍뢰(1명), 중·고등학생 대표(1명)를 제안하면서 구체적으로 예웨이둥과 장보썬을 거명했다.[42]

---

41 각 항에 대한 저우언라이의 자세한 해석은 「中央首長第六次見湖南代表團時的講話」(1967.8.15, CCRD 수록)에 자세히 소개되어 있다. 이하 내용은 주로 이에 따랐다.

성혁주 군중 조직 대표의 실제 구성은 이러한 치번위의 예상에서 벗어나지 않은 채 '공련' 두 명〔후용, 탕중부(唐忠富), 대전원교홍위병혁명조반총사령부(大專院校紅衛兵革命造反總司令部), 주순상(朱順祥)〕, '창사공인〔장추경(張楚梗)〕', 상강풍뢰(예웨이둥), 징강산홍위병〔井岡山紅衛兵(셰뤄빙)〕 등 여섯 명으로 구성되었다. 하지만 이것은 상강풍뢰 측의 반발을 초래했다. 왜냐하면 상강풍뢰의 즉각적인 명예회복을 위해 적극적으로 활동했던 소위 '상파(湘派)'가 철저하게 배제된 구성이었기 때문이다. '공련' 대표가 두 명 포진된 것은 물론 대전원교홍위병도 '공련'을 지지했고 나머지 두 명도 실질적으로 '상파'의 대표가 아니었다.[43]

사실, '2·4지시' 이후 대학생, 중·고등학생 조반파 홍위병을 중심으로 고교풍뢰(高校風雷), 홍중회(紅中會)[44] 등으로 구성된 '상파'는 즉각적인 상강풍뢰 복권을 주장했고 동시에 그를 중심으로 후난 조반파의 통일을 시도했다. 반면 '공련'을 중심으로 한 '공파(工派)'는 군의 조반파 진압 행위에 반대하면서 상강풍뢰의 즉각적 복권에는 부정적인 입장을 취했다. 더욱이 20만 장사시 노동자를 조직원으로 하는 '공련' 중심의 '공파'는 자신들의 조직적 순수성에 비해 조직 구성이 복잡한 '상파'를 중심으로 한 조반파 통일에 반감을 지녔다.[45]

따라서 명단 발표 후 '상파' 가운데 고교풍뢰, 홍중회, 성직연락참(省直聯絡站) 등은 즉시 대자보를 통해 그것이 '중국 후르시초프의 두 번째 작품'이자 '2월 반동진압〔진반(鎭反)〕 지도자의 조작물'이라 비판하면서, 성혁주를 중간파와 투기

42 「戚本禹同湖南造反派代表谈话纪要」(1967.8.4), CCRD 수록.

43 陳益南,「文革中湖南"省無聯"問題槪述」,《華夏文摘》, 第515期(2006.7.25).

44 '紅中會'의 정식 명칭은 紅衛兵長沙市中學學校革命委員會로서 1967년 3월 9일에 결성되었다. 그 구체적인 조직 상황과 구성에 대해서는 조직 참가자 가운데 중요 인물인 楊大慶,「文革中的長沙 "紅中會"」,《華夏文摘》, 第557期(2007.2.20) 참조.

45 이러한 대립 때문에 '공련'과 상강풍뢰의 관계를 묻는 저우언라이의 질문에 대해 예웨이둥은 이미 "관점은 비슷하지만 행동상의 불일치를 보이기도 한다"고 답했던 것이다〔「中央首長第三次接見湖南三方代表的講話」(1967.7.27),《新北大報》,《湘江風雷》, CCRD 수록, 참조〕.

분자의 연합 '탈권'이자 자본주의 반혁명 복벽의 신형식이라고 공격했다. 더욱이 일부 과격파들은 성혁주 인선 배후 세력으로 저우언라이를 지목하고 그를 반대했다. 예컨대 홍중회 소속 장사일중홍위병 제위동(齊衛東)전투대와 탈군권전투대 등은 거리에 저우언라이를 공격하는 대자보를 붙이고 베이징의 5·16홍위병병단의 저우언라이 반대 활동과 결합했다.[46]

결국 상강풍뢰의 복권 이후 후난 문혁은 조반파 내부의 또 다른 분열 양상을 드러내기에 이르렀다. '공파'과 '상파' 사이의 갈등이 심화되면서 8월 20일에서 22일 사이에 창사시 해방로(解放路)에서 양측이 충돌하여 24명이 사망하는 사건이 발생했다. 상강풍뢰 내부 역시 분열되었다. 장쟈정이 지도하는 상강풍뢰 접관위원회(接管委員會)는 성혁주에 참가하는 예웨이둥을 중심으로 한 상강풍뢰를 우경주의자라 비판했다.

'공파'와 일부 '상파'를 흡수한 성혁주는 9월 5일 성내에 만연해 있는 무장투쟁 종식을 위해 중앙 지시[47]에 근거하여 무장군중을 해산하고 무기 회수를 명령했

---

46 천이난의 회고에 따르면 이들이 내건 대자보의 제목은 「打倒黨内最大的走資本主義道路的黨權派-周恩來」, 「誓死揪出周恩來的嚴重聲明」이었고 '홍중회'의 지도자는 명확하게 수도 '5·16홍위병단'의 지도자 張建旗와 교류했다 〔이상, 陳益南, 「文革中湖南"省無聯"問題概述」, ≪華夏文摘≫ 第515期(2006.7.25) 참고〕. '5·16'이 조직명에 포함된 것은 1967년 5월 16일 ≪인민일보≫ 등이 1년 전의 「五一六通知」를 공개했는데 일부 조반파가 이를 중앙 문혁파가 저우언라이를 비판한 것이라 여겼다. 이를 계기로 장젠치(張建旗), 청전화(程鎭華) 등 일부 조반파 학생들은 문혁에 대해 온건적·타협적 태도를 보인 저우언라이와 그 일파 탄전린(譚震林), 이셴녠, 천이, 위치우리(余秋里), 구무(谷牧) 등의 타도를 주장하면 조직을 결성했다. 이상, '수도 5·16홍위병단'의 조직 과정과 주장 그리고 조사와 탄압에 대해서는 印紅標, 『失踪者的足跡』, pp.102~104; 王年一, 「關於「五·一六」的一些資料」, ≪中共黨史研究≫, 2002-1; 王光宇, 「揭開"五·一六"反革命案内幕」, ≪求是≫, 2003-4; 袁光强, 「調査"五·一六"」, ≪炎黃春秋≫, 2009-1; 王春南, 「"文革"中批判清査"五·一六"運動」, ≪世紀≫, 2015-10; 李增光, 「張鈺秀與山東清査"五·一六"運動」, ≪春秋≫, 2013-2 참조.

47 이것은 「中共中央,國務院,中央軍委,中央文革小組關于不准搶奪人民解放軍武器,裝備和各種軍用物資的命令」(1967.9.5), 『無産階級文化大革命有關文件彙集(第三集)』(北京, 1967.9, CCRD 수록)를 가리킨다.

으며 기존 조반파는 해산되어 혁명노동자대표대회〔'공대회(工大會)'〕, 홍위병대표
대회〔'홍대회(紅大會)'〕, 농민대표대회('농대회(農大會)'〕 아래 재편되어야 했다. 또
한 9월 12일 성혁주와 새로이 후난에 진주한 47군은 연합통고를 통해 도시로 돌
아온 하향 지식청년[48]의 농촌 복귀를 촉구했다.[49]

이러한 성혁주의 지시에 일부 급진 조반파는 반발했다. 먼저 '9·5지시'에 대해
'총기 반납은 곧 자살'이라 인식하며 정부 상비군에 맞설 수 있는 프롤레타리아
계급의 국민자위군이 되기 위해 반드시 무장이 필요하다고 주장했다. "군권 탈
취"까지 제기된 마당에 군 중심의 새로운 권력기구인 성혁주에 무장해제당할 수
없다는 논리였다.[50]

이렇듯 성혁주와 같은 '관변〔관판(官辦)〕' 조직에 반발한 일부 급진 조반파는
새로운 '민간〔민판(民辦)〕' 조직을 구성하고자 했다. 그것이 이미 소개한 대표적
극좌파 조직 성무련[51]이었다. 1967년 10월 11일 일부 급진 조반파는 성무련 성
립 대회를 개최하고 ≪상강평론(湘江評論)≫[52]을 발행했다. 참가한 주요 조직과

---

48 여기서 지식청년이란 1960년대 초반부터 전국에 걸쳐 도시의 식량문제, 진학·취직 문제를 해
    결한다는 명목에서 계획적으로 농촌으로 하방(下放)된 초등학교 졸업자 이상 학력 소유자를 주
    로 가리킨다. "上山下鄕"에 대한 개괄적 설명은 顧鴻章, 『中國知識靑年上山下鄕始末』(中國檢査出
    版社, 1997); 顧鴻章, 『中國知識靑年上山下鄕大事記』(中國檢査出版社, 1997) 참조.

49 『中共湖南黨史大事年表』, p.158 참조.

50 陳益南, 「交槍與收槍」, 『靑春無痕.一個造反派工人的十年文革』, pp.277~291 참조. 이러한 성혁주
    체제를 부정하고 파리코뮨을 모델로 한 이상적 공산 사회를 지향하는 극좌적 움직임을 집대성
    한 것이 앞서 살펴본 양시광의 「중국은 어디로 가는가」이다.

51 정식 명칭은 후난성무산계급혁명파대연합위원회(湖南省無産階級革命派大聯合委員會)이다. 하
    지만 천이난은 '후난성'이 아니라 '후난성회'가 맞다고 주장했다. 즉, 창사 내의 조직임을 공표함
    으로써 후난성 전체를 포괄하는 큰 조직의 혐의를 피하려는 지도부의 의지가 작용했다는 것이
    다. 조반파의 예방적 자기보호 책략하에서 이루어진 명칭이라는 주장이다.

52 ≪湘江評論≫은 4기까지 정상적으로 출간되었고 조직이 불법화된 이후에도 9기까지 계속 발행
    되었다〔香港≪中報周刊≫, 第105期(1969.9.26), 趙聰, 「湖南省會無産階級革命派大聯合委員會の成
    立と壞滅」, p.122 재인용〕.

그 지도자를 열거하면 다음과 같다.[53]

① 상강평론 접관위원회[노동자를 포함한 계층 초월 조직, 장쟈정, 리중쿤(李仲昆), 류메이칭(柳梅青)], ② 호남홍기군[湖南紅旗軍, 퇴직군인 조직, 지도자 비젠(畢建)], ③ 홍중회[紅中會, 창사 중·고등학생 조반 조직, 황싱영(黃杏英)], ④ 고교풍뢰[高校風雷, 대학생 조반 조직, 저우궈휘(周國輝), 류잉화(劉榮華)], ⑤ 광야징강산공사[礦冶井岡山公社, 대학생 조반 조직, 장위강(張玉綱)], ⑥ 성문예계홍조단[省文藝界紅造團, 문학·예술가 조반 조직, 한쥔(韓軍), 쑹사오원(宋紹文)], ⑦ 성직연락참[省直聯絡站, 성급당정기간간부 조반 조직, 쑨쥔썬(孫君森), 리수춍(李淑琼)], ⑧ 싱교사연합회[省教師聯合會, 교사 조반 조직, 샹즈란(向志蘭), 위안광슈(袁廣修), 리룽(李榮)] 등이 여기에 포함된다.

한편, 1968년 성무련이 탄압받아 해산될 때 '반혁명분자'로 낙인찍혀 징역형을 선고받은 인물로는 ㉠ 장쟈정(징역 20년), ㉡ 쑹사오원(15년), ㉢ 류펑샹(劉鳳梓, 15년), ㉣ 비젠(10년), ㉤ 양시광(10년), ㉥ 저우궈휘(7년), ㉦ 장위강(3년)이 포함되었다.[54] 여기서 류펑샹과 양시광을 제외하고는 위에 소개한 성무련 조직 지도자와 일치하므로 이들 조직이 성무련의 핵심이었음에 틀림없다. 아울러 양시광 역시 홍중회에 소속된 창사1중 '탈군권' 조직의 주요 구성원이기 때문에 홍중회가 성무련의 주축 조직 가운데 하나임도 분명하다. 이로써 위의 여덟 개가 성무련을 구성한 주요 조직이었음을 먼저 확인할 수 있다.[55]

---

53 이하 성무련의 조직 구성에 대해서는 葉長青, 「文革中的群衆組織之槪況」(2001.5.11), ≪世紀中國≫, http://cangshulou.bokee.com/48788.html (검색일: 2011.9.23); 宋永毅·孫大進, 『文化革命的異端思潮』, p.267; 趙聰, 「湖南省會無産階級革命派大聯合委員會の成立と壞滅」, 『文革運動歷程述略』, 第3卷(友聯硏究所, 1975), 『文化大革命と現代中國 II-資料と解題』(アジア經濟硏究所, 1983.3), pp.121~122 등을 종합하여 기술했다.

54 이들 형량과 소속에 대해서는 陳益南, 「文革中湖南"省無聯"問題槪述」, ≪華夏文摘≫, 第515期(2006.7.25 참조. 이들 이외에 성무련 소속 상강풍뢰 금후전단(金猴戰團)의 지도자 천번왕(陳本望)은 사형에 처해졌는데 그 죄목은 반혁명살인죄였다. 이에 대해서는 楊曦光, 『牛鬼蛇神錄-文革囚禁中的精靈』(牛津大學出版社, 1994), pp.100~101 참조.

55 이 밖에도 많은 조직이 성무련에 가입했는데 한 예로 천이난은 홍기내연기배건창동방홍전단

그림 4-2　성무련의 성립 과정

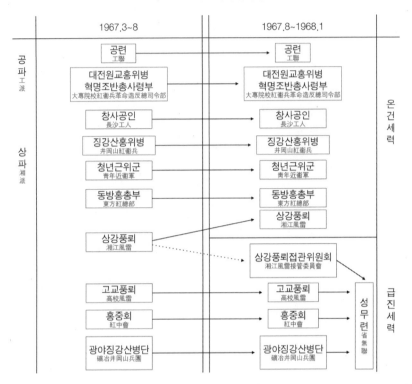

이상과 같은 '공파' 대 '상파'의 조반파 내부의 분열과 성혁주를 둘러싼 '상파'
내의 온건 대 급진의 분열 그리고 성무련의 성립 과정을 도식화하면 〈그림 4-2〉

(紅旗內燃機配件廠東方紅戰團), 창사농련(長沙農聯), 후난성총공회(湖南省紅工會), 창사재련(長
沙財聯), 창사호산행(長沙虎山行), 체위홍기(體委紅旗), 북구공련(北區工聯), 홍도탄(紅導彈), 사
원영위동병단(師院永衛東兵團), 홍전회(紅專會), 구중중상징강산(九中重上井岡山) 등을 포함시
켰다. 이들은 규모나 역할 면에서 그다지 중요하지 않았던 것 같다(陳益南, 「文革中湖南"省無
聯"問題槪述」 참조). 하지만 중요 조직이었던 동방홍총부〔東方紅總部, 류딩안(劉定安), 징강산
홍위병(井岡山紅衛兵, 셰뤄빙), 청년근위군[靑年近衛軍, 탄하이칭(譚海淸)]의 성무련 참여 여부
를 둘러싸고는 서로 다른 주장이 제기된다. 陳益南, 『靑春無痕-一個造反派工人的十年文革』, 503
쪽 참조.

와 같다.[56]

그렇다면 어떤 사람들이 그리고 무슨 이유로 성무련에 가입했는가? 이는 성무련의 성격과 활동 내용을 이해하고자 할 때 우선적으로 고려해야 할 중요한 문제라 할 수 있다. 하지만 조직 구성원 전체가 동일한 조건과 입장을 지닌 것도 아니고 일반 대중의 성향도 확인하기 힘들다는 한계가 있지만 우선 위에 소개한 지도자들을 분석해 이 문제에 접근해 보도록 하자.

먼저 장쟈정은 형량에서 드러나듯 성무련 결성과 이후 활동에 가장 적극적이었다고 할 수 있다. 본래 창사은성영화관(長沙銀星映畵館)의 화공이었던 장쟈정은 아버지가 국민당 군의관이었다는 '혈통 문제' 때문에 문혁 초 장평화의 공작조에 의해 '악귀'〔흑귀(黑鬼)〕로 몰린 바 있었다. 그는 똑같이 '반혁명분자'로 낙인찍힌 예웨이둥와 함께 지식분자와 노동자를 아우르는 상강풍뢰를 조직하여 지도자의 반열에 올랐다. 하지만 이미 지적했듯이 성혁주에 예웨이둥이 가담하자 그와 '공련'의 호용을 '노동자의 배반자', '우경기회주의자'라고 공격하며 총기 반납을 명령한 '9·5지시'를 거부하고 성무련 결성을 주도했다. 따라서 성무련에 가담한 것은 예웨이둥 중심의 상강풍뢰 총부가 아닌 장쟈정 중심의 상강풍뢰 접관위원회였다.[57]

성무련의 지도자가 아니었던 쑹사오원이 장쟈정 다음으로 무거운 형량을 선고받은 것은 쉽게 이해되지 않는다. 하지만 그에게도 '과거' 문제가 있었다. 본래

---

56 向前, 「政治身份體系下的社會衝突: 文革初期群衆行爲的社會根源」, p.136〔'공파'·'상파'의 분열과 온건 세력·급진 세력의 대립〕참조.

57 廣州≪廣印紅旗≫, 第5期(1968.3), 趙聰, 「湖南省無産階級革命派大聯合委員會の成立と壞滅」, p.131에서 재인용; 楊曦光, 『牛鬼蛇神錄-文革囚禁中的精靈』, pp.106~107 참조. 자오충(趙聰)의 글은 본래 홍콩 잡지 ≪祖國≫에 「文革運動歷程述略」이란 제목으로 1967년 7월부터 1972년 9월까지 총 56회 연재된 것으로 문혁의 정신, 문혁의 이상이란 측면보다는 현실 과정의 추이와 중요 인물의 부침·상호 관계 분석에 중점을 두었다〔竹內實編, 『ドキュメント現代史16·文化大革命』(平凡社, 1973), p.356〕.

그가 소속된 성화극단(省話劇團)의 전신이 국민당문화부 화극 6대(隊)였기 때문에 문혁 초 관련자들이 '반혁명수정주의 문예계 흑선(黑線) 인물'로 여러 차례 공격받았다. 복권된 이후 이들은 문예계조반단을 구성하여 조반활동을 전개했고 성무련에 가입하여 급진적인 저우언라이 반대 활동에 적극적으로 가담했다. 이런 활동 때문에 그는 탄압의 우선 대상이 되었다.[58]

류평샹 역시 본래 성무련의 지도자는 아니었다. 1957년 우파로 몰려 투옥된 바 있었고 1967년 10월 대규모 복권을 기도했으며 성무련이 자신들과 가장 가까운 정치적 성향을 지닌 조직이라 판단하여 지지하기로 결정했다. 이어 성무련 지도자 장위강과 여러 차례 만나 무장투쟁의 가능성에 주의해야 한다고 촉구했다. 이 때문에 훗날 그는 "무산계급독재를 타도하라"고 성무련을 배후에서 선동했다는 비난을 받았다. 또한 그는 우파 내에서 조반파와 보수파 중 어디를 지지해야 하는가의 논쟁이 전개되었을 때 많은 사람이 조반파의 입장에서 당권파 관료와 투쟁해야 했다는 사실을 근거로 자신의 성무련 지지 이유를 설명했다.[59]

양시광은 1968년 성무련 탄압 때 지도자로 주목받아 10년의 실형을 선고받았다. 그가 다수의 극좌파 문건을 작성했다는 이유였다.[60] 그의 아버지는 후난성위 제1서기 저우샤오조우(周小舟)의 비서장이었던 양디푸(楊第甫)였고 어머니 천쑤(陳素) 역시 성총공회 부주임으로 고급 간부 출신이었다. 하지만 양디푸는 저우

---

58 이상은 쑹샤오원과 함께 감옥 생활을 했던 양시광의 회고록인 『牛鬼蛇神錄-文革囚禁中的精靈』, pp. 183~186 참조.

59 이 역시 유봉상과 함께 투옥되었던 양시광의 회고록인 『牛鬼蛇神錄-文革囚禁中的精靈』, pp. 110~117 참조.

60 "紅中會長沙一中"奪軍權"一兵이란 필명으로 발표된 「中國向何處去」(1968.1.6), 「長沙知識靑年運動考察報告」(1967.11.16), 「關於建立毛澤東主義小組的建議」(1967.10) 등을 가리킨다. 이상, 『徹底催毀'省無聯'專輯』, 淸遠≪東風戰報≫編輯部翻印(1968.3); Klaus Mehnert, 『北京と新左翼』, 前田壽夫 譯(時事通信社, 1970), pp. 152~157; 竹内實 編, 『ドキュメント現代史16・文化大革命』(平凡社, 1973); CCRD 등에 수록되어 있다.

샤오저우가 펑더화이(彭德懷) 사건에 연루되어 실각할 때 함께 좌천되었고 1959
년 우파로 몰렸다. 이러한 배경 때문에 양시광 역시 공작조나 보수파의 공격에
서 자유로울 수 없었고 그에 따른 불만은 자연스럽게 급진적 조반운동으로 이어
졌다.[61]

저우궈휘는 후난대학 전기과 학생으로 성무련의 다른 지도자들과 달리 특별
히 출신상의 문제는 없었다. 그가 문혁 초기 비교적 온건한 '고사'에서 '상파'의
대표 조직인 고교풍뢰의 지도자가 된 이유는 불확실하다. 아마도 '고사'와 '공련'
의 대립 과정에 나타난 조직 간 이합집산의 결과일 것이다.[62] 어쨌든 그는 성무
련 성립 후 정책을 결정하는 중요 인물 가운데 한 명이자 '신사조파'를 대표하는
전형적인 인물이었다. 그는 "철저하게 구(舊)국가기구를 파괴하자"고 주장했고
혁명위원회의 혁명적 대연합이 "형식적으로는 좌이지만 실질적으로는 우"이며
"하나의 파벌을 끌어들여 다른 파벌을 제압해 반혁명적 '탈권'을 실현했다"고 비
난했다. 그러면서 대안으로 "아래로부터 위로 선봉대를 설립하여 각 혁명 조직

---

61   그런데 선고된 형량에서 짐작할 수 있듯이 그가 성무련의 지도자 역할을 수행했던 것 같지는
      않다. 왜냐하면 양시광이 소속된 조직 장사일중'탈군권'의 대표자는 황싱잉(黃杏英)이었고 성무
      련에 소속된 학생 연합 조직 홍중회(紅中會)의 지도자들 가운데에도 그가 포함되어 있지 않았
      기 때문이다. 장사일중의 대표로는 선쉐쑹(申學崧)이 선발되었다〔이상 홍중회의 조직 구성에
      대해서는 楊大慶, 「文革中的長沙"紅中會"」, ≪華夏文摘≫, 增刊 第557期(2007.2.20) 참조〕. 그렇
      기 때문에 1968년 2월 전국적인 성무련 비판운동이 전개되기 이전에 홍중회를 제외한 성무련
      의 기타 조반 조직에서 그를 아는 사람이 없었다. 이에 성무련의 지도자 가운데 한 명인 저우궈
      휘는 만약 선거를 했다면 양시광은 많아야 3표 정도의 지지밖에 획득할 수 없을 것이라 했다
      〔陳益南, 「文革中湖南"省無聯"問題槪述」, ≪華夏文摘≫, 第515期(2006.7.25); 陳益南, 『青春無痕-
      一個造反派工人的十年文革』, p.302 참조〕. 후난 조반파 조직 상강풍뢰홍색지대의 핵심 인물로
      문혁에 직접 참가했던 천이난은 양시광이 성무련의 핵심 간부가 아니며 성무련의 이름으로 문
      장이나 대자보를 쓴 저이 없는 규뢰파의 득자직 행동사일 뿐이라고 했다.
62   그가 매우 정치적 성향이 강했다는 양시광의 회고는 이 경우 주목할 만하다. 투옥 이후 정치적
      화제와 담을 쌓은 장쟈정과는 전혀 달리 그는 재야정치가의 풍모를 보여주었는데 정치적 박해
      에 굴복하지 않고 계속해 시국을 논하고 또 당국을 비판했다(楊曦光, 『牛鬼蛇神錄-文革囚禁中的
      精靈』, p.107 참조).

의 커다란 분화와 혼합 그리고 개조를 촉진하자"고 제안했다. 또한 '8·10지시'가 "불완전하고 일시적인 것에 불과"하다고 지적하면서 "현재 중앙에 부르주아계급 사령부와 그를 대표하는 인물이 또 존재한다"고 했다. 그가 지목한 인물은 다름 아닌 저우언라이였다.[63]

한편, 홍기군 문제는 상강풍뢰 및 '공련'과 함께 '2·4지시'와 '8·10결정'에서 해결되어야 할 중요한 문제였다. 저우언라이를 비롯한 당 중앙 지도자들은 특히 '홍기군'에 신경을 썼다. 왜냐하면 그것은 전국적 규모의 퇴직군인 연합 조직이었기 때문이다. 이를 방치할 경우 해방군 외 별도의 군사 조직이 생겨날 수 있었다. 이와 관련하여 저우언라이는 다롄(大連), 하얼빈, 구이저우(貴州), 저쟝(浙江) 등지의 홍기군이 이미 문제를 야기했고 특히 후난 홍기군의 지도자들이 펑더화이 일파 가운데 한 명인 퇴역 군인 차이아칭(蔡愛卿)과 관계가 있다고 지적했다. 따라서 홍기군 소속 하부 조직은 회복시키되 홍기군 명칭과 지도부에 대해서는 성혁주와 중앙의 엄격한 조사가 필요하다고 했다.[64] 후난홍기군의 지도자이자 과거 9년 동안 국민당 군인이었고 6년간 국민당 헌병을 역임한 바 있던 비젠이 성무련의 주요 지도자로서 엄벌에 처해진 것은 바로 이 때문이었다.

대학 영문과 교수의 아들인 장위강은 문혁 전 사회주의교육운동 때 이미 대학에 파견된 공작조로부터 서방 부르주아문화를 숭배하는 '내부통제 우파〔내공우파(內控右派)〕'로 지목받았다. 그는 문혁 때 조반파에 가담하여 자신을 우파로 구분했던 당안 자료를 당위원회에서 탈취해 소각했고 성무련 강령을 작성했다.[65] 그는 '반혁명'의 죄목으로 "문혁 전에 결정된 내공우파 자료를 훼손했다"는 이유로 처벌받았다.[66]

---

63   趙聰, 「湖南省會無產階級革命派大聯合委員會の成立と壞滅」, pp.130~131 참조.

64   「中央首長第六次見湖南代表團時的講話」(1967.8.15), CCRD 수록

65   宋永毅·孫大進, 『文化革命の異端思潮』, p.268, 304.

66   장위강의 출신 배경에 대해서는 양시광과의 직접 인터뷰를 토대로 작성된 Jonathan Unger,

이상에서 살펴본 성무련 지도자 대부분은 부모 또는 자신이 우파로 규정된 바 있었던 과거 또는 출신상의 문제를 겪었다. 이들은 조반에 적극적으로 참여하여 기존 질서에 대항했고 이들이 지도하는 성무련은 여타 조반 조직보다 급진적 성격을 띨 수 있었다.[67]

이들은 과거 장쟈정 등이 상강풍뢰를 조직하여 자신들의 복권을 요구했던 방식과 동일하게 직접 성무련을 이용하여 자신의 '과거' 문제를 해결하고자 했다. 이를테면 1957년 우파로 지목당한 한 소학교 저우(周) 교사는 성무련 소속의 교사연합회에 참가했다. 그의 목적은 자신과 마찬가지로 우파로 지목당한 뒤 성무련에 참가하여 당국에 복권을 요구했던 천싼차이(陳三才)의 그것과 같았다. 또한 과거 국민당과의 관련성 때문에 비판받았던 장보룬(張伯倫)도 성무련을 이용하여 자신의 명예회복을 기도했다.[68] 또 다른 우파들은 성무련 가입 이후 1967년 하반기에 그들이 장악한 조반파의 많은 대자보를 이용하여 복권을 요구했다. 한 가지 실례로 성무련 소속 교사연합회의 기관지가 장사의 유명한 우파 천메이난(陳美南)의 복권을 요구했다.[69]

성무련은 우파 또는 과거의 문제로 고심하는 개인·집단의 복권을 도모함과

"Whither China? Yang Xiguang, Red Capitalists, and the Social Turmoil of the Cultural Revolution," http://rspas.anu.edu.au/papers/ccc/JU_Whither_China.pdf, p.15(검색일: 2011.7.12) 참조. 이에 따르면 장옥강의 조반 참가 동기는 약간 달랐다. 그는 문혁 때 많은 개인 당안이 탈취되었을 때 혹시 자신의 '과거'가 폭로되어 미래가 암울해질 수 있다고 생각했기 때문에 조반에 참가했다는 것이다.

67 물론 이들 지도자의 성향이 대중이나 조직의 성격에 그대로 반영된다고 할 수는 없을 것이다. 더욱이 홍유류=보수파, 흑오류=조반파라는 등식이 반드시 성립하는 것도 아니다. 이러한 '사회적 해석'에 대한 실증적 비판 연구에 대해서는 이미 이 책의 서론에서 다루었다.

68 하지만 이들 우파들은 성무련 비판운동의 과정에서 성무련을 조정하는 배후 세력으로 간주되어 처벌받았다. 이에 대해서는 楊曦光, 『牛鬼蛇神錄-文革囚禁中的精靈』, pp.107~108 참조.

69 楊曦光, 같은 책, pp.112~113 참조. 양시광이 문혁 이후 극좌운동과 우파운동의 상관성을 강조한 것은 이 같은 사정도 영향을 미쳤을 것이다.

동시에 퇴역군인이나 하방 지식청년(이하 지청)이 참가하면서 그들의 집단적 이익을 대변하는 조직으로 기능할 수 있다. 즉, "조반하는 데에는 정당한 이치가 있다〔조반유리(造反有理)〕"라기보다는 "조반하는 데에는 이익이 있다〔조반유리(造反有利)〕"라는 것이다. 퇴역군인의 취업과 경제적 안정은 물론 호구(戶口) 획득과 복학 등 도시로 돌아온 하방 지식청년들이 당면한 문제의 해결은 성무련의 중요한 현안으로 등장했다. 특히 전자와 관련하여 성무련은 홍기군 지도자 비졘에게 "당신이 홍기군을 복권시키지 않으면 이는 후난 문혁의 요절을 의미할 뿐이다"라고 강조하기도 했다.[70] 또한 후자의 문제는 성무련의 극좌적 성격과 관련하여 주목할 만하다.[71] 왜냐하면 1963년 이래 농촌으로 동원된 8만 3000여 명의 후난의 지청 가운데 6만여 명은 문혁 이후 장사 등의 도시로 돌아와 호구, 양식, 직장 및 혁명 경비 등의 문제 해결을 강력하게 요구하면서 많은 조반 병단을 조직해 성혁주의 명령에 저항하고 있었기 때문이었다.[72] 또한 저우언라이는 1967년 10월 우한에서 육군 47군 부군장(副軍長) 정보(鄭波) 등 성혁주 간부로부터 성무련 결성 소식을 접하고 그들의 강령이 특히 상산하향 지청들에게 큰 영향을 미치며 또 이미 조직을 구성했음을 지적했다.[73]

한편, 성무련의 조직 구성을 분석해 보면 성무련에 노동자·중·고등학생·대학생·퇴역군인·지청·교사·예술가 등 다양한 계층의 사람들이 참여하고 있음을

---

70 湖南省直文化系統革命派批"省無聯"聯絡站,「鄭波同志在省會文藝系的重要講話」, 1968. 2. 15, pp. 11~12.

71 이러한 집단적 이해 표출을 위한 성무련의 움직임은 제대로 확인되지 않는다. 다만 성무련의 핵심 이론가 가운데 한 명인 양시광은 「長沙知識靑年運動報告」를 통해 하방청년지식인과 극좌파의 결합을 강조했고 그들의 요구를 경제주의 문제로 비난할 수 없다고 했다(宋永毅·孫大進, 『文化革命的異端思潮』, pp. 312~324 참조).

72 『中共湖南黨史大事年表』(社會主義時期 1949. 8~1989. 10), pp. 158~159 참조.

73 「中央首長接見毛澤東思想學習班湖南全體同志的講話」(1968. 1. 24), CCRD 수록, 참조. 정보는 이들이 농촌 귀향 이후 힘든 노동을 꺼려하여 구기관 파괴를 주장하는 성무련 이론과 강령에 쉽게 빠졌다고 진단했다(湖南省直文化系統革命派批"省無聯"聯絡站,「鄭波同志在省會文藝系的重要講話」, 1968. 2. 15, p. 11 참조).

알 수 있다. 이것은 본래 조직계보에서 성무련의 주축이라 할 수 있는 상강풍뢰가 직업·계층을 초월한 '준정당'형 정치 조직[74]이었던 데서도 그 유래를 찾을 수 있다. 그런데 이러한 조직 형식은 각 조반파 조직을 해체하고 성혁주 아래 개별 단위를 중심으로 한 것으로서 '공대회', '홍대회', '농대회' 등 직업·직장에 따른 새로운 편제를 만들려는 문혁파의 지시를 정면으로 거부하는 것이기도 했다.[75] 이러한 조직상의 특징 때문에 성무련은 이후 '반혁명 잡동사니〔반혁명대잡회(反革命大雜燴)〕'라고 비판받았다.

성혁주의 입장에서 보면 성무련이 다양한 계층의 사람들이 참여한 '잡동사니'일 수는 있지만, 성혁주로 대표되는 새로운 체제에 반대하는 급진불만 세력이 성무련의 주요 구성원이었음은 분명했다. 따라서 이들은 보수파에 대한 조반을 넘어 저우언라이로 대표되는 관료체제를 공격하고 단순한 '탈권'을 넘어 '탈군권'까지를 기도하는 극좌파로서의 활동을 전개했다.

하지만 이들의 활동은 다분히 선전물을 통한 선전 작업에 국한되었다.[76] 또한 성무련은 각 소속 조직마다 영향력과 규모에 차이가 있었고, 진정한 의미의 중앙 조직을 수립하지 못했으며, 전임 책임자 없이 소속 조직이 수시로 바뀌었기 때문에 통일적인 조직 활동을 하지 못했다고 지적되었다. 그렇다면 성무련은 문혁 가운데 일상적으로 존재하면서 분파활동을 전개하던 조반파 조직들의 느슨

---

74 상강풍뢰에 대한 이러한 규정은 楊曦光, 『牛鬼蛇神錄-文革囚禁中的精靈』, p. 107 참조.

75 陳益南, 『青春無痕-一個造反派工人的十年文革』, pp. 286~287 참조. 1968년 2월 21일 장사에서 공인대표대회가 성립했는데, 기존의 '공련', 상강풍뢰 등 12개 조반 조직은 총부를 취소하고 각 조직원을 본래 단위로 보내 대연합을 이루고자 했다. 또한 성혁주는 이전에 이미 '공대회', '홍대회', '농대회'를 제외한 모든 대중 조직에 대한 활동 경비 지출을 중지시킴으로써 1년 반 동안 활동했던 조반 조직이 모두 해산되기에 이르렀다(『中共湖南黨史大事年表』, pp. 161~162 참조).

76 성무련의 대표적 문건으로 「我們的綱領」, 「省無聯關於目前湖南無産階級文化大革命中的若干問題的決定」, 「中國向何處去」, 「長沙知識青年運動考察報告」, 「關於建立毛澤東主義小組的建議」 등이 있다〔이상의 문건들은 모두 CCRD와 『徹底催毀'省無聯'專輯』, 清遠≪東風戰報≫(編輯部翻印, 1968.3). 그리고 宋永毅·孫大進, 『文化革命的異端思潮』, pp. 274~333에 수록되어 있다〕.

한 연합체에 불과했다는 한계 역시 인정해야 할 것이다.[77] 그러나 성혁주와 중앙 지도자들의 입장에서 보면 성무련의 문건과 주국휘의 연설문 등은 매우 위험한 극좌파의 논조를 반영하고 있었기 때문에 탄압은 불가피해 보였다.

이상과 같이 후난 문혁의 전개 과정을 대표 조직을 중심으로 시간순으로 살펴보면 대체로 '장보군' 대 상강풍뢰, '고사' 대 상강풍뢰, '홍련' 대 '공련', 성혁주 대 성무련 등의 대립구도 속에서 이루어졌다. 이것은 보수파 대 조반파의 대립일 수도 있고 조반파 내부의 분열일 수도 있었다. 또한 당·정부·군에 대한 입장의 차이에서 비롯될 수도 있고 개인적인 이념·정치적 네트워크·충성심 혹은 '혈통론'에 대한 이해의 표출일 수도 있었다. 즉, 분열과 대립 과정에서 드러난 조직들의 성격을 단순화시킬 수 없다는 의미이기도 하다.

그러나 적어도 성무련은 다음과 같은 일반적 특징을 지녔다고 할 수 있다. 첫째, 비판운동 과정에서 실제 처벌받았던 인물과 조직의 소속을 통해 성무련의 성격을 엿볼 수 있다. 지도자들 대부분은 부모 또는 자신이 우파로 규정된 바 있었던 과거 또는 '혈통론'의 문제를 지녔다.[78] 따라서 이들이 조반에 적극적으로 참여하여 기존 질서에 대항했고 성무련이 여타의 조반파보다 강경한 극좌적 성격을 띨 가능성은 많았다. 게다가 성무련에 가담한 지청이나 퇴역군인들의 절박한 생계 문제의 해결 역시 조직의 극좌적 성격을 강화시켰다. 둘째, 성무련의 이러한 성격은 자신들의 기관지와 개인적 문건 등을 통해 천명되었다. 구체적으로 성혁주 체제 반대, '탈권'을 넘어선 '탈군권'의 주장, 홍색자본가에 의해 장악된 구국가기구의 파괴와 중화인민공사의 설립, 저우언라이에 대한 반대, 지청의 도

---

77 천이난은 성무련의 실제 활동이 지나치게 과장되었다고 주장하면서 그 한계를 강조했는데 양 다칭도 여기에 동조했다(陳益南, 「文革中湖南"省無聯"問題概述」; 楊大慶, 「文革中的長沙"紅中會"」 참조).

78 문혁기간 동안 강하게 지속된 '혈통론'의 폐해와 그 결과가 극좌파의 형성에도 크게 작용하고 있음을 확인할 수 있다. '혈통론'의 지속 문제에 대해서는 이 책의 제1장 참조.

시 정착 등을 주장했다. 이 모두는 군 중심의 3결합 방식에 따른 혁명위원회로 문혁을 통제하려는 중공중앙의 의도와 완전히 배치되었다. 셋째, 성무련은 주로 개별적인 선전활동을 했을 뿐 별다른 조직적·계통적 활동을 전개하지 못했다. 또한 성무련 내부의 구성 역시 산만하여 여러 조반파 조직들의 연합체 이상의 통일적 지휘 계통을 확립하지 못했다. 하지만 위에 소개한 과격한 주장은 성무련의 실제적인 조직 역량을 초월한 부담으로 작용하면서 문혁파의 탄압에 직면하했다.

제5장

광둥(廣東) 문혁의 전개와 '팔오사조(八五思潮)'

1. 광둥 문혁의 전개와 조반파의 등장

언제부터 광둥(廣東) 조반파 내부에 극좌사조가 실체를 드러냈는지 혹은 실체를 드러냈다고 지목되었는지는 명확하지 않다. 하지만 1967년 10월 19일 광저우(廣州) 내의 대표적 조반파 조직인 '기파(旗派)'[1] 대표 5인[주펑윈(朱鵬雲), 덩위안

---

[1] 1967년 여름 광둥 조반파 내의 극심한 충돌이 발생했는데 대체로 보면 마오쩌둥사상공인적위대광저우지구총부[毛澤東思想工人赤衛隊廣州地區總部, '지총(地總)'], 마오쩌둥사상홍색공인광저우총부[毛澤東思想紅色工人廣州總部, '홍청(紅總)'], 마오쩌둥주의홍위병[毛澤東主義紅衛兵, '주의병(主義兵)'] 대 광저우공련(廣州工聯), 홍색공인(紅旗工人), 광저우홍사(廣州紅司), 신일사(新一司), 삼사(三司), 기관홍사(機關紅司) 사이에서 일어났다. 이 가운데 후자가 중심이 되어 광저우홍기파조반조직(廣州紅旗派造反組織), 즉 '기파(旗派)'를 형성했고 전자는 '총파(總派)'로 지칭되었다. 군부에 비판적이고 또 급진적 문혁을 추진한 '기파'에 비해 '총파'는 상대적으로 보수적이었고 군부를 지지했다[「忍看戰友成新鬼, 拔刀怒取廣譚頭-'7·21', '7·23' 大血案紀實」, ≪珠影東方紅≫(廣州), 1967.8.1; 「機關紅司珠影東方紅就目前廣州地區局勢的最強硬聲名」(1967.7.26), ≪珠影東方紅≫, 1967.8.1]. 이하, 광둥 홍위병 관련 1차 자료는 특별히 주기하지 않는 한 모두 『紅衛兵資料』[Red Guard Publications, Center For Chinese Research Materials Association of Research Libraries(Washington, D.C 1979)]에 수록된 것에 따른다. 또한 '기파'와 '총파'의 건립 과정, 대립 그리고 출신혈통주의 혹은 개인의 당안 자료를 둘러싼 군과의 투쟁에 대해서는 加加美光行, 『逆說としての中國革命-〈反近代〉精神の敗北』(東京: 田畑書店, 1997), pp.40~109 참조.

구이(鄧元貴), 저우옌(周焱), 가오샹(高翔), 우촨빈(武傳斌)]을 만난 저우언라이가 한 발언을 통해 그 실체의 일단을 엿볼 수 있다.[2] 회의에서 '기파' 대표를 가리켜 저우언라이는 "당연하다! 극좌사조는 당신들에게만 존재하는 것이 아니라 전국적 현상으로 당신들 역시 일정한 영향을 받고 있다"[3]라고 했다. 대화 전체를 기록한 것이 아니어서 명확하지는 않지만 저우언라이는 문맥상 '기파' 대표 가운데 일부를 극좌사조의 영향을 받은 '우경기회주의 당권(파)'로 이해하고 있는 듯하다. 여기서 먼저 '극좌'와 '우경'의 일치라는 모순된 표현의 예를 확인할 수 있다. 하지만 문혁 시기 정치언어 표현이 정치적 의도 아래 다분히 작위적으로 사용되었음을 고려하면 이러한 모순 역시 그다지 어색한 것은 아니라 할 수 있다.[4]

그러나 보수파의 세력이 상대적으로 강했던 광둥에서 아직까지 명확하게 극좌파가 등장한 것은 아니었다. 게다가 조반파 조직 가운데에는 후난 성무련의 양시광과 같이 스스로 극좌파임을 자임하는 경우도 거의 없었다. 그렇기 때문에 문혁파 또는 보수파의 공격 대상과 그 시기를 살펴볼 필요가 있다. 이와 관련하여 중요한 사실은 1968년 1월 말 이후 후난 극좌파 조직 성무련에 대한 문혁파의 탄압이 본격화되었다는 것이다. 이는 후난의 성무련에 대한 전국적 극좌반대운동 과정에서 광둥의 또 다른 조직이 주목받았기 때문이다. 그 조직의 실체와 관련하여 성무련을 비판하기 위해 작성된 광둥의 ≪동남전보(東風戰報)≫에 등장한 편집자의 주장을 먼저 살펴보도록 하자.

카가미 미쯔유키(加加美光行)는 광저우 문혁전개 과정에서 중앙과의 상호작용과 '출신혈통주의'라는 원칙성 문제가 강하게 자리 잡고 있었음을 강조했다.

2   이 회견은 '총파'와 '기파' 사이의 무장투쟁을 평화적으로 해결하고 혁명위원회 건립을 통한 문혁의 혼란을 극복하려는 저우언라이의 주도로 이루어졌다. 이에 대해서는 海楓, 『廣州地區文革歷程述略』(香港: 友聯硏究所, 1971), pp.235~301 참조.

3   「周恩來接見廣州"旗派"五名代表時的講話摘要」, ≪六中東方紅≫(1967 10. 24), CCRD 수록, 참조.

4   극좌파로 지목된 首都5·16병단에 대한 "형좌실우(形左實右)"라는 저우언라이의 지적은 같은 맥락에서 이해될 수 있다〔「中央首長在接見軍隊幹部會議上的講話」(1968.3.24), CCRD 수록, 참조〕.

후난의 성무련, 광둥의 잡동사니〔대잡회(大雜膾)〕 월해풍폭(粤海風暴)·팔오공사(八五公社) 등 역사의 수레바퀴를 되돌리려는 어릿광대들은 여전히 최후의 몸부림을 치고 있다. 이는 계급투쟁의 필연적 법칙이다. 타오(주)·자오(趙)〔쯔양(紫陽)〕의 사당(死黨)이나 계급의 적이 하찮은 재주를 부려 창끝을 새롭게 태어난 혁명위원회에 맞추려는 것 아닌가? 극좌분자·팔오 무리의 앞잡이들은 황용성(黃永勝)을 수반으로 하는 무산계급사령부를 동요시키려는 허황된 의도를 여전히 갖고 있는 것은 아닌가?

위 인용문은 정치적 분식이 매우 심한 선동문으로 반드시 객관적 사실과 부합한다고는 볼 수 없지만, 문혁파의 시각에 따르면 광둥에도 후난 성무련에 비견할 만한 극좌파가 존재하며 구체적으로 월해풍폭·팔오공사가 지목되고 있음을 알 수 있다.[5] 아울러 그들의 주된 공격 대상이 광둥군구 사령관 황용성을 중심으로 한 혁명위원회였음을 짐작할 수 있다.

광둥 내 극좌파 존재를 확인한 또 다른 주장을 살펴보자. 1968년 3월 ≪체육전보(體育戰報)≫는 사론에서 당시 광저우 문혁의 최대 위험 요소를 극좌사조의 출현으로 파악하면서 다음과 같이 주장했다.[6]

---

5   광둥 조반운동에 직접 참여했던 하이펑(海楓)은 ≪八·五公社≫가 월해풍폭(粤海風暴)의 기관지라 하면서 이들의 극좌사조를 성무련의 그것과 대비하여 '팔·오사조'라 칭했다(海楓, 『廣州地區文革歷程述略』, pp.329~332). 또한 같은 주장은 劉國凱, 『廣州紅旗派的興亡』(香港: 博大出版社, 2006.4), p.158; 學革會鐵鋼軍, 「廣東的省無聯-評廣東粤海風暴的理論喉舌"八五公社"-」, ≪東風評論≫(1968.3.4) 참조. 그러나 실제 대자보를 보면 팔오공사는 조직명이며 ≪팔오(八五)≫가 그 기관지였다. 따라서 팔오공사·월해풍폭·≪팔오≫ 사이의 관계가 불분명하지만 이하에서는 월해풍폭과 팔오공사를 중심으로 한 광둥의 급진적·극좌적 주장 및 사상을 '팔오사조'로 칭한다.

6   「埋葬極"左"思潮 維護革委會威嚴」, ≪體育戰報≫, 第19期(1968.3.18), 1.

사오빙(燒兵), 팔오공사, 시월화거(十月火炬), 우요우헝(吳有恒) 등 모두는 아무리 변해도 그 본질이 달라지지 않는데 그것은 반동적 극좌사조이다. 이들은 모두 개량주의, 기회주의 반대를 핑계로 무산계급사령부를 동요시키고 혁명위원회를 목 졸라 죽이려 한다.

위의 사론에서 적시한 인물이나 조직이 주장대로 반드시 극좌파일 필요는 없을 것 같다. 왜냐하면 이들 극좌파가 보수파나 문혁파의 주장 같은 극좌성을 지니지 않은 단순한 정치적 공격 대상일 수도 있기 때문이다.[7] 하지만 이들 극좌파의 주장을 확인할 수 있는 당사자의 일차 자료가 부족한 상태에서는 반대파의 주장을 통해 극좌파의 목소리를 복원하고 그 가운데 극좌성 유무를 판단하는 작업이 불가피할 것 같다.

그렇다면 이들의 극좌성은 어디에서 찾을 수 있는가? 문혁파와 광둥의 대리인들은 '팔오사조'를 다음과 같이 비판했다.[8]

팔오의 한 줌 무리가 도처에서 스스로 '철저혁명'가라고 떠들고 다니는데 우리는 이 '철저혁명'가의 혁명이 누구에 대한 혁명인지 묻고 싶다. 왜 그들은 성혁주 성립에서 성혁명위원회가 탄생하는 이 시점까지 이렇게 흥분하고 강력하게 대응하는가? 왜 당신들은 우리의 사회주의제도를 이렇게 맹렬히 공격하면서 '특권계층'이 출현했다고 창끝을 무산계급독재로 향하는가? 왜 당신들은 모 주석이 혁명대연합에 관한 일련의 지시를 제출한 뒤 바로 혁명대연합을 분열시키고 파괴하는 반혁명책략을 내세우는가? … 왜 당신들은 무산계급정권이 새롭게 건립되었을 때 "현재는 사

---

7   따라서 일본 학자 나카 토시키는 이들 조직의 극좌성을 부정하면서 광둥의 극좌운동이 단순한 정치적 대립의 결과 등장한 것으로 그 의의를 낮게 평가했다〔中津俊樹,「「極左派」紅衛兵における造反理論の形成と奪權鬪爭の展開-廣東省の事例から」, ≪現代中國≫, 75號(2001)〕.

8   鷹擊長空,「是"徹底革命",還是顚覆無産階級專政?」, ≪中大紅旗≫(1968.3.15), 3.

상폭동이 일어나야 하며 광저우는 반드시 대란이 필요하다[광저우수요대란(廣州須要大亂)]"는 흑풍(黑風)을 일으키고 또 '내부'의 연락회의에서 '군 내의 두 개 노선 투쟁'을 강조하며 "경사(警司) 내에는 아직 없애야 할 흑재료(黑材料)가 남아 있느냐"라고 말하는가? 왜 당신들은 우리가 신생 홍색정권인 광둥성 혁명위원회의 성립을 환영할 때 "권력을 잃었다고" 비명을 지르고 바로 "홍기를 내걸어라!", "기회주의 사조를 철저히 비판하라!", "일체의 권력을 좌파에게 귀속시켜라!", "모든 무산계급 철저 혁명론자는 연합하라!" 등의 반혁명 강령과 구호를 공개하는가?

이상과 같이 팔오사조를 비판하는 반대파의 주장을 통해 극좌파의 주장을 정리하면 ① '철저혁명론', ② '특권계층론', ③ '군 내의 두 개 노선 투쟁론' 등으로 요약될 수 있다. 이 가운데 '철저혁명론'에 대해 먼저 검토해 보자.

1968년 3월 시점에서 "혁명은 계속되어야 한다"는 그들의 주장은 당시의 문혁 현실을 어떻게 인식하는가의 문제와 관련해 주목할 필요가 있다. 1967년 여름 이후 계속된 광둥 조반파 내부의 극심한 대립을 해결하기 위해 저우언라이를 중심으로 3개월 동안 계속된 중재 노력으로 마오쩌둥의 비준을 얻어 1967년 11월 12일에 「광둥문제에 관한 결정」⁹이 발표되었다. 이 결정으로 혁명적 3결합·대연합을 전제로 한 광둥 문혁의 정리, 즉 성혁주 건립이 예정되었으며 결국 1968년 2월 20일 광둥성 혁명위원회가 성립되었다.¹⁰ 이러한 광둥 문혁의 수습에 대

---

9 「中共中央·國務院·中央軍委·中央文革關于廣東問題的決定」(1967.11.12), 廣州工革聯宣傳部·光州日報紅旗 合編, 『資料專輯』(1967.11.17), p.1. 이 밖에 광둥 조반파 양 파의 베이징 담판 과정에서 이루어진 회의·강화 내용과 결정문·협정문 원문 소개는 海楓, 『廣州地區文革歷程述略』, pp.235~301 참조. 이 베이징 담판은 단순히 조반파 내부만의 담판이 아니라 문혁소조·군·저우언라이 등 다양한 문혁 주체 사이에서 전개된 각자의 문혁상이 경쟁하는 정치적·상징적·이념적 투쟁의 장이었다. 이와 관련한 '다원적 문혁상'에 대한 검토는 향후 과제로 남긴다.

10 「中共中央·國務院·中央軍委·中央文革關于成立廣東省革命委員會的批示」(1968.2.20): 中發[68] 32號, CCRD 수록, 참조.

해 당 기관지 ≪인민일보≫가 높이 평가한 것은 당연했다.[11] 린뱌오의 측근 황용성을 수반으로 한 광둥 군구가 이 수습의 중심에 섰고 여기에는 "대국은 이미 안정되었고 대권은 장악되었다〔대국이정, 대권재악(大局己定, 大權在握)〕"라는 현실 인식이 바탕에 깔려 있었다. 황용성은 1967년 12월 12일 광둥과 광저우가 마오쩌둥의 분석대로 문혁 "형세가 크게 좋으며 점점 더 좋아지고 있다"고 판단하면서 극좌사조에 영향받은 일부 조반파를 공격했다.[12]

그러나 반대로 광둥 극좌파는 황용성의 수습론에 강하게 반발했다.[13] 반발과 분기의 계기는 1967년 12월 각 조반파들이 참여한 포산(佛山) 회의였다.[14] 이후 이들은 대자보를 통해 "개량주의 비판" "광저우의 대란은 계속되어야 한다"를 주장하면서 무원칙한 대연합 혹은 3결합에 반대했다.[15] 여기서 대연합의 주장은

---

11 이는 광둥성 혁명위원회 성립을 다룬 ≪人民日報≫의 기사 내용에 잘 나타난다. "廣東革命和生産形勢空前大好"(1967.12.2); "廣東省和廣州市革命委員會同時勝利誕生"(1968.2.23); "廣東省革命委員會成立和慶祝大會給毛主席的致敬電"(1968.2.23); ""戰士指看南粤, 更加郁郁葱葱"熱烈歡呼廣東省革命委員會成立"(1968.2.23) 참조.

12 「黃永勝同志對廣州各革命群衆組織負責人的講話」(이하 「12·12보고」, 1967.12.12), ≪西姜戰報·高要戰報≫(肇慶), 第11期(1967.12.18), 海楓, 『廣州地區文革歷程述略』, pp.325~327 수록, 참조. 또한 위에 보이는 마오쩌둥의 형세 판단은 1967년 7~9월 사이 화북·중남·화동지구의 문혁을 시찰한 뒤 내린 결론이었다(「視察華北·中南和華東地區時的講話」, CCRD 수록, 참조).

13 구체적 비판은 다음과 같다. "황용성의 「12·12보고」는 조반파를 정치적으로 와해시키려는 대독초이다!", "황용성의 「12·12보고」 핵심은 개량주의 방식으로 타오주가 중난지구(中南地區) 정치, 이론, 조직에서 복귀 목적을 달성하고자 하는 것이다!", "황용성의 「12·12보고」는 무술변법의 재판이다!", "철저하게 황용성의 「12·12보고」를 비판하고 개량주의를 분쇄하는 것이 현재 광저우 운동의 급선무이다!" 이상의 주장은 「一斥黃永勝」, 「二斥黃永勝」이란 제목의 대자보를 통해 광저우 시내 도처에 알려졌다〔이들 대자보의 내용은 「有幾個蒼蠅碰壁-且把"八·五"一小撮的丑惡嘴脸拿來示衆-」, ≪中大紅旗≫(1968.3.15), p.4 참조〕. 또한 ≪中大紅旗≫에 따르면 팔오 꽈외 황용성의 사싱직 차이를 밝힌 「分岐從何而來-論我們和黃永勝同志的思想分岐」 역시 이때 발표되었다.

14 이 회의 경과와 대립·옹호 주장에 대해서는 海楓, 「怎樣看待佛山會議」, ≪大喊大叫≫, 第8期(1968.1.30); 劉國凱, 『廣州紅旗派的興亡』(香港: 博大出版社, 2006.4), pp.154~157 참조.

15 이 대자보는 「十大分岐-對當前廣州改良主義的批判」이란 제목으로 廣州鋼紅聯921縱隊編輯部의

주지하는 바와 같이 마오쩌둥의 지시였다. 극좌파로 지목된 사오빙 역시 혁명위
원회 성립 전후 황용성에 대해 「1문(一問)」, 「2問」, 「3問」, 「4問」을 연이어 발표
해 「12·12보고」를 강하게 비판하면서 광둥의 상황은 황용성의 주장과는 반대로
"대국은 이미 안정되었고 대권은 장악되었기" 때문에 "현재 가장 큰 위험은 기회
주의다"라고 주장했다.[16] 또한 1968년 1월 15일, 팔오공사는 성혁주소조가 "바짝
뒤따르자"라는 구호로 "대항"의 본의를 왜곡하며 "조반파 내부를 매수하고 몰래
기회주의를 퍼뜨려 두 개의 계급·노선 투쟁을 말살하는 다양한 개량주의 개념을
생산한다"고 비판했다.[17]

'철저혁명론'과 관련하여 기관지 ≪팔오≫에 게재된 위홍(予紅)이란 필명의 다
음 글에서 혁명위원회 성립 직전의 상황에 대한 팔오공사의 입장이 가장 잘 드
러난다.[18]

요란한 징과 북 소리 가운데 주쟝(珠江)강 양안에는, 격전 전의 정치적 침묵의 기운
이 가득 차 있음을 손쉽게 감지할 수 있다. … 새로운 단계, 새로운 모순, 새로운 전
투 그리고 무산계급의 새로운 승리가 현재 광저우의 형세이자 특징이다. … (따라
서) 서둘러 새로운 단계로 나아가 새로운 모순을 인식하고 새로운 전투에 참가하여
새로운 승리를 탈취해야 한다. 이것이야말로 매우 절박하고 중요한 임무이다! (하
지만) 노조반(老造反)·신소요(新逍遙)의 증가와 그러한 현상 및 사조의 범람 때문에
조반파는 정치·조직적으로 와해의 위험에 빠진다. 이것이 '운동수습론'의 실체이고

『文革評論』, 第10, 11, 12期 合刊(1968.1)에 실렸다.

16 「埋葬極"左"思潮 維護革委會威嚴」, ≪體育戰報≫, 第19期(1968.3.18), p.1.

17 「有幾個蒼蠅碰壁-且把"八·五"一小撮的丑惡嘴脸拿來示衆-」, ≪中大紅旗≫(1968.3.15), p.4.

18 予紅, 「激戰前的沈寂-一論目前廣州時局的若干問題-」(1968.2.14), ≪八五≫(1968.2), p.3. 필자 위
    홍 '홍기파' 가운데의 급진분자로 류궈카이에 의해 '걸출한 인권전사'로 평가받은 샤오빙이라 지
    목되었다〔劉國凱, 『廣州紅旗派的興亡』(香港: 博大出版社, 2006.4), pp.164~168 참조〕. 그는 광저
    우의 지청(支青)과 지증공인(持證工人)을 위한 단식투쟁을 전개했고 결국 옥사했다.

세상을 바꾸려는 것을 막는 표현이며 격전전의 침묵이다. 새로운 전투를 맞이하여 새로운 승리를 쟁취하기 위해 우리는 이런 사회현상을 심각히 연구하고 정확히 분석해야 한다.

그는 혁명위원회 성립이라는 '새로운 단계', '새로운 모순', '새로운 전투' 상황에 들어섰음에도 불구하고 '운동수습론'에 따른 '노조반·신소요'의 증가라는 현실로 인해 '격전 전의 침묵' 상태에 있다고 지적했다. 따라서 그는 무조건적 대연합을 주장한 보수파에 대항하여 기회주의사소를 배제한 무산계급 철저혁명론자의 연합을 강조했다.

그런데 '철저혁명론'의 구체적 표현이라 할 수 있는 "광저우의 대란은 계속되어야 한다"[19]가 우요우형의 주장이며 그것이 팔오파의 괴이한 주장으로 제등강했다고 지목받았다.[20] 여기서 우요우형은 대표적인 지방주의자이면서 동시에 극좌파라고 비난받은 인물이었다.[21] 그렇다면 극좌파는 왜 다시 지방주의자와 연결되는가?

---

19 이 표현은「廣州還須大亂!-廣州運動往何處去」라는 제목으로 毛澤東思想八一戰鬪兵團聯合總部 工教總部 ≪八一戰報≫編輯部와 曁大東方紅318戰團이 함께 발행한 ≪八一戰報≫, 第4期(1968.1)에 수록되어 있다.

20 「埋葬極"左"思潮 維護革委會威嚴」, ≪體育戰報≫, 第19期(1968.3.18), p.1. 또한 「廣州還須大亂-廣州運動往何處去」 역시 우요우형이 삭성한 것이라 했다(「向地方主義黑司令部猛烈開炮」, 上同, p.6).

21 우요우형은 광동 출신으로 1949년 전 월중종대사령관(粤中縱隊司令官)을 역임했고 문혁 전 중공광저우시위원으로 근무했으며『山鄉風雲錄』을 통해 광동지방의 유격활동을 서술했다. 그의 상세한 경력에 대해서는 賀朗,『吳有恒傳』(花城出版社, 1993) 참조.

2. '팔오사조'의 정치적 주장

광둥의 지방주의를 둘러싼 정치적 갈등은 1949년 신중국의 성립과 함께 시작되었다. 새로운 공산당 정권이 성립되면서 정치의 주역으로 등장한 남하간부와 토착 지방간부가 대립하게 되었다. 여기서 남하간부란 동북야전군이 개편된 인민해방군 제4야전군을 따라 광둥에 진출한 기타 지방 출신을 가리킨다. 반면 지방간부란 장기적으로 광둥에서 활동했던 인린핑(尹林平), 린장윈(林鏘雲), 우요우형, 오우추(歐初) 등 광둥에 적을 둔 간부를 가리킨다. 이 두 집단은 1950년대 신중국의 건설 과정에서 자주 충돌했다. 결국 지역의 자율성·독립성을 강조하는 지방간부 집단이 독립왕국 반대의 명목을 내세운 남하간부들에게 숙청당한 사실은 광둥 문혁의 전사(前史) 가운데 중요한 한 흐름이었다.[22]

문혁의 전개 과정에서 이들 지방주의자는 자신들의 역사 문제를 새롭게 해결할 기회를 맞이했다. "조반유리"라는 시대적 흐름에 편승하여 인린핑 등 지방주의자는 자신들을 탄압했던 타오주 실각을 계기로 1967년 2월부터 지방주의자 복권을 시도했다.[23] 하지만 이들의 복권운동은 저우언라이의 반대로 급진화하게되었다.[24] 한편 지방주의자는 광저우 군구의 황용성에 대해서도 같은 논리로 반대 입장을 취했다. 왜냐하면 그가 「12·12보고」에서 광저우 내의 세 가지 '흑선(黑線)'을 각별히 경계해야 한다고 주장하면서 우귀사신(牛鬼蛇神), 반동파 세력·일소(日蘇) 수정주의 특무와 함께 지방주의 복권 세력을 예로 들었기 때문이었

---

22 이와 같은 시각으로 광둥 신중국 건설 과정을 추적한 선구적 업적이 Ezra F., Vogel, *Canton under Communism: Programs And Politics In A Provincial Capital, 1949-1968* (Harvard University Press, 1969)이다.

23 이상 지방주의자의 동향에 대해서는 「向地方主義黑司令部猛烈開炮」, 廣州體院「秋收起義」紅衛兵 紅一司115輕騎隊, ≪體育戰報≫(1968.3.18), pp.5~6 참조.

24 「周恩來在廣州接見群衆組織及駐軍代表的講話」(1968.4.18), CCRD 수록, 참조.

다.[25] 이렇듯 저우언라이와 군에 대한 반감을 노골적으로 드러낸 지방주의자는 급진적 반체제 세력인 극좌파와 연결될 여지가 많았고 실질적으로 1968년 1월의 극좌반대운동 과정에서 우요우형을 중심으로 그렇게 공격받았다.

극좌파는 문혁 이전의 역사 문제 해결을 위해 조반운동을 전개하고 혁명위원회의 설립을 혁명의 끝이 아닌 기회주의적 수습이라 반발하면서 보다 철저한 혁명을 주장했다. 이들은 마오쩌둥과 문혁파 등 주류의 정통적 주장에 반해 현실의 문혁을 부정하고 이상의 문혁을 추구하자고 했다. 마오쩌둥의 언어와 주장에 따라 시작된 문혁을 보다 철저하게 지속하려했던 이들은 이제 마오쩌둥의 의지에 반하거나 의지와 관계없는 이단적 존재로 전락했다. 그렇다면 이들이 추구하는 문혁의 이상 또는 이상적 문혁이란 무엇인가? 그 또한 마오쩌둥 스스로가 강조한 모델과 깊은 관련이 있다. 주지하다시피 그것은 파리코뮌 모델이며 대표적 극좌파인 양시꽝에 의해 "낡은 국가체제의 철폐"와 그 대안으로서의 중화인민공사 건립으로 구체화된 바 있다. 그렇다면 광둥의 극좌파는 이 문제에 어떠한 입장을 취했는가?

그들은 1949년부터 문혁이 전개되던 1967년에 이르기까지 18년 동안 평등한 사회가 아니라 특권계층 출현으로 새로운 계급 대립의 사회가 등장했다고 판단했다. 즉, 그들이 보기에 "현재의 모순은 사회 저층에서 가장 심하게 고통받고 있는 노조원·지농청년(支農靑年)·합동공(合同工)·임시공(臨時工)과 노동 귀족의 지위에 오른 자들 사이의 모순"이기 때문에 "새로운 계급 구분"이 필요했다. 이러한 주장은 기존의 '혈통론'을 부정한 것이며 또 실질적으로 그와 본질적 차이가 없는 마오쩌둥식의 '계급 성분론'을 철저하게 부정한 것이었다.

그런데 여기서 말하는 지농청년은 문혁 발발 이전에 농민 지원을 명분으로 상

---

25   黃永勝同志對廣州各革命群衆組織負責人的講話」(摘要)(1967.12.12), ≪西江戰報·高要戰報≫(肇慶), 第11期(1967.12.18), 海楓,『廣州地區文革歷程述略』, pp.325~327 참조.

산하향된 지식청년으로 문혁 조반의 시기에 도시로 돌아와 호구요구운동, 복학 운동 등을 전개하는 과정에서 극좌운동과 긴밀히 연결되었다.[26] 그렇기 때문에 극좌사조의 영향을 우려한 황용성은 「12·12지시」를 통해 "상산하향청년은 모 주석의 말을 듣고 신속하게 (농촌으로) 돌아가 혁명에 매진하고 생산을 촉진해야 하며 도시의 각 군중 조직은 그들을 흡수하여 조직해서는 안 되고 광저우에서의 그들 활동을 지지해서도 안 된다"고 강조했던 것이다.

그런데 이상과 같은 특권계층론에 기반을 둔 팔오파의 '철저혁명'은 군(내의 '한 줌 세력')까지 주요 대상으로 삼았다. 1967년 광둥의 경우 군에 대한 조반파의 반발은 극좌파 이전에 이미 '기파'를 중심으로 일상화되고 있었다. 여기에 더하 여 1967년 8월 ≪홍기≫에 "군 내의 소수 주자파 척결" 주장[27]이 등장하고 쟝칭 의 '문공무위론'이 제기되자[28] "좌파 지지" 정책에서 오류를 범한 광저우군구[29]에 대한 공격이 보다 강화되었다.

광둥의 대표적 극좌 조직으로 지목받은 팔오공사의 조직 명칭 역시 이 문제와 관련 있는 것으로 보인다. 즉, '팔오'란 8월 5일을 가리키며 1966년 8월 5일은 마 오쩌둥의 저명한 대자보 「사령부를 포격하라」가 ≪인민일보≫에 발표된 날이 다. 주지하듯 이 대자보는 기존 당 조직에 대한 '탈권' 투쟁을 촉발시킨 중요한 계기가 되었다. 그런데 1967년 8월 5일 시점에서의 '탈권'은 단순히 자산계급사

26　이들 지청운동과 극좌파와의 관계에 대해서는 이 책의 제11장 이외에 中津俊樹, 「中國文化大革命期における「極左派」紅衛兵と知識靑年運動-「知識靑年上山下鄕運動」との關わに見る"下からの社會再編の試み"-」, 東北大學國際文化學會, ≪國際文化硏究≫, 第5號(1998) 참조.

27　「無産階級必須牢牢掌握槍杆子」, ≪紅旗≫, 第12期(1967.8.1). 또한 이에 대한 문혁파의 정리된 설명은 河南二七公社, 『天飜地覆慨而慷-無産階級文化大革命大事記』(1963.9~1967.10), 首都部分大專院校·中等學校毛澤東思想學習書, 1967, p.262 참조.

28　「中央首長第七次接見河南赴京代表團紀要」(1967.7.21), CCRD 수록, 참조.

29　이와 관련된 광저우군구의 자기비판은 「關於在廣州地區支左工作中所犯錯誤的檢查」(1967.11. 17), 中共廣州軍區委員會, 『資料專輯』, 丁望 主編, 『中共文化大革命資料彙編: 中南地區文化大革命運動』(香港: 明報月刊出版), 972, pp.281~285 수록, 참조.

령부만을 향한 것이 아니라 각 지역·각 부분 대리인까지로 확대된 것이었다.[30] 구체적으로는 우한 7·20 사건에서 등장한 '군 내의 주자파'까지 포함되었다. 따라서 1967년 말의시점에서, 8월 5일을 기념하고 그 이상을 따르기 위한 명칭으로 채택된 팔오공사는 이미 시작부터 보다 전면적인 '탈권', 군 내부의 권력 투쟁 및 군에 대한 '탈권'을 지향했다고 할 것이다. 이 때문에 문혁파는 전국 각지에 등장한 '팔오'라는 명칭에 집착하여 그것을 극좌사조와 동일시한 것으로 보인다.[31] 더욱이 마오쩌둥에 의해 상하이인민공사가 취소된 이후 이념적 정치적 생명력을 상실한 금기어인 '공사'[32]가 '팔오'와 결합했나는 사실 자체만으로도 그 실제 활동 여부와 무관하게 이미 현실 문혁 반대의 이단적 성격을 지녔다고 할 것이다.

하지만 성무련의 주장과 비교해 볼 때 광저우의 '팔오사조'는 급진성의 정도에

---

30 "炮擊資産階級司令部", ≪人民日報≫, 1967.8.5. 다시 1년이 흐른 1968년 8월 5일에도 ≪人民日報≫에는 기념 사론이 실렸다. 이전과 비교하면 1968년에는 '탈권' 이후 등장한 '다중심론(多中心論)'이 아닌 마오쩌둥과 린뱌오를 중심으로 한 '유일영도론(唯一領導論)'이 강조되었다["在以毛主席首的無産階級司令部的領導下團結起來-紀念毛主席「炮擊司令部-我的一張大字報-」發表兩周年", ≪人民日報≫, 1968.8.5]. 이로써 문혁이 보다 분명한 수습기를 지향하고 있음을 짐작할 수 있다.

31 예컨대, ≪東風評論≫은 "베이징의 5·16은 허베이(河北) 스쟈좡(石家莊)에서 한 광인공사(狂人公社)인 팔오풍폭(八五風暴)을 조직했고 군구(軍口, 5·16의 제5방면군)에서 또한 팔오연락참(八五聯絡站)을 건립했으며 광저우에서도 또한 팔오공사가 출현했다"고 지적하면서 이것은 결코 우연적인 것이 아니라 "모두 극좌사조의 등장을 알리는 것"이라 했다(「「八五」派言論摘抄」, ≪東風評論≫, 1968.3.4)

32 앞서의 광인공사가 시사하듯 ≪東風評論≫에게 공사에 대한 인식도 부정적이었다. 이는 마오쩌둥에 의해 상하이인민공사가 부정된 이후 공사가 금기어로 등장했던 사실과 무관하지 않다. 줌 더 구체적으로 1967년 2월 19일 인민공사 냉칭이 넝지되었고, 1968년 2월 저쟝의 12·2공사 명칭에 대해 저우언라이는 "이 명칭은 시작부터 상대방을 궁지로 몰려는 의미를 지닌다"고 부정적으로 평가했다[이상, 「中共中央關于奪權鬪爭宣傳報導問題的通知」(1967.2.19); 中發[67] 57號;「中央首長接見浙江省代表團紅暴派臨時指導部代表的講話」(1968.2.5), 이상 둘 다 CCRD 수록, 참조].

서 차이를 보인다. 성무련이 극좌사조의 선봉이라면 이어 살펴보게 될 우한의 '북(北)·결(決)·양(揚)'이나 산둥의 시월혁명소조, 상하이의 반복벽학회(反復辟學會) 등과 마찬가지로 팔오공사나 월해풍폭은 그 후속 부대라 할 수 있을 것이다. 성무련과 달리 이들 조직은 문혁파에 의해 바로 '반혁명 조직'으로 규정되지 않았기 때문에 좀 더 지속적으로 활동할 수 있었고 광저우 내 급진 조반파의 주장을 규합하여 계속 투쟁할 수 있었다.[33]

이상에서 살펴보았듯이 광둥 극좌파는 당 중앙, 군 그리고 혁명위원회를 반대하는 급진 조반파 조직을 가리킨다. 구체적으로는 당 중앙의 지시를 공공연히 거부하고 '군 내의 한 줌 주자파' 척결을 내세워 군을 분열시키고자 했으며 3결합을 바탕으로 한 혁명위원회를 실질적으로 거부하며 '특권계급론'에 따른 '철저혁명론'을 주장했다. 이러한 주장에는 파리코뮌을 모델로 기존 체제에 대한 전면적 '탈권'을 보장한 마오쩌둥과 문혁파의 지시가 주요한 사상적 배경으로 깔려 있었다. 하지만 극좌파는 이들 상층부 문혁파의 단순한 추종 세력으로만 머물러 있지 않았다. 최종적으로는 마오쩌둥의 재가를 받은 군 내의 계급투쟁 중지, 대중운동 내부의 무장투쟁 중지, 혁명위원회 인정 등의 지시를 거부하면서 보다 전면적인 '탈권'을 통한 철저한 문혁을 추구했다. 이러한 문혁 극좌파의 출현과 활동은 비단 광둥에만 국한된 것이 아니라 후난의 성무련, 수도 5·16병단 등에서 보이듯이 전국적인 현상이었다. 보수파는 물론 문혁파가 함께 그들을 공격한 것은 바로 이 때문이었다.

---

33   이상 성무련과 '팔오공사'의 비교에 대해서는 劉國凱, 『廣州紅旗派的興亡』(香港: 博大出版社, 2006.4), p.162 참조.

문혁과 우한(武漢) 극좌파

1. 우한지구 문혁의 전개와 '결파(決派)'의 성립

대학 내 학교 비판 대자보의 등장 → 공작조의 파견과 철수 → '경험대교류〔대관련
(大串聯)〕'의 진행 → 홍위병의 분열과 대립 → 기존 당·정부에 대한 '탈권' 투쟁 →
조반파의 분열과 대립 → 군의 문혁 개입 → 조반파의 군 "좌파 지지" 반대 → 조반
파 내부의 충돌·무투 전개 → 혁명위원회 성립 → 무기탈취와 무기반납 → 급진 조
반파의 등장 → 마오쩌둥사상선전대 등장과 계급대오정리〔청리계급대오(淸理階級
隊伍)〕운동 전개, '투(쟁)·비(판)·개(조)'의 진행 → 대중 조직의 해산과 상산하향운
동의 전개

위와 같은 상황 전개는 문혁의 전반적인 진행 사항을 정리한 것에 불과하다.
그런데 이것은 1966년부터 1968년까지 전개된 우한지구 문혁을 구체적 대상으
로 한 「우한지구홍위병운동대사기(武漢地區紅衛兵運動大事記)」[1]에서 발췌한 내용

---

1   魯禮安, 『仰天長嘯: 一個單監十一年的紅衛兵獄中籲天錄』(香港: 中文大學出版社, 2005), pp.611~
     617.

이다. 이를 통해 전체적으로 우한 문혁 역시 전국적인 흐름 속에 위치했음을 알 수 있다. 하지만 이 지역 문학이 갖는 특수성을 무시할 수는 없을 것 같다. 한 예로 1967년의 '7·20 사건'은 주지하듯 군과 관련 있는 보수파 조직 무산계급혁명파백만웅사연락참〔無産階級革命派百萬雄師聯絡站, '백만웅사(百萬雄師)'〕이 무장시위로 당 중앙이 파견한 왕리와 셰푸즈를 억류했을 뿐만 아니라 마오쩌둥의 신변까지 위협한 엄중한 정치 사건이었다. 이 결과 '백만웅사'는 바로 해산되었고 배후로 지목된 우한 군구 책임자 천짜이다오(陳再道)와 중한화(鍾漢華)는 해임되었지만, 이 사건은 우한 내 조반파 대 보수파의 갈등이 극심했음은 물론 문혁 시기 우한 대중운동의 고양 정도를 강력히 뒷받침하고 있다.

한편, 문혁의 발전에 따라 전국적으로 다양한 성격의 조반파 조직이 등장했다. 그 가운데 당 중앙으로부터 극좌파 조직으로 지목되어 비판·탄압받았던 조직으로는 후난의 성무련, 광둥의 월해풍폭과 팔오공사 등이 거론된다. 이들의 구체적 정치 주장이나 조직운동의 실상에 대해서는 이미 전술한 바 있다. 하지만 이들과 서로 영향을 주고받으며 전개된 우한 급진 조반파의 동향에 대해서는 아직 그다지 명확하게 밝혀진 것 같지 않다.

이러한 배경에서 이하에서는 우한의 문혁 전개 과정을 극좌파를 중심으로 검토하려 한다. 여기서 극좌파란 다시 한 번 강조하지만 마오쩌둥과 그를 중심으로 문혁을 주도하는 당 중앙과 그에 충실한 지방 조직, 즉 문혁파를 보다 '좌'의 측면에서 비판하고 행동하는 일군의 급진 조반파 조직을 가리킨다. 그들의 사상은 문혁 당시 이단사조 또는 극좌적 무정부주의사조로 비판받아 침묵을 강요받았다. 하지만 그들의 정치 주장은 문혁의 전 과정이나 이후 대중운동에서 저류(低流)하거나 복류(伏流)하면서 하나의 사상적 흐름을 형성했으며 현재까지 영향을 미치고 있다고 판단된다.[2] 또한 그들은 문혁에 대한 공식적·관방적 이해를

---

2   이러한 문제의식에서 신좌파의 문혁 인식을 검토한 것이 孫承會, 「신좌파의 문화대혁명 인식」,

넘어 문혁을 새롭게 평가할 역사적 실마리를 제공해 줄 것으로 기대된다.

1967년 우한 '7·20 사건' 직후 당 중앙의 비판에 직면한 우한 군구는 이 사건과 군의 "좌파 지지" 과정에서 명백한 오류가 있었음을 인정하고 사령관 천짜이다오에게 책임을 전가했다. 또한 마오쩌둥사상전투대(毛澤東思想戰鬪隊), 우한지구공인총부(武漢地區工人總部)의 복권을 선언하고 '강공총(鋼工總)', '강이사(鋼二司)', '강(鋼)9·13', '삼사혁련(三司革聯)', '신화공(新華工)', '신호대(新湖大)', '신화농(新華農)' 등 조반파를 지지한다고 천명했다.[3]

이렇듯 조반파가 득세하는 분위기에서 위에 소개한 조직 가운데 하나인 '신화공'의 일부 학생들이 11월 7일 북두성학회(北斗星學會)를 결성했다. 북두성학회는 지식인을 중심으로 결성되었지만 지식인의 특권을 내려놓는 데에서부터 출발할 것을 선언했다.[4] 같은 맥락에서 그들은 파리코뮌 사원(社員)이 쓴 1871년의 역사가 지식인의 그것보다 뛰어나다고 했고 문혁에 대한 연구와 총결 역시 운동가나 노동자들에 의해 이루어져야 한다고 보았다. 하지만 그들은 미래의 투쟁을 위해 '(문혁) 문제에 대한 진지한 사고'를 강조했다. 이는 무조건적인 추종이 아니라 주체적 판단과 연구를 통해 문혁에 참가하겠다는 대외적 선언으로도 해석될 수 있는 부분이라 할 수 있다.

이 문제와 관련하여 북두성학회라는 조직명에 주목할 필요가 있을 것 같다. 왜냐하면 그것은 문혁 시기 홍위병 학생이나 조반파 대중이 일반적으로 사용한 총부·사령부·병단 등의 명칭과는 상이하게 학술 독서모임을 의미하는 학회를 내걸었기 때문이다. 1967년의 시점에서 문혁에 대한 학술적 토론은 원론적으로

영남대학교 인문과학연구소, ≪人文研究≫, 69(2013.12)이다.

3   「中國人民解放軍武漢軍區公告」(1967.7.26) 이 결정은 바로 중공중앙의 비준을 얻었다〔「中共中央對武漢軍區公告的復電」(1967.7.26; 中發 [67] 227號]. 이상, CCRD 수록, 참조.

4   이하 그들의 주장은 「北斗星學會宣言」, CCRD 수록, 참조. 그런데 CCRD에 따르면 이 선언이 우한지구결파연락참(武漢地區決派聯絡站)이 1967년 12월 10일 발표한 것으로 되어 있다.

는 가능할지 몰라도 현실적으로는 힘든 일이었다. 따라서 그들이 처음부터 지향했던 것은 정치운동으로서의 '절대적' 문혁이 아니라 연구 대상으로서의 '상대적' 문혁이었을 가능성이 높았다.

이러한 특징은 조직의 주요 지도자였던 루리안(魯禮安)의 회고로 확인된다. 그는 '강(鋼)〔공총(工總)〕파'나 '신파'〔삼강(三鋼), 삼신(三新)〕 등 파벌에 휘둘리지 말고 신화광감사대(新華工敢死隊)를 해체하고 별도의 마르크스·레닌주의학회를 조직하여 학습을 명분으로 청년을 규합하자는 화중사범(華中師範) 대학생 둥빈(童斌)의 건의에 크게 공감했다. 또한 둥빈은 루리안에게 마오쩌둥의 「후난농민운동고찰보고(湖南農民運動考察報告)」와 『마오쩌둥선집(毛澤東選集)』에 수록된 그것과의 차이점, 그리고 1957년 발표된 「인민내부 모순을 정확하게 처리하는 문제에 관하여(關於正確處理人民內部矛盾的問題)」와 반우파 투쟁 직전 최고국무회의에서 행한 마오쩌둥의 강화와의 차이에 대해 설명했다. 이에 큰 흥미를 느낀 루리안은 이후 마오쩌둥의 원 저작과 조기 저작, 예컨대 『강당록(講堂錄)』, 『체육의 연구(體育之研究)』, 『민중의 대연합(民衆的大聯合)』, 『상강평론창간선언(湘江評論創刊宣言)』 등에 대해 연구했다. 이 과정에서 루리안은 마오쩌둥이 과거 강제적인 유혈혁명에 반대한 적이 있고, 자유주의자, 민주개량주의자, 공상사회주의 관념을 지닌 '잡동사니'였음을 스스로 고백했고, 유심주의자이자 무정부주의에 찬성한 독서인이었음을 알게 되었다. 이러한 인식은 지금의 기준으로선 당연한 것이지만 문혁 당시 절대 무오류이며 일관성 있게 살았을 마오쩌둥에 대한 고정관념을 깨는 큰 충격으로 작용했다.

이어, 루리안은 펑톈아이(馮天艾), 청린(程林), 장궈량(張國梁), 뤄이민(駱益民), 위안전(袁震) 등 화중공업대 학생 및 둥빈, 리완즈(李婉芝, 우한대학) 등과 함께 학회를 건립하기로 하고 다음과 같은 공통 인식에 도달했다.

①학회는 마르크스·레닌주의, 마오쩌둥 사상을 지도받아 그 발전 과정을 연구하

는 것을 과제로 한다.

② 무산계급문화대혁명을 중점적으로 연구하고 문혁 발생의 근원과 목표 및 실천을 탐색한다.

③ 1차 자료를 광범하게 수집하고 적당한 시기에 우한지구 문화대혁명사를 편찬한다.

④ 교육혁명의 방향 특히 문과 개혁의 방향을 깊이 있게 탐구할 것이다. 학회는 문과 개혁의 실험기지를 이뤄내야 한다.[5]

학회를 표방한 이상, 이들은 구체적·사회적 실천보다는 문혁에 관한 연구, 교육개혁, 문혁사 서술 등에 일차적 목표를 두었던 것으로 보인다. 문과 개혁을 중심으로 교육혁명을 추구한다는 방향도 흥미를 끈다. 루리안의 주장에 따르면 문과학생은 실제에서 이탈하고 독립적 사고 능력과 용기가 없으며 문과 개조의 책임을 맡을 수 없기 때문에, 공과학생이 문과 영역으로 들어가 개조에 앞장 서야 했다.[6] 정치활동과 일정한 거리를 둔 교육혁명이 포함되었다는 것도 이들 학회 지향점의 일단이 드러나고 있다.

한편, 이들은 「북두성학회선언」을 통해 자신들의 조직명의 유래와 관련하여 다음과 같이 설명했다.

북두란 우주에 국자처럼 배열된 7개의 별을 가리키는데 (과거엔) 노예의 노래 속 상징이었다. 그러나 인류의 가장 위대한 천재 조타수인 모 주석이 세상에 태어난 이후 사람들이 '머리를 들어 북두성을 바라보며 마음속에 마오쩌둥을 그린다'라고

---

5   이상, 魯禮安, 「北斗星學會始末」, 『仰天長嘯: 一個單監十一年的紅衛兵獄中籲天錄』(香港: 中文大學出版社, 2005), pp. 199~203.

6   이 같은 루리안의 주장은 「工科學生論文科的改造」로 구체화되었다(魯禮安, 같은 책, pp. 214~215).

제6장 문혁과 우한(武漢) 극좌파   193

노래하면서 북두는 가장 새롭고 아름다운 시대 내용을 부여받게 되었다. 우리들의 학회는 여기에서 그 이름을 땄으니 영원히 모 주석과 함께 센 바람과 큰 파도를 헤쳐 앞으로 나아갈 것을 요구한다. 북두! 북두! 미래 수십 년 후의 중국과 세계에서 장차 누가 부침(浮沈)을 주도할 것인가?

이로써 북두성학회에서 북두가 마오쩌둥을 지칭했음은 분명하며 이러한 비유는 이미 문혁 초기 홍위병 사이에서 등장했다.[7] 따라서 북두성학회는 마오쩌둥에 대한 추종을 지향했다. 하지만 이미 지적했듯이 학회라는 명칭에서 시사되는 바와 같이 그것은 무조건적이라 할 수는 없을 것 같다. 더욱이 「선언」의 마지막 문장 "북두! 북두! 미래 수십 년 후의 중국과 세계에서 장차 누가 부침을 주도할 것인가?〔수주부침(誰主浮沈)〕" 가운데 "수주부침"이란 절대적·항상적이며 유일한 북두가 전제된 조건에서 마오쩌둥과 마오쩌둥주의에 대한 도전으로 비춰질 소지가 있었다.

어쨌든 학회의 성립은 큰 사회적 반향을 일으켰다. 우한 군구는 11월 7일 바로 학회 성립식에 참여한 인물과 회의 내용을 비밀리에 조사했고, 12월 4일 호북성혁명위원회 주임 쩡쓰위(曾思玉)는 북두성학회를 '기괴한 조직'이라 지칭하면서 과거 우파분자였던 바이화(白樺)의 참가를 문제 삼았으며 「선언」이 "매우 반동적"이라 비판했다.[8]

루리안 등은 우한 당국의 공격을 받자 적극적으로 자신들의 주장을 해명했지만 비판은 계속되었다.[9] 이러한 상황에서 고등학교 대리교사 저우닝춘(周凝淳)이

---

7   한 예로 北京器械學院毛澤東紅衛兵四分隊, 「毛澤東主義萬歲!」(1966.9.6), ≪首都紅衛兵≫(1966. 9.18), CCRD 수록, 참조.
8   魯禮安, 『仰天長嘯: 一個單監十一年的紅衛兵獄中籲天錄』, pp.214~215. 바이화는 시인이며, 극작가로서 1957년 우파로 지목된 바 있었고 문혁 때에도 고난을 겪은 인물이다.
9   魯禮安, 같은 책, pp.217~219 참조. 루리안은 문제가 되었던 「선언」의 부분이 청년 마오쩌둥의

마오쩌둥의 「최고지시」[10] 가운데 '무산계급문화대혁명을 끝까지 추진하기로 결심한 무산계급혁명파(決心把無産階級文化大革命進行到底的無産階級革命派)'를 명칭으로 제시했고 루리안이 약칭으로 '결파(決派)'·'결파연락참(決派聯絡站)'이라는 조직명을 사용하기로 결정했다. 이로써 1967년 12월 10일 북두성학회를 대신해 '결파'가 성립되었다. 이상은 우한 당국이나 반대파의 비판을 모면하려는 조치였기 때문에 이후 '결파'의 조직 활동은 보다 비밀스럽게 진행되었다. 하지만 '결파'의 외부 선전활동은 기관지인 ≪양자강평론(揚子江評論)≫을 중심으로 전개되었다. 이어 1968년 5월, '결파'는 전국적인 반극좌파운동이 전개되는 상황에서 조직 해산을 선포하고 한동안 ≪양자강평론≫ 편집부의 이름으로만 활동하게 되었다.[11]

1969년 호북성 혁명위원회 제일 부주임 류펑(劉豊)은 ≪양자강평론≫의 활동을 크게 다음 세 시기로 구분했다. 제1기는 1967년 12월부터 1968년 5월까지로, 북두성학회와 '결파'의 「선언」, 「강령」, 「장정」 등을 게재하여 '결파' 사조를 적극적으로 선전한 시기였다. 제2기는 1968년 8월부터 9월까지로, 「1평(一評)」, 「2평」, 「3평」, 「4평」을 연속으로 게재하여 혁명위원회를 중심으로 한 우한과 호북의 문혁파를 적극적으로 공격했다. 제3기는 1969년 5월부터 7월 말까지로 10여 편의 글을 통해 '반복고운동'을 위한 이론을 제공했다. 여기서의 '반복고운동'이란 혁명위원회를 중심으로 한 문혁 전개 과정을 '복고'로 파악하고 그에 반대하

시 「沁園春·長沙」 가운데의 "망망한 대지에 묻노니 누가 부침을 주도할 것인가(問蒼茫大地, 誰主沈浮)?"에서와 같이 미래가 젊은이의 것이라는 의미에서 차용한 것이라 해명했다.

10 「最高指示」 가운데 관련된 부분은 이러하다. "무산계급교육혁명을 진행하려면 학교 가운데의 수많은 혁명적 학생, 혁명적 교원, 혁명적 노동자에 의지하고 그들 가운데의 적극분자를 의지해야 하며 무산계급문화대혁명을 끝까지 진행하는 무산계급혁명파가 (되고자) 결심하여야 한다"〔「決派宣言」(第1稿), ≪揚子江評論≫(1967.12.25)〕.

11 기관지의 명칭을 둘러싸고 마오쩌둥의 「신민학회선언(新民學會宣言)」에 등장하는 '신사조'가 주장되기도 했지만 기존에 신화공감사대(新華工敢死隊)가 편집했던 ≪양자강평론≫의 이름을 이어 받아 그대로 사용하기로 결정되어 1967년 12월 25일 창간호가 발행되었다.

는 일부 급진 조반파의 운동을 가리킨다. 류평이 주장한 '문혁파 공격' 또는 '반복고운동의 전개' 등의 실상이 어떠했는지는 확인이 필요하지만, '결파'가 1967년 12월 25일부터 1969년 7월 23일 「혁명의 조류는 막아낼 수 없다(革命的潮流是阻擋不住的)」를 발표할 때까지 1년 7개월 동안 총 50여 편의 글을 ≪양자강평론≫에 게재하면서 활발한 활동을 전개했음은 분명해 보인다.

이상에서 본 것처럼 북두성학회, '결파', ≪양자강평론≫ 삼자는 서로 매우 밀접하게 관련되었으며 루리안 등 우한의 청년 지식인 그룹이 핵심 활동가를 구성하고 있었다. 그렇기 때문에 1969년 9월 27일 중공 당 중앙은 이 세 조직을 하나로 묶어 '반혁명 조직'이라 비판했던 것이다.[12] 사실, 「북두성학회선언」과 「결파선언」(제1고) 그리고 ≪양자강평론≫ 「창간사」를 비교해 보면 상당 부분이 반복되어 있음을 확인할 수 있다. 따라서 이 세 문장의 집필자가 동일 인물이거나 관련된 세 조직이 실질적으로 동일하다고 볼 수 있을 것 같다.[13]

2. '결파'와 농민운동

'결파'는 ≪양자강평론≫ 창간호 「창간사」[14]를 통해 자신들의 입장을 압축적으로 표명했다. 「창간사」는 먼저 "역대의 혁명은 모두 부단한 신(新)사물이 부단한 구(舊)사물에 승리하는 과정이며 선진적 역량이 부단히 보수 세력에 전승하는 과정이다"라고 규정하여 혁명의 '영구성', '부단성'을 강조했다. 그런데 이 영구혁명 실천을 위해 ≪양자강평론≫은 "피도 살도 없는" 지식인이 아닌 노동자와 농

---

12 「中共中央對武漢問題的指示」(1969.9.27; 中發 [69] 67號), CCRD 수록, 참조

13 宋永毅, 孫大進은 '우한 북(北)·결(決)·양(揚)'이라는 명칭을 사용한다〔宋永毅·孫大進, 「武漢北·決·揚: 馬克思主義不同政見的深化」, 『文化大革命和它的異端思潮』(香港: 田園書室, 1997)〕.

14 決派聯絡站 主編, 「創刊辭」, 『揚子江評論』, 創刊號(1967.12.25).

민과 결합한 '신전사'를 양성할 것을 선포했다. 그러면서 다음과 같이 결의를 다졌다.

모든 길은 길이 없는 곳에서 밟아 시작된 것이다. 단지 형극의 곳에서 출발한다."
≪양자강평론≫은 선봉에 서서 이 길을 개척할 것이다. 금령이나 봉쇄도 좋다. …
≪양자강평론≫은 무산계급문화대혁명을 끝가지 진행하려 결심한 무산계급혁명파
대군에게 용기를 북돋우며 곧 일어날 중국 농민운동에게 가장 장려(壯麗)한 편장
(篇章)을 제공할 것이다. ≪양자강평론≫은 이 폭풍우의 세례 속에서 참신한 생명
을 얻게 될 것이다.

「창간사」를 통해 '결파'가 부단한 문혁을 추구하고 대중과 결합한 지식인의
선전활동을 지향하며 특히 농민운동에 대한 지대한 관심과 농민과의 결합 임무
에 대한 결연한 의지를 확인할 수 있다. 또한 「북두성선언」은 "세계를 진동시킨
무산계급문화대혁명운동이 만약 5억 농민으로부터 이탈한다면 십중팔구 헛된
것이 어찌 되지 않겠는가?"라고 하면서 "학생운동에서 노동운동으로 그리고 최
후에는 세차게 타오르는 농민운동으로 발전하는 것, 이것이 중국 근대혁명의 일
반적 규율이며 역사적 필연이다"라고 했다. 이렇게 「북두성선언」에서 강조되었
던 농민운동은 「결파선언」(제1고)[15]에서 똑같이 반복되었다. 그렇다면 이들 조직
은 모두 농민운동에 지대한 관심을 기울이고 있으며 이것이 곧 우한 급진 조반
파의 한 특징으로 이해될 수도 있을 것 같다.

마지막의 추론과 관련하여 ≪양자강평론≫ 창간호 1면에 농촌 문혁에 관한
당 중앙의 「올해 겨울과 내년 봄 농촌문혁에 관한 중국공산당의 지시(中國共產黨

---

15   CCRD에 따르면 이 「결파선언」(제1고)가 1967년 2월 10일에 발표된 것으로 되어 있으나 ≪揚
      子江評論≫, 창간호(1967.12.25)에 따르면 1967년 12월 10일이 맞다.

中央委員會關于今冬明春農村文化大革命的指示)」(이하「지시」)가 게재되었다는 것은 시사하는 바가 매우 크다.[16] 여기서 당 중앙은 농촌의 수많은 빈·하·중농과의 결합으로 문혁의 심화 발전을 강조하면서 농촌으로의 공작조 파견 금지, 학생·노동자·시진(市鎭) 주민·기간 간부의 교류 금지 그리고 농민의 도시 진입 금지를 지시했다. 이는 이미 잘 알려져 있듯이 문혁의 '과화(過火)'와 농촌으로의 확대를 경계하려는 당 중앙의 의지가 반영된 것이었고, 농민의 도시 진입 금지는 당시 도처에서 급격하게 진행된 하향 지청의 도시 귀환을 반대하려는 의도에서 비롯되었다. 이 밖에 류사오치 반대, 혁명적 3결합의 추진, 4청운동에서 문혁으로의 순리적인 전환 등을 강조한 이「지시」는 '결파'의 전체적인 행동 방향을 결정지을 수 있었다. 그리고 그 방향은 농민운동의 억제로 귀결될 터였다.

하지만 '결파'는 이와는 다르게 이해했다. 사실, '결파'와 《양자강평론》의 주요 책임자였던 루리안의 회고에 따르면 자신들은 이「지시」를 오해했다고 고백했다. 즉, 본래 질서 회복에 초점을 맞춘 당의「지시」를 루리안이 농한기를 이용하여 농촌에서 문혁을 고조시키기 위한 지시로 잘못 이해했다는 것이었다. 더 나아가 당시 루리안은 문혁을 이용한 당 중앙이 광대한 농민대중을 조직적으로 동원하여 종법제도, 가족통치, 봉건미신 등 농촌 주자파를 일소하려 한다고 인식했다.[17] 즉, '결파'는 자신들의 농민운동 결합 의지를 뒷받침하려고 이「지시」를 자의적으로 인용했던 것이다.

농민운동에 대한 관심은「결파선언」(제1고)에서 더 잘 드러난다. '결파'는 노동자와 농민과 결합함으로써 혁명을 하지 않거나 반대하는 지식분자와는 분명히 구별되는 혁명적이며 용감한 대군이 될 수 있다고 자부했다. 이로써 다시 '결

---

16   「中國共產黨中央委員會關于今冬明春農村文化大革命的指示」(1967.12.4), 決派聯絡站 主編, 《揚子江評論》, 創刊號(1967.12.25).

17   이상,「北斗星學會始末」, 《揚子江評論》, pp.234~235 참조.

파'는 노동대중과 결합을 추구하는 혁명적 지식집단임을 밝히게 되고, 그 때문에 "'결파'는 가장 열성적으로 최고조에 달할 중국 농민운동을 영접하려고 준비한다"고 천명했던 것이다. 이 부분은 지식인 집단인 '결파'가 노동대중 가운데 특히 농민운동에 주목하겠다는 결의를 분명히 드러낸 것으로 주목할 만하다. 그들은 다음과 같이 이를 좀 더 구체적으로 설명한다.

중국 최대의 전쟁은 분명 농민전쟁이며 중국 최대의 운동은 필시 농민운동이다. 세계를 진동시킨 우리나라 문혁이 5억 농민과 분리된다면 어찌 허튼 말이 되지 않겠는가? 학생운동에서 노동운동으로 그리고 최후에 열렬한 농민운동으로 발전하는 것, 이것이 중국 근대혁명의 일반적 규율이며 역사적 필연이다. … 농민운동에 앞장서서 그들을 영도하고 또 그들의 뒤에서 이런저런 비평을 하고 또한 그들이 반대편에 서서 반대하는 것은 문혁을 끝까지 실행하겠다고 결심한 무산계급혁명파와 (그러지 않은) 소자산계급 혁명파를 구분 짓는 것이다. 문혁은 오늘날 구사회의 유산인 모든 오염물질을 가장 철저하게 청소하고 중국 농촌의 수천 년 퇴적된 쓰레기를 씻어버리는 단계에까지 이르러 우리나라의 농촌에 마오 주석과 마오쩌둥 사상의 절대권위를 크게 수립하기에 이르렀다. 이미 중요한 역사적 사명이 우리 각각의 눈앞에 펼쳐져 있다. 위대한 중국 농민운동은 이미 거세게 몰아쳐 길을 열었고 '결파'는 장차 이 폭풍우 속에서 농민운동의 세례를 맞게 될 것이다. 노동자계급과 결합하고 또 농민대중과 결합하여 장차 '결파'는 이전에 없었던 거대한 역량을 갖추게 될 것이다."[18]

긴 인용이지만 이 「결파선언」을 통해 그들의 지향점을 재정리해 볼 수 있을 것 같다. 우선 '농민전쟁', '농민운동', '5억 농민', '농민대중' 등이 빈번이 등장하

---

18   「決派宣言」(第1稿, 1967.12.10), 決派聯絡站 主編, ≪揚子江評論≫, 創刊號(1967.12.25, 第2版).

는 것에서 알 수 있듯이 그것은 바로 농민, 농민운동 그리고 농민혁명에 대한 강조이며 지식인인 자신들이 그들과 결합하여 문혁을 심화시키겠다는 것이다.[19] 하지만 언뜻 당연해 보이는 이들의 구상은 당시 문혁을 주도하던 문혁파의 입장에서 보면 '이단'으로 비춰질 수도 있었다. 거듭 강조하지만 1967년 말의 단계에서 농민의 문혁 참가 내지는 농민운동과 문혁과의 관계는 '연결'이 아닌 '단절'의 대상이었기 때문이었다.[20]

그런데 결파가 처음부터 농민운동에 관심을 기울였던 것 같지는 않다. 이들이 농민운동에 주목하게 된 것은 북두성학회에서 '결파'로 전환한 뒤 얼마 되지 않아 발생한 우연한 사건 때문이었다. 그것은 호북성 시쉬(浠水)현의 농민들이 동료 여섯 명의 시체를 들고 시위한 끝에 우한의 후베이일보사를 점령한 사건이었다. 《후베이일보(湖北日報)》(1967.9.6)가 시쉬현 내의 무장투쟁을 종용하여 희

---

19 또한 '결파'는 동일한 입장에서 지식인과 농민운동의 결합이 효과적으로 이루어졌던 역사적 사례로 오사운동을 들면서 《양자강평론》 창간호는 《인민일보》(1949.5.4)의 천보다의 글 「오사운동과 지식인의 길」을 실었고(「五四運動餘知識分子的道路」, 《揚子江評論》(1967.12.25, 第4版) 그리고 '결파'는 '사론'을 통해 오사운동과 문혁의 밀접한 상관성을 강조했다〔「超越過去中國知識界千百年的成就」, 《揚子江評論》(1967.12.25, 第3版)〕. 이 '사론'은 "농민문제(해결)은 우리나라 민주혁명 성패의 관건이며 또한 우리나라 사회주의혁명 성패의 관건이다. 다시 분명히 말하면 이 무산계급문화대혁명 성패의 관건인 것이다"라고 하면서 "농민교육이 엄중한 문제"라고 천명했다. 결국 그들에게 전 사회의 사회주의 공고화는 농업의 사회화를 통해서야 비로소 가능하며 그것은 자신들과 같은 오사 이후의 세대와 농민 사이의 교육을 통한 결합을 이뤄야만 실현될 수 있었다.
20 '결파'가 하향운동에 기대를 걸었던 사실도 동일하게 잘못된 상황 판단에서 비롯된 것으로 보인다. '결파'는 「消息三則」(《揚子江評論》, 1967.12.25, 第3版)에 베이항부중(北航附中) 총근무원(總勤務員)이 하향하여 베이항홍기와 해방군의 지지를 받았으며 또한 베이징 내의 대학을 지방의 현장으로 옮겨 대중과 결합해야 한다는 칭화징강산의 대자보를 소개했다. 이는 지식인의 하향을 '결파'가 옹호하는 사례로 보인다. 하지만 이후 문혁의 전개 과정에서도 드러나듯 이 하향운동이 단순히 도시 지식인과 농민과의 결합을 의도하지는 않았다. 즉, 본격적인 하방운동의 전개는 도시 문혁대중운동의 중지와 도시청년 실업 문제 해결이란 '결파'의 의도와 전혀 다른 배경을 내포하고 있었다. 그렇다면 농민에 대한 '결파'의 순수함은 이 지점에서 이미 '문혁의 정치'에 의해 훼손될 가능성을 내포하고 있었는지도 모른다.

생자가 나왔던 것이 발단이 되었다. 시위한 농민 조직은 파하일사(巴河一司)였고 그 지도자는 왕런저우(王仁舟)였다. 베이징외국어학원 학생이었던 그는 '정치문제'로 제적된 바 있었고 문혁 이후 복권되었으나 복학을 거부하고 농민과 함께 조반을 일으켰다.[21]

이 사건을 배경으로 희수현에 대한 루리안 등 '결파'의 직접적인 조사(그 결과는 「시쉬농민운동고찰보고(浠水農民運動考察報告)」,[22] 이하 「보고」)가 이루어졌고 여기에서는 「결파선언」(제1고)에서 확인된 농민운동에 대한 관심이 보다 구체적으로 드러났다. 「보고」는 가장 먼저 "과거 모든 무산계급문화대혁명운동은 농민운동이 발동한 것이라 할 수 있고, 중국 혁명의 전체 국면을 좌우하는 문제는 농민운동이다"라고 규정하면 현재의 농민운동이 시쉬, 마청(麻城), 광지(廣濟), 당양(當陽) 그리고 더 멀리 후난, 장시(江西), 푸젠(福建), 옌볜(延邊), 광시(廣西) 등의 지역까지 확대되었다고 판단했다.[23]

「보고」는 1966년부터 1970년까지 계획된 제3차 5개년계획의 조정 정책에 따라 농업생산력이 제고되었고 1958년 때와 같은 혁명적 열기가 소유제 문제에 침투하면서 빈·하·중농의 환영을 받고 있다고 진단했다. 또한 「보고」는 농촌 문혁과 관련하여 "문공무위"를 적극적으로 옹호했고 시쉬현의 '신농촌'에서 전개되는 집체 경제의 강화가 빈·하·중농의 환영을 받는 반면 보수 조직 웅잉총부(雄鷹總部)나 부농의 반발이 있다고 했다. 즉, 집체화를 중심으로 농촌 문혁이 전개되면서 계급노선에 따른 명백한 입장차가 드러났다고 보았다.

---

21 魯禮安, 『仰天長嘯: 一個單監十一年的紅衛兵獄中籲天錄』, pp.219~220, 627 참조.

22 魯禮安, 「浠水農民運動考察報告」(1967.12.30), CCRD 수록, 참조. 이는 필시 마오쩌둥의 「湖南農民運動考察報告」를 모방한 것으로 보인다.

23 이 가운데 특히 흥미를 끄는 곳은 옌볜이다. 기타 지역과 달리 소수민족자치주인 옌볜 지역의 문혁에 대해서는 좀 더 깊이 있는 연구가 필요할 것 같다. 연변 문학에 대한 검토는 정호윤, 「문화대혁명 속 타자·연변을 중심으로-」, ≪인문연구≫, 79(2017), 귀중한 사진 자료집으로는 柳銀珪, 『延邊文化大革命: 10년의 약속』(土鄕, 2010) 참조.

하지만 이렇듯 농민운동을 강조하는 '결과'는 1968년 1월 25일 발표된 「결파선언」(제2고)[24]에 이르면 전혀 다른 입장을 취하게 된다. 단적으로 여기에서는 농민운동이 전혀 언급되지 않았다. 과연 두 달여 사이에 어떻게 상황이 변했는가?

먼저 앞서 소개한 문혁과 농민운동에 관한 당 중앙의 「지시」를 '결파'가 고의든 우연이든 제대로 이해하지 못했음이 보다 명확해졌다. 한 예로 「지시」가 발표된 12월에 이어 곧바로 1968년 1월 1일에 등장한 ≪인민일보≫·≪홍기≫·≪해방군보≫의 공동 '사론' 그 어디에도 농촌 문혁은 언급되지 않는다. 이러한 사실은 중공중앙의 「지시」가 농촌 문혁의 발전과 확산에 의지를 갖고 있지 않았음을 반증한다고 할 것이다. 게다가 실제 운동 과정에서 왕런저우로 대표되는 농민 급진파와 '결파'의 중심 루리안사이의 갈등이 증폭되었다.

본래 둘은 농민의 혁명적 지위와 역할을 둘러싸고 의견을 달리했다.

문화대혁명의 주요 역량은 학생도 아니고 노동자도 아니며 우리들 농민이며 빈·하·중농이다. 우리들 빈·하·중농은 혁명의 주요 역량일 뿐만 아니라 혁명의 영도 역량이다.

이는 급진 농민 조직 파하일사의 지도자 왕런저우의 주장이었다. 반면 계급적 진보는 선진적 생산력과 생산관계와의 연결 여부에 달려 있는 것으로 단순한 경제적 지위로 판단할 수 없다고 이해한 쪽은 '결파'의 루리안이었다. 결국 「결파선언」(제1고)은 학생과 농민의 결합을 강조하는 선에서 절충된 결과였고, 파하일사의 등장으로 농민운동이 고조될 것이라는 판단에서 이루어졌다. 이렇듯 왕런저우와 '결파' 사이에는 갈등이 봉합된 상태였기 때문에 점차 공개적으로 충돌하

---

24   이하 선언은 武漢地區決派聯絡站, 「決派宣言」(第2草稿, 1968.1.25), CCRD 수록, 참조.

기 시작했다. 심지어 파아일사가 점령한 후베이일보사에서 금서가 반출된 일을 계기로 왕런저우가 '결파'의 명의로 루리안을 '음모가·야심가'로 낙인찍고 조직에서 제명시키는 일까지 벌어졌다.[25] 또한 시쉬현에 대한 사회조사를 실시하고 그 '신농촌'을 열렬히 찬양했던 루리안 등이 파하일사에 의해 쫓겨나기도 했다. 그렇기 때문에 시쉬현은 비록 대외적으로는 '혁명적 창거'를 일으킨 곳이며 '공산주의의 맹아'로 선언되었지만 실상은 달랐다. 하지만 왕런저우에 대한 개인적 불만 때문에 시쉬 농민운동의 발전을 부정할 수 없었기 때문에 루리안은 「보고」를 통해 "파하일사로 대표되는 시쉬 농민운동이 위대한 농촌혁명의 폭풍을 예시한다는 사실은 의심의 여지가 없다"고 했다.[26]

이상과 같은 배경에서 1968년 1월 20일 우한시 혁명위원회가 성립되는 시점에 '결파'는 농민운동에 대한 관심을 현격히 줄이는 대신 혁명위원회의 등장이라는 문혁의 새로운 상황 전개에 직면하여 대책 마련에 부심했다.

3. '결파'와 혁명위원회, 그리고 파리코뮌

'결파'의 「결파선언」(제2고, 이하 「선언2」)은 혁명위원회 문제에 초점을 맞췄다. 관련된 부분을 정리하면 다음과 같다.

---

25 이들 금서 가운데는 『제3제국의 흥망』(미국 윌리엄 L. 샤이러), 『비밀전』(미소 간첩활동 묘사), 『모싸드』(摩薩德, 이스라엘 특수요원 활동), 『전쟁회억록』(드가우레), 『제4 국제인터네서날』(트로츠키), 『해동』(이리야 그리고르에비치) 등이 포함되었다. 금서 반출과 루리안의 제명에 대해서는 魯禮安, 『仰天長嘯: 一個單監十一年的紅衛兵獄中籲天錄』, pp. 223~234 참조.

26 이상, 루리안과 왕런저우의 대립 및 회수농민운동에 대한 내부적 평가는 魯禮安, 같은 책, pp. 223~234 참조. 심지어 루리안은 이 회고에서 회수 농촌은 실질적으로 러시아 10월 혁명 이후, 혹은 중국 소비에트정권 시기의 전시공산주의로서 역사에 반하며 그를 주도한 왕런저우의 극좌 정책을 캄보디아 폴포트 정권의 그것에 다름없다고 고백했다.

① 혁명위원회는 두 개의 큰 파벌 대립을 결코 소멸시키지 못한 채 새로운 두 파벌로서 이전 '강신투쟁(鋼新鬪爭)'과 전혀 다른 새로운 모순을 억압하는 데 불과하므로 새로운 투쟁 형식으로 과거의 것을 대체한 것이다.

② (혁명군중 조직을) 취해서 그것을 대신한 것이 혁명위원회이다.

③ 혁명위원회라고 하기보다는 그 가운데 일부 강한 대표 세력이 새롭게 성장한 군과의 투쟁으로 대체되었다고 하는 편이 더 낫다.

④ 혁명위원회는 그 안에 각기 파성(派性)이 강한 세력들이 억압받아 잠시 공존한 불안정한 동일체에 불과하며 … 이렇게 각파의 정치 세력으로 조성된 임시권력 기구는 결코 장기적으로 유지될 수 없고 반드시 한 파가 투쟁을 통해 통치지위를 획득하게 될 것이다.

⑤ 혁명위원회는 혁명군중 스스로 창조한 신사물로서, 반드시 혁명군중 스스로에 의해 소멸될 것이다.

이렇듯 '결파'는 혁명위원회에 분명히 반대함과 동시에 자신들에게 공격·파멸의 임무가 있음을 천명했다. 아울러 '결파'는 이러한 반혁명위원회 투쟁이 자신만의 것이 아니라 하얼빈의 '포굉파(炮轟派)', 구이저우(貴州)의 '사일일(四一一)' 등의 투쟁 노선으로부터 영향을 받았다고 했다.[27]

그런데 혁명위원회는 '탈권' 투쟁 이후 기능이 마비된 기존 정치체제를 대신하여 문혁 중국을 실질적으로 이끌어갈 새로운 국가기구이자 권력기구로 등장했고 당연히 마오쩌둥을 중심으로 하는 문혁 지도부의 승인을 얻은 것이었다. '결파'가 이러한 혁명위원회를 임시권력기구로 파악하고 타도 투쟁을 선포한 것이

27　이하 선언은 武漢地區決派聯絡站, 「決派宣言」(第2草稿), CCRD 수록, 참조. 또한 위에 등장하는 '강신투쟁'은 문혁 시기 우한지구의 군중 조직 강공총(鋼工總), 강구일삼병단(鋼九一三兵團), 마오쩌둥사상홍위병강이사(毛澤東思想紅衛兵鋼二司)(이상 '3강')와 신화공(新華工), 신호대(新湖大), 신화농(新華農)(이상 '3新') 사이의 분파 투쟁을 가리킨다.

다. 구체적으로 그들은 자산계급 국가체제에 대한 '탈권' 이후 등장한 혁명위원회가 '평화적 과도'의 길을 통해 새로운 정식 국가기구로 전환될 것이라는 '화평전환론(和平過渡論)'을 명확히 부정하며 '잔혹한 투쟁'으로 단련된 새로운 통치 집단이 등장할 것이라 했다. 혁명위원회의 구성 변화를 통한 '화평전환'이 아닌 타도 투쟁 속에 등장하게 될 '새로운 통치집단'은 곧 그들 '결파'가 될 터였다. 혁명위원회를 통한 문혁 수습을 꾀하던 마오쩌둥, 그리고 혁명위원회 3결합 가운데 우위를 확보한 군 및 그 대표인 린뱌오 등 문혁파에게 이러한 선언은 명백한 도전이었다.

한편 혁명위원회의 '화평전환' 문제와 관련하여 사회주의혁명의 고전적 논쟁이라 할 수 있는 '2차 혁명론'이 제기될 수 있다. 사실, '결파'는 자신들이 '좌파전화론'을 주장한다고 공격받는 것에 그 '죄상'을 인정했다. 여기서 '좌파전화론'이란 '2차 혁명론'의 한 형식이며 천보다에 의해 '신단계론'과 함께 비판받았던 형식적 단계론을 가리킨다. 또한 이 주장은 쟝칭의 「11·12지시」와 린뱌오의 「10·24지시」에 의해 이미 신랄하게 공격받은 바 있었다.[28] 그렇다면 '결파'는 무슨 이유로 이 주장을 다시 제기하는 것일까? 그것은 혁명위원회를 임시권력기구로 파악하면서 그 성립 과정을 '1차 혁명'으로, 그리고 그다음 단계의 혁명을 폭력적 '2차 혁명'으로 상정하려는 자신들의 혁명관을 좀 더 분명하게 드러내기 위한 것으로 보인다.

혁명위원회를 둘러싼 논쟁은 자연스럽게 국가권력 문제와 연결되었다. 즉, 혁명위원회 이후의 권력은 어떠한 형태를 취해야 하는가? 그리고 이 문제는 바로 파리코뮌의 이상과 관련되었다. 1966년 문화대혁명 개시 이후 파리코뮌은 당 기관지인 ≪인민일보≫와 ≪홍기≫ 등을 통해 당 지도부는 물론 대중에게도 널리

---

28   이상, 省無聯一中紅造會鋼三一九兵團奪軍權一兵, 「中國向何處去?」(1968.1.6), ≪廣印紅旗≫
      (1968.3), CCRD 수록, 참조.

알려진 친숙한 어휘였다.[29] 주지하는 바와 같이 문혁을 통한 주자파=당권파 타도 이후 권력 대안으로서의 파리코뮌은 천보다를 주축으로 한 문혁파의 핵심 주장이었다. 중앙문혁소조의 왕리 역시 '탈권' 이후의 권력 형식으로 파리코뮌을 제안했다.[30] 또한 그가 편집 책임을 맡은 ≪홍기≫(1967년 3기)는 "이때(1966년 6월 1일), 마오 주석이 영명하고 천재적으로 우리 국가기구가 장차 참신한 형식을 출현시킬 것을 예견하셨다"고 하여 파리코뮌의 실현과 마오쩌둥을 연결시켰다.[31]

하지만 천보다의 '무력화',[32] 왕리·관펑·치번위의 실각과 ≪홍기≫의 정간, 상하이인민공사의 해체, 대표적 극좌파 조직 성무련에 대한 탄압 등 일련의 상황 변화에 파리코뮌은 이제 더 이상 '혁명어'가 아니라 '금기어'가 되었다. 그 결과 대중매체에 빈번하게 등장하던 표현도 1967년 하반기에 이르면 공식 문건에서 점차 찾아보기 힘들게 되었다.[33]

그러나 다음에서 보듯 '결과'의 문건 가운데에는 여전히 (파리)코뮌이 등장한다.

① 보통의 노동자와 파리코뮌 사원이 쓰는 1871년 코뮌역사는 역사가의 논술을 뛰

---

29 문혁의 전개와 파리코뮌의 관계에 대해서는 이정희, 「문화대혁명 초기 상하이인민공사에 관한 연구: 파리코뮌 모델과 노동자 조반운동을 중심으로」, 영남대학교 사학과 대학원 석사학위논문(2012.6) 참조.

30 王力, 「王力與北京廣播電台兩派同志的談話」(1967.1.30); 「王力談≪紅旗≫第三期社論精神」(1967.1.31), 모두 CCRD 수록, 참조.

31 ≪紅旗≫雜誌社論, 「論無産階級革命派的奪權鬪爭」(1967-3), 『人民日報·紅旗·解放軍報社論選』(1966~1969), 출판사, 출판 일자 불명, p.243.

32 파리코뮌의 이상과 천보다의 부침에 대해서는 백승욱, 「천보다(陳伯達)를 통해 본 중앙문혁소조의 문화대혁명」, ≪현대중국연구≫, 12(2010) 참조.

33 CCRD에 수록된 자료 가운데에서 '파리코뮌(巴黎公社)'이란 검색어로 '전문검색'을 시도해보면 총 154건의 '검색결과'가 등장한다. 이 가운데 1968년 이후의 것은 단지 26건에 불과하다. 본문에 중복되어 등장한 경우까지 포함한다면 그 빈도의 감소 현상은 더욱 두드러질 것이다.

어넘는다.[34]

② 노동자계급과 결합하고 또 농민대중과 결합하여 장차 '결파'는 이전에 없었던 거대한 역량을 갖게 될 것이다. (이때) 파리코뮌의 사원이 크게 소리친다. "저 화로의 불이 크게 타오를 때 그 열로 철을 두드려야 비로소 성공할 수 있다."[35]

③ 정치혁명은 필연적으로 사회혁명을 수반하며 공사의 원칙은 영원히 존재한다. 임시권력기구 — 혁명위원회 — 의 과도기를 통과하여 이날에 도달할 수 있다. 이것이 곧 1960년대 중국 대지에서 발생한, 역사상 전례 없는 것으로 무산계급문화혁명이 세계와 역사에 선포한 획기적인 사회적 산물인 베이징 인민공사이다.[36]

④ 만약 그들(즉 '결파')이 전국 최초의 마르크스·레닌주의 대자보를 '1960년대 베이징 인민공사 선언'으로 높이 평가한 모 주석의 중대한 외의를 제대로 이해하지 못한다면, 큰 대가를 치루고 무수한 경험을 한 이후에야 비로소 "당내 자본주의 길을 걷는 일부 당권파가 장악한 일부 국가권력이 실제적인 자산계급의 국가기구임"을 이해할 수 있을 것이다.[37]

⑤ 최근 마오 주석은 혁명위원회의 기본 경험에 대해 빈틈없이 정확하고 자세하게 다음과 같이 지적했다. "혁명위원회는 일원화의 영도를 실행하고 중층적 행정기구를 타파하며 군을 정예화하고 행정을 간소화하며〔정병간정(精兵簡政)〕(대중과 관계된) 혁명화한 영도그룹을 조직해야 한다."[38]이것은 혁명위원회에서 공사로 전화하는 구체적 경로를 가리킨 것이다. 또한 마오 주석의 뛰어난 「5·7 지시」[39]는 혁명인민이 스스로 참신한 국가기구를 창조할 것이라는 위대한 청사

34   「北斗星學會宣言」(1967.12.10); 「創刊辭」, 《揚子江評論》, 創刊號(1967.12.25).

35   「北斗星學會宣言」(1967.12.10); 「決派宣言」(第1稿, 1967.12.10).

36   「怎樣認識無産階級政治革命」, 《揚子江評論》, 第10期(1968. 6. 12).

37   「無産階級文化大革命中各種派別的分析」, 《揚子江評論》, 第11·12期 合刊(1968.6.20).

38   毛澤東, 「關于革命委員會的基本經驗」(1968.3), CCRD 수록, 참조.

진을 보여준다. 공사는 반드시 무산계급문화대혁명이 분출한 가장 놀랍고도 규율에 부합한 기적이 될 것이다.[40]

①, ②의 파리코뮌은 '결파'의 지향을 상징적으로 보여줄 뿐 정치적 의미가 강하게 드러나지 않는다. 하지만 ③, ④의 '베이징 인민공사'는 문혁을 통해 중국에 파리코뮌을 실현하겠다는 강한 의지의 표현이다. ④의 내용은 잘 알려져 있듯이 베이징대학 녜위안쯔 등의 대자보 「쑹수오·루핑·펑페이윈은 문화대혁명 가운데 도대체 무엇을 했는가(宋碩·陸平·彭佩雲在文化革命中究竟幹些什麼)?」[41]를 마오쩌둥이 1960년대 베이징 인민공사 선언으로 높이 평가했다는 사실[42]을 가리킨다.

그런데 '결파'가 1968년 6월의 시점에서 마오쩌둥의 인민공사를 언급했다는 점에 주목해 볼 필요가 있다. 사실 녜위안쯔 등의 대자보에는 코뮌에 대한 언급이 한 번도 등장하지 않는다. 그럼에도 불구하고 마오쩌둥은 그 대자보의 주장을 코뮌과 관련지었고, '결파'는 또다시 상하이인민공사 좌절 이후 거의 사어(死語)가 된 코뮌을 부활시켰다. 이는 1966년의 마오쩌둥과 마찬가지로 1968년의 '결파'에게도 코뮌이 여전히 절실했음을 반영하는 것으로 보아도 무방할 것이다. 또한 ④에서 "자본주의 길을 걷는 당내의 일부 당권파에게 장악된 이 국가기구는 실제적으로 자산계급의 국가기구이다"[43]라는 린뱌오의 주장을 인용한 것 역시 코뮌의 필요성을 부각시키려는 '결파'의 전략적 배치라 할 수 있다.[44]

---

39 毛澤東, 「對總後勤部關于進一步搞好部隊農副業生産報告的批語」(1966.5.7), CCRD 수록, 참조.

40 「無産階級文化大革命中各種派別的分析」, ≪揚子江評論≫, 第11·12期 合刊(1968.6.20).

41 대자보 원문은 譚放, 『文革大字報精選』(香港: 明鏡出版社, 1996), pp.22~24.

42 毛澤東, 「在中央擴大會議上的講話(1966.8.4), CCRD 수록, 참조. 또한 녜위안쯔의 이 대자보의 의미에 대한 자세한 분석은 金恩英, 「文化大革命時期 大衆革命思想 硏究: 革命文章 분석을 중심으로」, 서울대학교 대학원 중어중문과 석사학위 논문(2008.8), pp.25~43 참조.

43 린뱌오의 주장은 「中共中央批轉林彪同志"八·九"重要講話」(1967.10.19; 中發[67] 320호), CCRD 수록, 참조.

결국 마지막 ⑤까지 종합해 볼 때 '결파'는 '탈권'→혁명위원회→코뮌(공사)으로 이어지는 경로로 '계속혁명론'을 주장했으며, 그 근거로 녜위안쯔의 대자보, 그에 대한 마오쩌둥의 평가, 린뱌오의 8월 9일 강화, ≪홍기≫ 1967년 3기, 마오쩌둥의 「5・7지시」등 문혁파로부터 인정받은 공식 주장을 제시했다. 그리고 이는 곧 "구(舊)국가기구의 파괴" 및 "참신한 정권 조직 형식=공사의 창출"이었다.

한편, '결파'의 핵심 루리안은 국가 권력 문제와 관련해 어떠한 입장을 취했는가? 그에게 혁명위원회는 각 파벌 사이에 조정・중재를 통해 이루어진 절충주의의 전형적인 산물이었다. 하지만 그는 혁명위원회라는 '신사물'이 비록 혁명군중에 의해 만들어졌고 또 그들에 의해 역사 무대에서 사라지게 될 운명에 있었지만, 혁명위원회 내부의 1/3을 혁명군중이 차지한다는 점에서 역사적 진보로 평가받을 수 있음을 인정했다.[45] 이러한 사상적 '유연성'은 그가 국가 자체를 부정

---

44 '결파'가 ④에 뒤이어 1967년 제3기 ≪홍기≫ '사론'을 인용한 것도 같은 이유에서였다. '결파'가 인용한 내용은 이러하다. "이들 계통적 '탈권' 투쟁은 반드시 구국가기구를 타도한다는 마르크스주의적 원칙을 실행해야" 하며 "자산계급 독재의 기구로 변모한 것에 대해 우리는 당연히 그것을 있는 그대로 접수할 수 없으며 개량주의를 채택할 수 없고 하나로 합치될 수 없고 평화적 단계 변화를 기할 수 없으니 반드시 철저하게 파괴해야 한다"〔≪紅旗≫雜誌社論, 「論無産階級革命派の奪權鬪爭」(1967-3), 『人民日報・紅旗・解放軍報 社論選』(1966~1969), 출판사, 출판 일자 불명, p.242〕. 이 주장이 포함된 ≪홍기≫ 1967년 제3기는 이후 마오쩌둥에 의해 '극좌'로 비판받았고 그 책임을 물어 편집책임자인 왕리가 숙청되고 한동안 발행이 중단되는 사건이 전개되었다.

45 이렇듯 우한극좌파에게 혁명위원회에 대한 평가는 약간 애매하다. 즉, 후베이의 극좌파는 코뮌에 대해 선명한 입장을 밝혔지만, 혁명위원회의 존재를 인정한 바탕에서 그에 대한 공대회(工代會)의 우위를 주장하는 주훙샤(朱鴻霞) 등이 반복고운동을 전개했고 여기에 샤오우눙(肖務農)이 창간한 잡지 ≪백하쟁류(百舸爭流)≫를 중심으로 1969년 부활한 '결파' 조직원이 가담했다〔中津俊樹, 「中國文化大革命期における紅衛兵の「極左思潮」について-革命委員會の成立を巡る動きを中心に-」, ≪アジア經濟≫(2005.9), pp.33~34〕. 나칸 도시키는 이를 통해 혁명위원회 존재 인정 여부와 코뮌 실현을 위한 전위당 필요 유무를 둘러싼 성무련과 '결파'를 중심으로 한 극좌파, 극좌사조 내의 차별성을 강조했다. 1969년 우한의 '반복고운동'과 '결파'의 관련에 대해서는 王紹光, 『理性與瘋狂 : 文化大革命中的群衆』, pp.226~239 참조.

하는 무정부주의에 반대하는 데서도 드러났다. 하지만 그의 코뮌 구상이 전면 선거제에 의한 공직자의 선출과 해직, 그리고 인민의 감독과 관의 특권 배제 등으로 구체화되었다는 점에서 본다면 향후 극좌파로 지목될 급진 조반파의 그것과 크게 다르지 않았다. 이러한 생각은 성무련의 강한 영향을 받아 그가 작성한 '결파'의 「장정」에 잘 드러난다.[46]

'결파'가 목전에 둔 분투는 구 성시위원회 타도 투쟁과 당내 한 줌 주자파를 향한 '탈권' 투쟁 그리고 혁명군중운동 가운데 탄생한 젊은 홍색정권·임시권력기구 ― 혁명위원회 ― 를 공공하게 만들려는 것이다. 아울러 그것을 거쳐 파리코뮌식의 참신한 국가기구 ― 진정한 대표성과 무산계급 권위를 가진 정식 권력기구 ― 인 우한인민공사를 위해 분투해야 한다.[47]

한편, 코뮌에 대한 그의 신념은 1968년 3월 18일 파리코뮌을 기념하여 쓴 다음 일기에 잘 나타난다.

일반적으로 러시아 10월 사회주의혁명은 성공이며 무산계급혁명의 시대적 승리라고 생각한다. 그러나 비교적 긴 역사단계로부터 문제를 바라보면 우리는 러시아 10월 혁명이 반세기가 지난 시점에서 최종적으로 실패했다고도 말할 수 있다. 반대로 프랑스 파리코뮌은 비록 72일만 존재해서 통상적으로 실패했다고 생각되지만, 나는 파리공사의 원칙이 영원히 존재한다는 관점에서 볼 때, 파리공사 역시 승리했다

---

46 '결파'에 대한 성무련의 강한 영향에 대해서는 王紹光, 같은 책, pp.213~214. 그런데 흥미로운 것은 루리안이 우한인민공사를 실현시키기 위해서는 1927년의 공산당이 했던 것과 마찬가지로 '결파'가 농촌으로 들어가야 한다고 하면서 농민운동과의 결합을 강조하고 있다는 점이다.

47 「(決派)章程」(1968.2), 王紹光, 『理性與瘋狂-文化大革命中的群衆』(香港: 牛津大學出版社, 1993), p.214.

고 생각한다.[48]

이러한 그의 판단은 나중에 10월 혁명의 길을 부정했다고 비난받기도 하지만 그에게 코뮌이 어떤 의의를 가졌는지 분명하게 보여준다.[49] 그에게는 군대 문제 역시 상비군을 국민군으로 대체할 필요가 있는데 이를 통해 농민의 납세 부담을 줄일 수 있기 때문이었다. 또한 그는 이것이 이미 마오쩌둥의 「5·7지시」에서 이미 실현되었다고 이해했다. 마오쩌둥은 이 지시 가운데 "군대는 응당 대학교이어아 하고 … 이 내학교에서는 정치·군사·문화를 배우며 또한 부업생산에 종사하고 중소공장을 운영할 수 있다. … 군학(軍學)·군농(軍農)·군공(軍工)·군민(軍民) 등의 항목은 모두 겸할 수 있다"고 지적했기 때문이었다.[50]

이상과 같은 '결파'와 노례아의 주장을 통해 그들이 궁극적인 정치 목적은 분명해 보인다. 문제는 이 목적을 달성할 수 있는 방법에 있었다. 이때 반드시 고려해야 할 것이 당의 문제이다. "혁명 정당 없이 혁명 없다"는 레닌주의의 원론에서 보아도 이미 분명하게 드러나지만, '결파' 역시 혁명당의 필요성에 공감했다. 그러나 문제는 그것과 기존 중국공산당과의 관계에 있었다.[51] '결파'는 중화

---

48   이상, 魯禮安, 『仰天長嘯: 一個單監十一年的紅衛兵獄中籲天錄』, pp.247~248 참조.
49   그는 또한 1968년 초 마르크스의 『프랑스 내전』 가운데 등장하는 파리코뮌에 관한 다음과 같은 언급에 주목했다. "노동자계급은 기존의 국가기구를 간단하게 장악할 수 없으며 또한 그를 이용하여 자신의 목적을 달성할 수 없다." "(이 국가기구는) 중앙집권 국가정권 및 각지에 편재된 기관 ― 상비군, 경찰, 관료, 성직자 및 법정 ― 이다." "이들 계통과 등급의 분업 원칙에 따라 건립된 기관은 사람을 매혹시키는 관직, 금전, 권세를 지녔기 때문에 통치계급 가운데 권리 쟁탈에 나선 당파와 모험가들 사이에서 쟁탈의 대상이 된다." "따라서 계급통치의 군주제 형식을 소멸시켜야 할 뿐만 아니라 계급통치 자체인 공화국 형식을 소멸시켜야 하고 … 각종 사회 직능의 행사는 사람들이 과거 국가기구에서와 같이 자신들을 현실 사회를 능가하지 못하게 해야 하며" "항상 절실한 감독 아래에 위치하게 해야 한다"(魯禮安, 같은 책, p.246).
50   魯禮安, 같은 책, p.247. 또한 문혁사에서 이 지시가 지닌 높은 의의에 대해서는 矢吹晉, 『文化大革命』(講談社, 2010, 第19刷), pp.83~91 참조.
51   이하 혁명당에 대한 '결파'의 입장은 馮天艾, 「怎樣認識無産階級政治革命」, ≪揚子江評論≫, 第10

인민공화국 건립 이후 20년이 지난 당시의 중국 사회가 "새로운 관료자산계급을 형성했다"는 데서 혁명의 당위성을 찾았다. 이들 계급을 타도하기 위해선 무산계급혁명파와의 연합과 그들을 대표할 혁명당이 필요했다. 그런데 그들이 보기에 사회민주당 → 볼셰비키 당 → 사회민주당이라는 국제공산주의운동의 변화에 조응하여 중국공산당도 문혁이란 계급투쟁 과정에서 수많은 문제점을 드러냈고 중앙에서 지방까지 모두 분열되었으며 또한 사회민주당 더 나아가 파시스트당으로 변모했다. 즉, 혁명의 결정적 순간에 중국과 세계 각국의 공산당 모두에게는 새로운 개조, 새로운 건설, 새로운 조직이 필요하다는 것이었다. 하지만 문혁파가 보기에 이러한 주장은 현존 공산당에 대한 명백한 도전이었다.

더욱이 '결파'가 보기에 기존 공산당은 중앙에서 지방까지 중도파, 즉 카우츠키파가 장악하고 있으며 혁명 진영의 우경 기회주의사조는 바로 당 중앙 내부 종파의 사회적 기초가 된다고 보았다. 이러한 주장은 문혁파의 시각에서 보면 명백히 좌편향, 곧 극좌파로 규정되었을 것이다.

이러한 비판 위험에도 불구하고 '결파'가 우파 특히 중도파인 카우츠키파를 비판한 이유는 무엇일까? 이하에서는 이러한 질문에 답하는 방식으로 '결파'의 지향점을 좀 더 분명하게 살펴보도록 한다. 그들은 자신들의 정치적 입장을 기존 정치 파벌과의 비교를 통해 분명하게 드러냈다. 먼저 문혁 내의 파벌은 ① 극우세력, ② 보수파, ③ 혁명조반파, ④ 중도파-카우츠키파, ⑤ "형좌실우"파(形左實右派), ⑥ "무산계급문화대혁명을 끝까지 추진하고자 결심한" 무산계급혁명파 등 여섯으로 구분되었다. 여기서 ⑥은 곧 그들 자신인 '결파'를 가리킨다. 그들이 파악하는 각각의 특징은 다음과 같다.[52]

期(1968.6.12), 宋永毅·孫大進, 『文化大革命和它的異端思潮』, pp.353~354 수록, 참조.

52 「無産階級文化大革命中各種派閥的分析」, ≪揚子江評論≫, 第11期, 12期 合刊(1968.6.20), CCRD 수록, 참조. 이 글은 우한대학 역사과의 楊秀林에 의해 작성되었다. 빈농 출신 土家族인 그는 루리안 체포 이후 그의 구명운동에 앞장서며 「魯媽媽訪問記」를 ≪揚子江評論≫에 실었고 이후 류

이 가운데 ① 극우 세력〔베이징의 '연동', 우한의 '특동(特動)', 광저우의 '주의병(主義兵)' 등)〕은 자산계급사령부의 사회적 반영이며 그들 부모가 지녔던 기형적 병태의 재현이었고, ② 보수파는 공산당원, 노동모범, 적극분자 가운데 기득권 집단으로 현 질서를 변화시키려는 무산계급혁명파에 반대했다. ③ 혁명조반파(상강풍뢰, 수도3사, 우한3강 등)는 문혁 초기 50여 일의 백색공포하에서 상당 부분 탄압받았으며 노동자계급 좌파의 지도하에 있는 각 혁명계급·계급·개인의 연맹이기 때문에 필연적으로 내부의 파벌과 분화가 발생한다. 다음 ④ 중파-카우츠키파〔우한의 신파(新派), 녜위안쯔를 지도자로 하는 베이징 천파(天派) 우익, 후난의 학사(學司), 허난의 하조총(河造總), 쓰촨의 홍성(紅成)과 팔일오(八一五) 등〕는 '결파'의 주요 비판 대상이었다. 이들은 혁명 과정에서의 '과화'를 핑계로 철저한 문혁노선을 부정하기 때문에 그들과의 투쟁은 혁명의 중심 임무가 될 것이라 했다. '결파'가 보기에 그들은 스스로 중도를 표방한다고 하지만 실제로는 우파로 기울기 때문이었다. 따라서 카우츠키파에 대한 '결파'의 공격은 좀 더 치밀하고 집요했다.[53]

'결파'는 자신들의 이데올로기적 계급적 선명성을 보다 명확히 드러내기 위해서라도 중도파에 대한 공격이 필요했다. 먼저 '결파'는 1968년 4월 4일 발표된 "극좌사좌 비판에 힘을 기울이지 않는 것은 곧 우경보수주의이다"라고 선언한 중도파의 주장을 강하게 비판했다. 우경적 분열 가능성이란 현실을 도외시한 채 극좌사좌 비판에만 몰두한 카우츠키파에 '결파'는 동의할 수 없었던 것이다. 이는 곧 '결파'가 극좌파임을 증명하는 것은 물론 아니지만 그들의 극좌적 경향성 내지는 이후 그들이 극좌파로 지목될 수 있는 여지를 보여준 것이라고 할 수 있다. '결파'는 좀 더 구체적으로 카우츠키파의 한계를 다음과 같이 지적했다. ①

평에 의해 마오쩌둥 비판, 사회주의 모독 등을 이유로 비판받고 투옥당했다(그의 행적은 魯禮安, 『仰天長嘯: 一個單監十一年的紅衛兵獄中籲天錄』, pp.239~240 참조).

53   新華工決戰決勝戰鬪隊, 「無産階級文化大革命與叛徒考茨基-爲捍衛516通知的原則性與純潔性而作」, ≪揚子江評論≫, 總第8期(1968.5.16) 참조.

그들이 적극 고취하는 당파성이란 모두 초계급성, 무원칙성을 가지고 있었다. ② 무조건적인 대연합 실현을 주장한다. ③ "(그들은) 현재의 투쟁은 단지 공(公)과 사(私)의 투쟁이지, 혁(革)과 보(保)의 투쟁이 아니다"라고 한다.

동일한 맥락에서 '결파'는 카우츠키파의 다음과 같은 발언을 문제 삼았다.

우파를 비판할 수도 있고 극좌를 비판할 수도 있다.
우파를 비판할 때 만약 좌파가 또 뛰쳐나오면 좌 또한 일제히 제거해야 한다.
우파를 비판할 때 좌파 반대를 잊어서는 안 된다.

중도파는 전체적으로 좌와 우 가운데 중도를 지향하고 있지만 우파보다는 (극)좌파의 등장에 더욱 주의를 기울이고 있음을 알 수 있다. 즉, '결파'가 보기에 카우츠키파 비판의 초점은 우파가 아니라 좌파에 있었던 것이다. 또한 그들은 카우츠키파에 상하이의 권위 있는 신문 편집부 또는 장춘챠오가 포함된다고 파악한 것으로 보인다. 왜냐하면 ≪베이징일보≫ 사설 「우경보수주의 타도(打倒右傾保守主義)」가 상하이 신문에 전재되지 않았기 때문이었다. 이 사설은 극좌사조를 비판하다가 결국은 2월 '반혁명 역류'로 귀결되었다고 비판했고 반혁명 폭력에 혁명적 폭력으로 대항하는 상황에서 "무기를 내려놓는 것"은 혁명인민에 대한 범죄라고 단정했다. 그 밖에 '결파'는 구체적으로 장춘챠오 이외에 탄전린(譚震林), 쉬샹첸(徐向前), 예젠잉(葉劍英), 위치우리(餘秋裡) 등을 카우츠키파에 포함시켰다. 이상 살펴본 바대로 '결파'는 좌파의 입장에서 중도파를 비판했지만 자신들을 극좌파와 구분했다. 그들은 극좌파 조반파를 소자산계급혁명가의 조급증과 보복 심리를 극복하지 못한 "형좌실우"파로 규정했던 것이다. 하지만 문혁파가 이러한 자의적 규정에 설득되어 극좌파 비판운동에서 그들을 제외시킨 것은 아니었다.

제 III 부

극좌파 반대운동의 전개와 그 대응

제7장

성무련 반대운동

극좌파에 대한 문혁파의 공격은 대표적 극좌 조직으로 알려진 후난 성무련에 집중되었다. 먼저 당 중앙은 양시광의 「중국은 어디로 가는가」를 비롯한 성무련 의 「강령」, 「결정」 등이 개인에 의해 독자적으로 이루어진 것으로 판단하지 않 았다. 그 근거로 성무련 비판 자료인 「대독포-「8·2 비밀편지」」가 제시되었다.[1] 이것은 본래 1967년 8월 2일 베이징역에서 한 여행객이 분실한 편지이다. 그 가 운데 문제로 삼은 부분은 다음과 같다.

> 현재 새로운 단계에 들어섰으니 마땅히 상응하는 새로운 요구를 제출해야 한다. 이 것은 또한 우리의 「선언」, 「강령」 가운데 반영되어야 하는데 … (이를 위해) 대오 를 정비하고 조직을 발전시켜야 한다.

당 중앙은 이것을 성무련과 연결시켰다. 더 나아가 보다 구체적으로 앞서 소 개한 쑹사오원을 편지의 작성자로 지목했다. '과거' 문제가 있었던 그는 '새로운

---

1   「8·2密信」은 省直文化系統革命派批判"省無聯"聯絡站編, ≪湖南文藝戰報≫(1968.3.15)에 수록되 어 있다.

단계', 즉 성혁주 체제가 성립할 즈음 마오쩌둥, 린뱌오, 저우언라이 등을 비판했고, 조반파를 상대로 무장폭동을 고취시켰으며, "'탈권'을 위해서는 반드시 군권을 탈취해야 한다"고 선동한 '반혁명분자'이자 성무련의 '반동 참모(黑參謀)'라고 비판받았다.[2]

편지는 첫머리에 "단지 화(華), 빙(冰), 추(楚) 셋만 보고 읽은 뒤 바로 없애기 바란다"라고 시작한다. 비밀 편지에 등장하는 이 셋은 각각 누구를 가리키는가? 이에 대해 홍중회(紅中會) 소속 샹쟝중학(湘江中學) 조반파 조직 동표(東彪)·징강산인(井岡山人) 지도자 가운데 한 명인 양다칭(楊大慶)은 다음과 같이 회고했다.[3]

후난의 반저우(은라이) 세력에는 성화극단(省話劇團) 문예계홍색조반단의 쑹사오원 일파도 있다. 그 근원은 베이징 문예계의 성화요원(星火燎原)으로 칭해진 창사공인(長沙工人) 지도자 장추경(張楚梗)[4]에 있었다. 쑹은 베이징 담판[5] 기간에 여러 차례 장추경에게 반저우 사상을 주입했으며 일로 베이징을 떠날 때 고교풍뢰 류룽화(劉榮華)에게 보낸 장문의 편지에서 이들 문제에 대해 이야기했다.

양다칭의 회고를 참고한다면 인용한 '장문의 편지'가 곧 「8·2 비밀편지」가 될 것이기 때문에 편지에 등장하는 '화'와 '추'는 장사공인의 장추경과 고교풍뢰의 류룽화를 가리킬 것이다. 또한 '빙'은 후난의 저명한 징강산홍위병의 세뤄빙을 지칭하는 것으로 보인다. 그러나 장추경과 세뤄빙은 성혁주에 참가했으므로 성

---

2   위의 편지를 소개한 편집자의 주 참조. 아울러 앞서 성무련 사건과 관련하여 그가 징역 15년의
     중형을 처해진 것은 바로 이러한 사정 때문이었을 것이다.

3   楊大慶, 「文革中的長沙"紅中會"」 참조.

4   원문에는 장추비옌(張楚鞭)으로 되어 있지만 창사공인의 지도자 장추경의 오타로 보여 바로잡
     았다.

5   이것은 이미 지적한 바 있는 1967년 7월 말 저우언라이, 치번위 등과 후난 군중 조직 지도자들
     사이에 이루어진 담판을 가리킨다.

무런과 거리를 둘 수밖에 없었지만 고교풍뢰의 류룽화와 그 지도자인 저우궈휘를 통해 성무련의 「강령」과 「결정」에 어느 정도 영향을 미칠 수 있었을 것이다.[6] 게다가 쑹사오원은 이 편지 이전에 내부의 '좌'적 문제에 대한 자신의 견해를 창사로 보냈다고 하고 있기 때문에 이들 사이의 의견이 일회적으로만 교환되었던 것 같지는 않다.

편지의 필자가 스스로 밝혔듯이 깊이 있는 내용의 글도 아니어서 단편적이며 잘못된 부분도 있을 수 있고, 또한 장추경과 셰뤄빙의 경우처럼 성무련에 적극적으로 참가하지 않는 자들을 대상으로 하고 있었다. 하지만 중공중앙이 이 편지를 성무련과 무리하게 연결시켜 비판하려한 것은 과거 국민당 조직에 가담했던 '반혁명분자' 쑹사오원을 성무련의 배후로 지목하여 '반동성'을 보다 명확하게 드러내려는 정치적 의도에서 비롯되었다고 할 수 있을 것이다. 성무련이 배후를 추궁하려는 중앙의 이 같은 노력은 계속되었다.

성무련의 배후에 '검은 손'이 있음을 처음 경계한 사람은 저우언라이였다. 그는 10월 9일 우한에서 후용, 셰뤄빙, 쩌우딩궈(鄒定國) 등 후난 조반파 조직 대표들을 만났다.[7] 이때는 아직 정식으로 성무련이 조직되지 않았기 때문에 저우언라이는 그 명칭을 구체적으로 사용하지 않았다. 하지만 참석자들에게 "당신들 가운데 일부 조직이 발표한 '9·30성명'은 잘못되었으며 극좌사조"라고 했다. 그가 말하는 '9·30성명'은 1967년 9월 29일 '상파'의 주요 조직인 상강풍뢰, 동방홍총부(東方紅總部), 창사공인(長沙工人), 청년근위군(靑年近衛軍), 손대성정진군(孫大聖挺進軍), 후난홍기군, 고교풍괴 등이 성무련 결성을 결의하여 발표한 성명을 가리킨다.[8] 따라서 저우언라이가 지칭하는 극좌사조가 성무련으로 구체화되는 상

---

6 핀시를 소개한 편집자는 주를 통해 쑹사오원와 저우궈휘의 밀접한 관계를 강조했다.

7 이하 저우언라이의 발언은 「周恩來接見湖南革命造反派代表的講話」(1967. 10. 9), 衡陽黨政机关 《革命到底》兵团办公室·衡阳工总职教《黎明》大队编印, 『毛主席的革命路线胜利万岁－中央关于湖南问题的指示资料汇编』, (CCRD 수록), 참조.

황이었다.

그는 대표들에게 수도홍위병5·16병단(首都紅衛兵5·16兵團)[9]의 극좌사조가 창사의 조반파에 큰 영향을 미치고 있으므로 배후에 있는 '검은 손' 차이아이칭에 강경하게 대응해 줄 것을 요구했다. 저우언라이는 그가 국민당군 출신이며 전후난군구 부사령관 우쯔리(吳自立)와 함께 펑더화이파 일원으로 펑더화이의 복권을 꾀했고 마오쩌둥을 비판하고 뤄루이칭(羅瑞卿)을 숭배했으며, 부인 한징핑(韓景平)은 홍기군 선전부, 그 자신은 홍기군 고문직을 맡았다고 비판했다. 저우언라이는 차이아이칭과 우쯔리가 연합하여 펑더화이를 복권시키고 무장 도발함으로써 47군의 리위안이나 성혁주가 아닌 자신이 후난성 권력을 장악하고자 했으며 또 이를 위해 극좌사조를 퍼뜨려 후난의 조반파를 이용했다고 이해했다. 저우언라이가 '공련'을 수정주의·우파라고 비판한 것도 자신을 받아들이지 않은 것에 대한 반감의 표현에 불과했다.[10]

---

8   '9·30성명'에 참여했던 長沙工人, 孫大聖挺進軍 등이 성무련에 정식 참가하지 않았고 그 대표자 장추칭, 쩌우딩궈가 성혁주에 가담한 것은 이러한 저우언라이의 비판에 영향을 받은 결과로 보인다(陳益南, 「文革中湖南"省無聯"問題槪述」, 참조).

9   1967년 여름 수도 베이징을 중심으로 저우언라이 반대 활동을 주로 전개했던 홍위병 조직을 가리킨다. 바로 '반혁명집단'으로 탄압받아 붕괴했다. 陳東林 主編, 西紀昭 譯, 『中國文化大革命事典』(福岡: 中國書店, 1997), pp.219~220 참조.

10   저우언라이는 1967년 8월 15일에도 차이아이칭에 대해 동일한 취지의 비판을 했다. 즉, 그가 7월 중순 "현재는 무투의 시기이다. 무장하여 샹쟝 강 서안(西岸)으로 돌진하고 대후난(大湖南)을 해방시켜야 한다"고 하여 노동자에게 생산 중지를 그리고 "군권 탈취"를 주장했음을 지적했다〔「中央首長第六次見湖南代表團時的講話」(1967.8.15), CCRD 수록〕. 또한 차이아이칭은 '공련'과 연결을 시도했고 '공련'과 상강풍뢰를 이간질시키고 무투를 선동했으며 극좌사상을 선전한 후난의 3개 '흑선'에 속하는 주요 인물이라는 비판을 받았다〔廣州'廣東省直聯絡站', ≪一月暴風≫, 第23期·24期(1968.3), クラウス·メーネルト, 前田壽夫 譯, 『北京と新左翼』(時事通信社, 1970), pp.205~206〕. 우쯔리는 반당영화 노조(怒潮)를 기획·각색했으며 '8·10지시'를 '저우언라이의 흑물품(黑品物)'이라 하여 그를 비판하고 '9·5지시'에 대해 "총기를 넘겨주는 것은 곧 자살행위와 같다"고 저항했다. 이 때문에 오자립은 성혁주와 47군을 공격한 또 다른 '검은 손'으로 비난받았다(趙聰, 「湖南省會無産階級革命派大聯合委員會の成立と壞滅」, p.132 참조).

배후에 대한 보다 정리된 비판은 린뱌오에 의해 이루어졌다. 그는 1967년 10월 24일 성혁주의 중심인물 리위안을 접견했는데 그 자리에는 저우언라이, 천보다, 캉성, 셰푸즈, 쟝칭, 치번위 등 중앙의 주요 지도자와 광저우 군구의 황용성(黃永勝), 류싱위안(劉興元) 등이 함께했다. 후난 문혁 상황에 대한 여원의 보고를 듣고 린뱌오가 내렸던 지시[11]의 핵심은 후난 문혁의 배후에 '흑선(黑線)'이 광범하게 분포하고 있다는 점이었다. 구체적으로 린뱌오는 후난 문혁의 돌출적인 문제로서 극좌파·극좌사조를 거론하면서 그 배후로 3개의 '흑선' ― ① 국민당 잔존 세력, ② 펑더화이·허룽(賀龍) 일파, ③ 류사오치·타오주 일파 ― 을 지목했다. 같은 자리에서 저우언라이와 치번위는 후난에서 문제를 일으키는 '검은 손'으로 차이아이칭과 우쯔리를 다시 한 번 구체적으로 지목했고 린뱌오는 이 가운데 차이아이칭이 조반파에 침투했다고 지적했다. 린뱌오 등은 이 극좌파가 성무련이라고 직접 지목하지는 않았다. 그러나 성무련의 지도자 문제와 함께 주요 조직인 홍기군 문제, 상산하향 지청 문제 등이 언급되고 있다는 사실에서 극좌파가 성무련을 가리키고 있음은 분명해 보인다.

배후를 규명하려는 문혁파의 노력은 계속되었다. 본격적인 성무련 비판이 이루어진 1968년 1월 24일의 강화[12]에서 캉성은 성무련의 「강령」이 1967년 10월 1일 베이징에서 출현한 「전체 당원에게 보내는 중공중앙비상위원회의 공개편지(中共中央非常委員會給全體黨員的一封公開信)」로 공개화·구체화된 것으로 이해했다. 아울러 이 편지가 10월 3일 베이징의 '5·16병단', 전마비명(戰馬悲鳴)에 의해 인쇄

---

11   이 지시에 대해서는 林彪, 「接見黎原關于湖南問題的指示」(1967.10.24), 中共湖南省委機關≪永向東≫宣傳組根據傳達記錄整理(1967.10.31), CCRD 수록, 참조. 이 지시에 내해 마오쩌둥 역시 특별한 이의나 다른 의견을 제시하지 않았기 때문에 후난 문혁에 대한 중공중앙의 입장이 반영된 것으로 볼 수 있다.

12   이하 이날의 강화에 대해서는 「中央首長接見毛澤東思想學習班湖南全體同志的講話」(1968.1.24), CCRD 참조.

출간되었다고 하면서 성무련의 계보를 베이징의 '신사조'파와 관련시켰다. 그는 "(그들의) 문건이 절대 중·고등학생, 심지어 대학생에 의해 작성될 수 있는 것이 아니며 배후에 '반혁명의 검은 손'이 있다"고 확신했다. 하나의 실례로 「강령」에 인용된 레닌의 제안이 언제 어떠한 맥락에서 이루어진 것인지 일반 당 간부조차 알지 못하는데 학생 혼자 힘으로 어떻게 알 수 있겠냐고 의문을 제시했다.[13]

캉성의 이러한 발언은 위의 린뱌오 주장을 적극적으로 옹호한 것이기도 했다. 그는 10월 24일 린뱌오의 지적이 매우 정확했기 때문에 후난 극좌파가 스스로 정체를 드러냈으며 그 구체적 형태가 성무련의 「강령」과 양시광의 문장, 주국휘의 강연 등이라 했다. 그러면서 「강령」 작성의 배후로 천라오스(陳老師)를 지목했다.

여기서의 천라오스는 과연 누구인가? 양시광 역시 체포된 뒤 심문 과정에서 「중국은 어디로 가는가」의 작성 배후를 추궁당했는데, 그에 따르면 천라오스는 앞서 소개한 류펑샹과 함께 문건 작성의 배후로 지목된 후난대학 수학과 교수 천광디(陳光第)였다. 그는 저우궈휘와 밀접한 관계를 갖고 급진적이었던 고교풍뢰를 배후에서 은밀히 지지했다는 혐의를 받았다.[14]

양시광의 아버지 양디부(楊第補)와 어머니 천쑤(陳素)가 성무련 사건에 연루된 것도 바로 이 때문이었다. 양디부는 펑더화이파의 중심인물로서 한때 장평화의 입장을 지지하며 상강풍뢰를 반동 조직으로 공격하는 보수파의 입장을 견지했다. 하지만 1967년 4월경 그는 조반파에 가담했고 양시광에게 저우언라이 공격

---

13 「강령」에서 인용된 레닌의 제안은 다음과 같은 내용이다. "우리의 국가기구는 … 전체적으로 볼 때 진정한 변화를 거의 겪지 않은 구기관의 잔재물에 불과하다. 이들 기관은 단지 표면적으로 약간 분식되었을 뿐 기타 방면에서 보면 여전히 전형적인 구식 국가기관이다." 캉성에 따르면 레닌은 1923년 소련공산당12차대회에서 이와 같이 지적하면서 공농검찰원(工農檢察院)을 개조하려고 한 것인데, 성무련 배후의 누군가가 마르크스·레닌주의를 제대로 알지 못하는 청년들을 이용하여 그의 뜻을 왜곡했다고 비판했다.

14 楊曦光, 『牛鬼蛇神錄-文革囚禁中的精靈』, pp.97~99 참조.

자료를 제공했으며 자신의 글을 양시광의 이름으로 성무련을 통해 발표했다는 혐의를 받았다. 그가 펑더화이와 밀접한 관계였던 후난 성위원회 제1서기 저우샤우조우의 비서장을 역임했다는 경력은 양시광을 매개로 성무련을 펑더화이파의 '탈권' 음모와 연결시키는 데 중요한 근거로 작용했을 것이다.[15]

성무련 비판운동의 과정에서 광저우의 대중 조직 광둥성직연락참(廣東省直聯絡站)은 잡지 ≪일월폭풍(一月暴風)≫에 게재했던 성무련 폭로 기사에서 성무련의 주요 지도자로 셰(謝)ㅁㅁ와 그의 아버지 셰졔메이(謝介眉)를 포함시켰다.[16] 문혁파는 셰졔메이가 오랫동안 베이징에 체류하며 판쯔녠(潘梓年), 우촨치(吳傳啓), 린위스(林聿時) 및 '5·16병단'의 훙타오(洪濤) 등과 결탁했다고 했다.[17] 또한 1967년

---

15 양시광의 어머니 천쑤 역시 공교롭게 성이 천이라는 이유로 천라오스와의 관련성을 추궁받았고 양시광에게 자료를 제공한 혐의를 받았으며 그 과정에서 자살했다[이상, 楊曦光, 같은 책, p.98; 廣州'廣東省直聯絡站', ≪一月暴風≫, 第23期·24期(1968.3), クラウス·メ一ネルト, 『北京と新左翼』, 前田壽夫 譯(時事通信社, 1970). pp.203~204 참조].

16 자오충(趙聰) 역시 성무련의 주요 지도자로 양시광, 저우궈휘, 장쟈정, 셰ㅁㅁ, 차이아이칭, 우쯔리 등을 포함시켰다(趙聰, 「湖南省會無産階級革命派大聯合委員會の成立と壞滅」, pp.122~132 참조). 그런데 여기서 셰ㅁㅁ은 저명한 후난 문혁의 '혁명소장(革命小將)'인 셰뤄빙임에 틀림없다. 그럼에도 그녀의 실명을 거론하지 않은 것은 마오쩌둥과의 개인적 관계 − 그녀는 문혁 초장펑화에 의해 반동이라고 비판받은 뒤 1966년 8월 18일 톈안먼(天安門)에서 직접 마오쩌둥을 만나 복권을 이뤄냈던 사건을 계기로 후난 문혁의 중심인물로 발돋움했다. 이외에도 그녀와 성무련과의 애매한 관계 때문으로 보인다. 왜냐하면 그녀는 자신이 지도하는 징강산훙위병이 '상파'도 '공파'도 아닌 연합파라고 규정함으로써 저우언라이로부터 좋은 평가를 받은 바 있었고, 성무련에 적극적으로 참여하지 않았으며 동시에 '공련'도 비판하는 '제3세력'을 형성했다고 주장되기도 했다[이에 대해서는 陳益南, 「文革中湖南'省無聯'問題槪述」, ≪華夏文摘≫, 第515期 (2006.7.25); 陳益南, 『青春無痕-一個造反派工人的十年文革』, pp.296~298 참조]. 성무련의 대척점에 있던 성혁주의 대중 대표로 그녀가 포함된 것은 그녀가 적어도 성무련에 적극적으로 개입되지 않았음을 증명한다. 하지만 정식으로 후난성혁명위원회가 구성되었을 때 그녀가 혁명위원 150명 가운데 한 명의 보통위원의 지위로 몰락하게 된 것은 성무련과의 불분명한 관계 때문인 것으로 판단된다. 또한 성무련 비판운동 과정에서 그녀는 성무련과의 관련성을 의심받게 되는데 그 원인 역시 성무련 배후의 '검은 손'을 찾으려는 문혁파의 의도에서 비롯된 것으로 보인다.

17 이들 가운데 훙타오와 우촨치는 1967년 1월 15일 민족사무위원회 통일전선부문, 정치협상회

8월 5일 그는 창사에서 교육청·민정청·상업청 청장, 통일전선부장, 장사시부시
장 등의 '문제 인물'과 회합하여 성혁주, '공련', 47군 등을 공격하고 전 후난성위
제1서기 저우샤우조우의 명예회복을 기도했다.[18] 이리하여 세뤄빙의 성무련 참
가를 종용한 세제메이는 후난 문혁을 파괴하려는 '검은 손'으로 규정되었다.

이렇게 본다면 비판운동 과정에서 성무련 배후의 '검은 손'에는 린뱌오가 지적
한 펑더화이파의 존재가 확인될 수 있다. 즉, 차이아이칭, 한징핑, 우쯔리 등이
중심이 되어 홍기군(지도자 비젠)을 통해 성무련에 영향력을 미쳤다는 주장이다.
또한 저우샤우조우를 펑더화이파에 포함시킬 수 있다면 그의 비서장을 역임한
양디부 역시 같은 계보로 분류될 수 있다. 양디부는 아들 양시광을 통해 성무련
에 개입했다고 지목되었다. 저우언라이를 반대하는 대표적 극좌파인 베이징의
5·16병단 역시 중요한 '검은 손'이었다. 이들은 세제메이·세뤄빙을 매개로 성무
련에 개입했다는 혐의를 받았다. 마지막으로 류펑샹처럼 과거 우파로 비난받았
든가 아니면 역사 문제가 있었던 인물들도 성무련의 배후로 지목되었다.[19]

당 중앙의 의도는 명백했다. 즉, 당 중앙이 후난에서 성무련과 같은 극좌파의
문제가 돌출된 이유를 배후의 '검은 손'에서 찾으려 했던 것은 외부의 일부 불순
외부 세력에게 성무련이 조종된다고 선전함으로써 조반파 대중을 그로부터 분

의 사무실에 난입하여 국가 기밀당안을 탈취한 바 있었다〔首都部分大專院校·中等學校毛澤東思
想學習班, 『天翻地復慨而慷-無産階級文化大革命大事記』(1963.9~1967.10), 河南二七公社, 1967,
p.166〕.

18   이상 세제메이의 행적에 대해서는 趙聰, 「湖南省會無産階級革命派大聯合委員會の成立と壞滅」,
     pp.131~132 참조. 동일한 내용이 廣州'廣東省直聯絡站', ≪一月暴風≫, 第23期·24期(1968.3),
     クラウス·メーネルト, 前田壽夫 譯, 『北京と新左翼』(時事通信社, 1970), pp.204~205에 수록되어
     있다.

19   여기서의 역사 문제는 국민당과의 관련성 문제를 포함하는데 중화인민공화국이 성립된 지 이
     미 18년이 지난 시점에서 국민당 문제가 거론되는 점이 흥미롭다. 이 부분과 관련하여 린뱌오
     는 앞에 소개한 지시에서 성무련의 중심지 장사가 국공내전 과정에서 평화적으로 공산화되었
     기 때문에 국민당 세력이 여전히 잔존하고 있다고 판단했다.

리시켜 후난 문혁을 통제하려는 데 있었다. 그렇기 때문에 성무련 비판이 객관적 사실에 근거했는지는 당 중앙에게 그다지 중요하지 않을 수 있었다. 따라서 '검은 손'의 구체적 계보 관계의 사실 여부는 물론이거니와 셰뤄빙의 성무련 가입·활동도 불분명하며 차이아이칭·우쯔리와 성무련의 관련성도 여전히 불분명하다.[20]

당 중앙 비판의 또 다른 주요 방향은 성무련 등 극좌파의 주의·주장에 관한 것이었다. 문제시되는 그들의 주장은 이미 살펴보았듯이 성혁주로 대표되는 삼결합 체제 반대, 47군 반대, 서우언라이 반대, 중화인민공사 성립, 홍색자본가론에 입각한 국가기구 파괴, 하방 지식청년의 도시회귀 반대, '탈권'에서 '탈군권'으로의 전환, 새로운 당의 건설 등이었다.[21] 그리고 이미 소개했듯이 이러한 내용을 담고 있다고 문혁파가 지목하는 성무련의 주의·주장은 양시꿍의 글, 「강령」, 「결의」 등이었다. 그런데 이상의 문건이 성무련을 대표하는 공식적 문건인지 아닌지는 문혁파의 입장에서 그다지 중요하지 않을 수 있다. 성무련이라는 극좌파를 제거하기 위해서라면 어떤 문건이든 정치적 왜곡과 과장이 충분히 가능했기 때문이었다.

성혁주 지도자 리위안은 성무련과 같은 극좌파의 주장이 지니는 문제점을 ① '혁'과 '보'의 문제, ② 박해 반대의 문제, ③ '혈통론' 반대를 이용한 마오쩌둥의 계급 반대 문제로 요약했다.[22] 첫째, 극좌파가 "일체의 조반은 이치에 맞고", "일

---

20 1967년 8월 초순 채애경과 오자립은 중앙의 지시에 따른 상강풍뢰와 청년근위군 등 조반파 조직에 의해 체포되어 군에 넘겨졌기 때문에 10월 성립된 성무련과의 관련성을 확인하기 어렵다. 이상, 차이아이칭, 우쯔리의 청년근위군 내의 활동 상황과 체포 과정에 대해서는 청년근위군의 책임 조직원으로 활동했던 陳益南의 「造反組織總部來了兩位紅軍老將軍」, 『青春無痕-一個造反派工人的十年文革』, pp.247~256 참조.

21 성무련의 정치적 주장에 대해서는 이 책의 제4장 참조.

22 이하 리위안의 발언 내용은 「黎原在传达林副主席和周总理对湖南无产阶级文化大革命的重要指示大会上的讲话」(1967.10.30) CCRD 수록, 참조.

체의 보수는 착오이다"라는 전제에서 호구 제정, 임금 상승, 공양(公糧) 확보 등
을 위한 조반이 이치에 맞다는 주장에 여원은 이러한 조반이 이치에 맞지 않을
뿐만 아니라 유죄라고도 비판했다. 둘째, 문혁 초기 '흑귀(黑鬼)·우파·반혁명분
자 등으로 비판받았던 사람들 모두 단결하여 조반하라는 주장에 여원은 일부 억
울한 자에 대한 복권은 당연하지만 그렇다고 『공안 6조』에 규정된 21종의 사람
들[23]의 조반까지 수용할 수는 없다는 입장을 취했다. 마지막으로 여원은 '혈통론'
이 반동적인 주장임을 인정하면서도 이러한 '혈통론' 반대를 핑계로 개인의 경제
적 지위와 정치적 태도를 함께 고려하는 마오쩌둥의 계급론이 부정될 수 없다고
못 박았다.

성무련의 극좌적 이상이 가장 정교한 논리로 전개되었다고 평가받는 양시광
의 「중국은 어디로 가는가」가 1968년 1월 12일에 발표되고 얼마 되지 않아 문혁
파는 급박하게 돌아가는 후난의 극좌파 문제에 보다 분명한 입장을 제시할 필요
가 있었다. 더욱이 문혁파는 극좌파의 문제가 비단 후난 성무련뿐만 아니라 광
둥의 월해풍폭(粤海風暴), 8·5공사에서도 동일하게 발생했고 이들이 혁명위원회
를 반대함은 물론 황용성 중심의 광둥군구를 동요시킨다고 진단했다. 그 결과
1968년 1월 24일 중공중앙의 지도자들은 마오쩌둥사상학습반에 참가한 후난 간
부들을 만나 성무련 문제에 전면적인 비판을 가했다.[24] 이제는 극좌파라는 모호
한 이름이 아니라 성무련이란 명칭이 구체적으로 적시되었다. 이 자리에는 저우
언라이, 캉성, 쟝칭, 야오원위안, 셰푸즈, 양청우(楊成武), 우파셴(吳法憲), 예췬(葉

---

23   1967년 1월 13일 중공중앙·국무원이 반포한 『關于無産階級文化大革命中加强公安工作的若干規
     定』을 가리킨다. 문혁의 전면적 '탈권'을 보증하기 위해 제정되었으나 1979년 2월 17일 폐지되
     었다. 여기에는 지주, 부농, 반동분자, 우파분자, 특무분자 등 21종의 반혁명분자가 열거되어
     있다(CCRD 수록, 참조).
24   이하, 강화 내용에 대해서는 「中央首長接見毛澤東思想學習班湖南全體同志的講話」(1968.1.24),
     CCRD 수록, 참조.

群), 장수이촨(張秀川) 등 중앙지도자들과 광저우군구사령관 황용성이 참석했다.

이 자리에서 가장 먼저 발언에 나선 캉성은 성무련 「강령」이 제시한 일곱 가지 항목을 하나하나 비판했다. 그의 결론은 성무련이 천라오스, 리라오스(李老師), 장라오스(張老師), 류(劉)·덩(鄧)의 검은 손, 저우샤우조우의 하수인 등의 배후 인물에게 조정당해 성혁주를 파괴하고 정치 전면에 등장하여 국민당 정권과 자본주의를 회복시키려 한다고 비난했다. 그러면서 그는 양시광의 문건을 통해 성무련에 트로츠키주의의 반혁명 사상이 포함되어 있음을 확인할 수 있다고도 했다.

저우언라이는 성무련의 반동적 「강령」이 자유롭게 선전되고 있음에도 강력하게 대응하지 못한 현실을 비판하면서 "중국은 어디로 가는가?"가 궁금하면 장제스(蔣介石)의 「중국의 운명(中國之命運)」에서 답을 찾으면 될 것이라고 비꼬았다. 그는 현재 후난의 극좌사조를 캉성은 극좌반(동)사조라고 하고 쟝칭은 극우사조라고 하는데 실제는 "형식적으로는 좌파지만 실제로는 우파"라고 파악하면서 수술로 성무련이란 농을 제거해야 할 시기가 도래했음을 천명했다.

성무련은 다양한 직업·계층을 포함한 복잡한 조직으로 구성되었다. 이러한 조직 구성 자체에 문제가 제기되었다. 앞서 소개했듯이 성무련을 '반혁명 잡동사니'로 규정한 것이 그것이었다. 한 예로 천보다는 저우궈휘가 "저들이 우리를 뭐라 욕하든 감히 (우리는) 우리를 잡동사니라 말하지 않는다"라고 했지만 "나는 오늘 성무련이 잡동사니이며 반혁명의 잡동사니라고 감히 말하고자" 한다면서 "(1968년 1월 24일) 오늘의 이 대회가 성무련의 철저한 파산대회이다"라고 선포했다. 이러한 성무련에 대한 당 중앙의 규정은 마오쩌둥에 의해서도 인정되었다. 이것은 그가 1968년 7월 28일 베이징홍위병 '5대 영수'를 만나는 자리에서 탄호우란(譚厚蘭)에게 베이징사대조반병단이 성무련식의 잡동사니라고 규정[25]한 데

---

25   毛澤東, 「召見首都紅衛兵"五大領袖"時的談話」(1968.7.28), CCRD 수록.

에서 알 수 있다. 따라서 천보다는 잡동사니 조직인 성무련은 파괴되어야 하며 그 대중들은 "계통·행업(行業)·반급(班級)에 따라 혁명적 대연합을 실현해야 하고 이를 통해 비로소 혁명의 대연합과 혁명적 3결합이 공고히 될 수 있다"[26]고 했다. 저우언라이 역시 성혁주를 혁명위원회로 시급히 전환하고 그 아래 홍대회, 공대회, 농대회 소집을 촉진해야 하며 기존의 조반파는 학교, 공장 단위로 돌아가 혁명적 대연합·혁명적 3결합을 실현·촉진하여 문혁을 추동하라고 촉구했다.

당 중앙이 보기에 성무련의 경우 잡동사니라는 조직 자체의 문제 외에 구성원의 성격 또한 문제시되었다. 이 점은 후난 문예계 인사에 대한 정보(鄭波)의 강화로 확인해 볼 수 있다.[27] 그는 성무련에 다음 네 종류의 사람들이 참여한다고 주장했다. ① 지주, 부농, 반동, 우파, 기회주의자, 국민당 특무·경찰·헌병 그리고 그들의 자녀가 참가하여 문혁을 이용해 사회주의 반대와 자본주의 복벽을 목표로 조반을 일으킨다. ② 극단적인 개인주의자들이 승관발재(升官發財)와 자신의 지위를 유지하기 위해 조반을 일으킨다. ③ 사상·행위가 낙후된 자들로 이들은 엄중한 무정부주의사조를 지녔기 때문에 혁명의 신질서가 수립되는 것을 두려워해 조반에 참여한다. ④ 유치, 무지하고 계급투쟁 경험이 없으며 무정부주의사조를 지닌 자들로 이들은 분파적이고 일체를 회의하고 타도하려하며 "나만이 존귀하며[유아독존(唯我獨尊)]", "나만이 좌파[유아독좌(唯我獨左)]"라는 태도를 지녔다.

---

26 천보다의 이 발언은 이전 1967년 10월 17일 당 중앙 지시로 구체화되었다[「中共中央, 國務院, 中央軍委, 中央文革關于按照系統實行革命大聯合的通知」(1967.11), CCRD 수록].

27 이렇게 문예계 인사들을 상대로 성무련 비판운동이 특별히 전개된 것은 지도자 가운데 노동자, 농민보다는 문예계, 교육계 인사들이 다수 포함되어 그들에 대한 성무련의 영향력이 컸기 때문이었다. 이상, 湖南省直文化系統革命派批"省無聯"聯絡站, 「鄭波同志在省會文藝系的重要講話」(1968.2.15), pp.10~11 참조.

①을 앞서 성무련 지도자의 과거를 분석한 결과와 비교하면 참가의 동기나 성격은 어느 정도 일치한다고 할 수 있다. 하지만 그들의 조반 목적을 "사회주의 반대"와 "자본주의 복벽"으로 몰고 가는 것은 성무련의 이상과도 부합하지 않는 정치적 공격이라 할 것이다. ②는 과거의 우파, 하향 지식청년, 홍기군의 복권 및 정착이라는 집단적 이해를 승관발재(升官發財)의 저급한 의식으로 공격하는 것인데 이들 요구의 정당성 여부를 따지지 않고 단순히 경제주의라는 이름으로 매도할 수는 없을 것이다. ③과 ④는 성무련이 추구하는 "구국가기관의 파괴"와 "중화인민공사의 성립"이라는 코뮌 건설의 지향을 부정부주의 사조로 공격하는 것이다. 이 역시 성무련의 이상을 무정부주의적 혼란으로 연결시킴으로써 성혁주 더 나아가 혁명위원회의 새로운 체제를 확립하여 문혁을 통제하려는 당 중앙의 의도를 일방적으로 반영한 것이라 할 수 있다.

이상에서 살펴본 대로 유사한 극좌파 사조의 등장을 경계하던 당 중앙은 「중국은 어디로 가는가」, 「강령」, 「결의」 등 성무련의 주의·주장이 정리되어 표면화되는 시점에서 본격적으로 그들을 비판했다. 비판은 배후 세력의 존재와 불순한 조직원에 의한 복잡한 조직 형태라는 데에 맞춰져 있었다. 결국 "그들의 강령 역시 잡동사니이고 소련 수정주의적, 미제국주의적, 장제스식, 지주·부동·반동·파괴분자·우파적, 비상위원회적, '5·16병단'적이었다."[28] 성무련에 가할 수 있는 공산당의 상투적 비판과 부정의 딱지가 총동원되고 있음을 알 수 있다. 이러한 비판운동에 대한 성무련의 공식적인 대응은 확인되지 않는다.[29] 결국 선전활동 외에 특별한 조직적 움직임을 보이지 못했던 성무련은 성립된 지 얼마 되지 않아 천보다, 캉성, 쟝칭 등의 문혁파와 저우언라이 등 행정 관료의 연합 공격

---

28   이러한 규정은 1월 24일 강화에서 이루어진 야오원위안의 발언을 통해 이루어졌다.

29   단지 양시광 명의의 항의 성명만 확인할 수 있다〔楊曦光, 「堅持和鞏固新思潮的办法应该改变」
      (1968.2.1), CCRD 수록; 長沙一中'奪軍權'鋼812分隊 楊曦光, 劉小兵, 「關于目前時局的嚴重聲明」
      (1968.2.5), CCRD 수록〕.

앞에 바로 붕괴되고 말았다. 하지만 그들이 지녔던 이상은 사라지지 않았고 사상운동의 한 맹아로서 보다 광범위하게 확대·지속되었다.

제8장

광둥 극좌파 반대운동

1968년 1월 성무련에 집중된 극좌반대운동이 전국적으로 확대되었다. 〈그림 8-1〉이 이와 관련된 광둥의 동향을 압축적으로 보여준다. 매우 다양한 정치 세력과 방대한 조직계통을 포함한 이 조직표가 의도하는 바가 무엇인지 확인해 보자.[1]

첫째, 〈그림 8-1〉은 광저우의 급진적 조반운동을 베이징의 지시에 따른 수동적 운동으로 파악하고 있다. 이는 중앙의 반당분자 → 베이징 '5·16병단'·수도비도련(首都批陶聯) → 광저우비도련(批陶聯) → 특무흑수(特務黑手) → 각청(各廳)·국흑수(局黑手)라는 조직 관계가 대변한다. 또한 지방주의 집단은 물론 광저우의 13개 군중 조직과 학생 조직도 이들 지휘 조직의 하위 조직에 포함되었다. 그러나 베이징 '5·16병단'과 반당분자와의 상하 종속 관계가 실재했는지는 회의적이다.[2] 게다가 이들 조직 사이의 상하 지휘 관계가 얼마나 엄격하게 이루어졌는지

---

1 〈그림 8-1〉은 紅一司115輕口隊 "秋收起義" 揪黑戰團이 '專揪劉鄧陶彭羅5·16戰鬪兵團 工作證'과 함께 제시한 '北京5·16兵團在廣州的社會關係'에 따라 작성했다 [「把粵穗五一六分子揪上審辦台」, 紅大會體院 "秋收起義" 紅衛兵總部 體育戰報編輯部, ≪體育戰報≫, 第19期(1968.3.18), 2 수록].

2 문혁파의 공식 기록에 따르면 표에 등장하는 우촨치, 관쯔녠, 무신(穆欣), 린위스 등 4인이 "(1966년) 12월 왕리, 관펑, 린제, 자오이야(趙易亞)와 함께 반당집단을 형성, '좌'의 외피를 걸고

도 불분명하며 수도비도련과 베이징 '5·16병단'과의 관계도 불명확하다. 그럼에도 불구하고 이러한 조직표를 작성한 것은 광범위한 광저우 또는 광둥의 조반운동을 당사자들이 인지하지 못한 채 베이징 상부의 지시와 사주를 받은 종속적 정치운동으로 몰아가기 위한 의도로 읽힌다.

둘째, 조직표는 구체적으로 광저우의 조반운동을 베이징5·16병단과 긴밀히 연결시키고 있다. 주지하듯 '5·16병단'은 1967년 여름 문혁파로부터 반혁명 극좌 조직으로 지목되어 철저한 탄압을 받고 사라졌다.[3] 수도비도련을 매개로 광저우비도련의 배후 조직이 '5·16병단'이라고 지목하려는 조직표의 의도는 명확하다. 즉, 광저우의 조반운동을 반혁명 극좌운동으로 규정하기 위한 것이다. 여기에 더해 1967년 말 반혁명집단으로 규정되어 이미 숙정된 왕리·관펑·치번위를 그 상부 조직에 위치시킴으로써 광저우의 급진 문혁운동을 탄압하려는 의도였다고 할 것이다.[4] 하지만 1967년 12월, 광저우비도련이 과거 군부를 적대했던 자신들의 행동이 무정부주의 영향을 받은 '과화'였음을 자아비판함으로써 급진성을 스스로 부정하고 극좌를 반대했음을 고려하면 〈그림 8-1〉의 규정이 일방적이었음을 다시 한 번 파악할 수 있다.[5]

셋째, 우요우형의 존재가 주목을 끈다. 이 문제는 광둥 문혁운동의 전개 과정

'5·16병단'을 조직·조종했다"(『天翻地復慨而慷-無産階級文化大革命大事記』, p.268 참조). 하지만 '5·16병단'은 이들과 아무런 관계가 없는 자발적인 급진 조반파라는 주장이 설득력 있게 제기되었다. 이에 대해서는 宋永毅·孫大進, 『文化大革命和它的異端思潮』, pp.257~261 참조.

3   이들의 주된 공격 대상이었던 저우언라이는 "'5·16'은 극좌사조, 무정부주의이며 형좌실우이다"라 분명하게 규정했다〔「周恩來李念接見衛生系統有關代表的講話」(1967.12.10), CCRD 수록, 참조).

4   본래 '5·16병단' 비판운동은 "군 내의 한줌 주자파 축출"로 대표되는 1967년 여름의 극좌적 흐름에 대한 책임을 물어 문혁소조 내의 급진파를 제거하고 자신들을 보호하려는 상층 문혁파의 음모에서 비롯된 것이었다. 이에 대해서는 Barry Burton, "The Cultural Revolution's Ultraleft Conspiracy: The 'May 16 Group'", *Asian Survey*, Vol.11, No.11(Nov. 1971) 참조.

5   廣州批陶聯合委員會, ≪廣州批陶≫(特刊), 1967.12.20, pp.5~7.

그림 8-1　베이징 5·16병단의 광저우 내 조직표

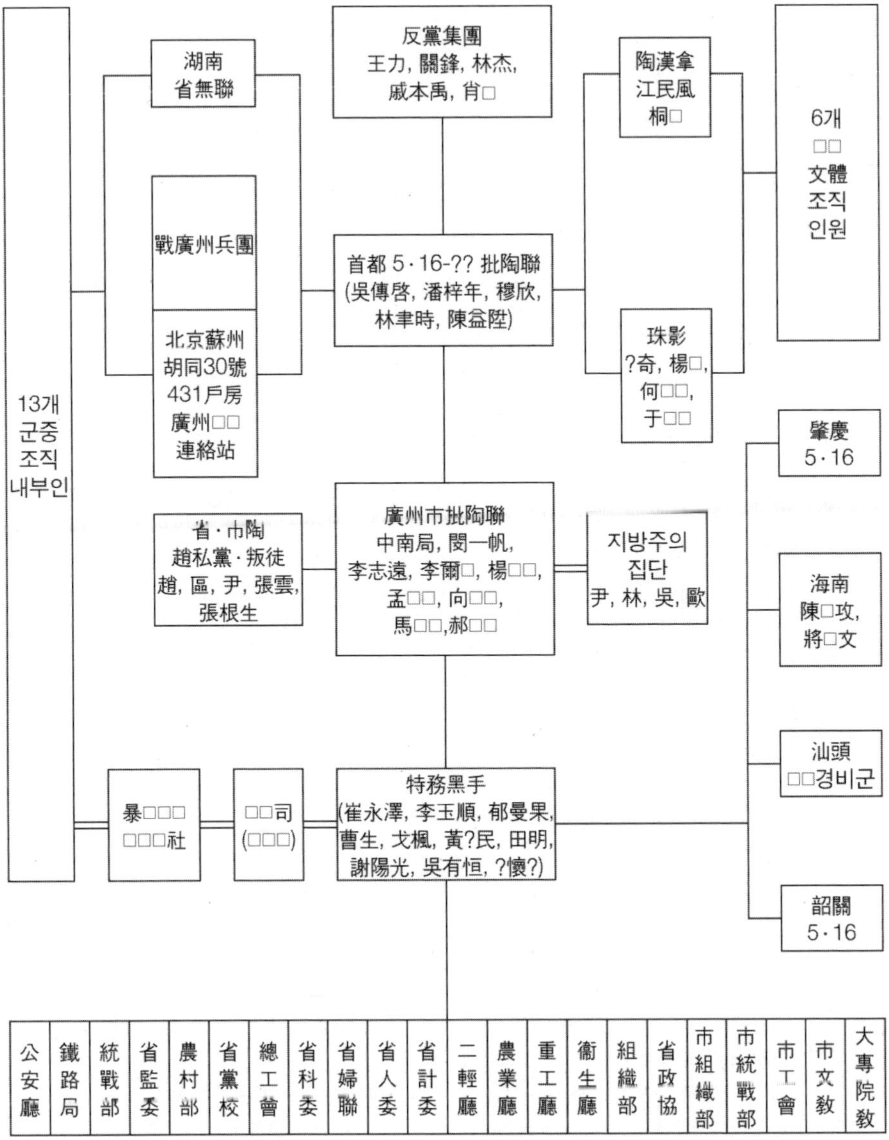

湖南
省無聯

戰廣州兵團

北京蘇州
胡同30號
431戶房
廣州□□
連絡站

反黨集團
王力, 關鋒, 林杰,
戚本禹, 肖□

首都 5·16-?? 批陶聯
(吳傳啓, 潘梓年, 穆欣,
林聿時, 陳益陞)

陶漢拿
江民風
桐□

珠影
?奇, 楊,
何□□,
于□□

6개
□□
文體
조직
인원

13개
군중
조직
내부인

省·巾陶
趙私黨·叛徒
趙, 區, 尹, 張雲,
張根生

廣州市批陶聯
中南局, 閔一帆,
李志遠, 李爾□, 楊□□,
孟□□, 向□□,
馬□□, 郝□□

지방주의
집단
尹, 林, 吳, 歐

肇慶
5·16

海南
陳□攻,
將□文

汕頭
□□경비군

韶關
5·16

暴□□□
□□□社

□□司
(□□□)

特務黑手
(崔永澤, 李玉順, 郁曼果,
曹生, 戈楓, 黃?民, 田明,
謝陽光, 吳有恒, ?懷?)

公安廳	鐵路局	統戰部	省監委	農村部	省黨校	總工會	省科委	省婦聯	省人委	省計委	二輕廳	農業廳	重工廳	衛生廳	組織部	省政協	市組織部	市統戰部	市工會	市文敎	大專院敎

주: □ 부분은 본문 그대로이고 ?는 판독이 불명확한 것을 나타낸 것이다. 또한 --- 표시는 조직적 관계를 ====는 상하의 지휘
관계를 나타낸다. 최하단의 각 청·국 내에도 본래 원문에는 주요 책임자의 명단이 포함되어 있지만 생략했다.

에서 핵심적인 역할을 수행했던 지방주의자와 관련되었다. 극좌반대운동의 과정에서 지목된 그의 죄목은 다음과 같다. ① 저우언라이(심지어 마오쩌둥의 지시) 반대, ② 대연합 반대와 "광저우는 여전히 대란이 필요하다"는 주장, ③ 군의 "좌파 지지" 오류 비판, ④ 황용성의 「12·12보고」 반대, ⑤ 성혁주소조 반대, ⑥ 박해 반대 투쟁, ⑦ 지방주의 관련 사건 복권 기도, ⑧ 극좌 방면에서의 마오쩌둥 전략 배치 공격 등이었다.[6] 물론 이러한 우요우형의 행적 모두를 사실 그대로 받아들일 수는 없을 것 같다. 그러나 그가 황용성과 군에 반대했고 또한 지방주의 복권 혐의로 황용성의 명령으로 체포되어 수모를 당했다는 사실은 분명한 것 같다.[7] 게다가 앞서 살펴보았듯이 그의 '지방주의'운동은 문혁의 전개 상황에 따라 급진화할 소지는 충분했다. 따라서 황용성을 중심으로 광둥 문혁을 수습하려는 문혁파로서는 우요우형을 극좌파와 연계시킴으로써 광둥의 중요한 반문혁 세력을 억압하고자 했다.

넷째, 후난 성무련이 조직표에 포함된 점 역시 주의할 필요가 있다. 대표적 극좌 조직인 성무련을 이용하여 광둥 문혁을 극좌운동과 연관시키려는 문혁파의 정치적 의도를 확인할 수 있기 때문이다. 조직 관계의 측면에서 비록 성무련의 주요 조직 가운데 하나인 상강풍뢰가 '수도3사'와 함께 광둥 문혁에 적극 개입했다고 비난받았지만[8] 양자가 직접 관련되었다는 구체적 증거는 없다. 그럼에도 조직표에 성무련을 포함시킨 것은 광둥 문혁을 극좌적 흐름 가운데 위치시키려

---

6 이상 우요우형의 행적과 그에 대한 비판에 대해서는 「吳有恒罪行錄」, ≪戰省委≫, 第1期 (1968.1.28), 丁望 主編, 『中共文化大革命資料彙編: 中南地區文化大革命運動』(香港: 明報月刊出版, 1972), pp.202~206 수록 참조.

7 그의 전기에는 문혁 시기 우요우형의 체포 과정과 혐의 및 수난 사실에 대해 서술하고 있는 반면 나머지 죄목에 관한 언급은 없다〔賀朗, 『吳有恒傳』(花城出版社, 1993), pp.421~431 참조〕.

8 황용성은 「12·12보고」 가운데 외지인의 광둥 문혁 개입을 반대하면서 구체적으로 3200명의 상강풍뢰 조직원이 광저우에서 활동하고 있음을 지적했다〔「黃永勝同志對廣州各革命群衆組織負責人員的講話」, 海楓, 『廣州地區文革歷程述略』(香港: 友聯研究所, 1971), pp.326~327 참조〕.

는 의도에서 비롯된 것임은 분명하다.

그런데 성무련과 광둥 조반파와의 사상적 연관성은 후자의 극좌성을 살필 수 있는 중요한 문제라 할 수 있다. 이와 관련하여 '팔오사조'는 "후난 성무련의 「강령」·「결정」과 맥을 같이 한다"[9]거나 "성무련처럼 사회의 찌꺼기를 망라하고 뒤틀린 '잡가(雜家)'를 모아 혁명을 '무화(武化)'시켜 '특권계층'을 타도하려한다"[10]고 비난받았다. 좀 더 구체적으로는 팔오파가 성무련처럼 "직업 초월〔과행업(跨行業)〕의 잡동사니 조직이기 때문에 불순분자의 유입으로 인한 극좌화로 광둥의 성무련이 되었다는 비판이 이어졌다.[11]

그런데 여기서 주목을 끄는 것은 팔오공사를 광둥의 성무련이라 지목한 진호우(金猴)의 글이 ≪팔오≫에 실렸다는 사실이다. 팔오공사가 자신들을 대표적 극좌파 조직인 성무련과 관련시켜 지목한 주장을 기관지에 게재했다는 사실을 어떻게 이해해야 할 것인가? 이와 관련하여 잡지의 편집자는 해당 기사에 다음과 같은 주를 첨가했다.

(진호우가) 이(글을 쓰게 된) 계기는 아마 '광둥의 성무련'을 발견했기 때문일 것이다. 변증법에 따르면 사물은 변화 발전하며 상호 연결되어 있다. 그렇다면 이 글은 도대체 어떠한 사회동향을 반영하는가? 그것은 또한 어느 것과 긴밀하게 서로 관련되어 있는가? 이들은 모두가 연구하고 토론해 볼 만한 문제이다. 이에 진호우 동지에게 감사한다.

---

9   「埋葬極"左"思潮 維護革委會威嚴」, ≪體育戰報≫, 第19期(1968.3.18). 여기서의 「강령」과 「결정」은 성무련의 「我們的綱領」과 「省無聯關於目前湖南無産階級文化大革命中的若干問題的決定」(1967.12.21)을 가리킨다. 이 두 문건은 淸遠≪東風戰報≫編輯部飜印(1968), pp.4~8에 수록되어 있다.

10 鷹擊長空,「是"徹底革命", 還是顚覆無産階級專政?」, ≪中大紅旗≫(1968.3.15), 3.

11 「警告, 廣東的"省無聯"-從湖南"省無聯"的垮台談起-」, 廣州八五公社≪八五≫編輯部編, ≪八五≫(1968.2); 學革會鐵鋼軍,「廣東的省無聯-評廣東粵海風暴的理論喉舌"八五公社"-」, ≪東風評論≫(1968.3).

1968년 2월 시점에서 성무련과의 관련성을 인정하는 것은 자신의 극좌성을 수긍함으로써 그에 따른 탄압을 초래할 수 있는 극히 위험한 행동이라 할 수 있다. 따라서 위기에 몰린 팔오파로서는 성무련 비판운동에 동참함으로써 자신과의 무관함을 항변함과 동시에 진호우의 주장을 소개함으로써 자신들로 대변되는 '사회동향'과 '광둥 성무련'과의 관련성에 대해 '토론'해 보고자 했던 것이다.[12] 이 정도의 '토론'은 이미 문혁파로부터 반혁명 조직으로 낙인찍힌 뒤 전국적으로 비판받았던 성무련을 옹호할 수 없었던 이단의 입장에서 본다면 어쩌면 당연한 일이었다. 하지만 그렇다고 팔오파의 이단성을 찾을 수 없는 것은 아니었다. 진호우의 글과 함께 게재된 위홍(予紅)의 글[13]을 통해 극좌반대운동의 와중에서 팔오파가 보여준 또 다른 태도의 일단을 확인해 보자. 그는 먼저 당시의 정세를 다음과 같이 분석했다.

왜곡된 파성투쟁론(派性鬪爭論) 및 극좌사조론의 범람 때문에 조반파가 정치적 우세에서 열세로 전환되었고, 이는 곧 노조반(파)가 신소요(파)로 변모하게 된 중요 요인이다.

이어 그는 이 파성투쟁론이 노선 투쟁을 막고 보수파의 수명 연장을 위한 명분에 불과하며 극좌사조론 역시 혁명노선을 탄압하기 위한 딱지 붙이기에 불과하다고 보았다. 그렇기 때문에 그는 "동지들, 당신이 만약 극좌 딱지가 붙는 게 두려워 전투에 나서지 않는다면 극좌 딱지가 붙여진 이유 때문에 감옥에 가게 될 것이다"라고 경고하면서 다음과 같은 결의를 보였다.

---

12 사실 1968년 2월의 ≪八五≫는 성무련 비판 특집호라 할 만할 정도로 성무련을 비판한 문혁파의 글이 주류를 이루었다. 「康生同志談湖南"省無聯"」, 「江青同志談湖南"省無聯"」, 「姚文元同志談湖南"省無聯"」 등이 그러하다.

13 「激戰前的沈寂--論目前廣州時局的若干問題-」, ≪八五≫(1968.2), 3.

자산계급 전정(專政) 전야(前夜)의 여론 준비와 정치 진공이 가끔 적막한 분위기 속에서 진행된다. 성혁명위원회는 곧 건립될 것인데, 무산계급 홍색정권의 건립은 계급투쟁의 심화와 발전이지 결코 완결이 아니다. 어떻게 이 정권을 보위할 것인지, 어떻게 격렬한 계급투쟁 가운데에서 이 정권을 행사할 것인지의 문제는 이제 막 시작되었다. 한 자리에 두 개의 계급과 두 종류 앞길 그리고 운명의 결전이 곧 시작될 것이다. 우리는 이 새로운 전투를 영접하여 새로운 승리를 탈취해야 한다!

이렇듯 문혁파의 파성투쟁론과 극좌사조론을 철저히 부정하며 극좌파의 딱지가 붙여지는 것을 두려워하지 않고 철저히 끝까지 혁명을 추진하겠다는 위홍의 모습에서 '광둥 성무련'의 결의를 충분히 확인할 수 있을 것 같다. 여기서 파성(派性)이란 당성(黨性)과 대비되는 것으로 문혁파의 입장에 따르면 무산계급적 당성과 소자산계급적 파성이 구별되었다.[14] 공산당은 문혁 기간 조반파 내부에 당성보다 파성이 고양되면서 조반파 내부의 내전, 무장투쟁, 무정부주의, 극좌 주장과 같은 폐해가 나타났다고 지적했다. 그에 따르면 "자신만이 천하제일"이며, "유아독좌", "유아독혁(唯我獨革)"을 내세우는 파성의 실체는 "확대된 개인주의이며 소자산계급 사상 왕국 내의 쓰레기에 속했다." 결국 그들이 보기에 종파주의적 파성은 삼결합을 중심으로 대연합을 추구한 문혁의 커다란 걸림돌이었다. 진호우의 '광둥의 성무련' 비판 글에서 "'광둥의 유사 성무련' 분쇄!" 구호와 함께 "파성 포위 공격, 검은 손 참수!" 등의 구호가 제시된 것도 이 때문이었다. 또한 "소자산계급의 영향으로 산두주의(山頭主義), 무정부주의 및 극좌주의 주장이 등

---

14 이는 1967년 8월 31일 ≪文匯報≫ 사설이 제목 "無産階級的黨性與小資産階級的派性"이기도 하다. 이 사설은 무기 반납을 지시한 「9·4지시」가 이루어진 바로 다음 날인 9월 5일 ≪人民日報≫에 전재되었다. 또한 1967년 9월 14일 ≪文匯報≫에는 사설 "評以我爲核心-再論無産階級的黨性與小資産階級的派性"이 다시 실렸고 같은 사설이 1967년 9월 16일 ≪人民日報≫와 ≪解放軍報≫에 각각 전재되는 등 파성 문제에 대한 당 중앙의 우려가 컸음을 짐작할 수 있다.

장해 파성이 당성을 대체했기" 때문에 대연합이 이루어지지 않았다는 마오쩌둥에 대한 우한군구 사령관 쩡쓰위의 보고 역시 같은 맥락에서 이루어진 것이라 할 것이다.[15] 계속해서 ≪홍기≫와 ≪인민일보≫는 "형좌실우, 즉 극좌 방면에서 마오 주석의 무산계급혁명노선을 파괴하려 하는데 이들 모두는 자산계급 파성이다"라고 지적하여 극좌 주장이 파성의 실례라고 강조했다.[16]

본래 극좌에 대해서는 이론 투쟁이 필요했다. 왜냐하면 극좌 여부는 사상 인식상의 문제이며 기준 설정에 따른 상대적 개념이기 때문이다. 따라서 공산당의 입장에서도 폭력적 억압이 아닌 토론과 교육 그리고 자아비판을 통한 신중한 접근이 필요했고 또 그것이 인정되었다. 하지만 극좌파에 대한 폭력적 탄압이 진행되는 상황에서 위의 당 방침에 근거하여 다음과 같은 반박 주장이 제기되었다. ① 극좌사조에 명백히 반대하지만 동시에 "극좌 반대"를 "개인주의에 대한 투쟁과 수정주의 비판"〔투사(鬪私)·비수(批修)〕보다 우선시할 수 없다. ② 극좌반대운동의 대상은 일부 배후 세력에 맞춰야 하며, 나머지 대다수 인민에 대해서는 "단결-비평과 자아비평-단결"의 방식으로 해결해야 한다. ③ 극좌파 반대를 명분으로 조반파를 함부로 공격할 수 없다. ④ "우파를 반대할 경우 반드시 좌파에 대비해야 한다"〔반우필수방좌(反右必須防左)〕지만 동시에 "좌파를 반대할 경우 반드시 우파에 대비해야 한다"〔반좌필수방우(反左必須防右)〕.[17] 결국 이는 표면적으로는 문혁파를 중심으로 한 극좌반대운동을 지지하지만 그로 인한 무차별적 조반파 공격과 보수파의 부활을 경계했던 것이다. 또는 이러한 주장은 자신들이

---

15 「曾思玉劉豊傳達毛澤東視察湖北的指示」(1967.9), CCRD 수록, 참조.

16 「對派性要進行階級分析」, ≪紅旗≫(1968.4.27); ≪人民日報≫, 1968.4.27. 이 밖에 CCRD에는 파성 문제와 극좌파 문제를 결부시켜 비판하는 각종 보고와 지시가 다수 소개되어 있다.

17 湖南紅旗軍總部, 「就當前徹底批判極"左"思潮中若干問題談談我們的看法」(摘要, 1967.10.26), ≪八一戰報≫, 第3期(1968.1), p.3 참조. 이 내용은 본래 성무련의 주요 구성 조직인 홍기군총부의 주장인데 광동의 급진 조반파 조직 팔일전투병단(八一戰鬪兵團)이 자신의 기관지 ≪八一戰報≫에 전재한 것이다.

극좌파로 지목되어 비판받게 될 여지를 사전에 차단하기 위한 여론 조성의 일환으로도 보인다. 하지만 무차별적인 극좌 반대의 사회적 분위기 속에서 급진 조반파나 일부 극좌파를 보호하는 기능을 수행할 수 있었을 것이다.

하지만 이상 살펴본 극좌파의 결의와 극좌반대운동에 대한 신중론이 얼마만큼 현실에 적용되었는지는 의문스럽다. 광둥의 경우 오히려 극좌반대운동을 계기로 급진적 조반파들에게 보다 광범하고 무차별적이며 폭력적인 탄압이 가해진 것으로 보인다. 예컨대 극좌반대운동을 반공 캠페인과 결합시키는 지경에까지 이르게 되었다. 문혁 시기는 물론 중화인민공화국 건립 이후 현재에 이르기까지 '반공분자'라는 딱지는 우귀사신, 주자파, '홍오류', 수정주의자, 자본주의 복벽파, 트로츠키주의자를 뛰어넘어 정적에게 가할 수 있는 최고의 정치적 낙인이라 할 수 있다. 따라서 1968년 저우언라이 등 당 지도자들 사이에 극좌파를 상대로 이 용어가 등장한 것은 상당히 예외적 상황이라 할 만하다. 한 예로 광둥의 대표적 조반파 가운데 하나인 '기파'는 반공구국단(反共救國團)과 연결되었고 기파의 지도자 우찬빈은 주요 공격 대상으로 등장했다. 그런데 그에 대한 비난 가운데 상당 부분은 극좌파에 대한 혐의와 중복되었다. 비록 비난의 내용이 반드시 사실에 부합한다고 할 수 없기 때문에 문혁파의 주장만으로 그를 바로 극좌파로 간주할 수는 없다고 할지라도, 우찬빈과 같은 급진 조반파 지도자를 매개로 극좌파와 극우 반공단체를 동일한 범주에 포함시켜 그들 전체의 반혁명성을 보다 명확히 부각시키려는 문혁파의 의도는 분명하게 드러난다.[18]

팔오공사를 위시한 대표적 극좌파에 이어 그들의 사상적·조직적 배경을 이루

---

18 반공구국단과 우찬빈에 대한 비판에 대해서는 「中央首長接見廣西來京學習的兩派群衆組織部分同志和軍隊部分干部時的指示」(1968.7.25), CCRD 수록; 「'紅警司'是関軍張黑司令部反革命武裝奪權的工具」, 《三軍聯委戰報》, 第10號(1968.9.13), pp.1~3; 「中央首長接見廣西來京學習的兩派群衆組織部分同志和軍隊部分幹部時的指示」(1968.7.25); 「中共中央·國務院·中央軍委·中央文革布告」(1968.7.3) 中發 [68] 103號, 모두 CCRD 수록, 참조.

는 급진 조반파와 '기파'에 대한 공격이 1968년 여름까지 확산되었다. 같은 시기에 전개되었던 광시(廣西) 무장투쟁에 대한 당 중앙의 방침 결정과 그에 따른 광둥 혁명위원회의 결정은 군 중심의 질서 회복에 초점을 맞추고 있었다.[19] 군과 혁명위원회는 이 지침을 이용하여 자연스럽게 그동안 자신들에게 적대적이었던 급진 조반파에 전면적인 공격을 가했고, '기파'에 대한 공격은 이전부터 대립하고 있었던 '총파'가 선봉에 섰다.[20]

이러한 공격에 '기파' 등 급진 조반파는 다음과 같은 반응을 보였다. ① 중앙문혁·저우언라이에 대한 일부 '총파'의 공격은 베이징·창사·우한의 '5·16분자'와 연결되었다. ② '총파'는 황용성의 잘못된 좌파 지지 정책을 옹호하고 올바른 태도에 대해서는 반대한다. ③ 일부 '총파'는 군 내의 두 개 노선 투쟁에 개입했고 ≪홍색공인(紅色工人)≫, ≪공인전보(工人戰報)≫를 통해 광저우 군구와 저우언라이를 공격했다. ④ 일부 '총파'는 보수적인 '총파' 대중에게 극좌사조를 주입시켰다. ⑤ '총파'는 저우언라이가 지적한 '보수로 치우친 조직'〔편보 조직(偏保組織)〕으로 적의 특무가 개입될 수 있으며 성혁주에 대한 공격은 이 때문이다. ⑥ '총파'의 린제 공격은 저우언라이 공격과 연결된다.[21] 이와 같은 '기파'(8·31병단)의 주장은 일반적으로 보수적 조직으로 알려진 '총파'의 일부가 5·16분자와 연결된 극좌 조직으로 저우언라이와 군구 그리고 성혁주에 반대한다는 내용이었다. 이러한 비판은 '총파' 또는 문혁파가 '기파' 내의 급진 세력 내지 극좌파에 구사했던

---

19   「中共中央·國務院·中央軍委·中央文革布告」(1968.7.3); 中發[68]103號, CCRD 수록; 「廣東省革命委員會布告-關於貫徹執行中央七月三日「布告」的具體規定」과 「告外地來廣州市人員書」, 海楓, 『廣州地區文革歷程述略』(香港: 友聯研究所, 1971), pp.416~420 수록, 참조.

20   '기파'에 대한 군과 혁명위원회의 전면적 공격과 '기파'의 붕괴에 관해서는 海楓, 같은 책, pp.399~407 참조. 이에 따르면 1968년 8월 광둥 각지에서 '기파'를 탄압하기 위한 선전용 전람회도 개최되었는데, 여기에는 기파의 죄행 자료뿐만 아니라 대만 간첩, 반공 조직, 자오쯔양 관련 자료까지 통합 전시되었다. 이 모두는 '반혁명'의 범주로 통합되었다.

21   紅聯 "共大八·三一兵團", 『總派極"左"思潮 第一批材料』(1967.12.1), pp.1~3.

공격 논리와 다르지 않았다는 점에서 정략적이며 작위적이라 할 것이다.

따라서 이 주장이 반드시 사실과 부합할 필요가 없을뿐더러 부합하지도 않는다. 단지 극좌파로 비난받고 있던 현실에서 '기파'가 오히려 '총파'를 극좌파로 비난함으로써 적극적으로 자신들에게 가해진 혐의를 벗어나려 했을 뿐이다. 이러한 수세적 모습에서 문혁파로부터 극좌파로 규정당한 이단자가 취할 수 있었던 정치적 행보의 한계를 엿볼 수 있다. 마오쩌둥과 문혁파의 정치적 규정이 곧 정통이었던 현실에서 그들의 언어와 주장으로 자신들을 대변했던 극좌파는 보수파와 문혁파의 합작 공격에 전면적으로 서항하기 힘들었다. 왜냐하면 스스로 극좌임을 인정하는 것은 곧 반혁명분자임을 인정하는 것이었고 심지어 '반공분자'도 되기 때문이었다. 따라서 그들은 마오쩌둥의 이상과 문혁파의 정치적 주장을 이용하여 자신들의 입장을 천명하는 전략을 택했다. 그들이 공격 논리로 자신들을 보호하고 또 반론을 전개하는 것이었다. 하지만 극좌파가 좌파와 우파의 정의, 계급의 적 규정, 자산계급의 범위 등을 실제적으로 해석·판단·집행할 수 있는 힘을 갖지 못하고 민간의 자율적인 정치 역량으로 남아 있는 한 그들의 생존 전략이 효과적일 수 없었다.

결국 극좌파는 물론 광둥의 대표적 급진 조반파인 '기파'마저 혁명위원회와 군의 탄압을 받게 되는 상황에서 "과거 조반파에서 새로운 소요파로의 전환〔노조반(老造反)·신소요(新逍遙)〕" 현상이 증가했다. 이는 곧 문혁의 급진적 대중운동의 쇠퇴를 의미했고 기존 문혁의 이상과 방향에 대한 마오쩌둥의 전략적 수정으로 촉발된 현상이었다.[22]

---

22 또 다른 상징적인 사건이 1968년 7월 28일 마오쩌둥과 베이징 홍위병 '5대 영수' 회견이었고 이를 계기로 홍위병은 해산되고 대규모 상산하향운동이 전개된다. 이 회견 내용과 그 결과물인 「毛主席關於制止武鬪問題的指示精神要點」에 대한 분석에 대해서는 「召見首都紅大會"五大領首"時的談話」(1968.7.28), CCRD 수록; 唐少傑, 「紅衛兵運動的喪鐘: 淸華大學百日大武鬪」, 劉靑峰 編, 『文化大革命: 史實與硏究』(香港: 中文大學出版社, 2009), pp.74~75 참조.

이상에서 살펴보았듯이 대대적인 극좌반대운동의 과정에서 선전 외에 극좌파의 다른 특별한 활동이 보이지 않는다. 그것은 마오쩌둥을 중심으로 한 문혁파의 강력한 카리스마와 권위가 여전했다는 반증이다. 당과 마오쩌둥에 공공연하게 도전할 수는 없었다. 그러나 민간에서는 이미 문혁과 마오쩌둥의 신성성에 실망하고 의심할 수 있지 않을까? 극좌반대운동의 과정에서 나타난 "노조반·신소요의 증가" 현상은 바로 이를 두고 하는 말이 아닐까? 문혁에 적극적으로 가담한 '기파'가 군과 혁명위원회의 지원을 받은 보수파에게 폭압적으로 진압당하고 심지어 반공 조직으로 매도당하는 현실에서 그들은 새로운 소요파가 되거나 다른 방향으로 전략적 전환을 택할 수 있었을 것이다.[23] 하지만 이단적 소수자로서의 극좌파가 정통적 다수자가 되기 위해 필요한 것은 무엇보다 그들의 이상과 열정이 수용될 만한 새로운 객관적 토대의 확충이지 않을까? 최근 중국 내의 신좌파들이 새롭게 문혁의 이상과 마오쩌둥에 대한 재평가를 시도하고 있다는 사실은 이들 극좌파를 더 이상 역사의 소수자 혹은 이단자로 무시하거나 기억에서 소외·망각시켜서는 안 된다는 반증으로 받아들여도 되지 않을까?[24]

---

23 이와 관련하여 1974년 리이저(李一哲)의 대자보가 주목을 끈다. 물론 이 둘 사이에는 긴 시차가 존재하고 또 복잡한 역사 과정이 개입되어 있다. 하지만 리이저의 활동 무대가 광둥이고 또 그들이 '기파' 출신이었음을 고려하면 극좌파 혹은 급진 조반파 운동의 쇠퇴와 새로운 문혁의 모색으로 '사회주의적 민주'가 제시된 것으로 이해할 수 있지 않을까? 이 대자보에 대한 자세한 분석은 金恩英,「문화대혁명시기 대중혁명사상 연구-혁명문장 분석을 중심으로-」, 서울대학교 중어중문과 대학원 석사학위논문(2008), pp.128~150 참조. 한편 앞서 소개한 광저우 푸산회의(佛山會議)를 비판한 조반파 조직 훙사내함(紅司吶喊)의 지도자는 리이저 가운데 한 명인 이정톈(李正天)이었다. 그의 급진적 활동에 대해서는 劉國凱,『廣州紅旗派的興亡』, pp.156~157 참조.
24 이러한 문제의식에 따라 이루어진 신좌파의 문혁 인식에 대한 검토는 이 책의 제13장 참조.

제9장

우한 극좌파 반대운동

우한의 극좌파인 '결파'에 대한 당 중앙의 최종 입장은 1969년 9월 27일에 발표된 '우한문제'에 관한 당 중앙의 지시로 나타났다.[1] 이하에서는 이 가운데 중요 부분을 정리하고 약간의 보충 설명을 통해 당의 공식적 입장을 확인하도록 하겠다.

　①모 주석이 결재한 중앙의 「5·27지시」, 「7·23포고」, 「8·28명령」은 후베이 전성과 우한시 전체에서 분명하고 무조건적이며 한 치의 어김없이 집행되어야 한다. 일부 반혁명분자는 현재 법 밖에서 떠돌며 혁명 질서를 혼란시키고 「5·27지시」, 「7·23포고」, 「8·28명령」의 실천을 파괴하고 있는데 이는 절대 받아들일 수 없다.

위의 「5·27지시」는 우한 극좌파를 중심으로 한 '과거 회귀 반대운동'〔반복구운동(反復舊運動)〕에 대한 후베이성혁명위원회의 비판적 입장(1969.5.25)을 당 중앙이 동의한다는 것이었다.[2] 「7·23포고」는 무장투쟁의 무조건 중지, 무기 반납 등

1　「中共中央對武漢問題的指示」(1969.9.27; 中發[69] 67號), CCRD 수록, 참조.

혼란을 부추기는 행위의 즉각적 중지를 선포한 것이었고,[3] 「8·28명령」[4] 역시 동일한 내용이었다. 전체적으로 혁명위원회의 성립과 중국공산당 9차 대표대회를 기점으로 문혁을 질서 있게 수습하겠다는 마오쩌둥과 당 중앙의 의지가 반영된 것들이었다.

② 현재 보고된 자료에 근거해 보면 우한에서 출현한 소위 북두성학회, '결파' 등의 지하 조직은 막후에서 소수 반도, 특무, 반혁명분자가 명의를 빌려 비밀리에 조종하는 큰 잡동사니에 불과하다. 이들 반혁명분자의 목적은 무산계급독재와 사회주의제도를 부수고 무산계급문화대혁명을 파괴하며 반혁명 복벽을 이루겠다는 헛된 기도이다. 그들은 수단을 가리지 않고 소문을 만들며 각종 반혁명 유언비어를 산포하고 군중 조직에 파고들어 이간질시키고 경제주의와 무정부주의의 요사스러운 풍조를 일으키니 이들 반혁명 지하 조직은 반드시 단속해야 한다.

'큰 잡동사니'〔대잡회(大雜燴)〕는 후난 성무련에 당 중앙이 붙인 공식적 비판 명칭이었다. 여기서 양 조직을 하나의 사상적 흐름으로 묶어 공격하려는 의도가 엿보인다. 사실, 사상적 영향 외에 '결파'와 성무련 사이에 직간접적인 조직적 관련성이 없다고 할 수는 없다. 또한 북두성학회와 '결파'를 공격하며 내세웠던 경제주의와 무정부주의 가운데 무정부주의는 당 중앙이 그들의 파리코뮌 원칙을 확대 왜곡하여 중국과 중국공산당, 중국인민해방군의 존재를 부정한다는 사실을 비판하기 위해 선택한 용어로 보인다. 또한 경제주의 비판은 명확하지는 않

2 「中共中央同意"湖北省革命委員會關于解決武漢'反復舊'問題的報告」(1969.5.27), CCRD 수록, 참조.
3 「中國共產黨中央委員會布告」(1969.7.23), CCRD 수록, 참조.
4 「中國共產黨中央委員會命令」(1969.8.28: 中發 [69] 55號, CCRD 수록, 참조.

지만 시쉬현의 왕런저우와 '결파'가 관련된 사실을 가리키는 것 같다. 왜냐하면 그는 곧 문혁 전에 하향된 지청이었고 그의 우한 귀환은 이유가 무엇이든 호구 획득이라는 경제적 목적 달성을 위한 투쟁으로 지목될 수 있기 때문이다. 그리고 이러한 주장은 곧 극좌사조에서 비롯된 것으로 지목될 것이었다.

③ 소위 ≪양자강평론≫은 일부 반도, 특무, 반혁명분자가 막후에서 조종한 반동 출간물이며 아무런 거리낌 없이 해로운 내용의 글을 대량으로 게재하니 반드시 금지시켜야 한다. ≪양지강평론≫의 주요 집필진에 대해서는 마땅히 후베이성 혁명위원회가 관련 기관의 책임을 갖고 조사하게 하여 그 죄의 경중을 따져 분별하여 엄격히 처리해야 한다.

이로써 당 중앙은 북두성학회와 '결파'와 같은 지하 조직은 물론 공개적인 잡지였던 ≪양자강평론≫의 집필진까지 탄압의 대상으로 삼았음을 알 수 있다. 사실 북두성학회 → '결파'로 전환되고 바로 조직 해체 선언을 한 뒤 우한 극좌파의 활동은 ≪양자강평론≫을 중심으로 이루어졌기 때문에 당 중앙이나 후베이혁명위원회의 입장에서 볼 때 잡지와 집필진에 대한 탄압은 중요했다.

④ 반혁명 수정주의분자 왕성룽(王盛榮), 국민당 반혁명장군 간이(干毅), 전 국민당 특무 저우위에썬(周岳森) 등 죄인은 반드시 즉시 체포하여 법에 따라 처벌해야 한다.

왕성룽은 1952년의 삼반운동(三反運動), 1959년의 우경 반대 투쟁에 이어 문혁 때 다시 탄압받은 홍군 출신 군인이었다. 그리고 그와 함께 간이, 저우위에썬 등 국민당 장군과 국민당 특무를 동시에 거론함으로써 '우한문제'가 이들과 관련이 있다는 사실을 강조했다. 또한 (무산계급의) 당성과 (자산계급의) 파성을 구분하여

'결파' 등의 혁명위원회 반대 투쟁을 종파주의(宗派主義), 산두주의(山頭主義)라는 자산계급의 분파성에 따른 것이라 비판했다.

결국 당 중앙이 말하는 '우한문제'란 마오쩌둥의 지시에 따라 집행되는 조반파 내부의 무장투쟁 중단, 무기의 반납, 혁명위원회에 대한 지지, 분파의 금지 등으로 대변되는 문혁의 수습에 반대하며, 그것들의 복구(復舊) 또는 복벽(復辟)으로 공격하며 반대운동을 전개하는 '결파' 등 무정부주의사조를 지닌 '큰 잡동사니', 즉 극좌파의 동향을 지칭한 것이었다.

이러한 중앙의 지시 반포에 즈음한 9월 19일, 우한의 공안기관군관회(公安機關軍管會)는 왕성룽, 간이, 저우위에썬 등을 체포했고, 9월 20일, ≪양자강평론≫ 관련자 펑톈아이, 차이완바오(蔡萬寶), 간용(甘勇), 저우닝순(周凝淳), 장즈양(張志揚), 둥단(童丹), 마예청(馬業成), 톈궈한(田國漢), 옌린(嚴琳) 등 아홉 명을 체포했다. 이로써 '결파' 관련자는 1968년 이미 체포된 루리안을 포함해 총 13명이 되었다.[5]

이상, 일련의 중앙 지시 및 체포, 조사 과정을 거쳐 1969년 후베이성 혁명위원회가 밝힌 '결파'와 ≪양자강평론≫의 반혁명죄는 다음과 같다.

① '결파' 사조의 적극적 고취. 즉, 그들은 「선언」, 「강령」, 「장정」, 「조례」 등을 통해 '결파' 사조를 선전하고 '결파'당을 결성하여 마오쩌둥 사상과 중국공산당을 대체하고자 했다.

② '탈군권'의 선동. 그들은 '군 내의 한줌'을 제거하여 "군권을 탈취하자"고 주장했다. 즉, "'탈권'의 문제는 '탈군권'의 문제로 귀결된다"고 했다.

---

5   「劉豊同志在湖北省革命委員會擴大會議上關于"北斗星學會", "決派"及≪揚子江評論≫問題的講話」(1969.10.3), 출판사, 출판지 불명, p.2 참조. 이하 특별히 주기하지 않는 한 '결파'의 행적은 이에 따른다.

③혁명대연합과 혁명 3결합의 파괴. 그들은 "행업(行業) 타파"와 "도시와 농촌의 경계를 타파하자"고 주장함으로써 혁명대연합과 혁명 3결합을 파괴하고 무산계급의 '탈권' 투쟁을 파괴하려 했다. 또한 그들은 농민을 도시로 진출시켜 우한에서 시위하도록 선동한 왕런저우를 지지했다.

④2차 혁명론을 고취하여 새롭게 등장한 혁명위원회에 반대했다. 그들은 혁명위원회를 절충주의의 산물이며 자본계급 국가체제를 따라 배운 것이라 비난하면서 마오쩌둥이 인정한 혁명위원회를 공개적으로 반대하고 2차 혁명론을 고취했다.

⑤무기탈취를 선동하고 군중의 내전을 촉발시켰다. 1968년 봄 무장투쟁이 한창일 때 그들은 "무기탈취운동을 통해 인민무장의 용감한 시도가 시작되었다"고 선동했으며 중앙의 5월 28일 「지시」[6]에 반대하여 "무기를 내려놓는 것은 곧 범죄"라고 했다. 이어 인민해방군의 무기, 탄약, 장비를 탈취하고 군중을 조직하여 내전을 전개하라고 선동했다.

⑥"조반파가 탄압받는다"고 선전하여 계급대오정리운동을 공격했다. 그들은 체포된 루리안과 왕런저우의 복권을 공개적으로 요구했다.

⑦카오츠키 반대 투쟁을 선동하여 무산계급사령부를 공격했다. '다중심=무중심론'을 역이용하여 "제2중심 반대", "카오츠키파 반대"를 주장하면서 유일한 중심인 당 중앙을 공격했다.

⑧'복고 반대 운동'을 고취했다. (그들은) 공산당 9차 대표대회 이후 "전국이 위에서 아래로의 복고가 이루어졌고" "(문혁이) 극히 불철저한 혁명이 되었다"고 주장했다. "회의일체, 타도일체"론에 기본을 둔 철저 혁명론을 내세운 그들은 '복

---

6   이 지시는 후베이성혁명위원회를 통해 우한시 '三鋼', '三新' 각 혁명 조직에 전달되었는데 그 내용은 무기 탈취를 금지하며 이 중앙 명령을 위반한 범법행위를 강력히 저지하고 각 파의 대표의 상경·토론을 준비하라는 것이었다〔「中央軍委·中央文革通知」(1968.5.28), CCRD 수록, 참조〕.

고 반대 운동'을 통해 경제주의와 무정부주의 풍조를 일으키며 제2차 정권대혁
명을 추진했다.

⑨ 공단주의(工團主義)를 고취하여 혁명위원회의 일원적 지도를 부정했다. 그들은
공대회감독위원회(工代會監督委員會)를 최상위에 놓고 혁명위원회의 지도를 부
정하며 무산계급에 대한 '탈권'을 진행했다.

⑩ "복고 반대" 구호를 내세우지 않으면서도 실질적인 '복고 반대운동'을 전개하고
「5·27지시」[7]의 실천을 파괴했다.[8]

'결파'에 대한 이상과 같은 비판은 일면 과장된 측면도 있겠지만 앞서 살펴본
대로 그들의 발언과 실제 주장에 근거한 것이기 때문에 상당 부분 수긍할 만하
다. 하지만 문혁파도 인정하고 있듯이 '결파'가 사용한 용어 자체는 혁명적이며
또 마오쩌둥이나 린뱌오를 중심으로 한 중앙 문혁파를 직접적으로 지목하여 비
판하지 않는다는 사실 역시 중요하다. 그렇기 때문에 이상과 같은 문혁파의 주
장을 좀 더 신중하게 받아들여야 할 것이다.

그러나 어찌되었든 문혁파가 정리한 "세 개의 반대", "세 개의 중건(重建)"이라
는 '결파' 주장은 그들의 지향을 축약적으로 잘 보여준다. 그것은 "혁명위원회 반
대, 중국인민해방군 반대, 중국공산당 반대"이며 동시에 "참신한 국가기구 중건,
인민무장 중권, '결파'당의 중건"이었다. 이러한 주장은 마르크스·레닌주의에 따
른 국가소멸론으로 발전할 수 있다. 그런데 당 중앙에게 이 국가란 본래 자본주

---

7   이 지시는 '복고 반대운동'이 1968년 1월과 2월에 각각 성립한 우한시혁명위원회와 후베이성혁
     명위원회, 그리고 인민해방군에 대한 공격이며 공대회를 최고 위치에 둔 사실을 비판했다〔「中
     共中央同意"湖北省革命委員會關于解決武漢"反復舊"問題的報告」(1969.5.27; 中發[69] 28號, CCRD
     수록;「湖北省革命委員會關于解決武漢"反復舊"問題的報告」(1969.5.25), CCRD 수록, 참조〕.
8   「劉豊同志在湖北省革命委員會擴大會議上關于"北斗星學會", "決派"及≪揚子江評論≫問題的講話」
     (1969.10.3), 출판사, 출판지 불명, pp.4~12.

의 계급에 의해 권력이 장악된 재앙의 국가이지 무산계급 독재의 국가를 가리키지 않는다. 따라서 당 중앙은 문혁 1년을 결산하는 시점에서 이미 개인주의, 주관주의, 소단체주의, 산두주의, 자산계급 작풍과 함께 무정부주의를 지목하여 비판했던 것이다.[9] 이 무정부주의는 문혁의 전개 과정에서 언제든 극좌주의로 전환되거나 또 그렇게 지목받을 수 있었다.

한편, 후난 성무련에 대한 공격은 사상적 맥락을 같이 하는 '결파'를 크게 위축시켰다. 이 당시 '결파'의 상황 인식을 단적으로 보여주는 것이 '결파' 조직원 저우닝쑨, 장즈양, 둥난 등의 다음과 같은 주장이다.[10]

① 문혁의 중심은 여전히 도시에 있으며 당 중앙 역시 도시와 같은 농촌의 대란을 희망하지 않는다. 또한 농민의 사상 각오나 문화 정도가 문혁의 수준을 영원히 따라올 수 없다.
② 성무련의 탄압을 고려하여 '결파' 내에서 "세 개의 반대", "세 개의 중건"을 공개적으로 주장한 극단분자를 제명해야 한다.

그들이 지목한 극단분자는 농민 지도자 왕런저우를 추종하는 린셴성(藺憲生)이었다. '결파'의 일원이었던 루리안에 따르면 당시 그는 성무련과 조직적인 관련을 맺은 것 같았고 그 지도자 양시광을 숭배했다. 더욱이 그는 성무련보다 더 급진적이어서 각종 집회에서 "당의 재건, 국가의 재건, 군대의 재건"〔중건당(重建黨), 중건국가(重建國家), 중건군대(重建軍隊)〕"을 주장했다. 이에 루리안은 자진하여 '결파' 해산을 추진함으로써 당국의 탄압을 피하려 했다.[11]

---

9   「中共中央關于宣傳毛主席「關于正確處理人民內部矛盾的問題」的通知」(1967.6.12; 中發 〔67〕 183 號), CCRD 수록, 참조.

10   魯禮安, 『仰天長嘯: 一個單監十一年的紅衛兵獄中籲天錄』, p.241.

11   그러나 '결파'의 대부분인 중·고등학생, 청년노동자들은 이에 반대하며 철저한 혁명을 주장했

표 9-1 혁명위원회가 적시한 우한 문혁파의 죄행

이름	소속	출신	행적
① 루리안	화중공학원(華中工學院) 학생		- 별명 루커쓰(魯克思) - 마오쩌둥 공격
② 펑톈아이	화중공학원 학생		- 1968년 7월 29일 우한 반혁명 '흑회(黑會)' 개최 - 당 중앙과 군 공격, 사평(四評) 저자
③ 양시우린	우한대학 학생		- 문혁 전 마오쩌둥 공격 - 현행 사회주의제도 비판
④ 차이완바오	무기염창(武機鹽廠) 임시공	부친: 일본 특무기관 정보원	- 사회주의제도 비판 - 직업적 반혁명분자
⑤ 간용	무강내화재료창 합동공(武鋼耐火材料廠合同工)	부친: 두 차례의 노동교화형	- 1959년 3년의 노동교화형
⑥ 귀중판(郭仲藩)			- 우파학생 - 10개월의 노동교화형
리시쥬(李希久)		부친: 국민당부 상위 위원	
위안젠쟝(袁建疆)		부친: 노동교화 중 병사	
왕성룽	소련 유학		- 루리안에게 반혁명 경험 전수 - '다가론(多可論)' 유포
⑦ 저우닝순	이칠구(二七區) 수관국(水管局) 여가학교 대리교사	지주 겸 자본가 출신	- '결파'와 《양자강평론》 직접 조종 - '다변론(多變論)' 유포
⑧ 장즈양	무강(武鋼) 제3 여가 중등학교 대리교사	부친: 반혁명 역사 경험	상동
⑨ 둥단	우한 창홍(長虹) 초등학교 대리교사	부친: 노동교화범	상동

다. 결국 노례안은 린셴성(藺憲生)을 '결파'에서 제명하고 스스로는 치료를 핑계로 '결파'와 관계를 끊고 학교로 돌아갔다. 이후 지도권이 리치위안(黎奇遠)과 차이완바오(蔡萬寶)로 넘어간 '결파'는 더욱 농촌 문혁에 매진하여 농촌 조반파의 홍색근거지 건립을 지원했고 더 나아가 쿠바의 체게바라를 따라 중국 혁명을 넘어 세계혁명을 준비하자고 주장했다. 하지만 결국 농촌 내의 계파 투쟁에서 패하여 방출당하고 말았다(이상, 魯禮安, 같은 책, pp.242~243 참조).

하지만 이와 같은 '결파' 내부의 노력에도 불구하고 우한 문혁파의 탄압은 계속되었다. 혁명위원회가 구체적으로 적시한 그들의 죄행은 〈표 9-1〉과 같다.[12]

〈표 9-1〉에 등장하는 '다가론(多可論)'이란 "원칙은 클 수도 작을 수도, 뚱뚱할 수도 마를 수도, 네모날 수도 둥글 수도, 길수도 짧을 수도, 넓을 수도 좁을 수도, 있을 수도 없을 수도 있다는 것이다." 또한 '다변론(多變論)'은 "세계 역사와 중국 역사에는 10년에 한 번 크게 변화하는 새로운 규율이 있다"는 내용을 담고 있다. 이 둘 모두는 문혁파의 입장에서 볼 때 마오쩌둥을 중심으로 한 유일의 절대적 지도를 부정하는 이단적 주장이라 할 것이나.

이들 행적과 관련하여 루리안 역시 우한의 극좌반대운동 과정에서 '결파'에 연루된 인물들에 대해 〈표 9-2〉에서 구체적으로 거론했다.[13]

〈표 9-1〉과 〈표 9-2〉를 비교해 보면 〈표 9-1〉에 등장하는 인물 중 12명 가운데 아홉 명이 〈표 9-2〉에 등장하고 있음을 알 수 있다. 따라서 후베이성 문혁파의 의도대로 '결파'에 대한 탄압과 처벌이 진행되었음을 확인할 수 있다. 또한 이들에 대한 처벌은 매우 가혹했다. 옥사나 투옥 중 정신병에 걸린 사람이 포함된 것은 물론 10년 넘는 장기 구금을 당했고 또 출옥 후에 공식적 평반이 이루어졌다고는 해도 일부를 제외하고 대부분은 불우한 말년을 보냈다고 할 것이다. 마오쩌둥의 이상이자 문혁의 이상에 누구보다 충실했던 이들 극좌파가 문혁의 최대 피해자 가운데 하나였다는 역사적 아이러니가 그대로 드러나고 있다고 할 수 있다. 또한 문혁파의 공격 앞에 '결파'는 크게 대항하지 못한 채 분열되어 적어도

---

12 「劉豊同志在湖北省革命委員會擴大會議上關于"北斗星學會", "決派"及《揚子江評論》問題的講話」 (1969.10.3), 출판사, 출판지 불명, pp. 12~14의 내용을 통해 정리했다.

13 魯禮安, 『仰天長嘯: 一個單監十一年的紅衛兵獄中籲天錄』, 「附錄三: 書中有關人物索引」, 「附錄四: 「北決揚」涉案人員索引」 참조. 한편, 본문에서도 이미 언급했듯이 루리안은 왕런저우를 자신들 조직과 무관한 것으로 취급했다. 하지만 실질적인 관계가 있다는 사실을 고려하여 (왕런저우)로 처리해 포함시켰다.

표 9-2 '결파' 연루 인물

이름	소속	죄명,	평반(平反)	현황
간이	- 화공기계과 교수	- '북·결·양' 배후 - 국민당장군	- 1976년 출옥 - 평반	
왕성룽	- 노홍군 - 소련 유학	- '북·결·양' 배후	- 1978년 출옥 - 평반	
⑤간용	- 무강합동공 (武鋼合同工)	- '북·결·양' 핵심	- 1979년 출옥	- 정신병 - 교통사고 사망
톈궈한	- 무창 국영인쇄공장 노동자 - 당원 - 공총(工總) 선전 책임	- 《양자강평론》 인쇄	- 1974년 출옥	- 정신이상
⑦저우닝순	- 수공업관리국 여가학교 대리교사	- '북·결·양' 연루		- 정신이상
저우위에썬	- 화공부중 교장 - 당원	- '북·결·양' 배후 - 국민당 특무	- 1979년 출옥 - 평반	- 단위 회복 - 은퇴
⑧장즈양	- 무강 여업학교 교사	- '북·결·양' 연루	- 1976년 출옥 - 복권	- 海南대학 미술 연구소 소장
⑥귀중판	- 우한대학 경제과 학생	- 《양자강평론》 편집인 - 노동형	- 1974년 중등 학교 교사	- 후베이사범대 학 교수
⑨둥단	- 초등학교 대리교사	- '북·결·양' 연루	- 1979년 출옥	- 병퇴 - 곤궁한 생활
(왕런저우)	- 베이징 외국어학원 학생 - '파하일사(巴河一司)' 지도자	- 1968년 '악질 두목'으로 지목		- 옥사
②펑톈아이	- 화중공학원 무선전과 (無線電課) 학생	- 신화공감사대 (新華工敢死隊) 와 북두성학회 지도자 - 《양자강평론》 주편	- 1979년 출옥	- 정신이상
③양수이린	- 우한대학역사과 학생	- 《양자강평론》 편집인 - 투옥		- 후베이사범대 학 역사과 교수

이름	소속	죄명,	평반(平反)	현황
④ 차이완바오	- 우한 무기엽창 노동자 - '공조총사(工造總司)' 조직원	- '결과'의 지도자	- 1979년 출옥	- 변호사
① 루리안	- 화공학원 선박공정과 학생	- 신화공감사대 - 북두성학회 - '결과' 책임자 - ≪양자강평론≫ 주편	- 1979년 출옥	- 교사 - 창고관리원 - 홍콩기업 중국 내 사무실 운영
옌린(嚴琳)	- 노동자 - '공조총사'의 '철군(鐵 軍)' 지도자	- '북·결·양' 하수 인으로 지목	- 1979년 출옥	- 상업 부진

조직적으로는 무력화된 듯하다. 하지만 그것은 탄압을 모면하기 위한 측면이 깅
하며 자신들의 어떤 행동이 잘못되었는지에 대한 사상적 반성의 모습을 찾기는
힘들다. 오히려 루리안의 회고 곳곳에서도 드러나듯 문혁 기간 동안의 행적에
대한 해명과 문혁파에 대한 원망의 측면이 보다 강했다고 할 것이다.

문혁에 충실하고자 한 이들에 대한 문혁파의 비판과 탄압은 가혹했다. 장기간
의 투옥, 사망, 질병, 정신질환 등 고통을 겪었고 문혁 이후 복권이 이루어졌지만
그들의 열정과 의지는 충분히 보상받지 못했다. 자신들이 왜 비판받아야 했는지
에 대한 충분한 반성도 없었고 또 그럴 필요도 없었을 것이다. 왜냐하면 자신들
이야말로 문혁의 '가해자'가 아닌 진정한 '희생자'였기 때문이었다.

문혁 극좌파의 동향은 한 지역의 특수한 사례에 불과한 것이 아니었다. 이미
살펴보았듯이 후난 성무련의 영향이 비록 간접적이었지만 전국적으로 전파되었
고 광저우에서도 유사한 사례를 찾을 수 있었으며 베이징이나 상하이에서도 마
찬가지다. 이들이 모두 극좌파임을 자임하지는 않았고 또한 그러한 비판이 문혁
파의 일방적인 정치적 주장이라 할 수도 있다. 하지만 우한의 경우에서 볼 때,

이들이 좌편향의 문혁 내부의 중도파를 재차 카우츠키파로 비판하면서 더욱 극단적 좌편향의 정치적 태도를 취했기 때문에 그렇게 규정하는 것이 무리한 결론은 아닐 것이다.

제IV부

상산하향운동의 전개와 지식청년의 각성

제10장

1960년대 전반 상산하향운동의 전개와 그 성격

1. 상산하향운동의 시작

상산하향운동(上山下鄕運動)[1]이란 국가가 중등학교를 졸업한 도시 학생들을 조직적으로 동원하여 농촌으로 보내 육체노동에 종사시키는 현대 중국의 대규모 운동을 가리킨다. 이는 문혁 시기 중국을 제외하고는 찾아보기 힘든 세계 역사상 유일무이한 동원이며 20세기 최대의 국가에 의한 사회 실험[2]으로 기록될 것이다. 게다가 근대화가 곧 도시화를 의미하는 세계사의 일반적 발전 법칙에 역행하여 10여 년에 걸쳐 천 수백만 명에 이르는 청년이 도시에서 농촌으로 이주했다는 사실 또한 세계적으로 독특한 사회·정치·경제·교육·사상 현상으로 주목할 만하다.

그런데 일반적으로 문혁과 함께 진행된 것으로 알려진 상산하향운동은 사실

---

1   일반적으로 1968년 마오쩌둥에 의해 본격적으로 이루어진 도시청년 지식인의 하향을 상산하향
     운동이라 하지만 이하에서는 문혁 전후의 하방 모두 상산하향운동으로 칭한다.

2   이러한 평가는 『上山下鄕-一個美國人眼中的中國知靑運動-』(警官敎育出版社, 1996)의 저자 토
     마스 베른스타인(Thomas P. Bernstein)의 부인이자 캘리포니아대학 정치·사회학과 교수
     Dorothy J. Solinger에 의한 것이다(같은 책, p.1).

1950년대부터 전사(前史)를 지닌다.[3] 비록 이때 운동에 참여한 지식청년['노지청 (老知靑)')[4]은 그 수나 사회 전반에 미친 영향 등의 측면에서 문혁 발발 이후 하향 운동에 참여한 지식청년['신지청(新知靑)')에 비해 크게 주목받지 못했지만, 문혁 전 상산하향운동 역시 중요한 역사적 의미를 지녔다고 할 수 있다.[5] 두 운동은 여러 측면에서 차이를 보였다. 먼저 문혁 전 하향운동은 주로 도시의 취업 압박 을 완화하고 궁벽한 농촌을 개발한다는 경제적 동인에 의해 촉발된 반면, 문혁 이후 하향운동은 홍위병 재교육에 초점을 맞춘 광폭한 정치운동으로 간주되었 다. 또한 평가와 관련해서는 전자의 경우 배치 작업이 순리적으로 이루어져 소 기의 목적이 달성된 반면, 후자는 전 사회에 엄중한 위해를 가한 것으로 이해되 었다.[6]

하지만 이러한 평가 및 시각과는 달리 '노지청'은 '신지청'에 비해 존재감이나

---

3   최근 츠챠 마사야기(土屋昌明) 역시 하방의 전 과정에 주목하여 대기근 시기, 문혁 초기, 1968
     년 이후 상산하향운동 시기를 구분하여 농촌의 현실이 지청에게 미친 영향에 대해 긍정·부정
     의 측면을 종합적으로 설명했다(土屋昌明, 「下方の思想史-大飢饉·文革·上山下鄕の農村と知識靑
     年-」, 土屋昌明·「中國60年代と世界」研究會[編], 『文化大革命を問い直す(勉誠出版, 2016) 참조].

4   문혁 전 하향된 도시 청년을 지농청년(支農靑年, 支靑) 또는 농장지종공인(農場持證工人)이라고
     도 칭한다. 이들의 학력은 이후 지청에 비해 더 낮았고 비록 농촌호구에 속했지만 4년의 농장노
     동 이후 도시로 귀환할 수 있었다(劉國凱, 『廣州紅旗派の興亡』(臺灣: 博大國際文化有限公司,
     2006.4), pp.145~146].

5   '노지청' 가운데에는 농촌 출신으로 졸업 후 고향으로 돌아와 농업 생산에 참가했던 회향청년
     (回鄕靑年)이 포함되었는데 이들의 수는 적지 않고 그 처지 또한 다른 지청보다 훨씬 열악했다.
     본문에서는 이들 회향청년을 제외한 '노지청'을 주로 다룬다. 회향청년에 대한 집중적인 분석은
     定宜莊, 『中國知靑史, 初瀾(1953-1968年)』(當代中國出版社, 2009); 金震共, 「文化大革命 시기의
     知靑 문학 연구」, ≪中國文學≫, 제40집(2003), pp.211~216 참조.

6   이러한 경향의 대표적 연구로는 陳通, 「"文革"前知識靑年上山下鄕運動發展過程硏究」, 南京師範
     大學 碩士學位論文(2008); 張化, 「試論"文化大革命"中知識靑年上山下鄕運動」, 金大陸·金光耀 主
     編, 『中國知識靑年上山下鄕硏究文集』(上), 上海社會科學院出版社, 2009 참조. 또한 문혁 전 후난
     상산하향운동에 대한 배경과 그 결과에 대한 긍정적 평가에 대해서는 朱鐘頤, 「20世紀60年代初
     湖南知靑上山下鄕評述」, ≪求索≫(2004.12) 참조.

발언권이 없으며 문혁이 종결된 지 40여 년이 지난 현재까지 여전히 '두려운 진실'을 지니고 있다는 지적도 있다.[7] 이와 관련하여 '노지청'(이하 지청)의 과거를 본격적으로 검토한 덩펑(鄧鵬)은 그들에 대한 기존의 회고와 연구가 지니는 한계를 다음과 같이 지적했다.

그들의 옛 이야기는 '거대서사' 가운데의 한 줄거리 혹은 '지배적 담론'의 구체적 표현에 불과했고, 마오쩌둥 시대의 중국식 유토피아의 상징이었으며 정치 엘리트가 조작하여 장악한 허무한 이상이자 화려한 거짓말이었다.[8]

그렇다면 이 책의 서론에서 강조한 바 있는 '역사로서의 문혁'을 추구할 경우 이들 지청에 대한 실증적 연구와 그를 통한 그들의 목소리 복원이 절실히 필요하다고 할 것이다. 또한 문혁 전 지청운동이 반드시 경제적 동인과 명분을 지녔다고만 평가할 수 있을까? 운동이 전개되었던 1960년 초·중반에 이미 문혁을 예비하는 다양한 조치가 이루어졌고 그에 따른 급진적 좌경화의 흐름도 강화되고 있었기 때문이다. 따라서 이 시기 상산하향운동에 대한 보다 면밀한 검토가 필요할 것이다.

한편, 이들 지청이 본격적으로 정치 무대에 등장하게 된 계기는 문혁의 발발

---

7   그러한 이유로 덩펑은 이들을 다룬 책 제목을 다음과 같이 정했다. 鄧鵬 主編, 『無聲的群落-重慶1964·1965年老知靑回憶錄』(重慶出版社, 2006); 『無聲的群落(續編)-文革前上山下鄕老知靑回憶錄』, 上·下卷(重慶出版社, 2009, 이하 『無聲的群落(續編)』). 특히 2009년의 회고록에는 1963년, 1964년 베이징, 상하이, 충칭, 선양(瀋陽), 우한, 청두(成都), 창사, 항저우(杭州), 시안(西安) 등지에 하향한 지청의 90여 편 회고록을 포함하고 있다. 이들 회고록은 문혁 전 지청에 대한 본격적인 관심의 첫 번째 결실이라 할 수 있다. 그 이전에 定宜庄의 『中國知靑史·初瀾(1953-1968)』(中國社會科學出版社, 1998)이 있지만 주로 관방 측 자료만을 정리한 한계가 있다. 이 책은 2009년 2월 당대중국출판사(當代中國出版社)를 통해 재판되었다.

8   鄧鵬, 「前言: 走出沈寂的陰影, 擁抱生命的嚴存」, 『無聲的群落(續編)』(2009), p.2.

이었고 그 구체적 행동의 장은 농촌이 아닌 도시였다. 1967년 전국적인 대규모 도시 귀환 투쟁과 도시 호구 쟁취 투쟁을 위한 조반이 그것이었다. 그렇다면 그들에게 하향은 농촌에서의 환골탈태(換骨奪胎)를 목적으로 한 자발적이고 혁명적인 용기 있는 행동이라기보다는 청년들의 기대에 대한 일종의 배신이며 문혁은 그들의 이러한 불만을 분출시키는 하나의 계기로 작용했다고도 볼 수 있을 것이다. 그렇다면 그들에게 문혁은 마오쩌둥 혹은 문혁파와는 전혀 다른 모습으로 다가왔을 것이다.

따라서 이하에서는 지청의 실태와 그 지향을 향후 전개될 문혁 조반운동과의 관련 속에서 살펴볼 것이다. 이 경우 특히 하향운동의 극좌적 성격과 관련된 부분에 주목하고자 한다. 즉, 상산하향운동의 등장 배경이나 목표 그리고 구체적 실행 과정에서 드러난 극좌성을 좀 더 분명하게 드러냄으로써 이후 문혁 시기 조반운동에서 이들이 보인 급진적 행동을 이해하는 데에 도움을 얻고자 한다.

문혁과 상산하향운동의 관계를 본격적으로 검토하기에 앞서 전국적인 상산하향운동의 전개 상황을 이해할 필요가 있을 것 같다. 이를 위해서는 먼저 관방 측 자료를 토대로 작성된 〈표 10-1〉을 참조할 필요가 있다.[9]

〈표 10-1〉에 따르면 일반적인 예상과 달리 문혁 전인 1962년부터 1966년 사이에 이미 130만 명에 가까운 도시 청년학생이 농촌의 생산대 혹은 국영농장으로 하방되었음을 알 수 있다. 이 수치는 상산하향운동이 본격화된 1968년부터 1976년까지의 1200만 명에 비해 약 1/10에 불과한 것이지만 비교적 짧은 시기에 집중적으로 이루어졌다는 점을 고려하면 그 나름의 의의를 지닌다. 또한 〈표

---

9   〈표 10-1〉은 潘鳴嘯(Michel Bonnin)가 『中國勞動工資統計資料: 1949-1985』(1987), 『中國人口統計年鑑 1990』(1987), 『中國知識靑年上山下鄕始末』(顧洪章, 馬克森 主編, 中國檢察出版社, 1997) 등을 참조해 작성한 두 개의 표를 조합하여 새롭게 작성한 것이다. 〈표 10-1〉에 등장하는 집체장대는 농부업기지(農副業基地), 농공상연합기업(農工商聯合企業)을 포함하며 국영농장은 국영임(林)·목(牧)·어장(漁場)과 생산건설병단을 포함한다.

표 10-1 상산하향운동 전개 양상표

연도	해방 총 인수	입대(入隊)	집체장배(集體場배)	구양농장	1967년 이후 누적 하방 인수	1962년 이후 누적 하방 인수	1962년 이래 누적 반성(返城) 인수	제향(在鄉) 지청 인수
1962~1966	1,292,800	870,600		422,200		1,292,800	결(缺)	결(缺)
1967~1968	1,996,800	1,659,600		337,200	1,996,800	3,289,000	결	결
1969	2,673,800	2,204,400		469,400	4,670,600	5,963,400	결	결
1970	1,064,000	749,900		314,100	5,734,600	7,027,400	결	결
1971	748,300	502,100		246,200	6,482,900	7,775,700	결	결
1972	573,900	502,600		171,300	7,156,800	8,449,600	결	결
1973	896,100	806,400		89,700	8,052,900	9,345,700	4,013,500	5,332,200
1974	1,724,800	1,191,900	346,300	186,600	9,777,700	11,070,500	4,617,000	6,453,500
1975	2,368,600	1,634,500	496,800	237,300	12,146,300	13,439,100	6,014,900	7,424,200
1976	1,880,300	1,228,600	415,100	236,600	14,026,500	15,319,400	7,367,400	7,952,000
1977	1,716,800	1,137,900	419,000	159,900	15,743,400	17,036,200	8,397,500	8,638,700
1978	480,900	260,400	189,200	31,300	16,224,500	17,517,100	10,950,700	6,566,400
1979	247,700	73,200	164,400	10,100	16,472,000	17,764,800	14,904,600	2,860,200

표 10-2 문혁 전 상산하향 인원 수 및 배치 비용

연도	하향 인원수 (만 명)	배치 경비 (만 위안)	삽대 비율 (%)	개인당 배치 경비(위안)			
				평균	삽대	삽장 (揷場)	수보대 (水保隊)
1962~1963	30.3	32,398	6	1,069	178	1,119	2,590
1964	68.1	24,906	61	366	303	690	1,368
1965	59.7	18,799	63	346	249	882	1,327
1966	38.8	22,560	70	580			
합계	196.9	98,663		2,361	730	2,691	5,285

자료: 『中國知識靑年上山下鄕始末』, p.85.

10-1〉에 따르면 이들 지청은 농촌에 그대로 정착한 것이 아니라 1962년부터 1973년까지 계속 도시로 귀환했는데 그 수가 대략 400만 명에 이르렀다. 그것은 주로 학생 모집(43만 3500명), 징병(24만 1000명), 노동자 모집(249만 6000명), 간부 모집(1만 6000명), 기타 질병(82만 7000명) 등의 사유에 따른 것이었다.[10] 하지만 이상의 통계는 관방 측의 일방적 조사와 주장에 의한 것이기 때문에 지청의 실제 정황, 즉 문혁 시기 도시 회귀 투쟁〔반성투쟁(返城鬪爭)〕의 실상과 결과를 제대로 반영했다고 하기는 힘들다.

한편, 〈표 10-2〉는 1962년부터 1966년 사이에 이루어진 하향운동의 상황을 좀 더 자세하게 보여준다. 〈표 10-2〉에 따르면 처음으로 계획적이고 조직적인 운동이 이루어진 1962년부터 문혁이 본격적으로 시작된 1966년 8월까지 전국 도시의 청년학생과 유휴노동력 약 197만 명이 하향되었다. 그 가운데 지청이 약 129만 명으로 전체 하향인원 가운데 65.5%를 차지했다.

---

10 「附表 5」, 顧洪章, 馬克森 主編, 『中國知識靑年上山下鄕始末』(中國檢察出版社, 1997, 이하, 『中國知識靑年上山下鄕始末』), p.308.

11 『中國知識靑年上山下鄕始末』, p.85.

그렇다면 이러한 문혁 전 하향운동은 어떠한 계기로 시작되었고 누가 주도했는가? 청년학생을 농촌 개발에 동원하겠다는 정부의 구상은 1953년 12월 3일 ≪인민일보≫를 통해 이미 공개적으로 천명되었다. 그에 따르면 하향의 배경에는 농업에 비해 중공업을 우선적으로 개발해야 하는 현실에서 먼저 농촌의 중·고등학교 졸업생을 농촌에 배치하여 취업 문제를 해결하고 농업생산을 촉진해야 하는 경제적 사정이 있었다.[12] 물론 이러한 경제적 요인에 더해 육체노동을 천시하는 전통적인 노동관을 해소하려는 사상의식 개조 의도도 있었다.[13] 하지만 이후 문혁 직전까지 전개된 상산하향운동은 기본적으로 청년의 취업과 진학에 관련된 경제적 요인에 의해 크게 좌우되었다.

〈표 10-3〉은 1960년대 초 시작된 후난성 상산하향운동의 배경을 잘 보여준다. 〈표 10-3〉에 따르면 진학 기회가 절대적으로 적어 상급학교에 진학하지 못하고 취업하지 못한 도시 내의 유휴인력에 대한 대책이 필요했음을 짐작할 수 있다. 게다가 대약진운동 이후 나타난 재해로 인한 농업생산량 감소는 농촌 노동력의 수요를 증대시켰다. 중공중앙 역시 같은 이유에서 다음과 같이 결정했다. "도시의 초·중등학교 졸업 청년 가운데 도시에서 진학하여 취업할 수 있는 사람을 제외하고는 국가의 호소에 적극 호응하여 상산하향을 통해 농업 생산에 참가하고 사회주의 농촌 건설의 위대한 사업에 참가해야 한다."[14] 이러한 배경에서 1962년부터 1966년 사이 후난에서는 6만 8600명의 도시 청년학생들이 상산하향운동에 참여했다. 전성 각지로 퍼져 나갔고 멀게는 신강, 내몽골, 하이난다오(海南島)까지 이르러 황무지를 개발하고 농업생산 발전에 크게 기여했다.[15] 요

---

12 "組織高小畢業生參加農業生産勞動", ≪人民日報≫, 1953.12.3.

13 "關于高小和初中畢業生從事勞動生産的宣傳提綱", ≪人民日報≫, 1953.5.29.

14 中共中央, 「1956年度1957年全國農業發展綱要(草案)」. 여기에서 지청의 상산하향 문제가 구체적으로 등장했다〔劉布光, 「湖南知識青年上山下鄕始末」, ≪湘潮≫(2002.6), p.48〕.

15 문혁 전 후난상산하향운동에 대해서는 朱鐘頤, 「20世紀60年代初湖南知青上山下鄕評述」, ≪求

표 10-3 후난성 교육발전 상황표

연도	초등학교		중등학교		대학		중등전문학교	
	학교 수	학생 수	학교 수	학생 수	학교 수	학생 수	학교 수	학생 수
1957	3.5만	385만	285	23만	5	1.3만	45	
1958	5.4만		2400	54.7만	37		367	12.6만
1960	4.9만	573만	683	36만	57	3.9만	397	4.3만
1961	4.6만	448만	701		32	3.4만	121	

자료: 羅慶康, 『湖南現代化進程研究: 1949-1995』(湖南人民出版社, 2001), p.185, 朱鐘頤, 『湖南知靑上山下鄕運動硏究』(長征出版社, 2005), p.255에서 재인용.

컨대 취업과 진학의 압박이 강하면 하향운동은 크게 일어나고 반대의 경우엔 위축되었다고 할 수 있다. 이는 이 시기 하향운동이 기본적으로 경제운동이었음을 반영한다.

운동의 실무적 추진 주체가 문혁 때 주자파로 지목되어 탄압받았던 류사오치였던 점도 운동의 성격과 관련지어 주목할 만하다. 그는 지청의 상산하향운동과 관련된 중국공산당 중앙의 가장 초기의 체계적인 문건을 작성했는데 그 내용은 다음과 같다.[16]

索≫(2004.12) 참조.

16 劉少奇, 「關于中小生畢業生參加農業生産問題」(1957.4.8), 『劉少奇選集』(下卷), 人民出版社, 1985, pp.277~294. 이러한 사실은 마오쩌둥이 주역이었던 문혁 이후의 상산하향과 좋은 대조를 이룬다. 한편, 도시청년의 하방은 마오쩌둥에 의해 창안된 것이 아니라 그의 공격 대상이었던 후르시초프의 사상에서 기원했다고도 할 수 있다. 둘은 농민 출신의 공산당 지도자로서 민수주의(民粹主義)의 영향을 강하게 받았다. 후르시초프는 1954년 초 불경기의 소련 농업을 개선하기 위해 도시의 공산주의청년단 단원을 카자흐스탄과 시베리아로 하방시켰다. 하지만 이러한 사실은 빠르게 잊혔고 마오쩌둥이 운동의 창시자로 간주되었다. 이상의 내용은 프랑스 학자 潘鳴嘯(Michel Bonnin), 『失落的一代: 中國上山下鄕運動 1968-1980』(中國大百科全書出版社, 2010)을 정리한 徐友漁, 「大規模上山下鄕運動原因何在」, http://www.aisixiang.com/data/40855.html (검색일: 2014.7.18)에 따랐다.

① 점점 더 많은 고등학교·중학교 졸업생이 진학하지 못하는 것은 정상적이고 합리적인 현상이다. 이후 매우 오랜 시간 동안 추세적으로 더욱 많은 초등학교와 중등학교 졸업생이 진학을 못할 것이므로 반드시 생산에 참가시켜야 한다.

② 국가는 가정과 합작하여 "여러 방면의 일을 통일적으로 계획하고 두루 돌보며 적당히 안배한다〔통주겸고(統籌兼顧), 적당안배(適當按排)〕"는 방침에 따라 미진학 청년학생의 생산 참여를 적극 독려한다.

③ 전국적으로 볼 때 사람들을 가장 충분히 수용할 수 있는 곳은 농촌이고 가장 많이 수용할 수 있는 분야는 농업이다. 따라서 농업에 종사하게 하는 것이 미진학자 안배에 가장 좋은 주요 방향인 동시에 이후 취업의 주요 경로이다.

④ 육체노동을 천시하는 사상을 개조하고 하향하여 농민과 하향학생이 철저히 결합·단련해야 하며 이 경우 하향학생의 전도가 밝을 수 있다.

요컨대 류사오치는 미진학 학생의 증가가 장기적·정상적 현상이라는 판단 아래 상산하향운동이 국가의 적극적 개입으로 농촌을 향한 취업 운동이자 사상 개조이며 농민과 지식인의 결합운동이 되어야 한다고 주장했다. 또한 1960년대 초반 경제조정기에 류사오치는 도시의 취업난과 진학난을 해결하기 위해 "농사와 학업을 겸한다"〔반농반독(半農半讀)〕는 정책을 추진했다. 그 가운데 하나는 하향지청을 위한 경독학교(耕讀學校)와 농업 기술학교 건립을 통해 지청의 문제를 해결하고자 했던 것이었다.[17] 결국 하향운동에 대한 류사오치의 입장은 분명했다. 즉, 그것은 도시 내 청년의 경제·교육문제의 해결이었다. 류사오치 등의 경제조정 정책으로 대약진운동의 혼란이 어느 정도 수습된 1963년은 상산하향운동 전개에 하나의 전기를 이룬다. 먼저 국민경제의 회복으로 이전과 달리 안정적이고 장기적인 하향(下鄕)이 본격적으로 실행되기에 이르렀다. 전국적으로 배치공작

---

17   劉少奇, 「半工半讀, 亦工亦農」(1964.8), 『劉少奇選集』, 下卷(人民出版社, 1985), pp.465~469.

담당 기구와 책임자가 정해졌고 강령성 문건 등이 제정되어 하향운동의 원칙과 절차, 대상, 방법, 비용, 지원에 대한 구체적 규정이 마련되는 등 이후 진행될 하향운동의 기본적 지침이 결정되었다.[18]

하지만 실천 과정은 단순하지 않았다. 구체적으로 말하자면 하향은 농촌으로 도시호구를 옮기는 것이었다. 청년들이 상대적으로 발달된 도시 생활을 포기하고 모든 면에서 뒤처진 농촌의 호구를 선택하기란 쉬운 결정이 아니었다. 게다가 하향운동을 실무적으로 책임진 국무원 부총리 탄전린(譚震林)은 1963년 12월 지청 경험교류회에서 하향 동원의 어려움을 토로했다. 즉, '5관'〔가정관(家庭關), 스승관(老師關), 동학관(同學關), 친구관(親友關), 본인관(本人關)〕, 노동관(勞動關), 생활관(生活關), 학습관(學習關) 등의 관문을 넘어서야 했다.[19] 따라서 하향에 대한 반발 역시 만만치 않았고 누가 지청이 되느냐의 문제가 현안으로 등장하기에 이르렀다.

2. 상산하향운동과 '혈통론'

'혈통론'은 문혁 발발과 함께 본격적으로 등장했다. 이에 따르면 혁명간부·산업노동자·빈농·하중농·도시빈민(문혁 시기에는 '홍오류'로 통칭됨)은 당의 입장에서 가장 좋은 계급 성분인 무산계급계층에 속하여 혁명에서 의지의 대상이 되었다. 반면 지주·부농·반동자본가·국민당반동파·범죄분자·우파분자(문혁 시기에

---

18   이때 마련된 강령성 지침이 「關于動員和組織城市知識靑年參加農村社會主義建設的決定(草案)」 (1964.1.16)이었다. 구체적으로 국무원 부총리 탄전린이 정책 집행 책임을 맡았다〔이상, 顧洪章, 『中國知識靑年上山下鄕大事記』, 馬克森 編(中國檢察出版社, 1997), 이하, 『中國知識靑年上山下鄕大事記』), pp.42~43 참조〕.

19   『中國知識靑上山下鄕始末』, pp.42~43 참조.

는 '흑오류'로 통칭됨)는 가장 나쁜 계급 성분인 자산계급계층에 포함되어 혁명의 타격 대상이 되었다. 그리고 이들 중간에 위치한 소상인, 중농, 의사, 교직원, 자유직업인[문혁 시기에는 '마오류(麻五類)'로 통칭됨] 등은 중간 계급 성분인 소자산계급계층으로 분류되어 혁명교육과 단결의 대상이 되었다.

1966년 8월 베이징 시내 곳곳에 "부모가 영웅이면 그 자식들 역시 호걸이고 부모가 반동이면 자식 역시 멍청이다"라는 대련이 등장했다. 여기에 더해 베이징공업대학 홍위병 탄리푸는 우파와 반동분자의 잘못된 계급의식이 가정을 매개로 그 후손들에게 영향을 미치기 때문에, 이들 '홍오류' 학생은 혁명의 후계자가 될 수 있는 '홍오류'인 자신들과는 달리 결코 혁명좌파가 될 수 없다는 '혈통론'의 기본 관념을 제시했다. 이러한 '홍오류'의 '혈통론' 주장에 '흑오류' 홍위병들은 크게 반발했고 그 대립이 심각해지자 1966년 10월 천보다를 중심으로 한 중앙문혁소조는 중앙공작회의를 통해 '혈통론'을 반동사상으로 규정하고 공개적으로 비판했다. 사실 혈통론이란 개인의 '주관능동성'을 부정한 '유성분론(唯成分論)'이고 '계급결정론'이며 동시에 '계급 관점'이 아니라 일종의 '계급 편견'이었다. 그것은 객관적이고 균형 잡힌 논리라기보다는 적과 아를 손쉽게 구분 지으려는 극좌노선의 표명이었다. 그러나 비판에도 불구하고 '혈통론'은 쉽게 사라지지 않았고 문혁 기간 내내 영향력을 발휘했다. 이렇듯 '혈통론'을 둘러싼 대립 투쟁이 큰 주목을 끌게 된 것은 문혁 발발 이후 '홍오류' 대 '흑오류'의 대립 구도가 혁명성의 중요한 프레임으로 계속 작동되었기 때문이었다.[20]

하지만 이러한 '혈통론'은 문혁 시기뿐만 아니라 문혁 전 추진되었던 각종 사업 및 정책의 집행 과정에서 개인에 대한 중요한 정치적 판단의 근거로 기능했다. 한 예로 문혁이 본격화되기 전인 1962년부터 전국적으로 전개된 사회주의 교육운동 과정에서 이미 사회주의와 자본주의의 두 개 노선 투쟁이 전개되면서

---

20   이상 '혈통론'을 둘러싼 논쟁과 그 지속 메커니즘에 대해서는 이 책의 제1장을 참조.

타도되어야 할 계급의 적과 교육을 통해 개조되어야 할 부류가 분명하게 지목되었다.

1962년 이후 류사오치 등이 주도하는 경제조정 정책에 따른 '우경화'에 대한 우려가 마오쩌둥을 중심으로 커져갔다. 1965년까지 전개된 사회주의교육운동은 그러한 마오쩌둥의 우려가 반영된 중요한 정치운동 가운데 하나였다. 1962년 9월 마오쩌둥의 연설(「9기11중전회에서의 강화」(1962.9.24)로부터 시작된 이 운동은 「전10조(前十條)」〔「농촌 사회주의 교육문제에 관한 지시」(1963.5)〕와 「23조」〔「농촌 사회주의 교육운동 가운데 현재 제출한 일부 문제」(1965.1)〕로 이어지면서 사회주의 사회에도 계급과 계급투쟁이 존재하며 그 대상이 '자본주의의 길을 걷고 있는 당 내부의 실권파'임이 천명되었다. 운동의 목표는 구체적으로 관료화에 반대하고 수정주의적 사회경제 정책을 뒤집으며 당과 사회 전체에 집단주의 정신을 재고양시키는 데에 있었다.[21]

이렇듯 계급·계급구분·계급투쟁이 강조되는 상황에서 출신 혈통에 따른 계급구분론은 적/아를 구분 짓는 손쉬운 방법이었다. 그런데 마오쩌둥 스스로 계급구분을 강조하면서도 "계급 출신과 본인의 표현 역시 구별하여 중심은 표현에 두되 성분만을 강조하는 것은 잘못이다"라고 규정했다. 하지만 같은 글에서 마오쩌둥은 계급투쟁의 필연성을 설명하면서 당내에 도시 상층 소자산계급, 지식분자, 상당수의 지주·부농의 자녀가 포진하고 있음을 강조했다.[22] 이들에 대한

---

21 사회주의교육운동에 대한 설명은 모리스 마이스너, 『마오의 중국과 그 이후』, 1, 김수영 옮김(이산, 2004), 373~379쪽 참조. 저자는 또한 이 운동이 "문화대혁명 이전 마오쩌둥이 기존의 당과 기구를 이용하여 급진적으로 사회를 개조하려 한 마지막 시도였다"고 평가했다.

22 毛澤東, 「關于農村社會主義教育等問題的指示」(1963.5), CCRD 수록, 참조. 이와 같은 마오쩌둥의 '계급노선' 강화 지시는 1963년부터 교육 일선에 적용되어 대학교, 중등학교 입학 기준으로 '정치표현'이나 '학습성적'보다 '가정 출신'이 중시되기 시작했다. 이로써 입학의 기준인 '정치질량'이 '가정 출신'에 의해 완전히 결정되기에 이르렀다. 이 시기 상급학교 진학 기준의 변화와 그 결과에 대해서는 向前, 「政治身份體系下的社會衝突: 文革初期群衆行爲的社會根源」, pp.152~157

재교육은 간부의 하방 형태로 귀결될 수 있고 또 지청의 상산하향운동 형태로 나타날 수도 있겠지만, 그 둘 모두 당시의 극좌적 분위기에서 '혈통론'의 함정에서 벗어나기는 힘들었을 것이다.

게다가 상산하향운동은 사회주의교육운동과 마찬가지로 계급투쟁이자 혁명운동이 될 것이었다. 즉, 상산하향운동은 지청 개인에게 전도 영광의 혁명으로 선전되었고 더 나아가 상산하향은 청년의 혁명화는 물론 농업생산을 발전시키고 삼대차별을 소멸시키며 "수정주의와 자본주의를 막아"〔방수(防修)·방자(防資)〕무산계급혁명사업의 계승자〔접반인(接班人)〕를 육성한다고 규정되었다.[23] 선농적이며 정치적인 구호가 하향운동과 결합되면서 정치적 함의가 매우 농후해졌음을 알 수 있다. 하향운동을 책임지고 있었던 탄전린이 1963년 12월 지청 경험교류회의에서 하향의 목적 가운데 하나로서 미취업 문제를 수정주의 위험성과 관린시킨 것도 운동의 정치적 성격과 관련된다. 즉, 그는 하향운동을 통해 도시의 취업 문제를 해결하여 유맹과 불량청년의 발생 근원을 막고 더 나아가 수정주의의 생산 근원을 소멸시키고자 했던 것이다.[24] 또한 하향을 통한 환골탈태란, 출신이 나쁜 학생이 진정으로 가정을 배반하고 부모의 반동사상, 언행과 결별할 수 있음을 의미했고 가장 고통스러운 곳으로 가서 객관적 세계를 개조함과 동시에 자신의 주관적 세계를 개조하는 것이라 선전되었으며 어느 정도는 그렇게 받아들여졌다.[25]

참조.

23   이상, "知識靑年上山下鄕是移風易俗的革命活動", ≪人民日報≫, 1964.3.24; "熱情關懷上山下鄕的
      知識靑年", ≪人民日報≫, 1965.5.5; "同工農結合是知識靑年的道路", ≪人民日報≫, 1965.12.9.

24   『中國知識靑年上山下鄕始末』, p.42.

25   張學鎬, 「無奈上山下鄕, 終末"脫胎換骨"」, 『無聲的群落(續編)』, pp.31~32, 35 참조.

3. "누가 지청이 되는가?"

부연하지만 '(혈통적) 출신'과 '(정치적) 표현', 이것은 중화인민공화국 성립 이후 개인의 정치적·사회적 인정과 출세 여부를 결정짓는 관건이 되었다. 지청과 관련하여 전 베이징 대학생 둥다난(董大南)의 다음 예를 통해 이러한 사실이 분명하게 드러난다.[26] 그의 혈통에 대한 차별은 대학 입학 이전부터 있었다. 예컨대 둥다난이 다닌 명문 상하이 중학에는 1963년부터 "본래부터 붉다"〔자래홍(自來紅)〕는 특권 의식을 지닌 고급간부 자제와 일반인 자제 사이에 차별이 존재했다. 고3이 된 고급반의 '세 가지가 좋은 학생'〔삼호학생(三好學生)〕 둥다난은 대학 진학 포기를 종용받고 농촌이나 변강으로 하향할 것을 요구받았다. 진학을 둘러싸고 고급간부 자제와 갈등을 일으킨 바 있었던 둥다난은 이를 계기로 청년단 위원회의 눈 밖에 났고 한때 우파로 지목되었던 아버지의 경력으로 더욱 궁지에 몰리게 되었다. 게다가 사소한 오해로 인해 무고를 당한 둥다난은 졸업증서 후면에 "학교에서의 표현은 비교적 좋으나 집안에서의 표현은 극히 나쁘며 … 자산계급의 싹이다"라는 판정을 받았을 뿐만 아니라 무고 자료가 개인당안에 첨부되기도 했다. 1964년 베이징대학에서 전개된 사회주의교육운동의 와중에 앞서의 당안을 근거로 '정치엔 무관심하며 학술연구에만 전념하는 자'〔백전(白專)〕로 판정받아 제적된 둥다난은 1965년 하향되어 신장 생산건설병단에 소속되었다.[27]

착취계급 가정에 더해 공상업·지주 가정의 출신 성분을 지닌 충칭의 리중궁 (李忠公) 역시 형제자매 13명과 함께 반우파 투쟁 이후 여러 곤경에 빠졌다. 1964년 고등학교 졸업 이후 대학 진학에 실패한 그에게 진학·취업·군복무 등의 길이 모두 막혔고 남은 길은 농촌으로의 하향밖에 없었다. 이즈음 그의 절박한 심정

---

26   그의 회고담은 董大南,「通往新疆之路」,『無聲的群落(續編)』, pp.2~9 참조.
27   그는 1979년이 되어서야 복권되어 베이징대학에 재입학이 허용되었다.

은 다음과 같이 표현되었다.[28]

　　그것(하향)은 혁명의 홍색 외피로 포장되어 희망의 빛을 내뿜는다. 비록 그것이 매
　　우 미약할지라도 항상 우리 같이 출신은 "나쁘지만" 기를 쓰고 혁명을 따르려는 젊
　　은이의 격정을 불태운다.

　　이렇듯 하향이란 혈통적으로 문제 있는 집안 출신의 젊은이가 혁명적 표현을
과장하기 위한 선대지의 성격이 강했고 그러한 측면에서 보면 매우 정치적인 결
단이었다. 또한 도시에서 버려진 쓰레기와 같은 존재였다는 자괴감은 그런 비참
한 결단을 하게 한 하나의 동기였을 것이다. 그와 함께 쓰촨 다셴(達縣) 린수이(隣
雖)현 쥬룽(九龍)구 펑야(風埡) 공사 임장(林場)으로 하향된 지청의 출신 성분을
살펴보면 그의 표현이 과장된 것이 아님을 알 수 있다. 그들 11명의 지청 가운데
주위휘(祝玉輝)와 웨이쑤전(韋素珍) 두 명만이 노동자 출신이고 나머지는 모두 '흑
오류'에 속했다. 이와 관련하여 1965년 하향된 청두 9중 졸업생 장쉐치(張學錡)는
자신과 함께 하향한 동학 23명 가운데 출신이 좋지 않은 지청이 90%를 넘는다고
증언했다.[29]
　　정확한 통계는 아니지만 1964년 하향을 위한 준비반이었던 청훈반(靑訓班)의
예는 좀 더 규모가 크다. 여기서 청훈반이란 공산주의청년단 청두 지부가 지도
한 상산하향 지식청년 훈련반을 가리킨다. 탕루첸(唐龍潛)이 참여했던 1964년의
제2기 청훈반의 경우 학생 500여 명 가운데 70% 이상이 '흑오류' 출신이었다.[30]

28　李忠公,「天路迷壯」,『無聲的群落(續編)』, p.11. 이하 그의 회고는 이에 따른다.
29　그 역시 성적은 좋았으나 1963년 이후 학교 현장에서 벌어지는 출신 또는 가정 성분에 따른 차
　　별에 충격을 받아 대학 진학과 취업을 스스로 포기하고 하향을 택했다. 이상, 張學錡,「無奈上山
　　下鄕, 終末"脫胎換骨"」,『無聲的群落(續編)』, pp.30~36 참조.
30　唐龍潛,「成都有個"靑訓班"」,『無聲的群落(續編)』, p.148.

또한 1964년 9월 13일 창사시는 쟝용(長永)현으로 가는 1324명의 하방 지청을 환송했다. 그들의 구성을 살펴보면 당년 중고등학교 졸업생이 802명, 사회지식청년이 522명이었다. 이들 가운데 착취계급 가정 출신 및 '3사1간(三師一幹)' 자제가 874명으로 66%를 차지했다. 여기서 사회지식청년이란 졸업생 가운데 미취업자를 지칭하는데 학업 중도 포기자를 포함한다. 또한 '3사'는 의사, 교사, 공정사(工程師, 엔지니어)를 가리키고 '1간'은 공산당에 의한 후난 해방 시 저항했던 인물을 가리킨다.[31]

하향은 민족을 가리지 않았다. 민족을 불분하고 출신 성분은 중요했는데 1965년 12월 중경에서 위난(雲南) 시솽반나(西雙版納)로 하향된 나시(納西)족 허진(和荃)의 경우가 그러했다.[32] 그와 함께 하향된 총 1500여 명의 지청 가운데 98% 이상은 같은 해 충칭에서 졸업한 중고등학교 학생이었고, 그 가운데 절대 다수는 출신 성분이 좋지 않아 진학하지 못했을 뿐만 아니라 어떠한 취업 기회도 얻지 못해 하향을 '유일한 출로'로 선택했다. 그녀가 밝힌 고등학교 입학 불합격과 관련된 중학교 당안은 세 가지였다. 하나는 1961년 4월 5일 중경 40중학 당지부가 그녀의 어머니가 소속된 단위에 보낸 조사편지였다. 그것은 "학생 가정 상황과 사회관계를 분명히 해서 중등학교의 새로운 정치 질량을 보증하려는" 것이었다. 이에 대한 답변은 그녀의 부모가 반혁명분자이거나 자본가라는 분명한 규정이었다. 두 번째 당안인 중경 40중학 졸업생 정치심사 의견 표에 학교는 "아버지: 반혁명분자[영장(營長) 등 직무], 1951년 3월 말 체포, 같은 해 7월 옥사. 어머니: 자본가"라고 써 넣었다. 세 번째는 학생모 집 보고용지였다. 여기에는 응시 고등학교 이름과 시험 성적 318.4점이 적혀 있었다. 비록 세 번째 당안에 불합격

---

31 이상, 郭曉鳴·梁小進, 「長沙市知識青年上山下鄕大事記」(1955-1982年), ≪長沙文史·知識青年上山下鄕史料專輯≫(2003.10), p.291 참조.

32 이하 그의 경험담은 모두 「未忘却的記憶」, 『無聲的群落(續編)』 pp.113~127 참조.

표 10-4 중고졸업생 정치심사표

성명	허진	성별	여	연령	19	정치 면모	군중	가정 출신	위군관 (僞軍官)
학생의 정치사상 표현			위 학생은 입학 이후 정치적 표현이 비교적 좋지 않아, 중대한 정치문제에 자신의 입장을 지녔다. 계급 교육 가운데 반동 가정의 영향이 있음을 인정하지 않고 부친의 반동 본질에 대한 인식이 명확하지 않으며 가정 문제를 폭로할 때 감성의 정서를 드러낸다. 우리학교에서 공격받은 반동분자에 대해 동정하고 애석해한다. 학교의 계급노선 관철에 반대의 정서를 지니고 노동자·농민 출신의 동학을 상당히 무시하며 "천재는 천재일 수밖에 없고 총명함은 곧 유전된다"라는 관점을 제시했다. 정치수업은 큰 원리에 대해 논할 뿐이라 인식하여 실제문제를 해결하지 못한다. 위 학생의 자산계급 사상이 비교적 엄중하며 생활의 목적이 먹고 입고 노는 데에 있다. 또한 일찍이 연애를 경험하고 외국 18세기 작품에 연연해하며 매우 교만하다. 그러나 위 학생은 문예활동에 비교적 적극적으로 참여했고 집체 활동에 관심이 많고 노동 과정에서 비교적 능력을 발휘한다.						
직계친척 및 주요 사회관계의 정치 역사 정황 및 학생에 대한 영향 (상세히 표를 채워 설명)			1. 가정 출신은 위군관이다. 2. 부친 허청잉(和承英)은 위영장(僞營長)이었으며 1951년 노동개조형을 선고받고 옥중에서 병사했다. 모친 저우징치우(周靜秋)는 현재 충칭시 청길운수대(淸洁運輪隊)에서 회계 업무를 맡고 있는데 당과 사회주의에 불만을 품고 있다. 3. 외조부 저어스린(周士林)은 공상업에 종사했고 국민당원이며 위진장(僞鎭長)이었다. 4. 이모부 쑨수원(孫淑文)은 위군관이자 별동대원으로 1951년 진압되었다. 이모 저우빙옌(周氷巖)은 신중국 성립 이전 초등학교 교장이었고 삼청단원(三靑團員)이었다.						
고등학교 학생의 대학 응시에 대한 학교의 의견			불합격 판정(조사 자료 2건 첨부) 심사인: 쉬(徐)□□ 학교장(學校章): 중국공산당 충칭시 차오양(朝陽) 고급중학교 지부위원회 1965년 4월 5일						
시험구 사무소 심사 의견			학교의 불합격 판정에 동의함 도장 세(謝)□ [개장(蓋章)] 쓰촨성 충칭시 고등학교 신입생 모집 정치부 조사조 1965년 6월 11일						
성(시·자치구) 신입생 모집 위원회 심사 의견			(도장) 년 월 일						
비고									

및 그 원인이 설명되지 않은 채 공백으로 되어 있었지만 그녀가 왜 불합격했는 지는 분명했다. 그러나 그녀는 재수를 통해 1962년 다시 고교 진학에 도전했다. 흥미로운 사실은 그녀가 전해보다 낮은 281점을 점수를 획득했음에도 진학에 성공했다는 점이었다. 그 원인은 그해 채택된 신입생 모집 조정 정책에 따라 반 동·회의분자의 자녀도 진학할 수 있었기 때문이었다. 진학 이후 정치, 문화, 체 육, 하향노동 등 모든 분야에서 두드러진 활약을 보인 그녀에게 정치적 시련이 닥친 것은 1964년 말 사회주의교육운동이 전개되면서였다. 이제 그녀는 학교의 주인공에서 계급의 적으로 낙인찍히기 시작했고 1965년 대학 진학 실패는 어쩌 면 정해진 수순이었다. 〈표 10-4〉의 개인 당안 「중고졸업생 정치심사표」는 그 녀에 대한 계급적 적의가 적나라하게 드러나 있다.

여기에 추가된 문건 두 가지 가운데 하나는 학교 당지부가 그녀의 모친 단위 소재 파출소로 보낸 공문이고 다른 하나는 그녀의 이모 소속 단위가 발행한 것 이었다. 이로써 그녀의 정치심사표가 매우 치밀하게 작성 관리되었고 그녀의 낙 방 혹은 하향 역시 '흑오류' 출신에 대한 주도면밀한 정치적 탄압의 결과였음이 분명하게 드러난다. 또한 문혁 이후는 물론 문혁 직전 이들에 대한 개인당안의 존재와 그로 인한 정치적 탄압은 "절대 예외가 있을 수 없었다".[33]

이상에서 살펴본 나시족 허진에 대한 학교 당국의 관리는 자의적으로 이루어 진 것이 아니었다. 공식적 정책과 문건에 의해 광범위하게 체계적으로 이루어졌 음은 다음 소개하는 1964년 쓰촨 충칭시 당국이 규정한 중등학교 입학 기준을 통해 확인할 수 있다.

---

33 「未忘却的記憶」, 『無聲的群落(續編)』, p.125. 또 다른 창사의 고등학교 낙방 졸업생 왕스옌(王時 燕)에 대한 교육 당국의 평가는 다음과 같이 기술되어 있다. "위 학생은 가정 출신의 영향을 받 아 전진 방향이 충분히 정확하지 않고 독서는 업적과 명성만을 얻기 위해 한다. '독서만이 높은 경지에 있다'고 하며, 발언과 행동이 일치하지 않고 노동자·농민의 순박한 감정을 결한다"(王時 燕, 「我的知靑生涯」, 『無聲的群落(續編)』, p.286).

① 학교는 신입생 모집에서 반드시 계급노선을 관철해야 하며 수험생에 대한 정치 심사를 통해 그들의 정치적 역량을 제고해야 한다.

② 학교는 조직을 통해 학생의 가정 출신을 명확하게 확인해야 한다. (구체적으로) 학생 등기표 비고 난에 학생의 실제 가정 형편을 기술해야 한다.

③ 학교는 조직을 통해 학생 가정의 정치 역사 상황 및 학생에 미친 영향에 대해 정확하게 확인해야 한다.

더 나아가 대학교 입학에 대한 정치 심사 기준을 다음과 같이 정했다.

① 반혁명활동 혐의 분자는 불합격.

② 반동사상 소유자로서 개조하지 않은 자는 일률적으로 불합격(이 규정은 1963년 추가).

③ 친속 가운데 반혁명죄행으로 사형에 처해진 자 등은 불합격. 그러나 본인이 정치사상의 구분을 명확히 하고 당과 정부의 방침과 정책을 옹호하며 표현이 진보적인 자는 합격시킬 수 있다.

규정 전부를 소개한 것은 아니지만 대체로 출신에 문제가 있는 경우 정치적 표현이 진보적이지 않는 한 상급학교에 진학할 수 없음은 분명했다. 결국 수많은 '흑오류' 출신들이 지청이 될 수밖에 없었던 것은 이 같은 교육 당국의 엄격한 계급 규정과 그 집행 때문이었다.[34] 이는 당시 강화되기 시작한 극좌적인 정치 분위기가 초래한 결과에 따른 것이었다. 그렇기 때문에 재학 중 성적이 아무리

---

34   이상,「重慶市關于1964年中等學校的政治審查工作的通知」,「高等學校一般專業錄取新生的政治審查標準」,「中等學校錄取新生的政治審查瓢樽」은 모두 「1964年招生文件」,『無聲的群落(續編)』, pp. 784~787 참조.

우수해도 그것만으로 상급학교에 진학할 수는 없었다.[35]

이러한 극좌적 분위기에서 '흑오류'의 혈통 세탁은 긴요했다. 충칭의 하향 지청 정완란(鄭畹蘭)이 직면한 상황은 그 심각성을 잘 보여준다. 1957년 남편이 우파로 지목된 그녀의 어머니는 자식들의 진로를 위해 남편과 이혼함으로써 정치적 관계를 분명하게 끊어냈다. 그러나 이것만으로도 혈통 세탁이 불확실했던 어머니는 네 자식의 성명까지 바꿨다. 정완란이 어머니의 성을 따라 샤셴정 (夏先爭)이란 이름으로 바꾸게 된 것은 이 때문이었다. 이러한 노력의 성과로 그녀는 1971년 노동자 모집 때 엄격한 정치 심사를 통과하고 도시로 돌아올 수 있었다.[36]

아버지가 미국인인 한시우(韓秀)가 혈통 문제로 대학에 진학할 수 없었음은 1964년 사회주의교육운동 고조 시기에 당연했다. 아버지가 '미 제국주의의 주구' 이며 '중국 인민의 적'이라는 사실을 공개적으로 표명함으로써 자신의 계급 '성분'을 부정하고 새로운 계급적 '표현'을 중시해야 한다는 당의 요구를 거부한 그녀는 결국 하향을 택할 수밖에 없었다. 그녀의 하향은 당시 베이징시 시장 펑전이 주도한 베이징의 첫 번째 집단적 운동의 결과였다. 이때 44명의 "출신이 극히 좋지 않은" 학생이 40개의 학교로부터 차출되어 펑전의 고향인 산시에 배치되었다.[37]

---

35   지청 쟝수링(姜蜀菱)의 예는 이러한 사실을 분명하게 보여준다. 쓰촨(四川) 청두(成都) 4중 64급 고중 3반 졸업생 쟝수링은 자신의 학력을 입증할 졸업성적표 및 상장 등을 남겼다. 이에 따르면 그의 졸업성적은 정치(90점), 語文(81.8), 代數(99), 幾何(96), 영어(96), 물리(100), 화학(99.3)으로 매우 우수했고 여러 경시대회에서 1등을 수상했다. 또한 대학 입학시험에서도 평균 96.5를 획득하여 베이징대학이나 칭화대학에 충분히 입학할 수 있었다. 하지만 이렇듯 우수한 성적을 획득하고 또 團地部 서기였던 그가 대학에 낙방한 것은 집안이 국민당과 관계되었다는 역사 문제, 혈통 문제 때문이었다(姜蜀菱, 「我的大學夢」, 『無聲的群落(續編)』, pp.668~671).

36   夏先爭, 「我的名字叫鄭畹蘭」, 『無聲的群落(續編)』, pp.190~196.

37   韓秀, 「爲了那些被湮没的歲月」, 『無聲的群落(續編)』. 그녀의 본명은 趙輻慧, 영어명은 Teresa Buczacki이다. 1946년 미국 뉴욕에서 주중국 미국대사관 무관이었던 미국인 아버지와 중국인

이러한 사정에 대해 사천 지청 쟝수링(姜蜀菱)은 다음과 같이 명확히 증언하고 있다.[38]

1957년 이후 베이징의 관련 부서는 대학 입학시험에 대해 명확한 정치 심사를 요구했다. 지·부·반·회·우의 가정 학생, 특히 외국과 관계있는 학생에 대해서는 기본적으로 입학을 허락하지 않았다. 이러한 차별 정책은 1961~1964년 사이에 더욱 심하게 집행되었다. 당안 봉투 겉에 있는 정치 심사 난에 '입학 불허'라는 인장이 찍혀 있을 경우 대체로 내용 확인 없이 한쪽으로 치워졌다.

일반적으로 상급학교에 진학하지 못한 도시청년들에게는 세 가지의 선택지가 있었다. 첫째는 재수였다. 하지만 입시 실패의 주요 원인이었던 부모의 역사 문제나 출신 문제는 재수로 해결될 수 없었다. 둘째는 취업준비였다. 도시에 남아 취업준비생, 즉 '사회청년'이 되는 일은 가도(街道) 사무실의 관리를 받아야 했고 "시험에 합격하면 홍심을 지닌 너는 진학하면 되고, 불합격해도 상산하향하면 그 마음 역시 붉다"는 당시의 구호에 어긋나는 면목 없는 일이었다. 결국 남은 길은 상산하향이었다. 하지만 지청에게 이 길은 명분상으로는 단순히 잉여노동력 문제를 해결하기 위한 길이 아니라 혁명계승자를 양성하는 것으로, 사회주의 신농촌을 건설하고 농촌과 도시, 노동자와 농민 그리고 정신노동자와 육체노동자의 차별을 축소시키는 의미 있는 투쟁이었다.[39] 하지만 실제적으로는 혈통과 개인당안의 문제가 하향에 이르게 된 결정적 이유가 된 이상, 이들 지청에게서 혁명과 진리에 대한 열정을 찾기는 힘들 것이다. 이렇듯 하향을 강요당한 지청

어머니 사이에서 태어나 2세 때 중국에 왔다.

38   姜蜀菱,「我的大學夢」,『無聲的群落(續編)』, p.677.
39   金霆,「扎根」,『無聲的群落(續編)』, pp.605~607.

에게 농촌의 현실은 어떻게 다가왔을까?

4. 지청의 농촌 생활

지청의 농촌 생활은 지역에 따른 노동의 강도와 생활상의 소소한 차이를 제외
한다면 대동소이했다. 그 단적인 예로 1965년 항저우에서 현재 닝샤(寧夏) 회족
(回族) 자치구에 위치한 용닝(永寧)현 내의 한 농장으로 하향된 왕웨이정(王維錚)
의 경험을 살펴보자. '항저우콰쯔(杭州侉子)'는 현지인이 그와 함께 하향된 1000
여 명 항저우 사람들을 모멸적으로 부른 말이었다. 이들 하향 청년대의 관리와
노동, 휴식은 모두 이전 학교에서 사용하던 방식 그대로였다. 이른 아침 기상 호
루라기가 울리면 식당으로 달려가 뜨거운 물을 가져다 세면을 한 뒤 운동장에
모여 당번의 구령에 맞춰 맨손체조를 하고 그 후 식당에서 아침 식사를 했다. 다
시 종이 울리면 소대 단위로 농장에 가서 노동을 했다. 노동과 생활 속에서 남성
과 여성의 대립은 흔한 일이었다. 대체로 생산대 내의 남녀 성비는 1 : 1이었다.
일반적으로 여성은 매우 적극적이어서 남성이 게으르다고 욕했고 남성은 여성
의 노동력이 떨어지는데도 "동일노동, 동일임금"을 요구한다고 불만이었다. 여
성들은 "여성이 세상의 반을 감당한다"는 마오쩌둥의 말로 남성을 압박했고 남
성은 그 본의가 여성은 단지 세상의 반을 감당할 수 있을 뿐이고 남성이야말로
세상 전체를 책임질 수 있다는 것이라고 반박했다. 이로써 둘은 서로를 '반볜톈
(半邊天)', '모반톈(磨半天)'이라 불렀다.[40]

또 다른 예로 1964년 우수한 성적으로 고등학교를 졸업했으나 국민당원이었
던 아버지의 전력 때문에 진학하지 못하고 다셴(達縣)에 하향된 리쓰썬(李自森)의

---

40   王維錚, 「黃河灘上的杭州知靑」, 『無聲的群落(續編)』, pp.110~111.

지청 생활은 매우 힘들었다. 맨손으로 집을 짓고 임장을 건립하고 이틀에 한 번씩 20여 리 떨어진 완쟈(萬家) 공사로부터 식량을 운반해야 했다. 밥 지을 부엌조차 없어 지청들은 옛날 방식으로 집 천장에 걸린 쇠갈고리에 그릇을 매달고 그 아래 불을 지펴 밥을 지었기 때문에 생쌀 밥이 되거나 타버리기 일쑤였다. 식사 때 쓸 만한 그릇도 없어 공장에서 버려진 그릇을 주워다 썼고 간혹 출토 유물이 그 안에 포함되기도 했다. 오랫동안 채소를 먹지 못했고 대부분 소금 넣은 미음이거나 물 말은 밥을 먹는 정도였다. 제대로 된 화장실도 없어 야외에서 대껍질로 볼 일을 보았다. 20여 명이 비바람과 추위에 노출된 채 12미터 길이의 비좁은 초옥에서 지내야 했다. 이러한 상황은 정착 초기의 열악한 상황을 묘사한 것이라 예외적 측면이 없지 않지만 지청 생활의 곤궁함은 정도의 차이가 있을 뿐 어디서나 대체로 동일한 수준이었다. 게다가 초기 정착경비 외에 지급되던 월 6원의 식사보조비와 2원의 생활보조비는 정착 1~2년이 지나면 경제 자립을 명분으로 끊겼는데 이를 "우유 끊기〔단내(斷奶)〕"라고 했다.[41]

이에 더해 지청의 하루는 고통스러운 노동의 연속이었다. 청두의 지청 양다이신(楊代欣)은 하향 동안의 일과를 『1965년(을사년) 역서(歷書)』〔부 사원노동수책(附 社員勞動手冊)〕를 통해 구체적으로 적시했는데 일반적인 지청의 생활도 이와 크게 다르지 않았을 것이다. 그에 따르면 1964년 12월 한 달 동안의 노동과 임금은 〈표 10-5〉와 같다.

농촌에서의 생활은 〈표 10-5〉에서 보여주는 바와 같이 단순한 노동의 연속

---

41 李自森, 「"脫胎換骨"路漫漫」, 『無聲的群落(續編)』, pp.131~133. 이들 하향 지청에게는 일정의 정착 비용이 지급되었다. 사천 자오줴(昭覺)현의 경우 국가는 지청 개인에게 매월 6원의 생활비(3개월 후에는 3인)를 지급했고 30근의 양식, 고기 1근, 기름 반 근을 공급했으며 1년이 경과된 후에는 모두 끊겼다(徐孝淸, 「從大學到農民」, 『無聲的群落(續編)』, p.242). 쓰촨 남장(南江) 하향 지청의 경우 지방정부가 1인당 40근의 쌀, 8원의 생활비를 1년 동안 지급한 것을 보면 대체로 비슷한 정도의 정착비가 실제 지급되었음을 알 수 있다〔周國威, 「故鄕的雲」, 『無聲的群落(續編)』, p.249〕.

표 10-5　1964년 12월 노동과 임금

활동	노동 일수(일)	공분(工分)	활동	노동 일수	공분
토지 개간	7	9.5	물 긷기	4	12.6(부등)
물주기	6	10	김매기	4	미기재
나무 심기	1	8	흙 운반	2	9.5
학습	2	9	개인 휴가	2	
회의	1		휴식	2	

이었다. 하지만 그 대가는 충분하지 않았다. 한 달 총 27일(실제는 26일) 노동, 공분=185.7분, 당시 생산대의 공분치(工分値)=10분=0.23위안(元)으로 환산하면 총 4.27위안을 벌었다. 이 금액은 하루도 빠지지 않고 한 힘든 노동의 결과로는 턱없이 부족한 수치였다. 당시 도시의 2급 노동자는 매월 36위안을, 학공(學工)은 18.5위안의 수입을 올렸다. 이들보다 훨씬 강도 높은 노동에 시달렸지만 임금은 그들의 1/9, 1/4도 되지 않았던 것이다. 이 밖에도 이들 지청은 취사, 청소 등 가사 노동까지 전담했음은 물론이고 익숙하지 않은 농촌 환경에 적응하기 힘들었으며 종종 향수병에 시달렸다.[42]

　그렇기 때문에 농촌 이탈이라는 극단적 선택을 하는 예도 적지 않았다. 저장성의 경우 1965년 이후 10년 동안 성내 지청의 자살 사망자 수가 183명에 이르고 1969년 이후 4년 동안 지청에 대한 폭력 사건이 1941건 발생했다.[43] 이러한 현상의 원인을 분석한 당국은 다음과 같은 문제점을 지적했다. ① 지청의 생산, 생활상이 곤란할 때 제대로 임금을 지급하지 않았다. ② 농민과의 지청 결혼이 거부되었다. ③ 지청에 대한 기층 간부의 관리 교육이 부실했다. ④ 대부분의 지청이 분산 거주하고 있었다. ⑤ 하부 기관의 사상이 지나치게 우경화되었다.[44]

42　楊代欣,「反苦爲樂的知靑歲月」,『無聲的群落(續編)』, pp.720~721.

43　『中國知識靑年上山下鄕大事記』,『無聲的群落(續編)』, p.134.

이렇듯 문제점이 분명한 하향운동에 대한 공식적 평가는 대조적이다. 1965년 8월 중앙안치판공실(中央安置辦公室)이 정리한 ≪하향상산공고 정황 간보(下鄕上山鞏固情況簡報)≫에 따르면 이전 3년 동안의 하향공작은 매우 성공적이었다. 그 근거는 다음과 같았다. 지청의 농촌 정착 성공을 의미하는 공고율은 후난의 경우 1962년과 1963년에 94.5%, 1964년엔 98% 이상을 기록했다. 신쟝생산건설병단에는 상하이 지청과 내지에서 온 퇴직 병사와 그 가족 12만 명이 3년 동안 안치되었는데 그 공고율 역시 98%를 초과했다. 또한 이들 지청은 모범적으로 농민과 결합하여 도시의 인구 감소와 농업생산의 증대를 이룩하고 취업난 해소에 크게 기여했다.[45] 하지만 이상은 하향운동을 담당한 조직에 의한 평가로 전국적으로 특별히 성과를 낸 지역을 대상으로 이루어진 것으로 보인다. 따라서 상반된 주장도 동시에 개진될 수 있다.

예컨대 심지어 같은 중앙안치판공실의 조사에서도 다음과 같은 정황을 엿볼 수 있다. 먼저 일부 지청의 경우 농촌 간부의 관리 방임과 농촌의 고달픈 노동에 적응하지 못하고 도시로 돌아가기만을 바라는 경우가 있었다. 농촌에서의 자급이 불가능해 주거나 치료비 문제를 해결하지 못하는 지청도 상당수에 이르렀다. 허베이성의 조사에 따르면 하향 지청 가운데 자급 능력이 없는 자가 45%에 이르고 거주할 방이 없는 자가 64% 이상이었으며 하향한 실업노동자 가운데 자급 능력이 없는 자가 63% 이상에 이르렀다. 또한 하향 지청에 대한 관료주의자의 차별과 구타, 모욕과 같은 사건은 중앙의 엄정한 처리에도 불구하고 계속 발생했다.[46] 이러한 문제들은 하향이 실시된 이후에 꾸준히 제기되어 왔으나 문혁을 목

44   같은 책, p.134

45   「中國知識青年上山下鄕始末」, pp.79~81. 이 밖에도 쓰촨 다셴 전구(專區)의 1964년 공고율은 99.9%, 저쟝 쟈싱현 1963, 1964년 공고율과 후난 쟝융(江永)현의 공고율은 거의 100%에 달했다.

46   예컨대, 「關于參加農業生産的知識青年受到歧視·打擊·汚辱的四份材料」(1964.5.9), 『中國知識青年

전에 두고 크게 부각되었다. 또한 당연히 이들 문제는 문혁 초기 하향 지청이 대거 도시로 돌아가는 중요한 원인이 되었고 이들 가운데 일부 지청의 조반 구실로 작용했다.[47]

물론 초기 지청 가운데 당국의 선전대로 환골탈태의 경로를 거친 자가 없지는 않았다. 소작농의 자식으로 태어나 지주가 된 뒤 국민당에 가입했던 아버지와 반대로 리쯔썬은 1964년 대학 낙방 이후 하향한 뒤 각고의 노력 끝에 정치적 표현을 인정받았다. 그는 공산주의 청년단 입단을 여덟 차례 신청한 끝에 비준을 받아 노동자가 되었고 이어 대학에서 수학한 뒤 공산당에 입당했다. 그의 표현대로라면 그는 철저한 환골탈태를 통해 신중국의 '2등 공민'에서 '무산계급선봉대의 전사'로 거듭났던 것이다.[48]

결국 문혁 직전 하향운동 혹은 그들의 농촌 경험을 일률적으로 평가하기란 곤란할 것 같다. 개인적 차이는 물론 지역이나 시기, 소속 단위에 따라 큰 차이를 보이기 때문이다. 하지만 전체적으로 볼 때 그들의 농촌 환경과 생활은 열악했고 그에 대한 보상은 충분하지 않았으며 환골탈태를 통한 신분 혈통의 세탁 가능성은 높지 않았다.

이상 살펴본 대로 문혁이 발발하기 전인 1960년대 초 상산하향운동은 이념적으로는 마오쩌둥, 실무적으로는 류사오치와 탄전린에 의해 본격적으로 추진되었고, 1966년까지 130만 명에 달하는 도시의 청년 지식인들이 국가의 조직적 동원으로 농촌에 배치되었다. 그 원인으로는 일반적으로 도시에서의 취업난, 상급 학교 진학난, 농촌의 고급인력 수요 증대, 농촌 생산 증강 필요, 노동계급과 지식인의 결합 등이 강조되었다. 그런데 이 시기 하향운동에는 '혈통론'이라는 다분

上山下鄕始末』, p.52.

47   이상, 『中國知識靑年上山下鄕始末』, pp.81~82.

48   李自森, 「"脫胎換骨"路漫漫」, 『無聲的群落(續編)』, p.130.

히 이념적이고 정치적이며 극좌적인 경향이 개재되어 있었다. 일반적으로 '혈통론'은 문학이 본격화된 시점에 중요한 사회문제로 등장했다고 알려져 있다. 하지만 앞서 살펴보았듯이 그것은 1960년대 초 지청운동의 과정에서 집중적으로 등장했다. '홍오류'와 구분지어 '흑오류'를 차별하는 '혈통론'은 개인의 의지와 능력과 무관하게 계급적 출신 성분에 따라 운명을 결정짓는 단순론이자 감정적 극좌론이었다. 문혁 발발 이후 마오쩌둥을 중심으로 한 문혁파에 의해서도 부정될 극좌론이 이 시기의 지청을 대상으로 맹위를 떨쳤던 것이다. 이들 지청이 하향된 농촌에서의 생활에 만족하지 못한 것은 이러한 운동 추진 과정에 대한 불만에 기인했던 바 크다. 여기에 더해 궁벽한 농촌에서의 열악한 환경과 노동조건은 이들의 회의감을 더욱 증폭시켰다. 물론 이들 지청의 농촌 생활을 획일적으로 평가할 수는 없다. 하지만 부모에게 부여받은 선천적 계급 성분으로 인해 블가피하게 하향 선택을 강요받았던 지청에게 농촌 생활은 더욱 힘들었을 것이다. 이들에게 1966년 문혁의 발발은 새로운 세상이 열리는 신호탄이었고 도시의 홍위병과는 다른 의미로 다가 올 수 있었다. 즉, 문혁은 지청의 불만을 증폭시켜 폭력적으로 해결할 수 있게 하는 하나의 기폭제가 될 가능성이 높았던 것이다.

제11장

문혁과 지청(知靑)의 도시 귀환 투쟁

1. 지청과 농촌 문혁

앞에서 살펴보았듯이 일반적으로 알려진 바와는 다르게 상산하향운동은 문혁 전부터 전개되었다. 1953년 시작된 운동은 1960년대 초반 류사오치, 탄전린 등에 의해 본격적으로 추진되었다. 상산하향운동은 도시 청년의 취업난과 진학난을 해결하기 위한 사회·경제운동으로 시작되었지만, 극좌적 '혈통론'에 의해 동원 대상이 규정되고 사상 개조의 이념적 측면이 강조되는 등 정치적 성격이 강하게 영향을 미쳤다. 이들 하향된 도시 지청이 농촌 생활에 크게 만족하지 못했던 것은 이러한 선발 과정에서의 편파성에 기인한 바 크다.

1966년 문혁의 발발은 이들에게 어떻게 다가왔을까? 이들은 문혁을 어떻게 받아들였을까? "4구타파", "조반유리" 그리고 도시 홍위병의 "경험 대교류〔대관련(大串連)〕" 등 전에 볼 수 없던 사회의 대혼란은 기존 질서를 파괴했고, 이에 따라 지청의 욕구불만이 분출될 수 있는 좋은 기회가 마련되었을 것이다. 이 시기 전개된 지청의 대규모 "도시 귀환 투쟁"은 그들의 지향을 잘 보여주는 집단적 행동이라 할 수 있다. 하지만 이러한 지청의 요구와 투쟁이 마오쩌둥을 중심으로 한 문혁파에게 받아들여져 지청 문제가 원만하게 해결된 것 같지는 않다. 왜냐하면 문혁파에게 문혁은 기본적으로 도시 홍위병을 주축으로 한 "당권파·주자파 반대" 문제에 국한되어야지, 공장이나 농촌으로 확대되어 생산과 경제에 지장을 주어서는 안 되기 때문이었다.[1] 그렇다면 이들 지청은 어떠한 길을 택할 것인가?

한편, 도시의 극좌파 역시 문혁파로부터 비판받고 고립되기 시작했다.[2] 혁명위원회를 통한 문혁의 '수습' 결정 이후 이러한 현상은 더욱 두드러졌다. 당 내외의 문혁파와 군의 공격에 직면한 극좌파는 상황 돌파를 위해 대중과의 결합이라는 원론적 결론에 도달했는데, 도시로 귀환한 지청은 이들에게 곤경을 타개할 새로운 희망을 제공할 수 있었을 것이다. 이하에서는 이러한 문제의식에서 출발하여 지청의 도시 회귀 투쟁과 극좌파의 결합 관계 양상 그리고 문혁파의 대응을 실체적으로 규명해보고자 한다.[3]

하향 이후의 고통스러운 생활로 인해 혁명의 이상과 농촌의 현실 사이에서 깊은 고민과 회의에 빠져 있던 지청에게 문혁 발발 소식은 큰 충격으로 다가왔다. 먼저 한 지청의 죽음을 통해 그의 문혁 참가 동인과 참가 이후 과정에 대해 살펴보도록 하자. 국민당 간부 출신의 외할아버지를 둔 왕바이밍(王百明)은 고등학교 졸업 후 3년 동안 계속 대학에 불합격한 후, 1964년 후난 장융(江永)현으로 하향

---

[1] 문혁 당시 제기되었던 "혁명을 부여잡고 동시에 생산을 촉구하자"〔조혁명(抓革命)·촉생산(促生産)〕이란 구호가 이를 잘 반영한다.

[2] 문혁 시기 극좌파의 동향과 그에 대한 비판운동에 대해서는 이 책의 제II부와 제III부 참조.

[3] 이러한 문제의식과 관련하여 나칸 토시키(中津俊樹)의 연구에 주목할 필요가 있다〔中津俊樹, 「中國文化大革命における『極左派』紅衛兵と知識青年運動-「知識青年上山下鄉運動」との關わりに見る"下からの社會再編の試み"-」, ≪國際文化研究≫, 第5號(東北大學國際文化學會, 1998)〕. 하지만 그의 연구는 문혁을 전후한 지청의 구체적 실상에 대한 분석보다는 극좌파 홍위병에 연구에 초점을 두고 있다. 또한 쓰차 미사아키는 내기근 시기, 문혁 초기, 1968년 이후의 상산하향 시기를 구분하여 각 시기 농촌의 현실과 하방이 지청에게 미친 영향에 대해 고찰함으로써 그들이 공산당의 주류 이데올로기에 대해 회의하고 반대해 가는 과정을 검토했다〔土屋昌明, 「下放の思想史-大飢饉·文革·上山下鄉の農村と知識青年-」, 土屋昌明·「中國60年代と世界」研究會[編], 『文化大革命を問い直す』(東京: 勉誠出版, 2016)〕.

되었다. 그는 1966년 이후 각종 집회와 토론 참가, 대자보 작성 등을 통해 문혁에 적극적으로 참여했다. 하지만 1967년 8월 장용현 부근 다오셴(道縣)에서 '흑오류' 출신에 대한 학살[4]이 전개된다는 소식을 접하고 그곳으로 달려가 반대 투쟁을 벌이다 현지 농민들에게 살해당했다. 그는 생전에 지청 생활과 관련된 자신의 생각을 정리한 일기를 남겼는데 그 일부만 소개하면 다음과 같다.

이번에 다시 그들이 나를 경기대(輕騎隊)[5]에 부른 것은 다음과 같은 사정 때문이었다. 내가 기왕 1년 동안 가정 출신의 영향을 이 정도까지 없앨 수 있었으니 다시 3년, 5년이 지나면 더운 땀으로 나의 영혼과 죄과를 깨끗이 씻을 수 있을 것이다.

가정이란 부담은 여전히 큰 문제이다. … 역사가 너에게 정해 놓은 것은 매우 나쁠 수 있으나 현실을 직시해야 한다. … 만약 다른 사람들과 미래 그리고 정치 신분을 비교한다면, 평생 고뇌만 하게 될 것이다.

이후 노래를 부를 때 반드시 주의해야 한다. 모든 공공장소에서 외국 노래를 불러서는 안 된다. 꼭 기억하라, 꼭 기억하라. 스스로 외국 노래를 부를 수 있다고 자랑해서는 안 된다.

---

4   이 지역의 학살 사건에 대해서는 譚合成, 『血的神話: 公元1967年湖南道縣文革大屠殺紀實』(香港: 天行健出版社, 2010); 구소영, 「문화대혁명 시기 농촌의 파벌투쟁-호남성(湖南省) 도현(道縣)을 사례로-」, ≪인문연구≫, 79(2017.4); 謝承年, 「湖南道縣"文革"殺人大案揭秘」, ≪上海法治報≫, 2010.12.24, http://www.difangwenge.org/read.php?tid=8127 (검색일: 2013.7.1) 참조.
5   경기대란 본래 소련 공산주의청년단 조직이 공장 내에 설치한 청년 방범초소에서 유래했는데 소련 유학생이 중국 내로 들여왔다. 1930년대 초 중앙 소비에트 수도 루이진(瑞金)에서 출간한 『청년실화』(靑年實話) 내에 비평 전란의 제목 역시 「경기대」였다(宋金壽, 「延安整風前後的『輕騎隊』墙報」, 『新文學史料』, 2000-3, p.35).

책, 특히 이론서를 볼 때 다른 사람들에게 들키지 않게 하라. 차라리 밤에 늦게 자서 몇 년 수명을 단축하는 게 낫다! 꼭 기억하라, 꼭 기억하라.

사람들 앞에서 독서를 고취하지 말고, 고상한 말을 삼가며, 국제 정세나 문화, 과학, 예술 방면의 어떤 것도 공개적으로 이야기하지 말라. 단지 입는 것, 먹는 것 그리고 노동 점수를 따는 것만 이야기하라.

사람들과 책에 대해 이야기히지 말고 사람들 앞에서 책을 읽지 말며, 밖에 농업서와 『마오쩌둥 선집』 이외의 어떤 책도 내놓지 말라.

이후 등유를 사지 않겠다고 선포했다. 몇 개월 동안 어둠 속에서 더듬다 보면 칸칸해도 글을 쓸 수 있다. 이것이 네가 택할 유일한 길이다.

농민과 교제할 때에도 주의해야 한다. 대중과 동떨어진 자세를 취하지 말고 단지 생산, 학습, 시사에 대해서만 이야기하며 그들과 생활, 날씨, 먹고 마시는 것, 촌의 일상사에 대해 이야기해야 한다. 고금의 일을 이야기할 때, 태도는 부드럽되 고상함을 드러내서는 안 된다.

활동을 많이 하고 독서를 많이 하되 말은 적게 하라. 이것이 앞으로 너의 행동 준칙이다.

자신의 처지를 분명히 하라. 어떤 이는 3년이면 승진할 수 있을 것이다. 하지만 너는 이곳에서 평생을 지내도록 운명 지어져 있다. 따라서 일체의 것은 모두 장기적인 계획에 따라야 하니, 자신을 흙 속에 깊이 파묻어야 한다.

이상은 모두 왕바이밍(王百明)의 친척인 정원도우(鄭文斗)가 그의 일기에서 발췌한 내용의 일부로[6] '흑오류' 출신 지청이 농촌에서 겪어야 했던 심적·육체적 고통과 어려움을 잘 나타내고 있다. 왕바이밍이 문혁이 시작되기 전인 1964년에 하향되었음을 고려할 때 농민과의 관계, 가정 출신 문제, 사상적 금기 등 지청의 정신적 스트레스가 당시에 이미 엄중했음을 알 수 있다. 또한 문혁 전까지 그는 하향운동과 노동 개조를 통한 환골탈태라는 당의 방침을 매우 충실하게 따르고자 했던 것 같다. 하지만 그의 일기 가운데에는 낙후한 농촌의 모습과 마오쩌둥의 저작을 비판하는 경향이 등장하며 부르주아계급의 정서를 감추고 있었다. 특히 그는 투르게네프(Turgenev)에 심취하여 독서를 게을리 하지 않아 지청 생활 중 『정치경제학』, 『유물주의와 경험비판주의』, 『기원론』, 『미학원리』 등과 함께 다양한 문학 작품을 섭렵했다.

문혁 발발 이후 신중하고 소심했던 그는 적극적인 태도로 돌변했다. 이러한 태도 변화에 대해서는 여러 해석이 가능하다. 먼저, 문혁이 그에게 이상의 실현 또는 불만의 배출구 기회를 제공했다고 이해할 수 있다. 이들 세대는 오랫동안 혁명영웅주의와 투쟁 철학의 영향 아래 성장하면서 『홍암(紅巖)』,[7] 『류후란(劉胡蘭)』,[8] 『강철은 어떻게 단련되었는가』[9] 등의 작품을 반복적으로 읽으면서 큰 영향을 받았다. 문혁이 시작되자 지청 대부분은 이들 영웅 모델을 그들과 동일시

---

6   鄭文斗, 「王百明罹難四十周年祭」, 『無聲的群落(續編)』, pp.348~350 참조.

7   뤄광빈(羅廣斌), 양이옌(楊益言)의 장편소설. 1948년 국공내전을 배경으로 공산당원의 혁명적 투쟁을 내용으로 한 고전적 혁명 작품. 1961년 출판 이래 98차에 걸쳐 재판되어 1000만 부 이상 판매되었다.

8   류후란(1932-1947)은 산시(山西) 성 출신의 저명한 항일유격대원이자 혁명열사이다. 소년 영웅으로 알려졌으며 국공내전 중에 살해당했다.

9   니콜라이 오스트로프스키의 자전적 소설. 주인공 빠벨이 봉건시대와 사회주의 혁명시대를 거치면서 노동의 참다운 의미를 찾고 사상적으로 성장하는 과정이 구체적 역사적 사건을 배경으로 묘사되었다(김규종 옮김, 『강철은 어떻게 단련되었는가』(열린책들, 2000)).

했는데 이상적이며 시인 기질이 농후했던 왕바이밍 역시 이러한 길을 피할 수 없었을 것이다. 또 다른 해석은 그가 문혁을 환골탈태의 기회로 삼았다는 것이다. 그는 마오쩌둥의 지시에 호응하여 문혁이 사회주의정권을 보호하기 위한 투쟁이자 자신의 비참한 운명을 변화시킬 수 있는 하나의 계기로 파악할 수 있었다.[10] 하지만 그를 비롯한 대부분 지청이 문혁에 참가한 데에는 위의 두 가지 동인 모두가 작용했을 것이다.

1957년 우파로 지목된 어머니가 암으로 죽음을 앞둔 모습을 보고도 방치한 채 사회주의의 '천민'에서 '평민'이 되기 위해 지청 생활에 나섰던 스밍(施明)이 문혁에 그처럼 몰두했던 것도 혈통 문제가 개입되어 있었다. 더욱이 그는 문혁 발발 이후 조반파의 혁명 활동에 투신했고 그 과정에서 과도하게 몰두한 나머지 계급의 적을 타도한다는 명분으로 개인적 보복을 자행하기도 했다.[11]

한편, 홍위병의 '경험 대교류'는 도시의 문혁을 농촌으로 확산시키는 계기로 작용했고 이에 크게 영향을 받은 지청은 다양한 형태의 농촌 문혁을 전개했다. 기존 권력기구에 대한 비판과 공격 및 '탈권'이 도시에서와 유사한 방식으로 이뤄졌다. 예컨대, 도시에서 문혁과 접한 충칭 지청 마밍(馬朋科) 판건훙(范根紅)은 통장(通江) 현으로 돌아와 1079전투단을 조직해 「전현 상산하향지식청년 동포에게 고함(全縣上山下鄕知識靑年同胞書)」을 선포하고 이어서 1967년 3월 12일에는 현성에서 전성 지청대회를 개최했다. 목적은 공사가 운영하는 임장에 대한 조반이고 이를 통해 충칭으로 귀환할 수 있을 것이라 기대했다. 그들의 조직명과 관련하여 '1'은 노동할 때 사용하는 '멜대'를, '0'은 '광주리'를, '7'은 '호미'를, '9'는 '똥바가지'를 각각 의미했다. 이로써 그들 지청의 조반 조직 명칭까지 험난한 농촌 생활을 잘 반영하고 있음을 알 수 있다. '3·12대회'가 공인국의 방해로 실패하자

10   鄭文斗, 「王百明罹難四十周年祭」, 『無聲的群落(續編)』, pp.350~351.
11   施明, 「冤蘗」, 『無聲的群落(續編)』, pp.162~165.

통장현 지청은 다시 '6·12대회'를 추진했다. 특히 후자의 경우 총기 탈취가 이루어진 데 이어 핑창(平昌) 조반파와의 무장투쟁도 전개되었다.[12]

문혁 이후 지청의 생활엔 큰 변화가 일어났다. 지청은 더 이상 이전의 소심하고 조심스러운 농촌의 이방인이 아니었다. "삼삼오오 무리를 지어 도처에서 날뛰었고 일부 지청은 기회를 틈타 몰래 중경으로 돌아갔다. 이후 돌아와 그곳의 혼란을 (농촌의) 대바(大巴)산으로 유입시켰다. 그들 가운데 어떤 이는 서슬이 푸른 칼을 지녔고 또 다른 이는 어디에서 가져온 지도 모르는 총 케이스를 몸에 두르고 무력시위를 했다." 이는 중경 지청이 보여준 만행의 일부로 그 정도가 얼마나 심했는지 당시 "피를 뽑다"〔방혈(放血)〕는 표현이 지청의 대명사가 되었다. 우는 아이도 지청의 "방혈"을 말하면 울음을 그칠 정도였다.[13]

하지만 농촌에서의 문혁만으론 지청에게 절실한 출신 문제나 호구 문제가 해결될 수 없었다. 태생적 신분 혹은 하향 명령을 바꾸기 위해서는 고향인 도시로 돌아가 개인의 당안과 호구를 획득하기 위한 조반 투쟁을 전개해야 했다.

2. 지청의 도시 귀환 투쟁

지청 가운데 정상적인 복귀는 학생 모집〔초생(招生)〕, 병사 모집〔징병(徵兵)〕, 노동자 모집〔초공(招工)〕, 간부 발탁〔제간(提幹)〕 등의 사유 이외에는 불가능했다. 하지만 1966년 하반기부터 문혁의 열기가 크게 진작되면서 상황이 바뀌었다. 전국적으로 소탕, 폭격, 파괴의 풍조가 널리 퍼졌다. 또한 앞서 지적했듯이 문혁 초기 홍위병의 '경험 대교류'를 접한 지청은 이에 크게 고무되었다. 예컨대, 쓰촨

---

12   謝克慶, 「巴山情未了-大巴山的火塘及其他-」, 『無聲的群落(續編)』, pp.630~637.

13   谷繼文, 「重慶知青在四川通江」, 『無聲的群落(續編)』, p.818.

난장현에 도착한 홍위병은 "천하는 우리들의 천하이고 국가는 우리들의 국가이다. 우리가 말하지 않으면 누가 말하고 우리가 하지 않으면 누가 하느냐?"고 선포했다. 이 선언을 듣고 지청들은 흥분했다. 하지만 그들은 시대가 방기한 특수집단이었다. 그들은 홍위병에 참가할 수 있는 학생이 아니었고 그렇다고 정치권리를 충분히 향유할 수 있는 빈·하·중농도 아니었다. 게다가 공사(公社)는 문혁 이후 지청이 단지 생산대에서 재교육을 받고 노동에 종사해야 한다고 강요했다. 이렇게 농촌 호적 가운데 별책(別冊)에 분류된 재교육 대상으로 혁명에 참가할 권리가 없었던 그들이 택한 길은 "고향(도시)으로 돌아가자!"였다.[14]

문혁의 혼란 속에서 원래 계획된 하향이 중단되었을 뿐만 아니라 문혁 이전 농촌에 하향되었던 지청 역시 다수 도시로 돌아와 조반운동에 적극 참여했다.[15] 베이징은 그들 지청의 항의 중심이었다. 당시 베이징에 머물던 40만 명의 지청에게 중앙의 하향 담당 중앙소조가 공격받아 공개적인 사무실 운영이 불가능할 지경에 이르렀다.[16]

구체적으로 중앙안치성시하향청년영도소조(中央安置城市下鄕靑年領導小組) 판공실이 1967년 6월 29일 국무원에 보고한 것에 따르면, 5월 이후 6월 말까지 40만 이상의 지청이 베이징으로 들어왔고 신강 지청을 선두로 700명이 7월 3일 중난

---

14 何隆華, 「南江紀事」, 『無聲的群落(續編)』, p. 206.

15 1966년에는 본래 67만 명의 하향이 계획되었지만 1~8월까지 36만에 그쳤고 이후 지청의 조반운동으로 인해 상산하향운동은 중지되었다(『中國知識靑年上山下鄕大事記』, p. 66).

16 이하 전국적인 상산하향운동의 동향에 대해서는 특별히 주기하지 않는 한 「上山下鄕文獻及大事記(1967-77年)」, http://www.wengewang.org/read.php?tid=5268&fpage=94 (검색일: 2016. 7. 20)과 위에 소개한 『中國知識靑年上山下鄕大事記』 참조. 후난 창사로 돌아온 지청 가운데 70% 정도는 농촌으로 귀환하지 않고 남아 호구와 공작 배분을 요구했고 "박해 반대", "차별 반대"를 명목으로 홍일선(紅一線), 반박해(反迫害), 산응전단(山鷹戰團), 홍농회(紅農會), 투비개(鬪批改), 창사시중학졸업생홍기연락참(長沙市中學畢業生紅旗聯絡站) 등 조반 조직을 결성했다[莊生蝶, 「文革中的長沙上山下鄕知靑運動-記我在文革期間的一段經歷」(未刊稿); 向前, 「政治身份體系下的社會衝突: 文革初期群衆行爲的社會根源」, pp. 87~88 재인용].

하이로 몰려와 '구체적 문제' 해결을 요구할 것이라 했다. 사천, 후난 내에서 홍위병과 '경험 대교류'를 벌이고 있던 지청은 조직을 결성하여 7월 베이징으로 상경했고 광시(廣西)의 지청 조직은 상경하여 탄전린에 조반을 전개했다.[17] 또한 상하이 쟈오셴(郊縣) 장싱다오(長興島)의 각 농장에 하향된 지청 1만 명 가운데 문혁 발발 이후 겨우 100명이 남았고 나머지는 모두 상하이로 돌아갔다.[18]

이때 지청이 제기한 '구체적 문제'가 무엇인지 분명하지 않다. 하지만 당시 당국으로부터 지목되었던 '경제주의 영향'과 '지청의 하향 반대' 등의 주장과 관련시켜 본다면, 도시의 호구 문제 또는 학교 진학이나 복교 문제, 그리고 도시에서의 취업 문제 등과 관련이 있을 것으로 판단할 수 있다.

여기서 더 나아가 지청은 단순한 경제적 투쟁에 머물지 않고 문혁파의 정치적 중심인 중남해에서 시위를 벌이고 탄전린에 조반을 일으키는 등의 정치적 투쟁을 함께 진행했다. 도시 귀환 지청이 특별히 탄전린을 지목하여 반대한 이유는 부총리로서 하향 작업을 주도했기 때문인 것으로 보인다. 그는 1966년 3월 23일부터 4월 7일까지 개최된 하향 관련 좌담회에서 1962~1965년까지의 상산하향이 정상적이고 순조롭게 추진되었음을 높이 평가하면서 그것이 세 가지의 차별을 극복할 혁명적 의의를 지녔음을 강조한 바 있었다.[19] 그런데 문혁 전의 하향은 이후와 마찬가지로 마오쩌둥의 강력한 요구로 이루어진 것으로 탄전린이나 류사오치에게 그 책임을 묻는 것은 방향을 잘못 잡은 것이었다.[20] 하지만 지청이

---

17   『中國知識青年上山下鄉大事記』, pp.71~72.

18   上海市革命委員會, 『上海一月革命大事記』(1969), 李遜, 「文革中發生在上海的'經濟主義風'」, 『浩劫之外』, p.39에서 재인용.

19   『中國知識青年上山下鄉大事記』, pp.63~64.

20   상산하향운동을 류사오치, 탄전린의 책임으로 비판한 대표적인 문건이 장사 지청 조반 조직 '반박해'의 조직원 장양(張揚)이 1967년 10월 발표한 장문의 「上山下鄉運動是對毛主席"靑年運動的方向"的徹底背反」이다〔「長沙市知識青年上山下鄉大事記」, ≪長沙文史-知識青年上山下鄉史料專輯≫(2003.10), p.294〕. 이에 대해 저우언라이는 하향운동이 마오쩌둥에 의해 주창된 것임을

이러한 사실을 모르고 그들을 조반 대상으로 삼지는 않았을 것이다. 오히려 문혁 발발 이후 그들에 대한 조반이 공공연하게 이루어진 상황에 편승하여 둘을 공개적으로 비판하면서 스스로를 보호하기 위한 책략으로 활용하거나 그 배후의 정책 추진자였던 마오쩌둥을 간접적으로 겨냥한 것으로도 이해할 수 있다.[21] 그렇다면 문혁으로 촉발된 새로운 지청운동이 문혁파의 지향과는 다르게 전개될 수도 있었다.

하향 문제 해결을 위해 신강에서 올라온 700명의 지청은 1966년 7월 3일 중난하이 정문에 연좌하여 저우언라이와의 접견을 요구했다. 후난 지청 역시 예외가 아니었다. 같은 시기 후난 장사, 형양(衡陽), 천저우(郴州), 쳰양(黔陽) 등지의 하향 담당 간부 20여 명은 지청의 하향공작이 지니는 문제점을 다음과 같이 지적했다. ① 지난 5년 동안 성 전체에 하향했던 6만여 명의 도시 지청 가운데 과거 착취계급 가정('흑오류') 출신이 70%을 차지한다. ② 농촌생산대에 편입된[삽대(揷隊)] 지청 가운데 70%가 자급생활을 할 수 없다. ③ 문혁 이후 70%의 지청이 장기간 도시에 머물며 식량, 의료, 호구 그리고 일자리 마련을 요구한다. ④ 농촌에 머물고 있는 하향 청년 역시 대부분 불안해하며 그 가운데 60~70%가 노동에 참가하지 않는다. ⑤ 일부 빈·하·중농은 다음과 같이 욕한다. "당신들 지청은 밥만 먹고 일을 하지 않는데 무슨 혁명을 계승하겠느냐? 노동하지 않는다면 단지 지주 노릇만 계승할 수 있을 것이다!" "당신들은 과거 수탈을 통해 먹고 살았고 현

강조하면서 이들의 귀향을 촉구했다(周恩來, 「周恩來接見廣州各派代表的講話」(1967.11.14), CCRD 수록, 참조).

21 광저우 '홍기파'에 가담한 지청의 정치적 활동을 평가하면서 류궈카이는 그들에 대한 하향의 잘못된 지시가 마오쩌둥에 의한 것임을 충분히 알고 있었지만 부득이하게 류사오치, 타오주 등 당권파에 초점을 맞추었음을 지적했다〔劉國凱, 「論人民文革」, 『人民文革論』(香港: 博大出版社, 2006.4), pp.148~149〕. 상술한 장양도 지청의 불만을 류사오치에게 전가했음을 인정했다〔向前, 「政治身份體系下的社會衝突: 文革初期群衆行爲的社會根源」(上海復旦大學 博士學位論文, 2010.4), p.88〕.

재도 우리에게 부양하라고 하니 그렇게 할 수 없다!" 더 나아가 일부 사대(社隊)
는 하향 지청에게 도시로 돌아갈 것을 요구한다.[22] 이상은 담당 관리자의 입장을
반영한 것인데 그만큼 당시 지청의 현실이 열악했음을 보여준다. 특히 "③ 문혁
이후 70%의 지청이 장기간 도시에 머물며 식량, 의료, 호구 그리고 일자리 마련
을 요구한다"는 사실은 지청에게 문혁이 의미했던 바를 단적으로 보여준다.

그렇다면 이하에서는 과연 문혁 시기 그들의 실제 모습은 어떠했는지 지청 개
인의 경험을 통해 좀 더 구체적으로 도시 귀환 투쟁에 대해 살펴보도록 하자. 문
혁 소식을 전해들은 리중궁(李忠公) 등 린수이현 임장의 지청들은 힘든 육체노동
의 시기가 끝나고 새로운 혁명과 조반의 시대가 열렸음을 직감했다. 지청들은
우선 충칭지청조반병단을 조직하여 "고향으로 돌아가 혁명을 일으키자"고 했다.
중경에 도착한 이들 지청은 다주(大竹)현 지청과 결합하여 사판장(社辦場)의 8대
죄상을 정리하고 "사판장 파괴"의 구호를 제출하면서 도시에서의 급여 제공과
직업 배분을 요구했다.

이상과 같이 그들의 요구는 정치적이라기보다 다분히 경제적인 것에 머무르
는 경우가 많았다. 하지만 이러한 요구에 돌아온 답변은 "현지에서 혁명에 매진
하고 생산을 촉진하라"는 것이었다. 지청으로선 이러한 요구를 받아들일 수 없
었다. 왜냐하면 그들이 도시로 돌아가려는 근본적인 이유는 출신 문제 또는 당
안 문제의 해결이었기 때문이다. 그렇기 때문에 리중궁 등은 비록 실패했지만

---

22 이상, 후난 지청의 상황에 대해 소개는 『中國上山下鄉運動始末』, pp.90~91 참조. 이 밖에도 다
음을 지적했다. ① 신문과 잡지 등의 선전이 효과적이지 못했고 사회여론의 지지를 받지 못했
다, ② 각급 배치 공작 간부와 도시 구역 간부는 항상 포위공격을 당하거나 구타당하고 모욕당
했다, ③ 각급 유관 간부 누구도 의복, 식량, 주거, 생활, 혼인, 병사 등에 관여하지 않아 모두 배
치사무실을 찾는다, ③ 중앙의 『통지』 규정에 따르면 "배치공작 가운데의 문제는 마땅히 각급
당위원회가 책임지고 점진적으로 해결해야 했는데" 현지 많은 지구의 3결합은 아직 제대로 이
루어지지 않으며 명령을 내리는 자가 없다. 많은 지도 간부는 속수무책으로 서로 책임을 전가
하고 있다.

현(縣) 배치사무실로 몰려가 자신들의 당안 자료('흑재료(黑材料)')를 탈취하려 했다. 1966년 말부터 두 달여 동안 진행된 린수이현 지청의 투쟁은 결국 실패로 끝났지만 해산 때 투쟁을 지도했던 리중궁의 다음 발언은 이들 지청의 격분을 대변했다.[23]

동지들 우리 지청은 무엇을 위해 조반했습니까? 다름 아니라 출로를 찾고자 했던 것으로 간단히 말하면 마땅히 직업을 얻어 농민이 되지 않으려는 것입니다. 헌법에 따르면 우리는 직업을 가질 권리가 있고 교육을 받을 권리가 있으며 거주 이전의 자유 그리고 결사·언론의 자유가 있습니다. 이들 원리와 자유는 우리에게는 일찍이 사치스러운 소망이 되어버렸습니다. 우리는 상산하향의 개시 이래 이들 권리를 모두 박탈당했습니다. 우리가 왜 고등학교에 낙방하고 대학에 떨어졌습니까? 성적이 나빠서입니까? 아니면 우리의 표현이 좋지 않아서입니까? 모두 아닙니다. 단지 우리의 가정 성분이 좋지 않아서입니다.

이들 지청 조반단은 저우언라이의 지시와 일반 노동자 조반파와의 입장 차이로 해산되었다. 그러나 이들은 도시귀환 투쟁을 통해 신중국 성립 이후의 사회·정치의 모순을 보다 명확하게 인식할 수 있었다. 그들의 요구는 헌법이 보장한 권리였다. 하지만 노동자 조반운동과 함께하지 못한 '수재(秀才) 조반파'로 평가받았던 리중궁이 병단 탈퇴 이후 문혁 소요파로 변모했다는 사실은 지청운동의 현실적 한계와 함께 문혁 시기 지청 혹은 조반파의 저항 양식을 대변하고 있다고도 볼 수 있다. 지청 생활 중 기회 있을 때마다 서적을 구해 읽었던 쓰촨 완위안(萬源)현 지청 쩌우커순(鄒克純)의 경우 금서에 심취했으며 그 역시 문혁 이후의 조반파나 보수파 모두와 거리를 둔 소요파가 되었다. 물론 그렇다고 그가 생

---

23   李忠公, 「天路迷茫」, 『無聲的群落(續編)』, p.23.

현(縣) 배치사무실로 몰려가 자신들의 당안 자료('흑재료(黑材料)')를 탈취하려 했다. 1966년 말부터 두 달여 동안 진행된 린수이현 지청의 투쟁은 결국 실패로 끝났지만 해산 때 투쟁을 지도했던 리중궁의 다음 발언은 이들 지청의 격분을 대변했다.[23]

23   李忠公, 「天路迷茫」, 『無聲的群落(續編)』, p.23.

산대의 노동에 만족한 것도 아니었다.[24]

이러한 지청의 모습은 1967년 조반에 의한 '도시 귀환의 꿈'〔반성몽(返城夢)〕이 깨진 뒤 바로 하향하지 않고 불법적으로 충칭에 남아 1년 반 동안 생활했던 지청 쑹샤오타오(宋曉濤)에게서도 찾을 수 있다. 가족이 우파로 지목된 그는 1964년 진학이 좌절되고 선택의 여지없이 지청이 되었다. 비록 적극적으로 도시 회귀 투쟁을 전개한 것은 아니었지만 그 과정에서 동료의 자살과 조반 과정에서 발견한 문건을 통해 자신들의 하향이 당국의 도시인구 감소 정책의 결과였음을 알고 큰 충격을 받는다. 그 좌절감은 다음과 같이 묘사되었다.

당시 우리들의 상산하향에 동원하기 위해 여론기관은 동일한 목소리로 외쳤다. "지역패권주자를 점령하라", "제국주의와 수정주의에 반대한다", "혁명의 계승자가 되어라", "이상을 실천하라", "차별을 축소하라", "지식인은 하향하라" …… 그러나 정황의 진실은 이러했다. 1960년대 초 '대약진'의 실패와 국제적인 여러 요인으로 국내 생산력은 정체되고 재정은 긴박해졌다. 더구나 인구가 지나치게 빠르게 증가하고 교육기관은 부족해 많은 청소년이 초·중·고등학교를 졸업한 뒤 진학할 수 없었다. 산업구조 또한 불합리하여 도시인구의 취업이 갈수록 힘들어졌다. 과도한 실업인구는 엄중한 사회문제를 야기할 수 있었다. 이러한 배경에서 도시인구와 상품·식량 소비를 줄여야 했고 그 가장 좋은 방법은 대중을 동원하여 하향시키는 것이다. 국가는 일찍이 초·중·고등학교 졸업생을 대규모로 농촌에 인도하여 생산에 종사시킨다는 명확한 방침을 지녔고 도시의 잉여노동력 문제 해결을 농촌의 낙후 개선 그리고 변강, 산지 개발과 결합시켰다. 이와 같은 국가발전 사업에 크게 비난할 바는 아니며 낙후된 지방에도 분명히 건설이 필요하다. 하지만 문제는 이 고통의 땅으로 갈 주체 건설자의 선발 기준과 방법이다. 도시인구 감원의 원칙은 무엇인

---

24   그의 지청 경험은 鄒克純, 「冬夜的山路」, 『無聲的群落(續編)』, pp.56~58 참조.

가? 국가의 당권자가 사용한 주요한 척도는 유성분론(唯成分論)이었다! 바로 이 기준에 따라 우리를 자신과 다른 존재로 보고 도시의 호구를 박탈해 버렸다.[25]

사실 쑹샤오타오는 1967년 1월 22일 당 중앙을 대표한 저우언라이가 촉구한 "고향(老家)으로 돌아가 철저히 혁명을 수행하자"[26]에 등장하는 '고향'을 일반적인 지청과 다르게 해석했다. 저우언라이는 당연히 그것을 원래 농촌 생산대나 농장을 가리켰고 쑹샤오타오 역시 그렇게 이해했다. 하지만 주변의 지청들은 다시 도시로 돌아가 호구를 만드는 것으로 해석했다. 이렇듯 그는 "우리의 호구를 돌려 달라", "우리의 청춘을 돌려 달라"고 주장하는 일반 지청보다 훨씬 온건했지만 인구 조절 정책의 희생양이 되었다는 사실을 발견하고는 크게 실망하고 조반에 적극 참여했던 것이다. 하지만 문혁파와 군의 탄압으로 좌절되자 그는 다시 혁명에 나설 의욕을 상실하고 소요파가 되었다. 이제 그에게는 당으로부터 신임을 받고자 하는 열망이나 진보에의 열정이 사라졌고 노동을 통해 혁명의 후계자가 될 수 있다는 신념도 없었다.[27]

또 다른 도시 귀환 투쟁의 사례를 살펴보자. 1967년은 문혁의 고조기였다. 전국적인 '탈권' 투쟁 전개로 각지의 지청은 크게 자극받았다. 멀리 구이저우 안순(安順)현의 경우도 예외는 아니었다. 혁명조반파총지휘부는 현위원회와 현정부를 장악하고 현 전체 권력을 탈취했다. 지청 황허성(黃鶴生)이 소속된 백단(白壇)공사 역시 이 기회를 이용하여 지청조반병단을 조직해서 안순현성진 하향지식청년안치판공실에 '탈권'을 진행했다. 이때 1964년, 1965년 하향된 지청 총 127명이 주축을 이루었다. 이들은 연석회의를 통해 자신들과 같은 '흑오류' 출신이

---

25   宋曉濤, 「笑談非情歲月」, 『無聲的群落(續編)』, p.88쪽.

26   周恩來, 「周恩來陳伯達在外地來京群衆有線廣播大會上的講話」(1967.1.22), CCRD 수록, 참조.

27   이상, 지청 宋曉濤의 문혁 전후 경험에 대해서는 「笑談非情歲月」, 『無聲的群落(續編)』, pp.77~93 참조.

나 '개자식'들은 호구 문제를 해결하여 농촌을 떠나야 한다고 결정했다. 배치사무실의 간부와 그들의 공문을 사칭하여 공사로부터 호구 이전증까지 획득한 지청들은 안순을 향해 출발했지만 뒤따라온 공사의 무장민병에 체포되어 도시 회귀 투쟁은 실패로 끝났고 말았다.[28]

후난 장사의 탄스퉁(譚世通)은 부모의 '역사 문제'를 이유로 후난성 구이양(桂陽) 현 장시(樟市) 인민공사로 하향되었다. 형식적으로는 자청한 것이지만 1963년 이후 더욱 강해지는 극좌적 분위기에서 부모의 예상되는 고통을 막기 위한 궁여지책이었다. 문혁의 발발은 그의 인민공사에도 큰 영향을 끼쳤고 생산이 마비되자 혼란 중에 불가피하게 모두 창사로 되돌아갈 수밖에 없었다. 당시 장사에는 각종 조반 조직에 의해 수많은 사령부가 건립되었다. 이러한 분위기에서 일부 지청은 혁명조반 조직을 건립하여 류사오치를 공격했다. 이들 지청은 상산하향을 류사오치의 수정주의노선에 기인한 것으로 파악하여 류사오치를 공격했지만 실제로는 호구 쟁취를 위한 조반이었다. 하지만 탄스퉁은 도시 호구를 획득하겠다는 지청의 주장이 비록 농촌에서의 고된 노동과 기아 때문에 비롯된 것이기에 이해될 수 있지만 마오쩌둥의 호소에 의해 이루어진 것이기에 절대 받아들여질 수 없다고 판단했다. 결국 다른 지방에서 돌아온 지청들과는 달리 그와 동료들은 소요파를 이뤄 조반활동을 관망했다.[29]

사천 중경 다바산(大巴山) 완위안현 차오파(草垻)구 신점(新店) 공사 청산다장(靑山茶場)에 하향한 덩펑(鄧鵬)은 문혁이 발발하자 대자보를 집필하는 등 조반에 적극 참여했다. 하지만 다셴 지방위원회가 파견한 공작조의 집중 탄압을 받아 '반당·반사회주의자'라는 죄명을 얻게 되었다. 1967년 '2월 진반(鎭反)' 이후 다장(茶場)이 제 기능을 발휘하지 못하게 되자 다른 지청들과 함께 중경으로 돌아온

28   黃鶴生, 「弄巧成拙遷戶口」, 『無聲的群落(續編)』, pp.59~63 참조.
29   譚世通, 「上山下鄕四部曲」, 『無聲的群落(續編)』, pp.451~455.

덩핑은 하향 기간 동안 접하지 못했던 학구열을 채우기 위해 닥치는 대로 책을 읽었다. 그때 그가 접한 문학 서적들은 홍위병의 '탈권' 투쟁 때 도서관에서 유실된 것이었다. 그 가운데에는 러시아의 벨린스키(Belinsky), 고골리(Gogol), 푸시킨(Pushkin), 체르니셰브스키(Chernyshevskii), 투르게네프(Turgenev), 톨스토이(Tolstoy), 도스토예프스키(Dostoevskii), 고리키(Gor'kii), 솔로구프(Sologub)와 프랑스의 발자크(Balzac), 모파상(Maupassant), 위고(Hugo), 졸라(Zola)와 미국의 잭 런던(Jack London), 호손(Hawthorne), 휘트먼(Whitman), 드레셔(Drescher)와 영국의 셰익스피어(Shakespeare), 스위프트(Swift), 하디(Hardy), 디킨스(Dickens), 바이런(Byron), 셸리에(Sellier) 등 서양 작가 이외에 당시(唐詩), 송사(宋詞), 『고문관지(古文觀止)』 및 루쉰(魯迅), 마오둔(矛盾), 차오위(曹禺), 파진(巴金) 등의 수많은 중국 작품이 포함되었다. 소설과 시는 물론 사회주의, 낭만주의, 추현실주이, 인본주의, 민주주의 등 다양한 사조의 작품이 포함되어 있었고 동서양의 고전까지 망라되어 당시 그의 독서열이 어땠는지 잘 보여주고 있다. 더 나아가 그들 도시로 돌아온 지청들은 헝가리 애국 시인의 이름을 딴 페퇴피 클럽이라는 독서회를 조직했다. 이들 또한 도시 도처에서 무장투쟁이 진행되는 와중에 독서에 열중하며 일종의 소요파를 형성했다.[30]

　이상과 같이 문혁 시기 지청의 경험에서 주목할 만한 것은 ① 도시 회귀, ② 조반파 조직, ③ 류사오치 공격, ④ 소요파의 형성 등으로 요약될 수 있다. 이들은 경우에 따라 서로 다른 정치적 지향을 보여줄 수 있었겠지만 도시 호구를 다시 획득하기 위해 조반운동에 참여했다는 점은 공통적이었다. 호구를 향한 한 여성 지청의 바람이 다음의 회고에서 적나라하게 드러난다.

30　이상, 鄧鵬, 「我的讀書夢」, 『無聲的群落(續編)』, pp.695~699 참조. 이후 그는 1978년 쓰촨성 대학입학고사에서 문과 수석이 되어 쓰촨의과대학에 합격했다.

호구라는 무형의 족쇄가 우리 각자의 운명을 통제하고 지휘하고 또 장악했다. 왜곡된 결혼, 불행한 결혼, 애정 없는 결혼이 우리들에게 보편적으로 존재했다. 호구를 얻기 위해 싼 값에 자신들의 청춘을 팔았고 매우 많은 여성 지청들에게는 혼담이 오가는 남자 쪽에 대해 제대로 알지 못한 상태에서 단지 상대방이 자신의 호구를 농촌에서 벗어나게만 해줄 수 있다면 그만이었다.[31]

이러한 소망은 여성 지청뿐만 아니라 남성 지청에게도 절실했다. 그렇기에 그들은 문혁이 발발하자 현장에서의 비판 투쟁과 조반을 거쳐 문혁 혼란을 틈탄 도시의 진출 그리고 도시 호구를 획득하기 위한 투쟁을 전개했던 것이다.

지청은 당연히 농촌의 호구를 지녔다. 하지만 그들이 도시로 돌아온 이상, 합법적 신분으로 단위에 소속되어 생존하려면 반드시 도시 호구를 획득해야 했다. 중화인민공화국 성립 이후 최근까지 중국에서는 '호구인격화(戶口人格化)'라는 표현에서 드러나듯 호구 획득은 개인의 존재가치를 결정하는 중요한 기준이었다. 호구는 크게 도시호구와 농촌호구로 대별되지만 세부적으로는 산구산상농촌호구(山區山上農村戶口), 하변평파농촌호구(河邊平壩農村戶口), 향장비농업호구(鄕場非農業戶口), 구진비농업호구(區鎭非農業戶口), 현성호구(縣城戶口), 지구호구(地區戶口), 대성시교구양농호구(大城市郊區糧農戶口), 채농호구(菜農戶口), 교구성시호구(郊區城市戶口), 대성시시구호구(大城市市中區戶口) 등 9등 18급으로 구분되었다. 이 가운데 혼인, 취업, 진학, 경제·문화생활 등에서 가장 높이 평가받는 등급은 대성시시구호구이고 가장 낮게 평가받는 등급은 산구산상농촌호구였다. 따라서 후자에 소속된 지청은 자연스럽게 과거 자신의 고향이었던 전자로 돌아가고자 했다.[32]

31   唐思齊,「刻骨銘心的歲月」,『無聲的群落(續編)』, p. 481.
32   何隆華,「南江紀事」,『無聲的群落(續編)』, p. 207.

구이저우 안순현으로 하향된 왕안성(王安生) 등은 문혁 이후 조반을 일으키고 도시로 돌아와 호구를 요구했다. 그러나 당국은 그 요구를 거절했고 도시에 머무는 것도 허락하지 않았다. 부모 소재 단위와 가도의 거민위원회(居民委員會)가 그들을 조사했기 때문에 숨어 지낼 수밖에 없었고 가명을 쓰고 잡역 노동에 종사했다.[33] 사실 도시 내에서 호구도 없고 배급도 없으며 직업도 없이 '무적자'〔흑인(黑人)〕로 생활하는 것은 매우 힘든 일이었다. 게다가 단위와 거민위원회 및 주위의 각종 압력에 버티는 것도 쉽지 않았다.[34]

그런데 그와 같이 문혁과 함께 자발적으로 도시로 회귀한 경우노 있지만 다음과 같이 불가피한 경우도 있었다. 문혁 전개의 와중에서 각지에서는 광범한 무장투쟁이 전개되었다. 베이징과 대도시를 중심으로 '혈통론'이 비판받고 소위 '노홍위병' 세력이 크게 위축되었던 1967년 8월 농촌에서는 여전히 '혈통론'에 기반한 문혁운동이 기세를 떨치고 있었다. 후난 농촌의 경우 1967년 8월 13일 다오현을 중심으로 '흑오류' 출신에 대한 폭력적 공격이 발생하여 10월 17일까지 살인 사건이 계속되었다. 이 사건은 주변 10여 개 지역으로 영향력을 확대했고 특히 '흑오류'가 집중적으로 하향된 장용과 링링(零陵) 등지의 지청 6000여 명은 지방 무장민병의 공격을 피해 집단적으로 창사로 회귀했다.[35]

쉬샤오칭(徐孝淸)은 1964년 사천 자오졔(昭覺)현으로 자발적으로 하향했다. 쓰촨대학 중문과 4학년을 다니다 병으로 휴학 중이었던 그녀는 노동자·농민과의 결합을 강조하는 지시와 선배 지청의 혁명적 사적에 감동받아 주체적으로 하향

---

33   王安生,「歲月痕」,『無聲的群落(續編)』, p.166.

34   黃歐平,「歷練痛苦」,『無聲的群落(續編)』, pp.281~283. 1969년 조 당국의 재하방 지시를 거부하고 임의로 고향으로 돌아와 3년의 무적자 생활을 버텼지만 결국 다시 자신의 호구 소재지로 하향했다.

35   이 사건의 전개 과정에 대해서는 羅丹,「1967, 長沙六千知靑大逃亡始末」,『報刊薈萃』(2010.8) 참조. 이에 따르면 이들 지역 지청 가운데 '흑오류' 출신은 85%에 이르렀다.

운동에 참가했다. 주위의 지청과 달리 교양 지식수준이 높았던 그녀가 지청 생산대 조장을 맡은 것은 당연해 보였다. 하지만 사원과 지청들 사이의 불통과 몰이해 그리고 모함 때문에 고립된 지도자가 되고 말았다. 문혁이 시작되자 모순이 한꺼번에 폭발했고 그녀는 곧 대중의 주요 공격 대상이 되었다. "주자파의 어용 도구", "지주계급의 효자현손", "엄중한 자산계급 개인주의" 등으로 비판받았고 비평대회에서 수모를 당했다.[36] 그녀의 도시 회귀는 어쩌면 불가피했는지도 모른다.[37]

다음 소개하는 내용은 앞서 언급한 '수재 조반파'였던 리중궁의 회고로 이를 통해 지청들의 도시 회귀 투쟁의 실상을 좀 더 구체적으로 이해해 보자. 1968년 8월 이후 중경 조반파의 무장투쟁을 피해 많은 사람이 청두로 피난 가는 상황에서 리중궁 등 다섯 명의 지청들은 호구 문제에 대해 의논했다. 그에게 문혁은 하나의 사상해방이었다. 그는 환골탈태의 주장을 회의하기 시작했고 자신에 대한 문혁파의 공허한 설교를 부정했다. 도시 귀환 투쟁에 가담을 결정할 당시 장래에 대한 여러 가지 우려가 있었지만, 그는 "도시로 돌아갈 수만 있다면 집으로 돌아갈 수만 있다면, 화장실 청소원도 할 수 있다"고 결의를 다졌다. 또한 이들 중 한 명인 장광시(蔣光曦)는 "헌법은 우리 공민에서 거주 이전의 자유를 부여하지 않았나? 제대로 되지 않더라도 큰 죄를 짓는 것은 아니다"라고 했다. 더 나아가 그는 "현재 모두를 쓸어버렸고 또 모두를 타도했다. 관료 모두가 자신들도 보존하지 못하고 있는데 어떻게 너의 호구 문제에 관여할 수 있겠는가?"라고 하여

---

36   徐孝淸, 「從大學生到農民」, 『無聲的群落(續編)』, pp.239~245.
37   하지만 도시로의 귀향은 쉬운 일이 아니었다. 당시의 극좌적 분위기에서 농촌을 떠나 임의로 떠나 귀향한다는 것은 계급적 정치적 표현으로 볼 때 용납될 수 없었다. 게다가 경제적·현실적 조건도 귀향을 가로막았다. 예컨대 1964년 사천의 청두로부터 시창(西昌) 전구(專區) 후이리(會理)현까지 거리는 750Km로 버스로 4일이 걸렸고 그 비용은 36원이었다. 이 금액은 당시 지청의 5개월 노동에 대한 임금에 해당했다(劉天立, 「回家」, 『無聲的群落(續編)』, p.512).

호구 문제 해결에 자신감을 북돋았다. 사실 이것은 그들의 분에 넘치는 갈망이 었지만 "하나의 분명한 목표였고 반드시 조반을 통해, 투쟁을 통해, 그리고 심지어 희생을 통해서만 얻을 수 있는 것으로 미래를 위해 청춘을 걸어야 했다." 그들은 먼저 사천의 성혁명위원회 주비위원회 상방접대소(上訪接待所)를 찾아 현지의 어려움을 호소하여 도시 귀환을 허락하는 증명서를 발급받았다. 이어 현혁명위원회 주비위원회를 경유하고 마지막으로 다시 공사를 찾아 호구이전 증서를 발급받았다. 하지만 도시에서의 생활은 예상대로 이루어지지 않았다. 예컨대 리중궁은 공상업자 겸 지주였던 아버지의 죽음과 어머니의 도시 퇴출에 따라 충칭, 청두, 러산(樂山), 이빈(宜賓) 등지를 전전할 수밖에 없었다. 위리(余立)의 경우도 오랜 기간의 임시공과 육체노동을 겪은 뒤에서야 개인적 '관시'〔관계(關係)〕를 이용해 호구를 획득할 수 있었다. 장이팅(張益庭)은 호구를 얻지 못해 바로 인장(林場)으로 되돌아갔다. 장광시는 형의 도움으로 호구를 얻었지만 가도의 호구 정리 때 형에게 피해가 미칠 것을 걱정해 다시 린수이(隣水)현으로 돌아가야 했다.[38]

그런데 귀향하여 호구 취득을 위한 조반에 참여한 이들 지청에 대해 도시홍위병은 대부분 냉담한 반응을 보였다. '호구병(戶口兵)'이라는 멸칭이 그것이다. 원래 "호구부는 집안의 귀중품처럼 캐비닛 서랍에 갇힌 이후부터 거기에 성명이 등기된 사람은 마치 주목을 끌지 못하는 책과 같이 규정된 공간 안에 원하든 원

---

38 이상, 李忠公, 「曾經,我們都是"戶口兵"」, 『無聲的群落(續編)』, pp.542~547 참조. 한편, 1967년 여름 ≪농노극(農奴戟)≫에 소개된 16가지의 '깊이 생각해 볼 문제'는 이들 지청의 불만을 잘 정리하고 있다. 소보의 제목에서 드러나듯 이번에 장사로 돌아온 지청은 스스로 '농노'와 같은 처지라 한탄했다. 자오양(邵陽) 상산하향지식청년소병사령부 명의로 발표된 글에서 그들은 "왜 배치 방식이 분산 생신대를 위구로 신행뇌녀 원칙상 멀리 갈수록 더욱 좋다고 하는데 도대체 왜 청년들을 벽지 산지에 개별 분산시키는가?", "왜 국가가 공업을 건설 발전시키는데 대량의 노동력을 필요로 하면서 도시의 하향청년을 쓰지 않고 기타의 농업 인구를 돌려 쓰려하는가?" 등에 대해 질문했다〔「長沙市知識青年上山下鄕大事記」, ≪長沙文史-知識青年上山下鄕史料專輯≫(2003.10), p.293〕.

하지 않든 좋든 싫든 갇힐 수밖에 없었다." "특히 그 윗면에 기록된 가정 성분란은 더욱 중요하여 부주의하게 함부로 써넣을 수 없었다."[39] 왜냐하면 이를 근거로 초등학교 때부터 모든 것이 규정되었기 때문이었다. 지청들은 상산하향을 통해 부모의 호구에서 자신의 이름을 지워버리려 했으나 힘든 농촌 생활로 인해 다시 호구의 중요성을 깨닫기에 이르렀다.

이러한 이유로 도시 유력 조반파 조직에 지청이 적극적으로 가입하려 했다. 1967년 여름 후난 장사에는 조반파의 세력이 매우 컸다. 이렇게 된 데에는 각지에서 장사로 돌아온 지청들이 이들 조반파 조직에 적극 가담하여 활동했다는 사실도 크게 작용했다. 예컨대 상강풍뢰 지청지대(知靑支隊)·직속지대(直屬支隊), 홍일선(紅一線)·지청조반단(知靑造反團) 등이 대표적인 조반 조직이었다. 이들 귀환 지청들은 연합하여 "우리는 호구를 요구한다! 우리들은 생존을 요구한다! 우리들은 도시로의 귀환을 요구한다!"라는 구호를 외치면서 수천 명이 시위를 전개했다. 이들 조반파 가운데 지청 왕스옌(王時燕)을 포함한 일부는 장사 남구 공안분국을 포위하고 도시 호구에 자신들을 등재하라고 요구했다. 왕스옌 역시 여기에 참가하여 가족 주민등록부에 이름을 올리고 몇 달치의 양표(糧票)를 지급받았다. 하지만 그들은 조반판의 세력 약화로 곧 호구를 상실했다. 이후 다양한 방식으로 선전과 청원을 했고 베이징까지 찾아가 중앙에 조사를 요청했지만 소용이 없었다. 1960년대 초 상산하향공작을 담당했던 후난성위 비서장이자 양시광의 아버지인 양디부(楊第甫)를 심문한 결과 그들은 하향운동의 본질이 도시 실업문제 해결을 위한 것에 지나지 않는다는 것을 확인했을 뿐이었다. 결국 왕스옌은 하향을 피하기 위해 증명을 위조하고 결혼하여 무적자 신분으로 도시에 머물 수밖에 없었다.[40]

---

39   李忠公, 「曾經,我們都是"戶口兵"」, 『無聲的群落(續編)』, p.542.
40   王時燕, 「我的知靑生涯」, 『無聲的群落(續編)』, pp.297~300. 문혁 발발 이후 이부 광저우 지청은

광저우의 경우 1962년부터 1965년 사이 다수의 청년들은 지농청년(支農靑年)·
농장지증공인(農場指證工人)의 신분으로 농촌에 하향되었다. 비록 이들의 호구는
농촌에 속했지만 농장에서 4년 노동한 뒤 도시로 돌아갈 수 있다는 호구 보류의
조건이 있었기 때문에 지증공인(持證工人)이라 칭해졌다. 문혁 발발 이후 광저우
로 돌아온 이들은 조반파 조직인 '홍기'의 환영을 받았고 그들과 함께 적극적으
로 조반에 참여했다.[41] 상하이로 돌아온 지농(支農) 역시 동일했다. 그들은 1950
년대 말 경제 위축으로 한시적 회향을 보장받고 고향으로 돌아간 도시 노동자를
가리킨다. 1967년 초 지농 18만 명 가운데 5만~6만 명 이상이 상하이로 돌아와
조반에 참여하여 공장 복위와 함께 도시 호구 취득을 요구했다.[42]

3. 시청과 문혁 극좌파

도시의 이단적 급진 조반파를 지칭하는 극좌파가 지청에 관심을 기울인 것은
문혁 시기 예외적 현상이라 할 수 있다. 먼저 문혁파는 기본적으로 생산 현장인
공장이나 농촌까지 문혁의 혼란이 파급되는 것에 분명히 반대했다. 또한 그들은
도시로 귀환한 지청에게 농촌으로 복귀할 것을 강력하게 요구했고 앞서 서술했
듯이 도시의 홍위병들도 도시 회귀 투쟁을 벌이는 지청을 개인의 경제적 이익을
탐하는 '호구병'으로 폄하했다. 하지만 일군의 극좌파는 지청을 무시하고 비판하

관을 메고 시위하여 도시 귀환의 권리를 쟁취했고 구이저우의 안순 지청은 관리로 위장하여 공
사로부터 자신의 호구를 옮겼으며 충칭, 청두, 징사 등시의 지청은 도시호구를 획득했다 다시
상실하기도 했다. 이상의 도시귀환 사례와 그에 대한 평가는 鄧鵬, 「走出沈寂陰影, 擁抱生命的尊
嚴」, 『無聲的群衆(續編)』, p.3 참조.

41   劉國凱, 『廣州紅旗派的興亡』香港: 博大出版社, 2006, pp.145~149 참조.
42   李遜, 「文革中發生在上海的經濟主義風」, 『浩劫之外』, pp.36~38 참조.

며 매수하려는 일반적 경향과 달리 지청운동에 대한 재평가를 강조했다. 이들의 대응은 도시 귀환 지청의 적극적인 조반과 문제 제기로 촉발된 것이었다. 그 대표적인 예는 후난 성무련의 양시광과 우한 북결양의 루리안이라 할 수 있다.

먼저 양시광[43]은 지청의 혁명정신을 높이 평가하면서 "지청운동의 홍기는 철저한 사회혁명을 예시하며 농민혁명의 위대한 폭풍이다. 지식청년은 그들을 속박하는 모든 굴레를 깨뜨리고 해방의 길을 향해 빠르게 달려 나갈 것"이라고 선언했다. 이러한 양시광의 평가는 ① 문혁 초기 지청의 대자보 투쟁, 반공작조 투쟁, 조반파 형성, ② '1월혁명' 때의 전국적 조직 성립, ③ '2월 진반(鎭反)' 때의 '반혁명경제주의'로 진압당함, ④ 9월 초 '호구 획득을 위한 조반'〔조호구반(造戶口反)〕, 류사오치 반대, 구교육제도 반대 등 후난 지청이 보여준 투쟁의 역사라는 구체적 근거에 의거한 것이었다.

양시광은 이러한 지청운동의 투쟁이 사회주의 성립 이후 17년간 집중적으로 축적된 중국 사회의 각종 모순을 폭로하는 것이라 판단했다. 더 나아가 지청운동의 홍기는 문혁이 사회의 중상층에서 저층으로 심화되었음을 보여주고, 확대되어 가는 3대 차별을 없애려는 문혁의 정확한 방향을 가리키는 중요한 지표였다. 따라서 특권계층과 관료기구 및 중앙 대리인을 상대로 투쟁하고 있던 극좌파는 이들 지청에 관심을 기울였으며 철저한 사회변혁만이 자신을 해방시킬 수 있다고 여기는 지청 역시 극좌파의 동지이자 전우가 되었다. 양시광은 이러한 이유로 문혁파가 지청운동 역시 극좌운동으로 간주한다고 판단했다.

그러나 양시광은 양자의 차이를 다음과 이해했다. 먼저 극좌파를 구성하는 지식분자는 구교육제도의 수혜자로서 지청에 비해 혁명운동의 불철저함과 나약함

---

43   이하, 양시광의 주장에 대해서는 紅中會長沙一中'奪軍權'一兵, 「長沙知識青年運動考察報告」
       (1967.11.16), CCRD 수록 참조. 또한 그가 구체적으로 지목하는 극좌파는 후난의 급진 조반파
       조직이며 그 자신이 참여한 홍중회(紅中會), 고교풍뢰(高校風雷) 등을 지칭한다.

을 드러냈다. 그렇기 때문에 오히려 지식분자 가운데 극좌파는 노동자·농민 등 사회 최하층의 절실한 사회혁명적 요구를 가장 분명하게 드러내고 있는 지청과 결합함으로써 지식인으로서의 한계를 극복해야 한다고 했다.

결국 양시광이 보기에, 사회 최하층 노동자·농민의 입장에서 지청은 문혁을 이용하여 도시로 돌아와 조반파를 형성했고, 류사오치 등을 중심으로 한 특권계층과 기존의 관료기구 및 중앙 대리인을 지식인 중심의 극좌파보다 더 철저하게 비판했다. 이와 같은 혁명적 철저성은 그들이 곧 반동적 '혈통론'의 희생자였고 또 사회 최하 계층인 빈·하농의 사회 혁명적 요구를 정확하게 대변할 수 있는 사회의 대립면에 처해 있다는 상황에 기인했다. 즉, 마르크스·레닌주의, 마오쩌둥주의의 기본 원리이지만 당시 거의 무시당한 원칙, 즉 "모든 혁명의 폭발에는 경제적 원인이 있으며 사람들의 경제적 지위가 개인이 정치적 태도를 결정한다"에 따른 것이었다. 또한 이미 분명하게 밝혔듯이 양시광은 파리코뮌 신봉자였다. 그는 지청운동의 의의를 극좌파의 이상인 파리코뮌과 관련지어 설명하기 위해 먼저 코뮌의 의의를 다음과 같이 설명했다.

1864년 유럽 전체의 군중들 사이에 운동의 이론 성질이 매우 모호했다. 독일공산주의는 노동자를 위해 존재하지 않았다. … 미국의 공련(工聯) 지도자조차 규약과 장정이 가리키는 바의 강령에 따라 운동에 진입할 수 있을 것이라 여겼다. 첫 번째 큰 성과는 각파의 (이러한) 유치함을 파괴하는 것이었다. … 파리코뮌은 바로 이러한 성과를 냈다.

양시광은 위에서 보여준 파리코뮌의 역할과 동일하게 지청운동이 문혁을 둘러싼 가짜 혁명과 반혁명의 정체를 폭로하면서 문혁에 새로운 희망을 부여했다고 그 의의를 높게 평가했다.

양시광만큼 전면적으로 지청의 혁명성을 다루지는 않았지만 우한의 극좌파 가운데 한 명인 루리안(魯禮安) 역시 농민혁명과 지청에 깊은 관심을 기울였다.[44] 그가 적극적으로 활동하던 1967년 말 농민운동과 문학의 관계는 '결합'이 아닌 '단절'이었다. 그럼에도 불구하고 그는 농민과 농민운동에 관심을 기울였다. 그 계기는 후베이성 시쉬(浠水)현 농민에 의한 ≪허베이일보≫사 점령 사건이었다. 시위의 주체는 농민 조직 파하일사(巴河一司)였고 그 지도자는 왕런저우(王仁舟)였다. 그는 베이징외국어학원 학생이었으나 '정치문제'로 제적되어 농촌에 하향된 인물이었다. 이어 문혁 이후 복권되었으나 복학을 거부하고 농민과 함께 조반을 일으켰다는 사실로 미루어 볼 때 그가 문혁 전 하향된 지청이었음을 알 수 있다.

왕런저우는 루리안보다 급진적이었고 문학의 주요 역량이며 영도 역량이 학생이나 노동자가 아닌 빈·하·중농이라 주장했다. 반면 루리안은 단순한 경제적 지위로 계급적 진보 여부를 결정하는 데에 반대했고 단지 왕런저우를 중심으로 한 시수이농민운동이 농촌혁명의 폭풍을 예시한다는 사실은 인정했다. 이렇게 본다면 극좌파 지식인 루리안보다는 지청 왕런저우가 양시광의 사상에 더 가깝다고 할 수 있을 것 같다. 왕런저우를 추종했던 린셴성(藺憲生)이 성무련과 양시광을 숭배했고 오히려 더 급진적이어서 "당의 재건, 국가의 재건, 군대의 재건"〔중건당(重建黨), 중건국가(重建國家), 중건군대(重建軍隊)〕을 주장했다는 사실도 이로써 이해될 수 있다.

결국 이상을 통해 왕런저우의 영향 아래 지청을 중심으로 급진적 문혁 운동이 우한에서 전개되었고 후난에서와 유사하게 도시의 급진 지식인들 — 극좌파 — 이 이들에게 깊은 관심을 기울였음을 확인할 수 있다. 이러한 극좌파의 노력에 지청들이 어떠한 반응을 보였는지는 불분명하다. 자신들에게 동정적이었기 때

---

44 이하, 루리안을 중심으로 한 우한 극좌파의 동향에 대해서는 孫承會, 「文化大革命과 武漢 極左派」, ≪中國學報≫, 73(2015.8) 참조.

문에 조반파의 일원이 되어 문혁에 적극 참여했지만 극좌파의 주장과 실천에
동조하는 것은 차원이 다른 문제였다. 따라서 도시 귀환 지청과 극좌파의 '단절'
을 강조하는 주장이 있다.[45] 그러나 후난의 지청 조직 홍일선(紅一線)의 마지막
지도자 궈샤오밍(郭曉鳴)의 회고에 따르면 그는 성무련과의 관련 혐의로 공안에
체포된 사실이 있었다. 이를 통해 비록 그가 무혐의로 석방되었지만 적어도 문
혁파는 당시 지청과 문혁 극좌파와의 긴밀한 관련성을 상정하고 있었음을 알
수 있다.[46]

4. 문혁파의 대응

앞서 지적했듯이 지청의 도시 귀환과 극좌파와의 결합, 그리고 그들을 매개로
농촌으로의 문혁 확산은 문혁파의 입장에서 쉽게 받아들일 수 없는 상황이었다.
전국적인 극좌파의 등장과 조반파의 전국적 조직 확산에 따라 문혁파의 중요한
방침인 혁명위원회와 군을 통한 문혁의 수습 노력이 크게 도전받을 수 있기 때
문이었다.

1967년 2월 11일 《인민일보》의 사설[47]은 1월 '탈권'을 즈음한 도시 귀환 지
청을 겨냥한 것이었다. 사설은 춘경을 앞두고 베이징 등 도시로 항의 방문한 지
청에게 즉시 농촌으로 돌아가 농업생산에 주력하라는 내용이었다. 당 중앙 역시
다음과 같은 내용의 통지를 발표했다.[48]

---

45   向前, 「政治身份體系卜的社會衝突: 文革初期群衆行爲的社會根源」, 上海復旦大學 博士學位論文,
      2010.4, pp.137~138.
46   危大蘇, 「血紅的理想之旗-"紅一線"知靑回憶實錄」, 《長沙文史-知識靑年上山下鄕史料專輯》(2003.
      10), p.183.
47   "抓革命·促生産, 打響春耕生産第一炮", 《人民日報》, 1967.2.11.

아직껏 외지에서 교류, 청원, 상방〔민원제기(上訪)〕을 진행 중인 상산하향 지식청년, 지변청년(支邊青年), 농장직공 등 모두는 즉시 본래의 단위로 돌아가 문화대혁명에 참가하고 생산 활동에 적극 참여해야 한다. 아울러 설치된 연락소는 모두 철폐한다.

일부 상산하향 지식청년은 자산계급 반동노선과 반혁명 경제주의의 영향을 받아 국가와 인민 이익에 해를 끼치고 있지만, 본래의 단위로 돌아가 진지한 검사를 받고 착오를 시정한다면 다시 그 죄를 추궁하지 않을 수 있다.

외지에서 교류, 청원, 민원제기를 진행 중인 상산하향 지식청년, 지변청년, 농장직공 가운데 소수는 행방이 묘연하여 성명과 공작단위를 보고하지 않고 도처에서 협잡질하며 사회치안을 혼란시키니 이들 국가 재산을 파괴하는 나쁜 무리는 철저하게 조사하여 법에 따라 처벌해야 한다.

이상의 통지에서 먼저 1967년 초 상당수의 지식청년, 지변청년, 농장직공들이 교류, 청원, 민원제기 등을 위해 도시로 몰려들었고 그들 가운데 일부는 '자산계급 반동노선'과 '반혁명 경제주의'에 영향받아 단위에서 이탈하여 치안을 문란하게 만들었다는 사실을 알 수 있다.[49] 또한 일부이기는 하지만 당 중앙은 도시 귀환 지청을 반혁명분자로 간주하며 그들 모두를 다시 농촌으로 하향시켜야 할 문제 집단으로 간주했던 것이다.

---

48   「中共中央·國務院關于處理下鄉上山知識青年外出串連·請願·上訪的通知」(1967.2.17), 中國人民解放軍·國防大學黨建黨史政工教研室, 『"文化大革命"研究資料』, 上冊(1988), p.313.

49   그렇기 때문에 당 중앙은 이미 문혁을 파괴하는 경제주의 경향을 저지하기 위해 상산하향 지청에 대한 배치 작업을 강조했다〔「中共中央關于反對經濟主義的通知」(1967.1.11), 『"文化大革命"研究資料』上冊(1988), pp.245~246〕.

이러한 지청 대책과 관련하여 1967년 2월 25일 인민해방군 베이징시 군사관제위원회는 베이징 내의 3개 '반동 조직'을 포함한 9개 조직에 단속령을 반포했다.[50]

① 전국멸자군조반단총부(全國滅資軍造反團總部)

② 전국국영농장홍색조반병단(全國國營農場紅色造反兵團)

③ 전국상산하향지식청년한위진리혁명조반단(全國上山下鄉知識靑年捍衛眞理革命造反團)

④ 전국군간전사혁명조반단(全國軍墾戰士革命造反團)

⑤ 국제홍위병중국지대(國際紅衛兵中國支隊)

⑥ 전국홍색노동자조반총단(全國紅色勞動者造反總團, '全紅總')

⑦ 전국상산하향지식청년홍색혁명조반단(全國上山下鄉知識靑年紅色革命造反團)

⑧ 전국상산하향지식청년홍색제일선전투대(全國上山下鄉知識靑年紅色第一戰線鬪隊)

⑨ 전국농인혁명조반연락총부(全國聾人革命造反聯絡總部)

이 가운데 당국이 '반동 조직'으로 지목한 조직은 ① 전국멸자군조반단총부, ② 전국국영농장홍색조반총단, ⑥ 전국홍색노동자조반총단이었다. 그런데 조직의 이름이 곧 조직의 성격을 그대로 대변하는 것은 아니지만, 조직명 하나만으로 구성원과 조직의 성격을 충분히 짐작할 수 있다. 예컨대 '반동 조직'으로 지목된 전국국영농장홍색조반병단은 1960년대 지청의 주요 하향 대상이 국영농장이었음을 고려하면 지청과 밀접히 관련된 조직임을 알 수 있다. 더욱이 비록 직접적으로 '반동 조직'에 포함되지는 않았지만 단속과 해산의 대상이 되었던 니머지

---

50 「北京市軍事管制委員會負責人談取締一切反動組織」(1967.2.25), ≪紅衛兵報≫(1967.2.27), CCRD 수록 참조.

6개 조직 가운데 전국상산하향지식청년한위진리혁명조반단, 전국군간전사혁명
조반단, 전국상산하향지식청년홍색혁명조반단, 전국상산하향지식청년홍색제일
선전투대 등 4개 조직은 분명 상산하향운동을 통해 농촌이나 변경지역에 하향된
지청을 중심으로 구성된 조직으로 보인다. 당국에 의해 파악된 이들 조직의 공
통된 혐의는 다음과 같았다.

① 이들 조직은 지주, 부농, 반동, 불량분자, 우파, 그리고 유맹, 임시공, 합동공 가
   운데 일부 쓰레기로 구성되었다.
② 문화대혁명을 파괴하고 중앙문혁과 모 주석을 공격의 대상으로 했다.
③ 경제주의를 크게 주장했다.
④ 군중의 무장투쟁을 선동했다.

①을 통해 이들 비합법 조직이 대부분의 지청을 구성하는 '흑오류'에 더해 임
시공, 합동공 같이 중화인민공화국 성립 이후 차별받았던 새로운 '피압박계급'으
로 구성되었음을 알 수 있다. 따라서 이들은 문혁 발발 이후 아래로부터 자율적
으로 혁명성이 고양되는 변화된 정치 상황에서 자신의 생존권 확보를 위해 투쟁
을 전개했다. 하지만 문혁파의 입장에서 보면 그것은 곧 문혁을 반대하는 것이
자 동시에 마오쩌둥에 반대하는 무장 선동이거나 단순한 경제주의의 결과물에
불과했다. 더욱이 이들 조직은 문혁파의 승인을 전제로 한 '위에서 아래로의 구
성'이라는 절차적 정당성을 갖추지 못한 상향식의 자율적 조직이었고 중공중앙
은 이미 이러한 전국적 조반 조직 모두를 취소할 것임을 분명히 밝히고 공안부
서에 조사와 단속을 지시한 바 있었다.[51]

---

51   「中共中央‧國務院關于全國性組織的通告」(1967.2.12); 中發 [67] 47號, 『無産階級文化大革命有關
     文件彙集(第1集)』(1967.2), CCRD 수록 참조.

1967년 7월 ≪인민일보≫ 등 대중에 영향력이 강한 매체는 지청의 즉각적 재하향(再下鄉)을 다음과 같이 촉구했다.[52]

혁명지식청년의 농촌 귀환은 혁명적 행동이다. 도시의 혁명군중 조직과 지식청년의 가족은 마땅히 그들을 지지하여 그들의 신속한 농촌 귀환을 도와야 한다. 광대한 빈·하·중농과 농촌 혁명 간부는 열렬하게 그들을 환영하여 생산과 생활에 적응할 수 있도록 잘 안배해야 한다.

이상의 언급은 역으로 도시의 조반 조직과 도시 귀환 지청이 결합한 '반혁명' 행동의 가능성과 빈·하·중농 및 농촌혁명 간부와 지청 사이의 원만하지 못한 관계 또는 보복의 양상을 시사한다.

1967년 9월 거듭되는 교류와 민원제기 금지는 반드시 지청만을 대상으로 한 것은 아니었다. 왜냐하면 당시 홍위병의 '대교류'는 여전히 크게 유행했기 때문이었다. 급기야 9월 8일 베이징시혁명위원회와 베이징위수구사령부까지 나서서 민원제기 인원에게 베이징을 떠나라고 촉구했고 10월 8일 중공중앙·국무원·중앙군위·중앙문혁소조는 공동으로 「긴급통지」를 내렸다. 그 내용 가운데 주목할 부분은 다음과 같다.[53]

① 재하방의 대상에 도시 체류 지청 이외에 지변인원(支邊人員), 농장직공, 퇴역전사, 정감하방인원(精減下放人員)[54], 사래사거인원(社來社去人員)[55], 문혁 시기 하

---

52   "堅持知識靑年上山下鄕的正確方向", ≪人民日報≫, 1967.7.9. 또한 ≪문회보≫ 역시 상하이 귀환 지청에 대해 재차 변강으로 돌아갈 것을 촉구했다〔「堅持支內·支疆·支農的革命大方向」, ≪文滙報≫(1967.6.30)〕.

53   이를 「10·8緊急通知」라 한다. 이 내용은 「中共中央·國務院·中央軍委·中央文革小組關于下鄕上山的知識靑年和其他人員必須堅持在農村抓革命促生産的緊急通知」, CCRD 수록 참조.

방된 인원 등이 포함된다.

② 도시에서 조직한 지청의 각종 조직과 연락처를 즉각 취소했고 도시의 대중 조
직은 이들을 받아들일 수 없다. 또한 지청에게 호구를 제공한 것은 무효이며 소
수 불순분자의 혼입을 금지한다.

③ 교류와 민원제기를 금지하고 상산하향공작에 대한 의견이 있을 경우 관련 기관
에 소자보 또는 대자보를 보내는 방식을 취한다.

이 「긴급통지」를 통해 지청을 중심으로 한 도시 체류 조반파가 직면한 사태
의 엄중함을 충분히 예상할 수 있다. 당 중앙 또는 문혁파가 보기에 사태의 심각
성은 이들이 도시 내의 조반파와 조직적으로 결합하고 더 나아가 일부 '불순 세
력'과 함께 문혁의 열기를 이용한 통제 불능의 상황, 즉 '과화' 현상을 야기할 수
있다는 데에 있었다. 도시의 급진 조반파, 극좌파와의 결합이 경계의 대상이 된
것은 이 때문이었다.

해가 바뀌어 1968년이 되자 문혁의 열기는 더욱 뜨거워졌고 이러한 상황에서
중화인민공화국 성립 이후 18년 동안 피해를 입었고 박해받았던 다양한 계층의
목소리가 분출되었다. 지청과 함께 임시공, 합동공(合同工), 순환공〔윤환공(輪換
工)〕, 하청공〔외포공(外包工)〕 등은 또 다른 사회의 소수자였다. 하지만 당 중앙 또
는 그와 함께하는 문혁파의 입장에서 이들은 계층적 경제 이익만을 주장하는 '반
혁명 경제주의자'였을 뿐이었다. 한 예로 1968년 1월 18일 중공중앙은 다시 한
번 '반혁명 경제주의자'를 공격했고 거기에서 비정규직 노동자와 지청이 함께 거
론되었다. 교류와 민원제기가 금지된 비정규직과 함께 지청은 재하방을 요구받

---

54 1960년대 초 경제 곤란을 극복하기 위해 정책적으로 하방된 도시 인구를 가리킨다. 이들은 문
    혁 시기 하방된 지청보다 더욱 비참한 운명을 겪게 되는데 문혁 이후 도시로 돌아올 기회를 얻
    지 못했다.
55 농촌공사 출신으로 도시 학교 졸업 후 재차 농촌 공사로 돌아온 인원을 가리킨다.

았고, 정규직 전환과 독자 조직화가 거부당한 비정규 노동자와 유사하게 지청은 도시호구 요구를 거부당했다.[56]

지청의 회귀 투쟁이 한창인 상황에서도 상산하향운동을 지속적으로 추진하기 위해 당 중앙은 1967년 4월 4일 도시 학교 졸업생의 직업 분배 문제에 원만한 공작을 촉구하면서 마오쩌둥의 발언을 인용했다. "졸업 후의 (직업) 분배는 보편적인 문제로서 대학의 경우뿐만 아니라 중·소학에도 해당된다." 이에 따라 '농촌 지향', '변강 지향', '광공업 지향', '기층 지향'이라는 '4개 지향'이 강조되었다. 이는 곧 마오쩌둥의 권위를 빌려 상산하향을 더욱 강하게 추진하려는 의지가 반영된 것이었다.[57]

물론 이것이 상산하향과 관련된 마오쩌둥의 주장이 처음 제기된 것은 아니었다. 하지만 하방의 필요성은 도시 회귀 풍조에도 계속되고 있었고 당 중앙을 중심으로 한 문혁파는 문혁 전부터 지속되어 온 상산하향운동을 그들의 조반에도 불구하고 지속하고자 했다. 이「4·4 문건」정신에 따라 1968년 10월 중순까지 21개 성, 시, 자치구 혁명위원회는 국무원에 연내 총 166만 명을 하방시키겠다는 계획을 제출했고 그 가운데 이미 70만 1000명이 하방되었다. 이때 주된 대상은

---

56 「中共中央·國務院·中央軍委·中央文革關于進一步打擊反革命經濟主義和投機倒把活動的通知」(1968.1.19),『"文化大革命"研究資料』, 中冊, pp.6~8. 또한 이에 따르면 앞서 소개한 1967년 1월 11일 통지 이외에도 「中共中央·國務院通知」(1967.2.17), 「中共中央·國務院·中央軍委·中央文革關于下鄕上山的知識靑年和其他人員必需堅持在農村抓革命促生産的緊急通知」(1967.2.17) 등을 통해 경제주의와 지청의 도시 귀환에 대한 당의 반대 입장을 누차 밝혔다.

57 「中共中央·國務院·中央軍委·中央文革轉發黑龍江省革命委員會關于大專院校畢業生分配工作報告的批示」(1968.4.4), CCRD 수록. 도시 귀환 지청 문제에 대해 비판적이었던 저우언라이 역시 상산하향이 마오쩌둥의 사상에 근거한 것임을 강조하면서 현재 도시로 귀환한 지농청년 문제가 광저우는 물론, 우한, 상하이, 남경, 장사 등지에서 심각하다고 지적했다. 특히 광저우 하향청년에 대한 호구 보류 조치는 타오주에 의한 것이고 그로 인해 당시 3만여 명의 지농청년이 광저우에 머물며 도시 호구와 취업을 요구하고 있음을 비판하면서 즉각적인 농촌 귀환을 촉구했다〔周恩來, 「周恩來接見廣州各派代表的講話」(1967.11.14), CCRD 수록, 참조〕.

1966년부터 1968년에 걸쳐 졸업한 도시의 초·중·고 졸업생 400만 명이었다. 이를 배경으로 헤이루장성혁명위원회를 시작으로 전국 각지에 '5·7' 간부학교가 건립되어 간부 자녀의 하향노동을 위한 훈련소가 건립되었다.[58]

여기서 보이는 하방인 수는 이전에 볼 수 없었던 대규모의 하방이었다. 그렇다면 일반적으로 알려져 있듯이 1968년 12월 마오쩌둥의 결정으로 본격적인 하방이 이루어졌다는 것은 역사적 사실과 부합하지 않는다. 환언하면 마오쩌둥에 의한 홍위병 해산과 상산하향운동으로의 전환이라는 기존의 설명만으로는 1968년부터 본격화된 상산하향운동을 설명하기에는 충분하지 않은 것으로 보인다.

어쨌든 이러한 배경에서 1968년 12월 22일 마오쩌둥은 하방을 지시한다. ≪인민일보≫는 간쑤성 후이닝(會寧)현 성진(城鎭) 주민의 하방을 높이 평가하면서 마오쩌둥의 다음 지시를 크게 선전했다.[59]

지식청년이 농촌으로 들어가 빈·하·중농의 재교육을 받는 것은 매우 필요하다. 도시의 간부와 기타 사람들을 설득하여 그들의 초·중·고중·대학 졸업 자녀에게 농촌으로 가도록 동원해야 한다. 각지의 농촌 동지 역시 마땅히 그들을 환영해야 한다.

≪인민일보≫를 통해 밝혀진 마오쩌둥의 이 지시로 베이징과 상하이에서 수십만 인파의 환영 시위가 촉발되었고 이미 추진되고 있던 상산하향운동이 더욱 고양되었다. 본격적인 하방공작 지침은 베이징혁명위원회에 보낸 국무원의 다음 「통지」를 참조할 만하다.[60]

---

58   『中國知識青年上山下鄕大事記』, pp.77~79.
59   "我們也有兩只手, 不在城市里吃閑飯!", ≪人民日報≫, 1968.12.22.
60   「關于知識青年和城鎭居民上山下鄕工作中幾個問題的通知」, 『中國知識青年上山下鄕大事記』, pp. 84~85.

① 간부의 하방 노동의 경우, '5·7'간부학교든 농촌·농장·변강지구든 모두 가족과
   함께 가는 것을 허가한다.

② 지식청년 및 초·중고 졸업생 가운데 농촌에 직계 친속이 있는 경우 마땅히 그들
   을 농촌으로 돌려보내 농업생산에 참가시킨다.

③ 반공반독(半工半讀) 및 중전학교(中專學校) 졸업생 가운데 상산하향하여 농촌에
   정착하기를 바라는 자는 마땅히 지지해야 한다.

④ 간부와 직공이 농촌·농장에 정착하기를 원하면 주관 부문에서 심사하여 처리한
   다.

⑤ 도시 거주민이 농촌에 정착할 경우 자녀와 함께 원적(原籍)으로 돌아가게 한다.

　지청 이외에 간부 그리고 도시 거주민까지 동원된 상산하향운동에 가족과 자
녀를 포함시킴으로써 정착의 효율성을 높이고 하방인 수를 크게 늘리는 이중의
효과를 노릴 수 있게 되었다. 이로써 조반의 시기에 좌절되었고 오히려 도시 귀
환 풍조의 고양으로 역전되었던 하향은 1968년 후반기 이후 재부흥되면서 최고
조에 이르게 된다.

제 V 부

문혁의 '일탈'과 그에 대한 다른 시선

제12장

'혈통론'의 지속

1. '가교자녀(可敎子女)'의 등장

문혁의 정리와 수습은 혁명위원회의 건립과 1969년 제9차 당대회로 정치적 마무리 단계에 진입한다. 이 과정에서 급진적이고 자율적인 문혁의 흐름을 대표했던 극좌파를 마오쩌둥과 문혁파가 반대하고 탄압한 것은 필연적이었다. 동시에 이것은 문혁이 본래의 이상을 상실하고 현실에 타협한 보수화 과정이나 다름없었다. 전국적인 상산하향운동이 문혁의 대중적 중심인 청년 지식인을 농촌으로 하방시켜 그들의 혁명적 에너지를 분산·감퇴시키는 효과를 노렸다는 측면에서 문혁 수습의 일환으로 파악할 수 있다. 그렇다면 이러한 상황에서 문혁 초에 맹위를 떨치다 '반동'으로 비판받아 숨죽였던 '혈통론'이 재등장하는 것도 그렇게 이상해 보이지 않는다.

앞서 살펴보았듯이 일반적인 예상과 달리 문혁이 전개되기 이전인 1960년대 초반 도시 청년 지식인에 대한 하향운동이 전개되었고 그 중심에는 '혈통론'이 강하게 자리 잡고 있었다. 하지만 문혁의 진전으로 그것은 '반동'으로 규정되었고 '흑오류'와 같은 부정적인 용어 사용이 지양되었다. '4·3파'를 중심으로 한 조반파가 큰 세력을 떨친 것은 이러한 상황 변화를 반영한 것이었다. 그러나 '혈통론'은 쉽게 사라지지 않았다. 상산하향운동이 본격화되기 시작한 1968년 말 새로운 차별과 배제의 용어가 등장했다. '잘 교육될 수 있는 자녀'[가이교육호적자녀(可以敎育好的子女)]가 바로 그것이다. 마오쩌둥은 반혁명분자와 주자파의 자녀를 '흑방자녀(黑幇子女)'라 해서는 안 되며 대부분 '잘 교육될 수 있는 사람들 가운데 일부'에 속한다고 하여 가정과 구별했다. 이렇게 해서 '가교자녀(可敎子女)'라는 명칭이 등장하게 된다.[1]

그런데 '가교자녀'는 이전 '혈통론'에 따른 단순한 구분으로 결정되지 않았다. 예컨대, 1968년 말 청화대학의 경우 1424명으로 전체 학생 가운데 17%가 '가교자녀'로 분류되었는데 그 이유는 이들이 문혁 초기 '혈통론'을 앞장서서 제기했기 때문이었다. 하지만 이들은 이제 '가교자녀'로 규정되어 마오쩌둥사상선전대의 개조 공작 대상이 되었다.[2] 그렇다면 '가교자녀'는 반도, 특무, 주자파 이외에 5류 분자 출신을 포함하면서 그 가운데 부모의 '반동입장'을 따르지 않을 수 있는 부류의 사람들을 지칭한다.[3] 이 '5류'에 '흑오류'는 물론 '홍오류'도 포함될 수 있다는 점에서 이전의 '혈통론'과는 구별된다.

'가교분자'에 대한 문혁파의 관심은 문혁 수습 국면 이후의 지식분자, 주자파, 자산계급학술권위, 반혁명분자 등의 처리 문제와 관련되어 제기되었다. 그리고 그것은 "다수를 쟁취하고 소수를 고립시킨다"는 마오쩌둥의 일관된 조직 원칙에

---

1   毛澤東, 「在中共中央、中央文革關于對敵鬪爭中応注意掌握政策的通知稿中加寫的兩段話」(1968.12), CCRD 수록, 참조. 이 부분은 본래 1968년 12월 26일 발표된 「中共中央、中央文革關於對敵鬪爭中應注意掌握政策的通知」(中發[68] 170號, CCRD 수록)에 대한 마오쩌둥의 코멘트에 해당한다.

2   首都工人·解放軍駐清華大學毛澤東思想宣傳隊, 「堅決貫徹執行對智識分子"再教育"給出路的政策」(1969. 1.29), CCRD 수록, 참조. 문혁 이후 '가교자녀'로 규정되는 과정에 대한 문제점이 폭로되었는데 이에 대해서는 "清華大學推翻遲群等人炮制的那个欺上壓下的假報告", ≪人民日報≫, 1978.10.19 참조. 이에 따르면 '가교자녀'로 분류된 1424명 학생의 부모 가운데 '적아모순(敵我矛盾)'의 대상은 178명, '자산계급학술권위'는 100여 명이 되었다.

3   寧夏回族自治區革命委員會保衛部, 「寧夏回族自治區革命委員會轉發"關於清理階級隊伍中有關政策問題问的意見"」(1969.1.31), CCRD 수록, 참조.

따라 처리될 것이었다. 하지만 '가교분자'의 특별한 의미는 상산하향운동과의 관련 속에서 찾을 수 있다. 1968년 말 이후 대규모의 상산하향운동과 제9차 당대회 이후 본격화된 홍위병 정리와 문혁 수습에서 마오쩌둥이 지식분자 정책, 간부 정책, 군중 조직 정책, 대적 투쟁 정책, 경제 정책과 함께 '가교자녀' 정책을 중점적으로 추진했기 때문이었다.[4] 이 가운데 '가교자녀' 정책은 착취계급 가정 출신자들을 사상적 원죄에서 해방시켜 혁명적 적극성을 발휘하게 함으로써 과거의 '혈통론'과 '출신론'으로 인한 분열상을 극복하려고 추진되었다. 당 중앙이 '가교자녀'의 문제에 양자를 구체적으로 결합시키기로 처음 방침을 제기한 것은 아마도 1970년 4월 즈음이었던 것으로 보인다. 4월 1일 국가계획위원회 군 대표는 지식청년 하향공작에 관한 다음과 같은 「보고」를 했다.[5]

> 가교자녀에 정확히 대처해야 하는데 … 성분론뿐 아니라 정치표현도 중심으로 두어야 한다는 모 주석의 무산계급 정책을 전면적으로 관철해야 한다. 생산건설병단, 농장 그리고 농촌인민공사는 모두 그들을 환영해야 하고 열정적으로 도우며 교육공작에 나서야지 차별해서는 안 된다.

앞서 살펴보았던 '혈통론'과 '출신론' 사이의 절충적 계급론이 '가교자녀'를 대상으로 다시 한 번 등장했다. 또한 지청의 하향공작 주요 대상으로 이들 '가교자녀'가 포함되었음도 명확하다. 1970년 5월 12일 당 중앙은 국가계획위원회의 이

4　"用黨的政策引導群衆勝利前進", ≪人民日報≫, 1969.5.5; "團結一切可以團結的力量 奪取革命生産的更大勝利", ≪人民日報≫, 1969.5.18.

5　「中共中央轉發國家計劃委軍委代表關於進一步做好知識青年下鄉工作的報告」(1970.5.12);　中發 (1970), 26號, CCRD 수록, 참조. 天津市塘沽區煤建公社革命委員會와 大同2中혁명위원회, 선전대 역시 마오쩌둥의 절충적 계급론에 따라 '가교자녀'를 재교육해야 함을 강조했다〔"堅決執行對"可以教育好的子女"的政策", ≪人民日報≫, 1969.5.10; "堅決打好同资产阶级争夺接班人这一仗", ≪人民日報≫, 1969.7.21〕.

「보고」를 전국에 통고했다. 「보고」는 지청의 하향공작에 각급 당 조직과 혁명위원회가 깊은 관심을 기울일 것을 촉구하면서 지도 간부가 직접 찾거나 정기조사를 실행하라고 했다. 또한 지청이 많은 사(社), 대(隊)에서는 당 간부, 빈·하·중농, 지청 대표가 참가하는 3결합 소조를 건립하며, 베이징·톈진·상하이 등 3대 도시는 변강 지역에 집체소유의 '5·7농장'을 건립하여 지청을 배치하라고 했다. 이 경우 농장은 노동점수에 따라 임금을 책정해야 하며 국가 관리의 고정 임금제를 택하지 말 것 등을 지시했다.[6]

「보고」는 '가교자녀'와 하향 지청과의 밀접한 관련성을 시사한다. 그렇다면 지청 가운데 이들이 차지하는 비율은 어느 정도인가? 한 연구자에 따르면 지청 선발에 제약이 있었던 변경 지역과 일반 농촌이 차이가 있었지만 1970년대 초반 대체로 15%를 차지했다.[7] 이러한 비율은 문혁 직전의 하향운동이 극단적 '혈통론'에 기반을 두고 실행되었던 것과는 큰 차이를 보인다. 양적으로 큰 비중은 아니었지만, 이들 '가교자녀'는 부모의 문제에 연좌되어 농촌에서 큰 고통을 받았다. 농촌에서 차별당해 제대로 평가받지 못하고 문건을 전달받지 못했다. 농촌의 '4류 분자'와 동일시되었고 노동과 분배의 불이익을 받았다. 입당과 승진에 제약이 많았고 감독 대상으로 분류되기도 했다. 지청이 도시로 돌아갈 수 있는 기회인 노동자·학생·군인 모집과 간부 발탁 등에서 배제되었다. 그렇기 때문에 1973년 국무원 지청사무소의 「가교자녀'에 정확히 대처하는 것의 문제」에서 지

---

6   ≪人民日報≫(1970.7.9)에는 이 「보고」 정신에 따른 사론 「抓好下鄕智識靑年的工作」이 실렸다. 여기에서도 '가교자녀'에 대한 처리 문제가 하향과 관련되어 제기되었다. 한편, 사론을 통해 본 하방지청에 대한 당국의 방침은 매우 구체적이었다. 그 가운데 흥미로운 것은 지청에 대해서는 합리적으로 노동을 안배하고 노동 안전에 주의하도록 하면서 '동일 노동, 동일 보수'의 원칙을 관철시키며 적극적으로 만혼(晩婚)을 제창했다는 사실이다. 이는 전체적으로 지청에 대한 차별을 부정하는 것이지만 만혼은 어쩌면 또 다른 의미에서의 차별일 수 있겠다.

7   劉小萌에 따르면 1973년 총 600만 명의 지청 가운데 70만~80만 정도가 '가교자녀'에 해당했다 (劉小萌, 「"文革"中在血統論重壓下的支靑」, ≪炎黃春秋≫, 1997-11, p.51).

적하기를 후베이 징저우(荊州)의 노동자 모집 이후 15명의 지청이 자살했고 그 가운데 대부분이 '가교자녀'였다고 했다. '가교자녀'와 반대로 출신 성분이 좋은 자녀들은 특권을 이용해 노동자·학생·군인 모집과 간부 발탁의 혜택을 누렸다. 이러한 결과는 지청 가운데 '가교자녀'의 비율이 점차 증가하는 변화를 통해 확인된다.[8]

톈진 탕구(塘沽) 구 매건공사(煤建公社)는 '가교자녀'가 집중적으로 배치된 단위였다. 현장에서 이들에 대한 재교육의 문제점으로 '어려움'과 '두려움'이 지적되었다. '어려움'은 개조에 대한 곤란함을 가리키는 것이지만 '두려움'은 '가교자녀'와의 접촉과 개조 과정에서 현지인들이 정치적 입장이 불순하다거나 사상적으로 '우경'이라 지목될 수 있다는 문제를 지칭하는 것이었다.[9] 이 또한 '가교자녀'의 성격을 간접적으로 보여준다고 할 것이다. 이러한 사정 때문에 현장의 혁명위원회는 출신이 좋은 지청을 동원하여 '가교자녀'의 개조에 적극 나섰던 것이다.[10]

이렇듯 지청과 '가교자녀'를 구분하는 태도는 ≪인민일보≫의 사론을 통해서도 확인된다.[11]

지식청년 가운데 간부를 배양하는 데 주의를 기울여야 한다. '가교자녀'에 대해서는 정치표현을 중시해야 한다.

'가교자녀'에 대해 정치표현을 강조하는 것은 이전 '혈통론' 대 '출신론'의 논쟁

---

8   劉小萌, 「"文革"中在血統論重壓下的支靑」, ≪炎黃春秋≫, 1997-11, pp.53~54. 그는 구이저우와 옌시의 지청 가운데 '가교자녀'의 비율 변화를 검토했다.

9   "堅決執行對"可以教育好的子女"的政策", ≪人民日報≫, 1969.5.10.

10 "堅決打好同资产阶级争夺接班人这一仗", ≪人民日報≫, 1969.7.21.

11 "進一步做好知識青年上山下鄉的工作", ≪人民日報≫, 1973.8.7.

을 떠올리게 한다. 그렇다면 결국 애초의 방침에서 벗어나 '가교자녀'는 지청 일반과 달리 대부분 신분 혈통이 좋지 않은 자녀로서 농촌에서조차 차별과 '재교육'의 대상으로 여겨졌던 것은 아닌가?

이러한 사정 때문에 농촌 현장에서는 지청과 '가교자녀'에 대한 정책을 구분하여 실행했다. 전자에 대해서는 일반적인 지식인의 사상 개조에 초점을 맞췄다면 후자에 대해서는 이미 강조한 바 있는 "성분에 주의해야 하고 그렇다고 성분론만을 내세워서는 안 되며 정치표현을 중시해야 한다"라는 절충적 계급론을 다시 내세웠다.[12]

결국 '혈통론'은 본래 문혁 초기 '극좌'적 풍조에서 출발하여 논란 끝에 공식적으로 부정되었지만 도시에서보다 봉건주의적 낙후성이 강한 농촌에서 더 크게 위력을 발휘했다. 그 폐해는 1968년 본격적인 상산하향운동이 전개된 이후 '가교자녀'에게 집중되어 나타났다.

이미 서술했듯이 '혈통론'에 대한 문혁파의 공식적 비판과 1966년 10월 자산계급반동노선 반대로의 노선 전환 이후에도 '혈통론'은 지속되었다. 보수파 홍위병 사이에서뿐만 아니라 심지어 노동자 조반파 조직 내에서도 그 일단을 확인할 수 있다. 비록 혈통적 차별은 아니더라도 노동자 내에서 임금, 보험, 노동 조건 등의 심한 차별을 받았던 임시공·합동공·하청공 등은 문혁을 맞이하여 기업과 단위를 대상으로 앞다투어 조반과 '탈권' 투쟁을 전개했다. 이 가운데 상하이 임시공·하청공혁명조반총사령부는 1966년 11월 22일 중국공산당상하이시위, 중공중앙화동국·상하이시노동국 대표에게 다음의 6개 조항을 요구했다.[13]

---

12   허베이성 다밍(大名)현 조고공사(兆固公社)의 예에 대해서는 "提高對知識识青年再教育的水平", ≪人民日報≫, 1970.8.16 참조. 또한 ≪인민일보≫는 하향된 '가교자녀'에 대해서는 마오쩌둥의 계급 정책으로 정확히 대처하고 일반 지청에 대해서는 만혼을 제창하여 생활 안정에 도움을 주라고 하여 둘을 분리하는 정책을 취했다("廣闊天地 大有作爲", ≪人民日報≫, 1969.6.26).

13   上海市勞動局, 1966.12.2, 「(66)滬勞企字第114號」, 李遜, 「文革中發生在上海的'經濟主義風'」, 『浩

① 상하이시임시공·하청공혁명조반총사령부를 합법적 혁명 조직으로 승인하라.

② 소집대회가 혁명적 행동이었음을 승인하라.

③ 임시공·하청공 등 불합리한 제도를 취소하라.

④ 이후 어떤 구실로도 임시공·하청공을 사퇴시킬 수 없다('흑육류'는 제외).

⑤ 전시(全市) 임시공·하청공 대회를 소집하여 자산계급반동노선과 전쟁을 전개한다.

⑥ 문혁 시기 이미 사퇴한 임시공·하청공을 2주일 내로 조속히 복직시켜 배치하라('흑육류'는 제외).

이러한 요구는 당시 자칭 '홍색공인'인 비정규직 노동자들의 절박한 경제적 필요를 반영한 것으로 당 중앙은 그 정당성을 일정 부분 인정했다.[14] 그런데 '혈통론'의 관점에서 보면 6개조 가운데 ④항과 ⑥항에서 '흑육류'를 제외시켰다는 점에 주목할 필요가 있다. 여기서 '흑육류'란 지·부·반·회·우의 '흑오류' 이외에 자본가까지를 포함한 개념이었다. 호구와 작업 단위의 성격과 위치에 따른 차별을 철폐한다고 하면서도 정작 출신 성분과 정치 요인에 따른 선천적·역사적 차별은 인정하는 아이러니를 확인할 수 있다. 하지만 이 문제와 관련하여 당 중앙은 "임시공·하청공·순환공·하청공 가운데 섞여 들어와 반동적 입장을 견지하는 지·부·반·회·우 분자(가정 출신을 가리키지 않는다)를 제거하라"고 지시했다. '혈통론'을 공개적으로 부정한 당 중앙의 입장에서는 불가피했을 것이지만 현실에서는 '혈통론'이 유지되고 있음을 알 수 있다.

劫之外」, p.49 주 ④ 참조.

14 「中共中央·國務院關於臨時工·合同工·外包工的通告」(1967.2.17); 中發[67], 55號, CCRD 수록 참조. 그러나 임시공·합동공·순환공·하청공으로 이루어진 단독 조직은 인정되지 않았다. 전국홍색노동자조반총단과 소속 조직은 해체되어 기업·단위·지방혁명 조직으로 재편되어야 했다.

2. 계급대오정리운동

차별·탄압받는 모습의 '흑오류'는 1968년 가을부터 1969년에 걸쳐 진행된 계급대오정리〔청리계급대오(淸理階級隊伍)〕운동 과정에서 재등장한다. 이때 많은 곳에서 조반파 대중이 '흑오류', '공안6조 21종인' 등으로 몰려 탄압·정리되는데[15] 그 운동의 구체적 전개 과정을 살펴보자.

먼저 계급대오정리운동이 발생하게 된 계기는 역시 마오쩌둥의 의중에서부터 찾아야 할 것 같다.

> 당·정·군·민·학교·공장·농장·상업 내부 모두에 소수의 반혁명분자·우파분자·변질분자가 혼입되어 있다. 이번 운동(즉, 문혁 — 인용자) 가운데 이들 대부분이 드러났는데 이는 아주 잘된 일이다. 마땅히 혁명대중이 진지하게 조사 규명하여 철저하게 타도해야 한다.[16]

이 지시는 '탈권'운동이 한창 전개되던 1967년 1월에 이루어진 것이다. 대중의 자율적 '탈권'에 경계하는 모습이 드러난다. 쟝칭은 좀 더 구체적으로 당내 정리와 동시에 당 외의 지·부·반·회·우 및 불성실한 자에 대해 정부가 아닌 대중이 나서서 엄격하게 처리할 것을 촉구했다.[17] 본격적인 운동은 쟝칭의 충실한 대변인 야오원위안이 베이징 신화사 공장 내의 계급투쟁에 '계급대오정리'라는 표현으로 설명했고 마오쩌둥이 이 경험을 전국에 확대하라고 지시함으로써 시작되었다.[18] 이렇듯 마오쩌둥 등 중앙의 지시로 대중이 일으킨 운동의 본래 목표는 마

---

15   劉國凱, 「論人民文革」, 『人民文革論』(香港: 博大出版社, 2006.4), p.45.

16   「對譚震林關於國務院農口幾個單位情況報告的批語」(1967.1.30), 『建國以來毛澤東文稿』, 第12册 (中央文獻出版社, 1998), p.209.

17   「中央首長接見北京紅大會成員的講話」(1967.11.27), CCRD 수록, 참조.

오쩌둥이 직접 규정하고 있듯이 "반도·특무, 끝까지 회개하지 않는 주자파·반혁명분자·제대로 개조되지 않은 지·부·반·회·우 분자"였다.[19]

운동의 대상에 상당한 제한이 있을 것으로 보이지만 실제 현실에서는 그대로 진행되었다고 보기는 힘들 것 같다. 왜냐하면 특히 '혈통론'이 기존 체제를 유지하려는 보수파의 유력한 무기로서 문혁 수습 이후 좌파 연맹의 분열 상황에서 더욱 큰 효과를 발휘할 수 있었기 때문이었다. 그 구체적인 모습을 류궈카이의 설명을 중심으로 확인해 보자.

그에 따르면 계급대오정리운동의 희생자 대부분은 출신이 좋시 않거나 정치·역사 문제가 있던 '천민'이었고 그들을 심사하는 조직은 군관회(軍管會)·군선대(軍宣隊)·혁명위원회 등 대부분 출신 혈통이 좋은 자들로 구성되었다. 좀 더 구체적으로 1969년 10월 국경절을 기념하여 당 중앙은 전국에서 1만 명의 노동자를 선발하여 기념식에 참석하게 했다. 이때 선발 조건은 3대에 걸쳐 혈통이 순수한 노동자라야 했다. 새로운 당원 선발에 출신 성분이 중시되었고 1968년 회복된 징병에는 '홍오류' 출신만 선발되었다. 1969년 대학에서 공·농·병학원을 선발할 때 역시 출신 성분이 가장 중요했다. 각 단위에서 간부를 승진시키거나 새로운 역량을 배양할 때도 '출신이 좋고 바른 사람'〔근정묘홍(根正苗紅)〕이 우선시되었다. 공장에서 노동자를 고용할 때에도 개인 당안으로 출신 가정을 조사했고 병원에서 진료할 때에는 대대 빈·하·중농이라는 것이 생산대 이상에서 증명되면 우대받았다. 법원 판결 시 '홍오류'의 경우는 인식 문제로서 외부인의 영향을

---

18 이 지시와 작성 과정 및 운동의 시작에 대한 설명은 毛澤東, 「對電訊稿「北京新華印刷廠軍管會發動群衆開展對敵鬪爭的經驗」的批語」, 『建國以來毛澤東文稿』, 第12冊(1998), pp.495~496; 丁抒, 「大規模迫害人民的「淸理階級隊伍」運動」, 宋永毅 主編, 『文化大革命: 歷史眞相和集體記憶』, 下冊(香港: 田園書屋, 2008), p.583 참조. 또한 마오쩌둥은 이 운동에 대해 "첫째, 힘껏 추진할 것, 둘째, 정책에 주의할 것"을 강조함으로써 적극적 찬성의 입장을 표명했다〔毛澤東, 「關於淸理階級隊伍的意見」(1968.10.31), 『建國以來毛澤東文稿』, 第12冊(1998), p.594〕.

19 毛主席, 「在中共九大期間的講話(2)」(1969.4.11), CCRD 수록, 참조.

받은 것이므로 가볍게 처리되었지만 '흑오류'의 경우는 입장 문제로서 본질적 결정이므로 엄중하게 처벌받았다. 각 단위에서 착오를 저지른 직공에게도 이 원칙이 적용되었다. 『마오쩌둥 선집』의 배부나 영화표의 배급 등도 마찬가지여서 이러한 차별은 일일이 다 거론할 수 없을 정도였다.[20]

이러한 류궈카이의 설명은 '혈통론'의 시각에서 계급대오정리운동을 비판한 것으로 이해된다. 또한 '홍색공포', '홍색태풍'의 분위기에서 조반파 이외에 농민, 농촌 교사, 과학계, 문예계, 해외 교포, 노동자, 소수민족, 특무 등을 대상으로 전국적인 계급대오정리운동이 전개되었다. 한 주장에 따르면 1968년, 1969년 2년 동안 전국적으로 3000만 명이 탄압받았고 그 가운데 50만여 명이 사망했다.[21] 그렇기 때문에 마오쩌둥 스스로도 1969년 다음과 같이 인정했다.

계급대오정리는 반도·특무·반혁명분자 그리고 제대로 개조되지 않은 지·부·반·회·우 분자를 대상으로 이루어져야 한다. 어떤 지방에서는 잘 되었지만 또 어떤 지방에서는 조금 문제가 있다. 정확하지도 않았고 확대된 측면이 있다. 일부 사람을 색출하는 데 무고한 자들까지 잡아들였다. 하지만 대중이 일어나 사람들을 다수 색출하는 것은 역시 이해할 만하다. 왜냐하면 계급대오정리 방침은 중앙에서 정한 것인데 한 번 정해지자 바로 확대되었기 때문이다. 이러한 일은 역사상 적지 않다.[22]

그렇다면 이렇게 '혈통론'이 다시 맹위를 떨치게 되는 이유는 무엇일까? 첫째, 마오쩌둥의 '계급투쟁 노선'이 '혈통론'으로 단순화되어 정치의식의 외재적 표현

---

20 劉國凱, 『文化革命簡析』, pp.158~159. 류궈카이가 소개하는 출신 혈통에 따른 차별적 대우는 위뤄커가 「出身論」에서 증언하는 '수해문제(受害問題)'를 떠올린다.

21 이에 대한 구체적인 설명은 丁抒, 「大規模迫害人民的'淸理階級隊伍'運動」, 宋永毅 主編, 『文化大革命: 歷史眞相和集體記憶』, 下冊(香港: 田園書屋, 2008) 참조.

22 毛主席, 「在中共九大期間的講話(2)」(1969.4.11), CCRD 수록, 참조.

으로 간주됨으로써 부단히 '계급의 적'이 손쉽게 만들어질 수 있었다. 둘째, 문혁의 보수화를 주도한 그들은 '혈통론'의 최대 수혜자였다. 셋째, '혈통론'은 대중을 분열·통제하여 전체 통치를 강화시키는 편리한 방식이며 일부의 정치적 허영심과 이기심을 이용하여 사람들을 기만할 수 있었다. 넷째, '혈통론'은 계급투쟁의 목표를 만들고 사회를 긴장시켜 반대자를 공포에 몰아넣어 전제적 통치 질서를 공고히 할 수 있었다.[23] 이상을 통해 본다면 1968년의 계급대오정리운동 이후의 '혈통론'은 1966년과 여전히 같은 논리와 양상으로 유지되고 있음을 알 수 있다. 차이가 있다면 과거 '출신론'에서와 같은 광범한 반발이 보이지 않았을 뿐이다. 1966년 10월 마오쩌둥의 자산계급반동노선 비판 운동과 같은 것이 없었던 이유는 '왕·관·치 숙청' 이후 좌파 연맹이 분열되고 중앙문혁소조 내의 급진파가 제거됨과 동시에 전국적으로 영향력을 확대시켰던 문혁 극좌파가 제거됨으로써 '혈통론'을 비판하고 견제할 중앙과 지방의 세력이 사라졌기 때문일 것이다.

한편, 1970년 11월 활발하게 전개된 '1타3반운동(一打三反運動)'에서는 '신생 계급의 적'='현행 반혁명분자' 타도가 이루어졌는데 이때에도 여전히 신분 문서가 작성·축적되어 '흑류분자'의 탄압에 이용되었다.[24] 또한 문혁 이후 새로운 당 중앙을 중심으로 전개되었던 '게(揭, 폭로)·비(批, 비판)·사(查, 조사)' 운동과 '청사3인종(淸査三種人)' 운동 과정에서도 고관 자제 중심의 보수파는 비호받았고 조반파가 주로 탄압받았다.[25]

이상과 같이 '혈통론'의 유지가 문혁사의 전개에서 갖는 의미는 무엇일까? 문

---

23   이상의 분석은 劉國凱, 『文化革命簡析』, p.159.

24   可可美光行, 『資料 中國文化大革命-出身血統主義をめぐる論爭-』(東京: りくえつ, 1980.4), p.100 참조.

25   이에 대해서는 문혁에 대한 관방적 결론에 반대하여 전면적으로 요화(妖化)된 조반파에 대한 복권을 시도한 周倫佐, 『「文革」造反派眞相』(香港, 田園出版社, 2006.8)에 대한 宋永毅, 「序」 참조.

혁 초기 본격적으로 제기되었던 '혈통론'은 1966년 10월 중앙공작회의에서 '반동
사상'으로 규정되고 공개적으로 비판받았다. 이러한 비판 앞에 '혈통론'은 위축
되었고 그에 기반을 둔 홍위병 연합 조직인 '연동' 역시 '반혁명 조직'으로 탄압받
고 점차 자취를 감추게 되었다. 하지만 우파와 반동분자의 잘못된 계급의식이
가정교육과 가정환경을 매개로 자손들에게 전승된다고 주장하는 '혈통론'은 문
혁 전 이미 확고하게 뿌리내려 왔다. 따라서 '혈통론'은 중앙문혁소조를 중심으
로 한 문혁파의 비판에도 불구하고 쉽게 사라지지 않았다. 지·부·반·회·우 등
'흑오류'에 대한 비판 투쟁이 불가피하면 할수록 그리고 또 그들을 가장 분명하
게 분별해 낼 수 있는 담론이 '혈통론'인 이상, '혈통론'은 문혁이 경과함에 따라
다양한 모습으로 재등장할 수 있었다. 사실, '혈통론'은 문혁을 포함한 전 시기
사회주의 중국을 유지시킬 수 있는 기본적인 사유구조 가운데 하나였다고 할 수
있다. 이것은 문혁의 시기에도 예외일 수 없었다. 사회주의적 민주와 계몽이 완
전하게 이루어지지 않는 한, 체제 유지를 위해 쉽게 동원될 수 있는 폭력적 수단
으로 작용할 가능성이 높았고 또 실제로 그렇게 활용되었다.

1967년 4월 13일 중앙문혁소조는 '혈통론'을 반대하는 '출신론' 역시 반동사상
으로 규정하고 공개적으로 비판했다. 그 결과 '혈통론'과 '출신론'은 동반 퇴출되
었고 이후 문혁은 주자파를 상대로 한 '탈권'과 혁명위원회를 통한 '대연합'의 국
면으로 전환되었다. 하지만 이후에도 '혈통론'과 '출신론'은 모습을 바꿔가며 문
혁의 흐름에 영향을 끼쳤다.[26] 한 예로 '혈통론' 논쟁은 '4·3파'와 '4·4파'의 논쟁

---

26 하지만 이러한 과거의 신분 문제가 문혁 이후 분파 형성에 결정적 영향을 미쳤다고 볼 수는 없
    다. 비록 문혁 이전의 계급구조나 차별구조가 문혁 운동에 강한 영향을 미친 것은 부정할 수
    없지만 각 개인이 특정한 정치 과정 속에서 생존을 위해 실리적으로 택한 결과가 분파로 나타
    났다는 '정치 과정론' 역시 설득력을 지닌다. 이 문제에 대해서는 Andrew G. Walder, "Beijing
    Red Guard Factionalism: Social Interpretations Reconsidered," *Journal of Asian Studies 61*,
    no. 2(2002) 참조.

으로 확대 재생산되었고 후자는 사회주의 체제 내 새로운 특권계층의 기득권 유지와 재분배라는 또 다른 신분 대립을 야기했음을 잘 보여준다. '혈통론'은 본래 문혁 시기 독특한 '극좌'적 풍조에서 출발하여 논란 끝에 공식적으로 부정되었지만, 봉건주의적 낙후성이 보다 강하게 잔존했던 농촌에서 더 크게 위력을 발휘했다. 그리고 그 폐해는 본격적인 상산하향운동이 전개된 1968년 이후 '가교자녀'에게 집중되어 나타났다. 더구나 하향 이후의 전망에 대해 '홍오류' 자제는 다음과 같은 희망을 품었다. 1968년 군 입대를 준비하던 칭화부중 홍위병 위안둥핑〔袁東平, 당시 지난(濟南) 군구정치위원, 위안성핑(袁升平)의 아들〕은 농촌으로 하방하는 조반파 홍위병 쑹메이취안(宋海泉)에게 다음과 같이 호언했다.

중간파는 실력이 없고 너희 징강산파는 좋지만 일반적으로 지식분자나 평민 가정 출신으로 권력에서 멀리 떨어져 있다. 그러나 우리 '노(홍위)병'은 권력에 가깝다. 우리는 권력과 자연스럽게 연결되어 있다. 따라서 단지 이렇게 될 것이다. 우리가 권력을 잡고, 너희는 우리를 위해 열심히 건설하게 될 것이다! … (현실을) 받아들여라. 못 믿겠다면 20년 뒤에 다시 보자![27]

이미 이들 '홍오류' 분자는 문혁 이후 자신들의 복권과 집권을 예상했던 것이다. 한편, '혈통론' 논쟁과 '4·3파' 논쟁 그리고 하향운동 과정에서 등장하는 문혁의 피해자는 곧 문혁의 급진적 흐름을 주도하는 주요 세력으로 활동했다. '신사조'는 이들 피해자의 새로운 사상적 도전이었기 때문에 스스로 '4·3파'의 「선언」

---

27 鄭義, 「淸華附中·紅衛兵與我」, ≪北京之春≫, 第42期(1996.11). 징이는 같은 글에서 '홍오류' 분자 장밍(張明)이 자신에게 동일한 취지의 말을 했다고 회고했다. 비록 '반동'으로 비판·탄압받았지만 "(문혁 이후) 20년이 지난 세계는 우리들 간부자제의 것이다!"라고 확신하는 '노홍위병'의 태도는 드물지 않았다고 한다. 이에 대해서는 印紅標, 「紅衛兵運動的兩大潮流」, 劉青峰 編, 『文化大革命: 史實與硏究』(香港: 中文大學校, 1996), pp.247~248 참조.

이라 규정되었다. 혁명위원회의 성립 이후 문혁의 '수습'으로 점차 기울고 있었던 문혁파에게 이들의 '신사조'는 지나치게 급진적이고 이단적인 흐름으로 간주되기 시작했다. 양자의 충돌과 갈등을 거치면서 이들 피해자는 각성하여 문혁의 이상을 실천하기 위해 관방의 현실 문혁을 반대하는 극좌파로의 길을 택했다. 결국 그들 대부분은 문혁파에게 탄압받고 해산되었으며 문혁 보수화의 진행 과정에서 '가교자녀'·계급대오정리운동의 대상이 되었다.

'혈통론'을 비판했던 위뤄커가 처형당하고, 임시공·계약공의 조반운동과 '혈통론'의 직접적 피해자였던 지청의 도시귀환 투쟁이 '반혁명경제주의'로 비판받으면서 이들 조직이 해산되었다. 이로써 '혈통론' 비판이 문혁파의 원칙적 전략에 의해 제기된 것이 아니라 운동 방향의 전환에 따른 일시적 전술에 기초한 것이었음이 입증된다. 이러한 문혁파의 지향은 중화인민공화국의 건립 이후 나타난 지배와 저항의 폭력적 측면 모두를 일관되게 지탱하고 있는 혈통주의적 정념에서 비롯된 것으로 본질적으로 부정되거나 무시될 수 없었다.[28]

---

28 이러한 혈통주의적 정념(情念)의 일관성과 불가침성에 대해서는 可可美光行, 『資料 中國文化大革命-出身血統主義をめぐる論爭-』(東京: りくえつ, 1980.4), pp. 10~11.

제13장

'신좌파'의 문혁 인식

1. '신좌파'의 등장과 '대안적 근대' 모색

문혁의 보수화는 곧 문혁 이상의 포기이며 문혁의 부정이었다. 이것은 마오쩌둥 사후 '사인방'의 붕괴로 보다 전면적으로 이뤄졌다. 하지만 개혁·개방 30년을 거치면서 심화된 사회 모순을 배경으로 최근 문혁을 재평가하려는 경향이 등장했다. 현재 중국 내의 새로운 좌파 혹은 극좌파라 할 수 있는 '신좌파'의 움직임이 이를 대표한다. 전면적 문혁 부정의 정통적 흐름에 저항하는 또 다른 민간의 자율적 이단 사조인 그들의 주장을 문혁의 이상과 관련하여 검토하는 것은 문혁의 이상에 충실하고자 했던 극좌파의 활동 및 평가와 관련해 의미가 있을 것 같다.

문혁(관련 연구나 언급)은 '금구(禁區)'[1]였다. 적어도 한국 내의 중국현대사학계에서 그러하고 일부 좌파적 지식인을 제외한 중국의 공식적 입장에서 보면 그러했다. 한국 학계의 경우 그것은 정치(또는 이데올로기)와 학문의 엄격한 구분을

---

1   한국의 중국현대사 연구에 대한 '금구'의 설정과 그로 인한 한계에 대해서는 孫承會, 「'禁區'에 대한 도전-중국현대사 연구의 새로운 지평-」, ≪歷史學報≫, 191(2006) 참고.

강조하는 실증주의적 학풍에 영향받은 냉전적 사고의 결과일 수도 있고, 급진적 공산주의에 대한 무의식적 거부에서 오는 몰지성적 태도의 결과일 수도 있다. 중국에서 문혁이 '금구'로 자리 잡게 된 데에는 두 가지 계기가 있다. 하나는 잘 알려져 있듯이 문혁을 '10년 동란(動亂)', '10년 내란(內亂)'으로 명확히 규정한 「역사 문제에 관한 결의」[2]라는 중국공산당의 공식적 견해이다. 이러한 규정을 거부하고 자유롭게 문혁을 논의하는 것은 마오쩌둥에 대한 평가는 물론 현재 공산당과 정권에 대한 평가와 불가분의 관련을 지니고 더 나아가 사회주의 중국에 대한 근본적인 재검토로 연결되기 때문에 불가능하다.[3] 따라서 문혁은 현 중국 학계는 물론이거니와 일반 민중에게 하나의 정신적 트라우마로 남아 있다. 다른 하나는 1989년의 톈안먼(天安門) 사건이라 할 것이다. 이때 대중이 보여준 자율적 에너지는 그 지향과 배경이 무엇이든 당 지도부에게는 오사운동의 '덕선생〔(德先生), 더모커라시(德莫克拉西: 민주)〕·'새선생'〔塞先生, 사이인쓰(塞因斯: 과학)〕으로 표상되기보다는 문혁의 '대민주'(4대 민주: 대명·대방·대자보·대변론)로 비춰졌을 것이다. 그렇기 때문에 집권 공산당에게 문혁은 정치적 반대파를 공격하기 위한 손쉬운 도구로 전락할 수 있었다. 따라서 대표적 '신좌파' 지식인 왕후이(王暉)는 최근 세상을 떠들썩하게 만들었던 충칭(重慶) 사건에 대해 다음과 같이 언급했다.

---

2   원래의 명칭은 1981년 6월 중국공산당 11기 6중 전회에서 채택된 「關于建國以來黨的若干歷史問題的決議」이다. 이를 통해 문혁은 "영도자의 잘못에서 발동되어 반혁명집단에 이용당하여 당과 국가 및 각 민족인민에게 엄중한 재난을 야기한 내란"이라 규정되었다. 발표 원문과 주석에 대해서는 허원 옮김, 『정통중국현대사: 중국공산당의 역사 문제에 관한 결의』(사계절, 1990) 참조.

3   하지만 자유파 지식인을 중심으로 문혁을 토론·비판하며 그를 통해 민주화를 지향하고 있고 그것이 중국 당국에 지속적인 탄압을 받고 있다는 주장에 대해서는 及川淳子, 『現代中國の知識人と文革』, 土屋昌明·「中國60年代と世界」研究會[編], 『文化大革命を問い直す』(東京: 勉誠出版, 2016) 참조.

주지하다시피 문혁은 중국에서 일종의 금기에 속하는 사안이다. 그것은 철저하게 부정되고 동시에 공개적 연구가 허용되지 않는 대상이다. 정치적 공공 영역에서는 분석될 필요도 없고 해명도 허용되지 않는 방식으로 정적(政敵)을 공격하기 위한 도구이다. 그것은 마치 악마의 주문과도 같아서 정적을 정치적으로 고소하고 공격하기 위해서만 사용될 뿐 공개적인 토론에서는 사용될 수 없다. 오로지 정치적 박해의 도구일 뿐 역사적 분석의 도구가 될 수는 없다.[4]

이 말은 2012년 3월 14일, 충칭시 전서기 보시라이(薄熙來)의 '충칭모델'을 지목하여 원자바오(溫家寶) 총리가 '문혁의 재등장' 위험성을 경고한 데에 대한 왕후이의 반박이었다.[5] 즉, 총리의 발언이 사상적 토론을 압살하고 정치적 적수를 공격하며 심지어 정치적 박해마저 자행하려는 것으로, 사실과 실체에 근거하지 않고 역사적 분석의 도구가 되지 못하는 '정치적 수사'였음을 강하게 비판한 것이었다.[6] 따라서 문혁이 종결된 후 40여 년이 지난 현시점에서조차 문혁은 '역사'가 아닌 '정치'와 개인적 상흔[7]으로 남아 '신화' 또는 '전설'의 영역으로 존재할 뿐이다.

하지만 같은 사정 때문에 문혁은 '금구'에서 반대로 '(연구의) 금광'으로 변모할

---

4   王暉, 「충칭사건: 밀실정치와 신자유주의의 권토중래」, 성근제 옮김, ≪역사비평≫, 99(2012), p.176.

5   저명한 문혁 연구자인 쉬요우위(徐友魚) 역시 이 사건을 빌려 문혁이 여전히 당대 중국 정치에 큰 영향을 끼치고 있음을 강조했다(徐友魚, 「文革對當代中國政治的影響」(검색일: 2013.7.31), http://www.aisixiang.com/data/66291.html (검색일: 2013.8.13).

6   이에 대해 왕후이의 글을 해제한 성근제는 그가 문혁과 관련된 강령성 문건인 「역사 문제에 관한 결의」의 현재적 유효성과 성낭성까지 간접적이지만 부정한 것으로 평가했다〔성근제, 「왕후이가 바라보는 중국 정치 개혁의 방향」, ≪역사비평≫, 99(2012), p.191 참조〕.

7   1980년대 중국의 상흔문학은 이러한 시대적 배경에서 등장했다. 이는 계몽주의적 자극 아래 야만적이고 봉건적이며 인간 파괴적인 문혁을 폭로하는 데에 주된 목적을 둔 문학적 경향이라 할 수 있다.

수 있다. 이 때문에 최근 문혁에 대한 다양한 시각의 연구가 대두되어 하나의 '문혁(연구)열'을 형성하고 있다고 해도 과언이 아닐 정도가 되었다.[8] 그 가운데 주목할 만한 경향은 서구 신좌파(Neo-Marxist)가 새롭게 제기한 마오쩌둥 사상과 문혁에 대한 재평가를 둘러싼 논란이라 할 것이다.[9] 이러한 서구의 새로운 문에 비평이론에 자극받은 일군의 중국 지식인들도 논쟁에 동참하여 마오쩌둥 시대와 문혁이 '대안적 근대' 모색을 위한 실험이었다는 새로운 해석을 내놓기 시작했다. 이하에서는 중국의 '신좌파'를 중심으로 이러한 움직임이 등장하게 된 과정, 문혁과 관련된 그들의 주장 내용 그리고 그것이 지니는 의의와 한계에 대해 살펴보고자 한다.

중국 '신좌파'의 정의, 등장 과정, 범위, 1990년대 신자유주의자와의 논쟁, 내부의 분화 및 차이 등에 대해서는 이미 학계에 많은 연구가 축적되어 있다.[10] 하지만 문혁에 관한 그들의 인식에 대해서는 깊이 있는 분석이 없어 보인다.[11] 따

---

8   문혁연구의 현황과 자료 소개에 대해서는 孫承會, 「文化大革命 極左派 사상의 형성-湖南 省無聯을 중심으로-」, ≪中國近現代史硏究≫, 57(2013), pp.207~209와 주 ①; 안치영, 「문화대혁명에 대한 연구 자료 안내」, ≪현대중국연구≫, 8(2), 2007; 안치영, 「문화대혁명 연구의 새로운 자료」, ≪현대중국연구≫ 18(2), 2016 참조.

9   대표적으로 궈젠(郭建)은 Sartre, Foucault, Habermas, Althusser, Dirlik, Jameson 등 서구 좌파 이론가를 중심으로 이 문제에 대해 검토했다. Guo Jian, "Resisting Modernity in Contemporary China: The Cultural Revolution and Postmodernism," *Modern China*, Vol.25, No.3 (July 1999), 이하 Guo Jian 1999로 약칭; 郭建, 「文革思潮與「後學」」, ≪二十一世紀≫, 1996.6, 總第35期; 郭建, 「當代左派文化理論中的文革幽靈」, ≪二十一世紀≫, 2006.2, 總第93期 참조.

10   대표적으로 다음과 같은 국내 연구가 있다. 조경란, 「중국에서 '신좌파'와 비판적 지식인의 조건」, ≪시대와 철학≫, 24-1(2013); 김도희, 「중국의 '신좌파'와 자유주의: 1990년대 지식인 논쟁을 중심으로-」, ≪세계지역연구논총≫, 26-3(2008); 안인환, 「중국 '신좌파'의 대중문화 담론 고찰」, ≪중국현대문학≫, 53(2010); 박승헌, 「세계화와 90년대 중국 지식인의 대응: '자유주의'와 '신좌파'를 중심으로」, ≪철학탐구≫, 19(2006); 박영미, 「계몽과 현대성-중국 '신좌파'의 현실인식과 지향」, ≪한국철학논집≫, 299(2010); 황희경, 「현대중국의 '신좌파'와 자유주의 논쟁」, ≪동아시아역사연구≫, 6(1999); 이욱연, 「중국지식인 사회의 새로운 동향: '신좌파'를 중심으로」, ≪중국현대문학≫, 16(1999).

라서 이하에서는 '신좌파' 일반에 대해 그들의 목소리를 중심으로 간략하게 정리한 뒤 문혁에 대한 그들의 경험과 인식에 대해 서술한다. 특히 이 과정에서 그들의 고민이 문혁 극좌파의 그것과 어떻게 관련되는지 검토해 보고자 한다.

추이즈위안(崔之元)은 '신좌파'라는 용어의 등장과 개념, 구성원 그리고 담론의 확산 과정에 대해 비교적 명확하게 설명했다.[12] 그에 따르면 1994년 그가 베이징의 한 학회에 ≪신좌파평론(New Left Review)≫ 편집인 로빈 블랙번(Robin Blackburn)을 소개한 사실을 계기로 ≪베이징청년보(北京靑年報)≫ 편집인 양핑(楊平)이「중국에서 '신좌파'의 출현」이란 제목의 기사와 함께 추이즈위안의 논문「제도혁신과 제2차 사상해방」[13]이 발췌 수록된 데서 '신좌파'라는 용어가 등장했다. 또한 왕후이의 논쟁적인 글「중국 사상계의 현황과 근대성 문제」가 1997년「천애(天涯)」에 발표되면서[14] '신좌파' 담론은 확산되었고 이 둘 이외에 간양(甘陽), 펑퉁칭(馮同慶), 왕사오광(王紹光), 후안강(胡鞍鋼), 황핑(黃平), 한위하이(韓毓海), 장쉬둥(張旭東), 왕샤오챵(王小强) 등이 그 성원으로 거론되었다.[15] 이 글에서

---

11 한 예로 '신좌파' 지식인 왕사오광의 民主觀을 검토한 瀧田豪는 마오쩌둥과 문혁에 대한 분석을 훗날의 과제로 미루고 있다〔瀧田豪,「中國「新左派」の民主化論-王紹光を中心に-」, ≪産大法學≫, 43卷 3·4號(2010.2), p.257 주 68 참조〕.

12 이하 사실은 崔之元·백승욱,「중국식 사회주의 길의 꿈」,『중국은 어디로 가고 있는가』(창비, 2005), pp.182~183 참조.

13 이 글은 본래「制度創新與第二次思想解放」이란 제목으로 ≪二十一世紀≫, 總第24期(1994년 8月號)에 실렸고 崔之元,『중국은 어디로 가고 있는가』, pp.85~106에 번역 수록되어 있다.

14 원제는「當代中國思想的現況與現代性問題」이다. ≪창작과비평≫, 겨울호(1994)에 처음 발표된 이 글은 수정·보완되어 ≪天涯≫, 제5기(1997); 『文藝爭鳴』, 제6기(1990); 『死火重溫』(人民文學出版社, 2000); 김택규 옮김,『죽은 불 다시 살아나: 현대성에 저항하는 현대성』(삼인, 2005)에 각각 재수록되었다.

15 빈번 대표직 '신좌파'로 서론된 왕후이는 '신좌파'란 용어 대신 '비판적 지식인'이란 용어를 선호했다. 왜냐하면 '신좌파'라는 용어는 우익자유주의자가 '좌파'를 가리켜 문혁으로 되돌아가자고 주장하는 집단임을 암시하기 위해 사용한 꼬리표였기 때문이었다. 또 그는 관방 '좌파'와 구분한다는 의미에서 간양의 '자유주의 좌파' 개념을 받아들이기도 했다〔王暉,「신비판정신」,『고뇌하는 중국: 현대 중국 지식인의 담론과 중국 현실』(도서출판 길, 2003), p.88; 王暉·이욱연,「대

표 13-1 추이즈위안의 '신좌파' 개념도

구분	경제민주주의	과점적 사유화
정치민주주의	'신좌파'	정치적 자유주의
권위주의	'구좌파'?	경제적 자유주의

는 참여자들의 입장 차이에도 불구하고 개혁·개방 이후 나타나는 중국 현실을 비판적으로 바라보며 정치·경제 민주화의 대안적 발전을 모색하는 일군의 지식인을 통례에 따라 우선 '신좌파'로 지칭한다. 또한 이하에서는 위에서 소개한 인물 가운데 왕후이, 추이즈위안 외에 왕사오광을 분석의 대상으로 삼는다. 그 이유는 왕후이와 추이즈위안이 각각 사상·경제제도의 측면에서 주로 연구했다면 왕사오광은 문혁과 관련된 정치·역사 연구를 진행했으므로 문혁과 관련된 '신좌파'의 입장을 비교적 전면적으로 살펴볼 수 있기 때문이다.

그렇다면 '신좌파'의 특징은 어떠했는가? 먼저 추이즈위안은 중국 사회에서 차지하고 있는 '신좌파'의 위상을 지식인 지도를 통해 〈표 13-1〉과 같이 도식화했다.[16]

간략한 개념도이지만 '신좌파'와 '구좌파'의 차이 그리고 민주와 자유의 차이, 좌파와 자유주의자의 차이 등을 분명하게 드러내고 있다. 좌파는 신/구를 막론

안적 세계를 향한 아시아 연대」, 『새로운 아시아를 상상한다』(창비, 2003), pp.230~231). 이러한 배경에서 추이즈위안 역시 최근에 '신좌파'라는 규정이 작위적이라고 비판했다〔崔之元, 「21세기에 사회주의를 실험하다」, 이창휘·박민희 엮음, 『중국을 인터뷰하다』(창비, 2013), p.204〕.

16 양 파에 대한 이러한 도식화는 다른 곳에서 쉽게 찾을 수 있는데 경제학의 측면에서 '신좌파'(마르크스경제학)과 '신제도파'(서방경제학)의 구분과 대립적 논점 비교에 대해서는 宮川彰, 「中國のマルクス經濟學研究はどうないつているか」, 《季刊中國》, 101(夏季號, 2010), pp.18, 21에 등장하는 圖1〔中國經濟學者の「新左派」·「新制度派」の勢力圖·布陣〕, 圖2〔「新左派」(マルクス經濟學と「新制度派」(西方經濟學)との對立論点〕 참조.

표 13-2 '신좌파'와 자유주의자

구분	자유주의자	'신좌파'
역사 인식	혁명적 비극에 대한 전면적 부정	혁명적 유산에 대한 비판적 검토
현실관	시장·발전의 중시	시장·발전 환상 거부
사회 목표	역사종말론	대안적 발전 모델 모색

하고 경제민주주의를 내세우며 과점적 사유화를 반대하지만, 그것을 권위주의
를 통해서가 아니라 정치민주주의를 통해 이룩하고자 한다는 면에서 '신좌파'의
특징을 찾을 수 있다. 사상가로서 중국 사상계의 현황과 근대성 문제를 천착한
왕후이는 경제학자 추이즈위안에 비해 좀 더 다양한 분야에 걸쳐 '신좌파'와 자
유주의자를 비교했는데 그 역시 〈표 13-2〉와 같이 도식화해 볼 수 있겠다.[17]

　이 역시 간단하지만 왕후이의 세계관을 요약적으로 보여준다. 그는 전 지구화
시대의 신자유주의가 창조한 시장주의의 환상을 거부하고 대안적 사회발전 모
델을 모색한다는 측면에서 개혁·개방 이후 각종 차별이 심화되는 중국 현실에
비판적 입장을 취했다. 왕후이와 추이즈위안 둘 다 대안적 미래를 위해 중국과
세계 현실에 비판적 입장이었지만 추이즈위안이 주로 경제적 혹은 제도적 대안
모색[18]에 주력한 것에 비해 왕후이는 사상계 현황 혹은 정책의 사상적 배경에 대

17　〈표 13-2〉는 王暉·이욱연, 「대안적 세계를 향한 아시아 연대」, 『새로운 아시아를 상상한다』(창
　　비, 2003), pp.231~232를 참조해 작성했다.

18　구체적으로 추이즈위안은 '신진화론', '분석적 마르크스주의' 그리고 '비판법학'이란 서구 이론
　　을 통해 시장/계획, 자본주의/사회주의의 이분법을 넘어선 대안적 세계―'쁘띠부르주아 사회
　　주의'를 구상했다. 그의 '소상품생산(petty commodity production)' 도입, 독립자영농 민주주의
　　(yeoman democracy), 소규모 녹립 소유 실현, '권리의 묶음'으로서의 소유권 개념 재해석, '초
　　자유주의(superliberal)'의 기획, 노동자 주식제하의 '사회배당(social dividend)' 개념 도입, 포
　　스트-포드주의에 대한 낙관적 전망 등도 동일한 이상에서 추구되었다고 할 수 있다〔崔之元 「나
　　의 사상역정」, 「제도혁신과 제2차 사상해방」, 「중국식 사회주의 길의 꿈」, 『중국은 어디로 가
　　고 있는가』(창비, 2005)〕.

한 비판적 검토를 통해 '신좌파'로서 두드러진 역할을 수행했다.

왕사오광은 정치이론 분야에서 '신좌파'의 면모를 여실히 드러냈다. 왕사오광은 현존 '민주주의의 결핍(democracy deficit)'을 극복하고 거세되거나 무해화(無害化)된 처리 과정을 거친 민주주의가 아닌 '진정한 민주주의'를 주장하면서 구체적으로 다음의 네 가지를 제안했다. ① 추첨으로 선거를 대체해 민중의 정치 참여 강도를 높인다('추첨제 민주주의'). ② 토의를 강화하여 민중의 정치 참여를 심화시킨다('토의 민주주의'). ③ 현대의 전자기술을 이용하여 민중의 정치 참여의 폭을 넓힌다('전자 민주주의'). ④ 정치를 초월하여 민주주의로서 민주 원칙을 더욱 광범위한 영역, 특히 경제적 영역에 적용한다('경제 민주주의'). 이상과 같은 왕사오광의 목표는 현대 자본주의적 민주주의의 초월 및 대안 모색이라는 측면에서 '신좌파'의 민주관을 정확하게 보여준다고 할 것이다. 즉, 그는 서구의 복수 정당제와 대의제를 특징으로 하는 자유주의적 민주주의(liberal democracy)를 '민주'가 아닌 '선주(選主)'(상전 선출)라고 비판하면서 근본적인 민주주의(radical democracy)를 주장했다.[19]

이상에서 왕후이, 추이즈위안, 왕사오광 등은 사상·경제·정치 등 자신의 전공 분야를 중심으로 개혁·개방 이후 나타난 현 중국의 문제점을 극복하고 새로운 대안적 미래를 모색했다. 이하에서는 구체적인 내용보다는 그러한 전망이 '신좌파'의 문혁 혹은 극좌파에 대한 인식과 어떻게 관련되는지 주목할 것이다. 그런데 이들에게 문혁이 지닌 의미를 본격적으로 살펴보기에 앞서 '(개인적) 경험으로서의 문혁'에 대해 검토할 필요가 있을 것 같다. 이는 정치적 사유와 경험의 관련성이라는 일반적인 이유 이외에도 '신좌파'에 대한 공격 가운데 그들이 문혁의

---

19   王紹光, 『民主四講: 중국, 경제성장의 길목에서 민주주의를 묻다』, 김갑수 옮김(에버리치홀딩스, 2010), pp.367~388. 또한 왕사오광의 민주관에 대한 자세한 분석은 瀧田豪, 「中國「新左派」の民主化論-王紹光を中心に-」 참조.

비극과 고통을 경험하지 않았기 때문에 순진하게도 마오쩌둥 시대의 '합리성'을 발굴하자고 주장한다는 비판이 있기 때문이기도 하다.[20]

먼저 왕후이에게 문혁은 온전한 소년 시절의 깊은 낙인으로 기억되었다. 문혁은 그가 초등학교에 입학하던 1966년에 시작되어 고등학교를 졸업하던 해인 1976년 종결되었다. 스스로 분명한 이유는 밝히지 않았지만 부모는 숙청된 관원 혹은 지식인으로 문혁 탄압에 충격을 받은 것 같았고 형제들은 농촌으로 하방되었다. 그의 기억 속에 등장하는 문혁은 "다소 무정부주의적으로 폭력이 만연하고 전에 없이 느슨한 분위기에서 생활한 것"이었다. 그러나 왕후이는 이러한 경험 속에서도 문혁의 기억이 탄압받은 부모나 하방당한 형제들 세대의 것이었다고 지적하는 것을 잊지 않았다. 즉, 문혁에 관한 그의 기억은 농민이나 노동자의 제대로 된 문혁 기억이 없는 데에서 단적으로 드러나듯 단편적이고 조각난 것이다.[21]

문혁이 종결된 1976년, 13세에 불과했던 추이즈위안은 문혁과 관련된 개인 기억에 대해 특별히 언급하지 않았다. 하지만 '신좌파' 3인 가운데 가장 나이가 많은 왕사오광은 문혁의 풍파를 피해갈 수 없었다. 그는 문혁 경험을 다음과 같이 진솔하게 말하고 있다.[22]

1966년 문혁이 폭발할 당시 나는 12살이었다. 덩튀(鄧拓), 우한(吳晗), 랴오모사(廖沫沙) 등 '삼가촌흑점'(三家村黑店) 비판 시 나는 우한시 싼원안리(三元里) 초등학교 5학년 졸업반이었고 홍위병운동이 발생할 때에는 우한시 실험중학교 1학년이 되어

20 '신좌파'에 대한 비판은 이욱연, 「중국 지식인 사회의 새로운 동향」, ≪중국현대문학≫, 16(1999), pp.496~500 참조.

21 王暉, 「나의 사상 역정」, 『새로운 아시아를 상상한다』(창비, 2003), p.15.

22 이하 왕사오광의 개인사에 대해서는 王紹光, 「瘋狂歲月里的理性選擇-訪王紹光教授談他的文革經歷與文革研究-」, http://www.aisixiang.com/data/66150.html (검색일: 2013.8.12) 참고.

있었다. 이때 나는 기세 높은 문혁에 직접 참가할 수 있었다. "천하는 우리의 천하이고 국가는 우리들의 국가이다. 우리가 말하지 않으면 누가 말하고 우리가 행동하지 않으면 누가 행동하랴?" 이러한 호기 넘치는 구호에 자극받아 나는 가방을 메고 몇몇 친구와 함께 수도 베이징으로 경험 대교류 활동에 참가했다. 베이징에 머문 동안 우리들은 이화원(頤和園) 등 명승지를 돌아다니기도 했지만 거리에 나붙은 대자보를 진지하게 베끼며 혁명 경전(經典)을 얻는 데 많은 시간을 보냈다. 베이징에서 우한에 돌아온 때는 이미 가을이었는데 학교에 매우 많은 (홍위병) 조직이 등장했다. 나는 홍위병에 참가 신청을 했으나 아마도 성분이 충분히 좋지 못해서 거부되었던 것 같다. 하지만 마침 마오쩌둥사상홍위병우한지구총참(毛澤東思想紅衛兵武漢地區總站)에서 사람을 모집하자 거기에 합류할 수 있었다. 동시에 나는 우한(武漢) 2중의 국제홍위병 조직에도 바로 가입했다. 그러나 당시 중학교 1학년생에 불과했기 때문에 큰일을 맡지는 않았다. '혁명'의 짜릿함을 위해 나와 몇몇 동료들은 싼위안리 초등학교로 돌아와 등사기, 줄판, 등사지, 종이 등을 마련했다. 후에 파괴된 시위원회 건물 내의 한 사무실을 다시 점거했다. 이로써 우리 자신의 우한시마오쩌둥사상소팔로(武漢市毛澤東思想小八路)가 탄생했고 며칠에 한 번씩 전단지를 인쇄했다. 가장 우리를 흥분시킨 것은 번화한 시내에서 군중들에게 전단지를 뿌릴 때 느끼는 감정이었다. 하늘에서 떨어지는 가지각색의 전단지를 사람들이 다투어 가지려는 모습을 볼 때 나는 정말로 영화 속 혁명가의 전율을 느꼈다.

왕사오광 개인의 경험이지만 당시 문혁에 참여했던 일반 홍위병의 그것과 크게 다르지 않았을 것이다. 다만 출신 성분이 좋지 않아서 부모의 개입으로 일선 홍위병 활동을 중단한 그는 이후 우한에서 전개된 대규모의 무장투쟁, '7·20 사건', 혁명위원회의 건립 등 중요 사건의 관찰자 혹은 소극적 참여자로서 개입할 뿐이었다. 이러한 개인적인 문혁 경험이 이후 그의 연구 활동에 직접적 계기로 작용한 것은 어쩌면 당연했다.[23]

하지만 왕사오광의 문혁 탐색은 단순히 개인적 문혁 경험과의 관련성에서만 찾을 수 있는 것이 아니다. 앞서 왕후이가 '정치적 수사'의 대상이 아닌 학문적·역사적 분석 도구로서의 문혁 연구를 주장했다는 점을 강조했는데 이 점은 왕사오광도 예외는 아니었다. 그는 먼저 문혁 연구 제한이 문혁에 대한 관방 측의 공식적 부정과 관련 출판물에 대한 엄격한 제한 규정 때문이라고 하면서, 그 결과 "보수파와 조반파 모두가 착오"라는 당 중앙의 방침은 문혁에 참가한 두 진영 모두를 만족시킬 수 없었고 문혁 자료라는 '금광'은 봉쇄된 채 연구자에게 개방되지 못했다고 주장했다. 그가 보기에 현재 문혁이 '신화'와 '전설'이 됨으로써 후대가 계승할 '유산'이 되지 못한 것도 바로 이 때문이었다.[24]

이상 '신좌파' 3인의 주장을 통해 볼 때 새로운 문혁 연구의 필요성이 제기되었다는 사실은 분명한 것 같다. 그렇다면 그들이 새롭게 상상한 문혁상은 무엇인가? 이 문제와 관련하여 먼저 근대, 근대성, 근대주의, 근대화, 반근대주의 등에 대한 간략한 개념 정의가 필요할 것 같다. 왜냐하면 누차 강조하지만 '신좌파'는 문혁을 통해 '대안적 근대(성)'을 모색했기 때문이다.

주지하는 바와 같이 근대는 전통과 구별되는 역사적 시기를 의미하고 근대성

---

23   王紹光, 『理性與瘋狂-文化大革命中的群衆-』(香港: 牛津大學出版社, 1993); Wang Shaoguang, *Failure of Charisma: The Cultural Revolution in Wuhan* (Hong Kong: Oxford University Press, 1995)는 미국 코넬대학에서 취득한 박사논문을 바탕으로 공간된 것이다. 이 밖에 문혁 관련 연구로 Shaoguang Wang, "'New Trends of Thought' on the Cultural Revolution," *Journal of Contemporary China*(1999), 8(21); 王紹光, 「拓展文革研究的視野」, ≪二十一世紀≫, 總第31期(1995.10) 등이 있다.

24   王紹光, 「拓展文革研究的視野」, ≪二十一世紀≫, 總第31期(1995.10), pp.92~93. 한편 추이즈위안은 펑지차이(馮驥才)의 『一百個人的十年』〔빅현숙 옮김, 『백 사람의 십 년: 문화대혁명, 그 집단 열정의 부조리에 대한 증언』(후마니타스, 2016)〕, 페이샤오퉁(費孝通)의 『行行重行行』, 뤄이닝커의 『第三隻眼睛看中国』, 『顧准文集』 등 대중에게 주목받았던 문혁 관련 저작물들을 예시함으로써 문혁을 새롭게 조망해야 할 필요성을 강조했다(崔之元, 「마오쩌둥 문화대혁명이론의 득과 실」, 『중국은 어디로 가고 있는가』, pp.47~51 참조).

이란 근대화의 역사적 경험을 통해 형성된 가치관이라 할 수 있다. 중국 '신좌파' 에게 큰 영향을 끼친 아리프 더릭(Arif Dirlik)은 근대성을 역사적 조건이라기보다 역사적 경험이라고 강조하면서, 그것이 선행하는 역사적 조건과 명확한 단절을 수반할 뿐만 아니라 끊임없는 자체적 내부 파열로 특징지어진다고 보았다. 또한 근대화란 근대성의 조건을 생산했고 또 계속해서 생산하는 역사적 과정(들)으로 정의될 수 있다.

여기서 근대성의 조건이란 일반적으로 과학적 발명, 산업 혁신, 인구 변화, 도시 팽창, 국민국가, 대중운동 등을 가리키지만 더릭의 경우 이들 모두가 팽창하면서 동시에 크게 동요하는 자본주의 세계시장에 의해 촉발되기 때문에 그에 대한 혁명 역시 여기에 포함시켰다. 이러한 근대화 과정은 본래적으로 근대성에 각인된 근본적 모순에 영향받을 수밖에 없었다. 그것은 한편에서는 비판적 이성, 계몽적 신념에 뿌리를 둔 과학과 과학 정신으로 귀결되고 다른 한편에서는 인간 존재 조건을 파괴하고 사회관계를 무너뜨리며 관료 근대국가 내에 인간을 가둬버리고 말았다. 따라서 더릭이 보기에 근대성의 경험은 이러한 근원적인 모순을 극복하려는 노력 속에서 계속된 실험의 경험이었다. 결국 근대성이란 근대화의 객체뿐만 아니라 주체가 되려는 인간들의 시도로 정의되며 거기에는 '근대화주의(modernizationism)'와 달리 근대화가 지닌 파괴와 희망 모두와 공존하게 될 것이었다.

더릭은 반근대주의(anti-modernism) 역시 근대성의 모순으로 설명했다. 그에게 반근대주의란 근대의 출현으로 가능성이 보인 목표를 실현하기 위해 추동된 것이기 때문에 "완전하게 근대적이 되는 것이 곧 반근대적이 되는 것이다"라는 형용모순이 등장하기에 이르렀다. '대안적 근대'의 추구 역시 이러한 반근대주의의 일환으로 이해할 수 있다. 더릭은 사회주의 역시 반근대주의지만 근대성 혹은 심지어 근대화마저 반대했던 것은 아니라고 보았다. 하지만 사회주의적 근대성 역시 자본주의의 그것과 동일한 한계를 지닌다. 왜냐하면 그것은 반근대주의가 추구하는 유토피아적 이상을 포기했고 근대화의 파괴력에 취약한 모습을 드러냈기 때문이었다. 결국 그는 "근대성의 상처는 더 완전하고 더 심오한 근대성을 통해 치료될 수 있다"고 주장했다.[25]

이러한 전제하에 더릭은 일찍이 문혁을 가리켜 "사회주의에 기초한 제3세계의 '대안적 근대성'을 창조하려던 마지막 노력 ─ 그러한 모든 노력 중 가장 감동적인 노력 ─ 의 일부로서 해석될 수 있을 것"이라고 주장했다. 하지만 더릭은 이러한 '대안적 근대성' 창조의 열망이 근대화주의에 의해 왜곡되었고 특권화된 기억에 의해 비역사화되었다는 사실을 비판적으로 바라보았다.[26]

더릭과 마찬가지로 '신좌파'는 마오쩌둥의 사상과 이론 그리고 그의 사회주의 혁명 경험에 대한 재검토의 출발점을 중국 근대성 논의에서 찾았다. 사실 '신좌파' 자체가 문혁을 봉건전제주의로 비판하며 등장한 1980년대의 계몽주의, 1990년대의 신자유주의를 재비판하면서 등장했다고 한다면, 그들에게는 계몽주의와 신자유주의의 사상과 인식의 근저에 자리 잡은 근대성에 대한 비판적 검토가 절실했을 것이다.

그런데 '신좌파'에게 근대성이란 단순히 신 중심사회에서 인간 중심사회로의 전환을 계기로 시작된 계몽시대 이후 서구 사회의 경험을 통해 형성된 가치관만을 의미하지는 않는다.[27] 그들이 이렇게 판단하게 된 이유는 다양하다. 먼저 문

25　이상 더릭의 근대(성) 이론에 대해서는 Arif Dirlik, "Modernism and Antimodernism in Mao Zedong's Marxism," *Critical Perspectives on Mao Zedong's Thought* (Humanities Press, 1997), pp.60~62 참조.

26　아리프 더릭, 「역사와 기억 속의 혁명들」, 『포스트모더니티의 역사들: 유산과 프로젝트로서의 과거』, 황동연 옮김(창비, 2005), pp.87~88. 그렇기 때문에 그는 문혁의 재평가와 함께 '역사로서의 문혁'을 강조했다(阿里夫·德利克, 「從歷史角度看"文革"的政治意義」, ≪社會科學學報≫(香港), 第7期(1996年 春季) 참조).

27　이러한 근대성 정의는 신봉수, 「마오의 사회주의 중국과 '대안적 근대성'」, ≪中蘇研究≫, 통권 120호(2008/2009 겨울), pp.131~134. 또한 그의 정의에 따르면 역사적으로 전통과 구별되는 시기를 의미하고, 근대화는 산업화, 도시화 등과 같은 의미를 지니는데 이는 앞서 더릭이 비판

혁 이후의 중국 현실에 대한 비판적 접근 때문이었다. 전 지구적 자본주의화라는 환경 속에서 급속하게 진행된 개혁·개방의 진전은 국유재산 유실, 부정부패의 만연, 사회 불평등의 심화, 배금주의의 횡행, 환경 파괴라는 부작용을 낳았다. 이에 그들은 근대성 자체에 대한 새로운 이해를 시도했다. 여기에는 근대성 혹은 근대로의 길이 반드시 하나이어야 하는가라는 근본적 회의가 포함된다. 전 지구적 자본주의의 전개와 그를 통해 강력하게 추진되는 서구적 근대 모델은 이미 피할 수 없는 현실 조건이 되어버렸지만 이러한 현실 속에서 '신좌파'는 '다원적 근대(성)'의 가능성을 모색[28]했던 것이고 더 나아가 '중국적 근대성'이란 특수성을 규명하고자 했다.[29]

'신좌파' 가운데 왕후이가 이 문제에 천착했다. 그에게 근대성이란 부정의 개념이라기보다는 '배리(背離)'적 개념이었다. 여기서 '배리'란 "추구와 비판이 공존하는" 상태, 하지만 그런 상호 모순이 오히려 발전의 원동력이 되는 상태를 의미한다. 즉, 그에게 근대성은 그 안에 내적 긴장과 모순을 포함한, 말하자면 "스스로가 스스로를 비판하는 전통이었다."[30] 여기서 우리는 왕후이의 근대성 개념이 더릭의 그것과 기본적으로 일치하고 있음을 확인할 수 있다. 그런데 왕후이는 이러한 근대성 이해를 중국에 적용하여 마오쩌둥의 사회주의 사상을 자본주의 근대화를 비판하면서도 근대화를 추구한 '반(자본주의적)근대성적 근대성' 이론으로 규정했다. 그에 따르면 이는 마오쩌둥 한 개인의 사상이 지닌 특징만이 아니라 제국주의와 봉건주의에 의한 이중 침탈의 역사적 상황에 처한 중국 근대

한 근대화주의에 해당한다.

28 다원적 근대성 혹은 복수의 근대성에 대해서는 S. N. Eisenstadt, "Multiple Modernity," *Daedalus*, Vol.129, No.1(Winter 2000) 참조.

29 같은 맥락에서 더릭은 문혁을 포함한 중국 혁명 자체를 '중국적 근대성'에 대한 문제 제기이자 모색이라 주장했다(아리프 더릭, 「역사와 기억 속의 혁명들」, p.88).

30 王暉, 『죽은 불 다시 살아나: 현대성에 저항하는 현대성』, 김택규 옮김(삼인, 2005), pp.43~44 와 그 안의 역주 참조.

사상의 중요한 특징 가운데 하나였다. 캉유웨이의 대동사상(大同思想), 장타이옌(章太炎)의 평등 사상, 쑨원의 민생주의(民生主義)가 이들 범주에 들어갔다. 이들은 서구 근대성을 추구하면서 동시에 그 부정적인 역사적 결과물에 비판적 인식을 해야 했던 이중적 위치에서 불가피하게 자기모순적인 근대성을 추구할 수밖에 없었던 것이다. 구체적으로 마오쩌둥 사회주의혁명이 지닌 근대성의 모순에 대해 왕후이는 다음과 같이 지적했다.[31]

> 그는 중앙집권적 방식의 근대국가제도를 세우는 한편으로 그러한 제도 자체에 대한 문화대혁명식의 파괴를 진행했다. 그는 공사제도와 집단경제의 방식으로 중국 경제의 발전을 추진하는 한편, 분배제도 측면에서 자본주의의 근대화가 초래한 심각한 사회적 불평등을 피하려 했다. 또한 공유제 방식으로 전체 사회를 국가의 근대화 목표를 위해 조직하여 개인의 정치적 자주권을 박탈했지만, 다른 한편으로는 국가기구가 인민주권을 억압하는 것에 깊은 반감을 지녔다.

이러한 모순에 대한 왕후이의 지적은 문혁 시기 마오쩌둥에 대한 전면적 비판에 반(反)비판의 성격을 지닌다고도 볼 수 있다. 왜냐하면 적어도 마오쩌둥의 사회주의 사상 또는 그의 이상은 자기모순적인 근대성을 추구할 수밖에 없었던 '중국적 근대성'의 불가피한 선택으로 현실적 결과와 무관하게 인정받을 수 있기 때문이었다. 다시 말해 문혁 시기 마오쩌둥이 보여준 비극과 혼란상을 '중국적 근대성'이 내포한 역사적 모순의 결과로 환원시킬 수 있었다.

한편, 왕후이의 '반근대성의 근대성' 개념은 마오쩌둥의 사회주의가 자본주의 근대화를 비판한 가운데 근대화를 추구하는 것으로 이해하는 데에서 비롯되었

---

31 王暉, 「중국사상계의 현황과 현대성 문제」, 『죽은 불 다시 살아나: 현대성에 저항하는 현대성』, pp.48~49 참조.

다. 그런데 마오쩌둥의 사회주의는 소련식 사회주의 근대화를 비판하는, 즉 '반(사회주의)근대성적 근대성' 이론으로도 설명될 수 있다. 한 예로 서구의 '신좌파'는 스탈린주의에 대한 마오쩌둥의 비판을 근거로 소련 사회주의가 보여준 '경제결정론'에 대해 '계급투쟁론'을 앞세운 상부구조의 '문화혁명'을 마오쩌둥의 문혁으로 해석했다.[32] 그렇기 때문에 문혁의 기원 문제와 관련하여 '신좌파'는 대체로 문혁의 세계사적 의의를 강조하고 특히 소련과의 관련성에 주목했으며 왕후이 역시 마르크스주의를 하나의 근대화 이데올로기로 이해했다.[33]

결국 왕후이는 더릭과 마찬가지로 근대성 자체는 반대하지 않으면서 근대성의 부정적 결과를 극복하고자 '반근대성의 근대성' 이론을 창출했고 서구 자본주의 근대성과 소련 사회주의 근대성을 극복한 '대안적 근대'를 마오쩌둥의 사회주의혁명, 그 가운데 특히 문혁 가운데에서 모색하려 했다. 여기서 문혁 시기에 극복하고자 했던 사회주의 근대성의 실례는 주자파라는 외피를 두르고 등장한 당 내의 관료제·관료집단·관료주의 문제로 등장할 수 있으며 그 대안인 파리코뮌은 극좌파의 핵심적 주장이었다.

문혁을 통한 '대안적 근대'의 모색이라는 주장은 추이즈위안을 통해서도 확인할 수 있다. 그는 서구의 근대성 자체에 '규율'과 '해방'이라는 심각한 모순이 내재되어 있다고 지적하면서 "정통 마르크스·레닌주의 역시 서구 근대성의 모순이 집중적으로 체현된 것이지 모순의 해결은 아니다"라고 주장했다.[34] 그에 따르면 마르크스주의와 레닌주의는 해방을 추구하지만 동시에 '역사적 필연'을 과도

---

32 '경제결정론'의 한계를 보여준 스탈린주의에 반발한 서구의 '신좌파' 알뛰세르나 제머슨이 마오 쩌둥의 문혁에 열광한 것은 바로 이 때문이었다(Guo Jian 1999, pp.346~349).

33 이 점은 그가 1990년대와 마오쩌둥시대를 비교하면서 근대화 이데올로기로서의 마르크스주의 와 반근대성적 근대화 이데올로기로서의 마르크스주의를 대비시켰던 사실을 통해 확인할 수 있다(王暉, 「중국사상계의 현황과 현대성 문제」, p.52).

34 崔之元, 「마오쩌둥 문화대혁명이론의 득과 실」, p.64.

하게 사용함으로써 '인간의 해방'을 구속·방해했다.[35] 이것은 곧 서구 자본주의 근대성을 해결하려는 마오쩌둥의 문혁 실험을 재평가해야 할 필요성을 제기하기 위한 것이지만 동시에 정통 마르크스-레닌주의를 극복해야 하는 당위성을 시사하고 있다. 또한 추이즈위안은 "인민대중이 역사를 창조한다"는 마오쩌둥의 관점에 주목하여 근대성의 모순이 그의 사회주의 혁명에 의해 부분적으로 극복되었다고 평가했다. 즉, 인민의 역사적 주체성을 강조할 경우 '역사적 필연'의 규율을 초월한 해방이 가능해지고 또 계급에 대한 동태적 파악이 가능해짐으로써 '중국적 근대성'이 재구축될 수 있었다.

다음의 인용은 근대성 문제와 관련된 그의 문혁관을 요약적으로 보여준다.[36]

> 지금 우리는 20세기 중국의 '혁명건국'과 '개혁개방'의 풍부한 경험적 교훈을 기초로, 또 서구 주류학계에서 말하는 근대성에 대한 성찰적 반성을 거울삼아 마오쩌둥의 (문화대혁명) '대민주'를 비판적으로 계승하여 21세기 중국을 위해 … '정치민주'와 '경제민주'의 그림을 구상할 수 있게 되었다.

왜 그가 자신의 문혁 관련 논문 제목을 「마오쩌둥 문화대혁명이론의 득과 실」로 정했는지, 왜 그가 문혁의 전면 부정이 아니라 '실' 이외에도 '득'에 주목하려는지 알 수 있다. 그것은 바로 근대성에 대한 성찰적 반성을 통해 문혁의 '득'을 비판적으로 계승하여 21세기 중국의 '정치민주', '경제민주'라는 대안 모델로 승화시키기 위해서였다.

문혁의 득과 실을 바탕으로 21세기의 대안모델을 추구했던 추이즈위안은 문

---

35 구체적으로 그는 마르크스의 '생산력-생산관계' 이론이 내포한 기술결정론적 경향, 영국의 예를 통한 과도한 일반화, '국가소멸론'에 대한 과신 등을 적시했다(崔之元, 「마오쩌둥 문화대혁명이론의 득과 실」, pp.67~72).

36 崔之元, 같은 글, pp.77~78.

혁 내 '합리적 인소(因素)'의 제도화를 모색했다. 한 예로 그는 문혁에서 대중의 정치생활 참여를 보장한 '대민주'에 주목했다.[37] 구체적으로는 "문혁을 7~8년마다 한 번씩 다시 일으켜야 한다"는 마오쩌둥의 주장을 끌어들여 '정기적이고 전국적인 직접 보통선거'로써 '대민주'의 제도화를 주장했다. 그에게는 그것이 곧 '인민민주독재'의 본질이기 때문이었다. 마오쩌둥의 이러한 주장은 1966년 7월 8일 장칭에게 보내는 편지의 다음과 같은 발언에서 찾을 수 있다.[38]

천하대란(天下大亂)을 통해 천하대치(天下大治)에 도달할 수 있다. 7~8년 지나면 다시 한 번 (문혁이) 실시되어야 한다. 왜냐하면 (그때가 되면) 우귀사신(牛鬼蛇神)이 스스로 출현하기 때문이다. 그들은 자신의 계급적 본성 때문에 나타나지 않을 수 없다.

이를 토대로 추이즈위안이 주장한 것은 실제적인 '문혁의 재등장'이 아니라 선거제 개혁을 통한 '문혁의 제도화'였다. 그러나 이 주장은 '계속혁명론'이라는 마오쩌둥의 기본적 혁명관과 관련된 '문혁 재등장론'과는 거리가 있어 보일 뿐만 아니라 현실성도 떨어질 것으로 보인다. 왜냐하면 공산당 1당 독재체제하의 현중국에서 전면적인 보통선거가 가능할 것인가의 문제와 관련되기 때문이다.

그의 '전면적 보통선거'는 궁극적으로 국가 주석과 전국인민대표대회 상무위원을 정기적이고 전국적인 보통선거로 선출하는 것이다. 그러나 여기에는 두 가지 전제가 필요했다. 자본의 개입이 사전에 방지된 공유제가 주도하는 '대민주' 선거가 되어야 하며, '개인화'된 선거로써 정당정치의 낡은 길을 뛰어넘어야 했

---

37 崔之元, 「發揮文革中的合理因素」, ≪亞洲週刊≫, 1996年 5月 26日.
38 「給江靑的信」(1966.7.8), 『建國以來毛澤東文稿』, 第12冊(中央文獻出版社, 1998), p.71. 이 책의 주석에 따르면 이 편지의 일부 단락이 ≪인민일보≫에도 게재되었다고 하는데 그렇다면 문혁 초기에 이미 이 주장은 대중에게 널리 알려졌을 것이다.

다.[39] 그의 전제는 현대 자본주의의 정당정치·금권정치를 극복하고 비공산당 계열의 정당 출현에 따른 정치적 혼란을 사전에 봉쇄하려는 의도를 내포하고 있다. 또 거기에는 기본적으로 인민민주독재 혹은 무산계급독재 아래에서도 민주선거가 가능하다는 신념이 깊게 자리 잡고 있다. 그러나 그의 주장은 공산당 일당독재라는 현 중국의 정치 상황을 묵인한 우원(迂遠)하고 점진적인 개혁에 불과해 보인다.[40] 그렇다면 그의 문혁 인식은 현실 정치 개혁과 대안 모색이라는 문제의식에서 비롯된 비실증적 접근이라는 혐의에서 벗어나기 힘들 것 같다. 또한 이러한 그의 비현실적이고 이상적인 태도는 극좌파의 주장에서도 쉽게 발견되는 부분이라 할 것이다.

2. '역사로서의 문혁' 인식

왕사오광은 역사학자답게 학문적·역사적 분석 도구로서의 문혁 연구를 강조하면서 다음과 같이 제안했다. ① 경제건설 중심의 현대화 사업에 대한 영향을 차단하기 위해 문혁의 파성(派性) 재발을 경계하려는 관방 당국의 문혁 부정론이라는 기존 틀을 철저히 배격해야 한다. ② 기존의 문혁 이해에서 주요한 지위를 점한 '음모론'을 철저히 배격하고 이론적 접근을 해야 한다. ③ 반드시 마오쩌둥의 의도대로 진행되지는 않은 문혁을 제대로 이해하기 위해서는 사회 근원을 깊이 탐구해야 한다. ④ 상층 정치 투쟁 내의 의문점을 규명해야 한다. ⑤ 각종 단

---

39 崔之元, 「마오쩌둥 文化대혁닝이돈의 늑과 실」, pp.76~80.

40 하지만 기층 차원의 직접선거제는 이미 광범히게 실시되었다. 예컨대 1999년 전국 73만 7429개의 촌민위원회가 선거로 조직되었고 덩샤오핑 통치 시기에 차액(差額, 복수후보) 선거제도가 도입되었다. 이에 대해서는 西村成雄, 『中國の近現代史をどう見るか』(巖波新書, 2017.6), p.195 참조.

위에 대한 미시사적 접근과 지방문혁 연구, 경제사·문화사·사회사 연구 및 세계에 대한 문혁의 영향 등을 탐구해야 한다. 여기에 더해 그는 새로운 구체적 연구 주제로 '경제주의', '자살 현상', '이혼 현상', '지하 공장', '재산 몰수', '소보(小報)의 작용', '기자의 역할', '무장투쟁 현상', '무장투쟁 희생자', '통고·명령·수배령', '선전화·만화', '신조어(新造語)·신속어(新俗語)', '종교인의 반응', '범죄단체', '아동 희극', '사법행정의 변화', '시가와 음악', '휴식·복식·문화오락' 등을 제시했다.[41] 이상 예시한 것들은 모두 기존 문혁 연구에서 크게 주목하지 않은 새로운 연구 분야이며 이러한 연구는 '역사로서의 문혁'이란 전제에서 가능하다.

'역사로서의 문혁'이란 정언(定言)은 문혁이 종결된 지 40년 가까이 지난 현재에 어쩌면 당연한 명제일 수 있다. 그러나 주지하듯 현실은 그렇게 단순하지 않다.[42] 그렇다면 우선 '역사로서의 문혁'은 무엇을 의미하는가? 미국의 대표적 중국 현대사 연구자인 에쉐릭(Esherick) 등에 따르면 원론적으로 그것은 "후기 마오쩌둥 시기에 대한 연구가 이제 먼 과거를 대상으로 하는 것에 이르렀기 때문에 더 이상 현 중국의 발전과 관련시켜야 한다는 부담에서 벗어날 수 있다는 사실을 의미한다." 이와 관련하여 그들은 '역사로서의 문혁' 연구 작업이 지니는 의의를 다음과 같이 정리했다.[43]

---

41   王紹光, 「拓展文革研究的視野」, ≪二十一世紀≫, 總第31期(1995.10). 이 글은 같은 제목으로 劉青峰 編, 『文化大革命: 史實與研究』(香港: 中文大學出版社, 1996)에 재수록되었다.

42   이 문제와 관련하여 일본의 대표적 문혁 연구자 카가미 미쯔유키(加加美光行) 역시 "문혁은 '연구'와 '분석'의 대상이라기보다 일정 정도의 정치적 메시지의 대체였다는 편이 타당하다. 이것은 특별히 문혁 찬미파뿐만 아니라 문혁 부정파 가운데에도 다수 보이는 현상이다"라고 했다〔加加美光行, 「文化大革命をどう見るか」, 『歴史のなかの中國文化大革命』(岩波現代文庫, 2001)〕.

43   Joseph W. Esherick, Paul G. Pickowicz, and Andrew G. Walder, "The Chinese Cultural Revolution as History: An Introduction," The Chinese Cultural Revolution as History (Stanford University Press, 2006), pp.16~18.

후기 마오쩌둥 시기에 대한 면밀한 검토를 통해 우리는 중국의 미래 구상에 직접적인 도움을 얻지 못할 수도 있겠지만 분명하게 우리 시대의 중요한 역사적 문제 가운데 하나로 떠오르는 문제 ― 지난 20년 동안 진행된 소비에트 블록과 명확하게 구별된 중국공산당의 길 ― 에 대해 해명할 수 있게 될 것이다.

위의 주장을 통해 과거를 통한 명시적 미래 구상을 경계하면서 과거의 중요 문제에 천착하는 신중한 '역사로서의 문혁'관을 확인할 수 있다. 이는 앞서 살펴본 '대안적 근대' 모색이라는 목적론적 문혁 인식과는 구별된다. 이러한 신중함을 통해 그들은 문혁의 복잡성·다원성을 강조하면서 문혁 참여의 다양한 동인들을 강조한다. 이를 통해 그들은 문혁에 대한 획일적 이해나 일방적 단순화를 경계하고 사실(史實)에 근거한 사례의 다양성을 추구했다. 한 예로 위의 저자들은 문혁 시기 국가와 사회의 관계라는 핵심적 문제에 대해 다음과 같이 신중하게 판단한다.[44]

정치엘리트들이 인상적인 제도적 자원과 이념적 무기를 구사했다고 인정하지만, (본서의) 논문들은 수많은 추종자를 조정하고 사회에 자신들의 의지를 관철시키는 데 있어서 마오쩌둥과 당 엘리트의 능력에 실질적인 한계가 있었음을 강조한다. 또한 유사하게 기층의 사회적 역량이 지닌 탄력성과 창조성을 인정하면서도 저자들은 자율적인 정치 운동 과정에서 집단적 의지를 표현하는 사회적 행위자의 역량을 의심한다.

즉, '역사로서의 문혁'에 따르면 문혁이란 무정부 상태와 독재, 대중 반란과 국가의 강압적 행동이 기묘하게 조합되어 나타났고 그에 대한 설명은 국가와 사회

---

44 같은 책, p.18.

사이의 즉흥적이고 예측할 수 없는 상호작용을 통해 이루어졌다. 이렇듯 국가와 사회적 행위자 사이의 교차, 상호 침투, 상호작용에 초점을 맞출 경우, 문혁의 역사는 앞서 '신좌파'가 주장하듯 '대안적 근대' 창출의 이념적 지향이나 마오쩌둥의 의지 그리고 일부 사회학자들의 주장대로 사회적 이익 등의 요소에 좌우된다. 그러므로 단순화되거나 일반화될 수 없으며 우발적이고 복합적이며 개별적이어서 논리적으로 난해했다.[45]

따라서 '신좌파'의 문혁 인식은 '대안적 근대' 모색이라는 분석틀과 함께 '역사로서의 문혁' 인식이라는 또 다른 시각에서 검토할 필요가 있을 것이다. 홍위병 분파 투쟁을 설명할 때, 과거 강조되었던 '흑오류'(조반파) 대 '홍오류'(보수파)라는 사회적 분석이 갖는 결정론적 문제점을 지적하며 사회적 출신 배경 이외의 다양한 정치적 요인을 중심으로 대중운동을 새롭게 해석하려는 연구 경향 역시 '역사로서의 문혁' 인식의 맥락에서 이해할 수 있다.[46] 이 견해에 따를 경우 홍위병의 정치적 선택이 항상 '합리적'인 것은 아니었다. 또한 계급 혹은 집단 이익과 항상 일치하는 것은 아니었고 오히려 열정, 이상 그리고 심각한 이념적 토론이 중요했다.[47]

'역사 사실(史實)로서의 문혁'은 '기억으로서의 문혁'과도 밀접하게 관련되어 있다. 그러나 문혁에 관한 기억은 충분히 상호 대립적이고 모순적이며 파편적이

---

45 백승욱의 책 제목 『중국문화대혁명과 정치의 아포리아』(그린비, 2012)는 이러한 문제의식에서 지어진 것으로 보인다.

46 전자의 경향을 전형적으로 보여준 것이 Hong Yung Lee, "The Radical Students in Kwongtung during the Cultural Revolution," *China Quarterly* 64(December 1975); Hong Yung Lee, *The Politics of the Chinese Revolution* (Berkeley: University of California Press, 1978)이고 후자의 대표적 예는 Andrew G. Walder, "Beijing Red Guard Factionalism: Social Interpretations Reconsidered," *Journal of Asian Studies* 61, no.2(2002)이다.

47 이러한 입장에서 서술된 것이 Joseph W. Esherick, Paul G. Pickowicz, and Andrew G. Walder 등이 편집한 책에 수록된 Xiaowei Zheng, "Passion, Reflection, and Survival: Political Choices of Red Guards at Qinghua University, June 1966-July 1968"이다.

어서 현실적으로 문혁에 대한 평가 자체를 더욱 곤란하게 만들고 있다. 1980년대의 소위 '상흔문학'이란 문혁의 폐해를 적나라하게 드러낸 문학적 경향이라 할 것이다. 문혁 이후 혁명이란 이름으로 자행된 각종 죄행을 폭로하고 혁명가의 죄의식과 각성이 배경을 이루었다는 점에서 그것은 또 하나의 기억과 역사를 구성할 수 있었다. 주지하다시피 이러한 문혁 시기의 비이성에 대한 반발이 계몽과 근대성을 추구하는 1980년대의 신계몽주의로 나타났다. 그러나 이러한 경향이 단지 서구 근대성에 대한 무비판적 탐닉 또는 미혹에 지나지 않는다는 비판적 시각 속에서 '상흔문학'의 본질이 재해석되기도 했다.[48] 더릭 역시 이들 대중문학이 변태성욕과 야만성으로 가득 찬 선정적인 이야기로 관음증에 빠진 독자를 오도함으로써 정치적 쟁점을 용해시켜 오리엔탈리즘(Orientalism)에 따른 비정상적 중국을 재현했다고 비판했다.[49] 이러한 주장들은 '역사로서의 문혁'을 추구하기 위해서는 문혁과 관련된 기억과 회고에 그만큼 신중하게 접근해야 한다는 사실을 다시 한 번 확인시켜 준다.

이하에서는 '역사로서의 문혁'과 관련된 주요 쟁점인 문혁의 실패 원인, 코뮌과 혁명위원회에 대한 평가, 대중운동에 대한 평가, 문혁의 폐해 등에 대해 '신좌파'가 취했던 입장을 중심으로 그들의 문혁 인식을 검토할 것이다.

'10년 동란' 또는 '10년 내란'으로까지 규정된 문혁은 개혁·개방파는 물론 그들을 비판하면서 등장한 '신좌파'에게도 궁극적으로 실패한 운동이었다. 비극적 실패라는 결론엔 모두 동의하지만 그 원인과 실패의 정도 및 실패의 교훈 등을 둘러싸고 다양한 정파 또는 이론가의 주장이 이어지고 있다. 예컨대 앞서 소개한 「역사 문제에 관한 결의」는 마오쩌둥 사상에서 일탈한 마오쩌둥의 과오를 가

---

48   이러한 신계몽주의의 비판의 예는 張頤武, 「闡釋中國'的焦慮」, ≪二十一世紀≫, 總第28期(1995
     年 4月號) 참조. 왕후이 역시 신계몽주의 사상이 개혁·개방의 이데올로기적 기초를 제공했다고
     비판적으로 이해했다(王暉, 「중국 사상계의 현황과 현대성 문제」, p.55).
49   아리프 더릭, 「역사와 기억 속의 혁명들」, pp.72~73.

장 중요한 실패 원인으로 꼽고 있다. 이는 문혁 실패를 공산당이라는 조직의 사상적 오류가 아니라 마오쩌둥 개인의 오류로 환원시켜 중국공산당 체제의 안정적 지속을 우선적 과제로 두면서 문혁을 지렛대로 급진적인 정책적 전환을 모색하기 위한 것이다. 따라서 이는 문혁과 개혁·개방을 단절적이고 대립적인 역사 과정으로 이해하는 현 중국의 정통적 관점이라 할 것이다.

그런데 이와 달리 왕후이는 문혁과 그 이후를 연관시켜 이해하면서 그 비극을 분석했다. 왕후이는 '탈정치화의 정치화'라는 개념으로 중국의 현 상황은 물론 문혁도 비판적으로 분석했다. 여기서 '정치화'란 정치 논쟁, 이론 탐구, 사회적 자치, 당·국 체제 내외의 정치 투쟁 및 정치 조직과 언론 공간의 비약적 활성화를 의미하는 것으로 문혁 초기 '4대 민주'를 통한 대중적 정치운동의 고양으로 표현되었다. 동시에 그의 '탈정치화'는 사회적 자율·자치의 가능성을 말살하는 양극화된 파벌 투쟁, 정치 논쟁의 권력 투쟁으로의 전화, 정치적 계급관념의 본질주의적 계급론으로의 전화 등을 의미한다.[50] 결국 왕후이가 보기에 문혁의 비극은 문혁 초기까지 활발하게 진행된 '정치화'가 '탈정치화'되면서 나타난 결과였다.

그렇다면 왜 '탈정치화'되는가? 그리고 언제부터 그러한 현상이 나타나는가? 위에서 예시했듯이 파벌 투쟁, 권력 투쟁, 본질주의적 계급론 등이 '탈정치화'의 징후이자 원인이라 할 수 있다. 이 삼자는 기본적으로 상호 관련되어 있지만 그 가운데 계급론이 보다 근본적인 부분이라 할 수 있다. 왜냐하면 당 내외의 주자

50　그의 '탈정치화의 정치화'는 앞서 살펴본 그의 또 다른 주장 '반근대성의 근대성'을 연상시키는 논리적 구조를 지닌 것으로 보인다. 그에게 현대화, 시장화, 글로벌화, 발전, 성장, 全面小康, 민주 등의 개념은 모두 '탈정치화', '반정치화'의 주요 개념이다. 또한 그의 '정치'는 일정의 정치적 가치와 이해관계에 기초한 정치 조직, 정치 논쟁, 정치 투쟁, 사회운동 결국 정치적 주체 사이의 상호 운동을 가리킨다〔王暉, 「中國における1960年代の消失-脫政治化の政治をめぐって」, 『世界史のなかの中國』(靑土社, 2011), pp.78, 80~81〕.

파를 상대로 한 계속혁명인 문혁은 불가피하게 계급 투쟁적 성격을 띨 수밖에 없었기 때문이었다. 그렇다면 '탈정치화'의 본질주의적 계급론은 구체적 역사 현실에서는 어떠한 모습으로 등장했는가? 왕후이는 워뤄커에게 비판받은 '혈통론'을 대표적인 예로 들고 있다. 주지하듯 워뤄커는 문혁 초기 '홍오류'가 '흑오류'를 탄압하는 정치적 풍토에 반기를 들고 출신, 혈통주의를 강하게 비판하여 큰 반향을 일으켰다. 그렇다면 왕후이에게 문혁의 비극은 계급의 '정치성' 혹은 '주관 능동성'을 부정하고 본질주의적 접근을 중시하는 '탈정치화'의 결과였다고 볼 수 있다.[51] 그러한 의미에서 왕후이는 문혁의 종언은 문혁 이후가 아니라 이미 문혁에 내재했다고 해석했다.[52] 이렇게 볼 때 그의 '정치화'란 극좌파의 정치적 주장과 크게 다르지 않고 '탈정치화' 역시 극좌파의 비판 내용과 일맥상통하고 있다고 추론된다.

추이즈위안 역시 문혁의 실패를 인정한 뒤 그 원인으로 계급 문제를 언급했다. 그는 문혁 실패의 원인과 관련하여 마오쩌둥의 '당내 주자파' 이론과 '자산계급법권' 이론 자체의 중대한 결함 때문에 문혁의 '대민주'가 실천 과정에서 왜곡되었고 문혁 후기 억압적 독재 분위기가 만연했다고 지적했다. 이와 관련하여 그는 문혁 시기 자산계급의 의미를 ① 중화인민공화국 성립 이전 부르주아계급

---

51 왕후이는 마르크스의 계급관념을 다음과 같이 정리했다. ① 계급 관계의 도식이 아무리 복잡해도 계급의식과 계급투쟁은 항상 기초적인 계급구조의 제약을 받고 특정의 생산양식과 계급구조에 대한 자각적인 개조로서 표현된다. ② 계급은 일종의 관계 개념이므로 계급 관계에는 내재적·근본적인 착취와 피착취라는 특정의 관계를 객관적인 기초로 하는 대항성을 지닌다. ③ 계급 사이의 대항성은 계급 형성을 위한 필요조건이다. 결국 그는 '구조적 계급관념'과 '정치적 계급관념'을 이용하여 계급관념을 분석하며 계급의 정치적·상대적·주관적 성격을 강조했다〔汪暉, 「中國における1960年代の消失-脫政治化の政治をめぐって」, 『世界史 のなかの中國』(靑土社, 2011), pp.62~64〕.

52 왕후이는 이탈리아 문혁 전문가인 사회학자 알렉산드로 루소(Alessandro Russo)의 연구를 토대로 문혁을 고도의 정치화된 시대로 보고 그 정치화의 종언이 1970년대가 아니라 문혁 개시 후 바로 파벌 투쟁과 폭력충돌에서 시작되었다고 보았다(王暉, 같은 글, p.39).

의 잔여 세력, ② 사람의 정치적 태도·행위 혹은 계급적 입장, ③ 당내 관료집단 등으로 구분한 리처드 크라우스(Richard C. Kraus)의 연구를 인용했다.[53] 이렇듯 자산계급에 대한 여러 갈래의 개념이 문혁에 참가한 각 파벌들에게 각기 다르게 전유됨으로써 문혁의 본래 의의가 상실되어 버렸다는 주장이다. 이 밖에도 마오쩌둥의 '자산계급법권' 이론 자체에도 큰 결함이 있다고 주장한 추이즈위안은 그의 계급론이 정통 마르크스·레닌주의의 낡은 담론 구조와 철저하게 결별하지 못했기 때문에 문혁이 실패했다고 진단했다. 이러한 평가는 추이즈위안이 마르크스주의에 사상적 기반을 두고 문혁을 인식하는 것이 아니라 앞서 지적했듯이 '신진화론', '분석적 마르크스주의', '비판법학'과 같은 새로운 서구 이론을 중심으로 사고했기 때문에 가능했다.

한편, 마오쩌둥에게 높은 평가를 받으면서 한때 문혁의 이상으로 등장한 코뮌의 문제는 문혁 시기 각 세력의 정치적 입장과 노선을 규정하는 중요한 시금석이자 극좌성 여부를 판단하는 기준이었다. 이와 관련하여 왕후이는 먼저 파리코뮌에서 보이는 대중에 의한 고도의 자치 추구를 사회적 노동 분업의 과정에서 불가피하게 발생하는 관료제(주의)와 대립하는 자율적 경향의 한 부분으로 높이 평가했다. 그에게 이 문제는 대중을 지도하는 혁명정당이 어떻게 스스로의 관료화를 회피하고 국가에 대한 자기부정의 지향을 내포한 정치 형태(참가형 민주주의)를 활성화할 것인가라는 근본적인 물음과 관련되었다. 이 때문에 왕후이는 1966년 마오쩌둥의 「5·7지시」가 관료제 확립과 연결된 사회분업 모델을 근본부터 해체한 문혁의 강령성 문건으로 높이 평가한 것으로 보인다. 이 지시는 잘 알려져 있듯이 마오쩌둥이 정치·군사·문화·생산을 학습할 대학교로 군대를 만들

---

53   Richard C. Kraus, *Class Conflict in Chinese Socialism*(Columbia University Press 1981)〔건국대중국문제연구소 옮김, 『중공의 계급구조와 그 갈등』(汎潮社, 1986)〕; 崔之元, 「마오쩌둥 문화대혁명이론의 득과 실」, pp.62~63, 77 참조.

고 군인·농민·학생·상인·당정 기관원 등의 분업 활동을 초월한 종합적 기능인의 창출을 강조한 것이었다.[54] 지시에 담겨진 마오쩌둥의 보다 깊은 뜻은 이를 확대 선전한 ≪인민일보≫에 잘 나타났다.[55]

> 노동자와 농민, 도시와 농촌, 육체노동자와 정신노동자의 차별을 축소할 수 있고 도시와 공업의 기형적 발전을 회피할 수 있으며 지식인의 노동화, 노동인민의 지식화를 이룩할 수 있고 고도의 정치적 각성과 전면적 발전을 이룩할 수 있는 억만 공산주의 신인간을 배양할 수 있다.

이는 문혁의 '3대 차별' 철폐 의지가 잘 반영된 주장이라 할 것이다. 왕후이는 문혁이 관료제 확립과 연결된 사회분업 모델을 근본부터 해체하고 위계 관계와 계급적 대항 관계를 재생산하는 일체의 정치 메커니즘과 생산양식 그리고 문화적 조건을 철저하게 개조시키려는 이상을 추구했다고 보았다. 그 때문에 문혁을 통해 파리코뮌과 노동 분업의 파괴가 연결됨으로써 공산주의 신인간 배양을 위한 사회적 자치 실험이 실행되었다고 평가했다. 그는 이러한 실험의 구체적 예로 노동자대표대회, 농민대표대회, 홍위병대표대회를 거론했다. 하지만 정작 가장 중요한 상하이인민공사에 대해 직접적으로 언급하지 않았다. 이렇듯 상하이인민공사에 대해 직접적 설명을 회피한 채 코뮌의 의의만을 강조하고 있다는 사실에서 왕후이가 마오쩌둥에 의한 상하이인민공사의 좌절이라는 역사적 사실을 외면하고 있는 것은 아닌지 의문이 든다. 그렇다면 이는 마오쩌둥과 문혁에 대한 '신좌파'의 단편적 인식을 시사하고 있는 것은 아닌가?

54　「對總後勤部關于進一步搞好部隊農副業生産報告的批語」(1966.5.7), 『建國以來毛澤東文稿』, 第12冊(中央文獻出版社, 1998), pp.53~56.
55　"全國都應該成爲毛澤東思想的大學校-紀念中國人民解放軍建軍三十九周年", ≪人民日報≫, 1966.8.1.

코뮌에 대한 왕후이의 높은 평가는 상하이인민공사를 부정하고 성립된 혁명위원회를 대중운동과 관료화한 국·당 체제의 타협으로 파악하는 부정적 평가와 연동된다. 왕후이는 그것이 비록 일부 코뮌적 요소를 포함하지만 결국엔 노동자, 농민, 학생, 병사 등의 대표가 권력구조의 주변에 위치할 수밖에 없다고 보았다. 사실, 왕후이는 관료국가기구에 대한 분명한 저항의 양상을 띠고 등장한 코뮌 모델이 혁명위원회라는 준정부 조직으로 빠르게 변모하여 위계제(등급제)를 형성하고 성분 문제, '출신론'이 발전하게 된 일련의 상황을 '문혁의 역설'로 인정했다. 결국, 왕후이가 보기에 문혁의 현실은 국가기구의 파괴가 아니라 새로운 사회 제도의 재건립에 있었다.[56]

그렇다면 문혁 시기 코뮌의 이상에 가장 적극적으로 동조하고 혁명위원회에 적대적인 입장을 취했던 '신사조'파 혹은 극좌파에 대한 왕후이의 인식은 어떠한가? 그는 이 문제에 관련하여 1960년대 말 우한 일부 지역에서 전개된 대중의 반복고운동을 언급하면서 그것이 혁명위원회가 과거의 당·정 관료체제에 기초하고 있는 것에 반기를 들었다고 지적할 뿐이었다.[57] 하지만 저명한 양시광의 성무련이나 광둥의 '8·5공사' 등 극좌파의 주장에서 명확하게 드러나듯 코뮌과 혁명위원회 문제는 문혁 조반파 내부의 사상적 분열과 차이를 보여주는 중요한 기준이라 할 것이다. 이하에서는 이 문제와 관련하여 '신좌파' 지식인 가운데 문혁에 관한 가장 많은 연구를 진행한 왕사오광의 설명에 주목하여, 문혁 '신사조'파 혹은 극좌파에 대한 평가는 물론 문혁의 한계와 극복 방향에 대한 그들의 기본적인 입장에 대해 검토해 보고자 한다.[58]

---

56 王暉·백승욱, 「근대성의 역설: 중국, 근대성, 전지구화」, ≪진보평론≫, 제6호(2000, 겨울), pp.335~360 참조.

57 王暉, 「中國における1960年代の消失-脱政治化の政治をめぐって」, 『世界史 のなかの中國』(靑土社, 2011), p.117, 주 23 참조.

58 이하 왕사오광의 논의는 Shaoguang Wang, "'New Trends of Thought' on the Cultural

왕사오광은 "문혁이 '위로부터의 혁명'이며 조반파는 자신들의 의지로 일어난 것이 아니다"[59]라는 전제에서, 그들이 문혁에 참여한 주된 원인은 파괴와 복수이며 사회의 구조적 모순에 대한 인식도 없어서 건설과 개혁 의지를 찾을 수 없다고 주장했다. 따라서 운동 참여를 통해 소기의 목적을 달성한 이후 조반파는 바로 집단행동에서 이탈하거나 소요파가 되거나 그렇지 않으면 조직에 남아 경제주의적 이익을 좇았다. 문혁 조반파 대중에 대한 그의 이러한 부정적 평가는 조반파 지도자들에게도 그대로 적용되었다. 다음 인용에서 그들에 대한 왕사오광의 인식이 적나라하게 드러난다.[60]

심지어 조반파 지도자들조차 반란자(rebels)에 불과하지 혁명가(revolutionaries)는 아니었다. 마오쩌둥이 그들에게 '탈권'을 요구했을 때 모두 열광적으로 호응했다 그러나 그들은 어떤 고상한 혁명적 목적을 실현하기 위해서가 아니라 새로운 권력가가 될 전망에 이끌렸기 때문에 권력을 장악하길 원했다. 그들은 문혁 전 중국에 존재한 사회적 병폐를 극복할 구조적 방법에 관한 어떤 생각도 갖지 않았고 새로운 권력가에 의해 구 권력구조가 어떤 근본적인 변화를 겪을 수 있을지에 대해 결코 궁금해하지 않았으며 자신의 권력으로 무엇을 할 것인지에 대해 아무 생각이 없었다. 그 대신 그들의 관심은 권력 그 자체였다. 1967년과 1968년 전개된 사건을 통해 모든 조반 조직의 주된 관심이 단지 권력의 몫을 최대화하는 데에만 있었다는 사실을 확인할 수 있다.

물론 왕사오광의 이러한 인식은 '신사조'파를 일반 조반파와 대비시키려는 의

Revolution," *Journal of Contemporary China* (1999), 8(21) 참조.

59   Shaoguang Wang, "'New Trends of Thought' on the Cultural Revolution," p. 197.

60   Shaoguang Wang, 같은 글 p. 198.

도에서 비롯된 것이므로 일부 과장된 측면도 없지 않을 것 같다. 하지만 대부분의 '신좌파'와 달리 그가 문혁을 부정적으로 인식했다는 주장[61]까지 고려한다면 그렇게 의외의 주장은 아니라 할 것이다. 위의 설명은 홍위병 활동에 직접 참가했던 경험, 자신의 고향 우한을 대상으로 한 실증적인 문혁사 연구, 그를 위한 방대한 문혁 관련자와의 인터뷰 등을 통해 복합적으로 형성된 결론이었다. 반면, 왕사오광이 보기에 '신사조'파는 1871년 파리코뮌을 모델로 관료주의를 극복하고 새로운 사회를 창조하려는 "통찰력 있는" 집단이었다. '신사조'파에 대한 평가는 다음의 인용에서 보듯이 권력의 양만 추구하는 일반 문혁 대중 또는 지도자와는 반대였다.[62]

반면 '신사조'파는 현존 사회·정치질서의 근본적 변화를 추구했다. 이들이 (다음의) 세 가지 특징을 공유한 것은 우연이 아니다. 즉, 그들은 젊고, '흑오류' 출신이며, 권력을 획득할 만한 위치에 있지 않았다. 그들은 인생 경험이 많지 않아 평등주의적 유토피아를 품었고, 문혁 전의 사회질서에 만족하지 못했기 때문에 조반파가 되었다. 또한 그들은 개인적으로 권력 투쟁에서 떨어져 있었기 때문에 더욱 심각한 방식으로 사회 변화 문제에 대해 생각할 수 있었다. 그들에게는 또 다른 유사점이 있었다. 모든 '신사조'파 이론가들은 특별히 뛰어나고 회의적이며 비판적인 사고로 무장되었다.

이상을 통해보면 그가 말하는 '신사조'파는 곧 극좌파라 해도 무방할 것 같다. 그런데 이러한 높은 평가에도 불구하고 왕사오광에게 그들의 한계는 분명했다.

---

61 타키다 고(瀧田豪)는 그의 박사논문을 근거로 이렇게 주장하면서 단지 그가 마오쩌둥 이념의 정확성을 인정했다는 뉘앙스 정도는 엿볼 수 있다고 했다(瀧田豪,「中國「新左派」の民主化論-王紹光を中心に-」, pp. 253~254, 주 68 참조).

62 Shaoguang Wang, "'New Trends of Thought' on the Cultural Revolution," p. 214.

그들은 이론적으로 미숙했고, 마오쩌둥주의, 마르크스·레닌주의 관련 원전과 공산당의 공식 발표 를 참조해서 그 가운데 자신들의 견해를 지지할 수 있는 부분만 맥락 없이 발췌해 이용하는 데 능할 뿐이었다. 또한 이들의 한계는 수단이 목적에 부합하지 않은 데에 있었다. 그들은 기존의 국가 체제 파괴에 지나치게 관심을 기울였고 관료주의와 불평등의 가능성을 없애줄 새로운 형태의 정부 건립이나 중화인민공사의 구체상에 대해서는 거의 언급하지 않았다.[63] 그렇다고 해서 '신사조'파가 문혁 자체의 의미를 독립적으로 추적하고 문혁파의 권위에 도전하는 가장 비판적 정신을 지녔다는 의의가 사라지는 것은 아니라고 왕사오광은 강조했다.

마지막으로 문혁의 경제 정책과 관련된 인식을 추이즈위안을 통해 검토해 보자. 그는 경제학자로서 당연히 마오쩌둥의 경제 정책에 관심을 집중시켰다. 구체적으로 그는 마오쩌둥의 공장 경영방식 가운데 하나인 소위 '양참일개삼결합(兩參一改三結合)'[64]에 주목했다. 그것은 마오쩌둥에 의해 '안강헌법(鞍鋼憲法)'으로 명명된 기업관리 준칙을 가리킨다. 1960년 3월 22일 마오쩌둥은 안산강철공사(鞍山鋼鐵公社)의 보고를 높이 평가하면서 "안강헌법이 원동(遠東), 중국에서 출현했다"라고 선언했다. 그것은 정치 우선, 당 지도강화, 대중운동, 공동 관리, 기술혁신을 골자로 한 혁신 조치로서 문혁 전 시기에 걸쳐 기업경영의 기본 방침으로 작용했다. 그 전에는 공장장 단독 책임제〔일장제(一長制)〕, 전문가에 의한 공장경영, 이윤제일주의, 물질적 인센티브 등을 특징으로 하는 소련의 마그니트고르스크 철강콤비나트 관리제〔'마강헌법(馬鋼憲法)'〕가 신성불가침의 권위를 지녔

---

63 같은 이유에서 인훙뱌오는 문혁 '신사조'파‖ 극좌파를 무정부주의와 관련시켜 비판하면서 그
     한계를 더욱 강조했다〔印紅標, 『失踪者的足跡-文化大革命期間的青年思潮-』(香港: 中文大學出版
     社, 2009), pp.124~131 참조〕.
64 이는 간부들이 노동에 참여하고 노동자들은 관리에 참여하여 불합리한 제도와 규정을 고치며
     또한 관리자·노동자·기술자가 생산실천과 기술혁신에 협조하는 것을 가리킨다.

다.[65] 추이즈위안은 마오쩌둥이 '마강헌법'이 아닌 '안강헌법'을 채택한 사실을 높이 평가하면서 그것을 일장제로 표현되는 서구의 포드주의에 대한 도전 의지로 파악했다. 이로써 그는 대약진운동과 문혁의 영향 및 평가 여부에 관계없이 '안강헌법'이 지닌 경제민주주의의 정신을 향후 중국 민족공업 진흥을 위한 정신과 자산으로 삼아야 한다고 주장했다. '안강헌법'은 한 예에 불과하지만 문혁 시기 마오쩌둥의 경제 정책이 지향한 바와 그에 대한 '신좌파'의 인식을 요약적으로 잘 드러내고 있다.[66]

이상 왕후이, 추이즈위안, 왕사오광 등 3인을 중심으로 중국 '신좌파'의 문혁 인식에 대해 살펴보았다. 본래 '신좌파'는 단일한 정체성을 지닌 정치 조직이 아니어서 그 내부에 다양한 사상적·정책적 지향을 지닌 지식인들로 구성된 임의적이고 자의적인 집단이었다. 따라서 그들에 대한 비판이 광범하게 진행되었다. 예컨대, 인민주의자(populist), 신민족주의자, 국가주의자, 중국 지식계의 '문화적 공적(公敵)', 수평적 사고〔횡향의식(横向意識)〕의 부재, 사회주의 근대성에 대한 찬양, 정부에 대한 비판성의 상실 등이 비판의 근거로 거론되었다. 따라서 이러한 비판의 와중에서 '신좌파'가 문혁에 대한 자신들의 입장을 충분히 공개적으로 밝

---

65 「中央轉發鞍山市委關于技術革新和技術革命運動展開政況報告的批語」(1960.3.22), 『建國以來毛澤東文稿』第9冊(中央文獻出版社, 1997), pp.89~92; 「脫毛澤東시대 중공 어떻게 변하나」(7), 『京鄕新聞』(1978.3.20).

66 문혁 이후 사라진 '안강헌법'에 추이즈위안이 다시 주목하게 된 계기는 일본, 스웨덴, 미국 등 선진 공업국가에서 수직명령을 핵심으로 하는 포드식 분업체제의 한계를 극복하기 위해 등장한 '포스트-포드주의(post-Fordism)'의 정수를 그가 '안강헌법'으로 표현된 마오쩌둥 사상에서 찾았기 때문이다. 추이즈위안의 이러한 주장과 그에 대한 왕딩딩(汪丁丁) 등의 반론 그리고 재비판과 문혁기 우장(吳江), 쑤난(蘇南)의 농촌경제 발전이 지닌 '포스트-포드주의'적 함의에 대해서는 崔之元, 「鞍鋼憲法與後福特主義」, ≪讀書≫(1996.3), http://www.aisixiang.com/data/12756-2.html (검색일: 2013.9.29). 또한 '적기 생산 혹은 재고 없는 생산(just-in-time, or inventoryless production)'과 '고정비용의 탄력성'을 핵심 원칙으로 하는 포스트포드주의와 경제민주와의 관계에 대해서는 崔之元, 「경제민주의 두 가지 함의」, ≪讀書≫, pp.112~113 참조.

히기 곤란했다. 더욱이 그들의 통일되지 않은 문혁 인식에 대한 비판은 더욱 가혹했다. 그들은 '문혁주의자' 혹은 '문혁시대의 극좌파'라고 비난받았고 마오쩌둥 혁명전통을 "열렬히 찬양"하지만 착오에 대해 응분의 비판을 하지 않으며 문혁을 뼈저리게 체험하지 않았다고 공격받았다.[67]

그렇다면 그들의 문혁 인식에 대한 세간의 비판에 과연 합당한 근거가 있는가? 마오쩌둥 사상과 문혁을 재평가해야 한다는 새로운 세계적 흐름 가운데 '신좌파'는 문혁의 전면 부정, 망각이란 현실을 거부하고 그 안에서 '합리성'과 '이성'을 찾아내어 미래의 '대안적 근대성'을 모색했다. 동시에 '신좌파'는 '반정치성의 정치성'(왕후이), '낡은 담론구조'의 한계(추이즈위안), '혁명가가 아닌 반란자'의 한계(왕사오광) 등을 통해 문혁의 폐해와 실패를 지적했다. '신좌파'의 이러한 문혁 평가의 배경에는 '반근대성적 근대성'의 추구(왕후이), 사회주의와 자본주의의의 제도적 초월(추이즈위안), 개인 경험을 바탕으로 한 역사·사회과학적 분석(왕사오광) 등 상이한 접근 방법이 있었다.

이렇듯 '신좌파'는 문혁 전면 부정론을 비판하면서도 동시에 문혁의 실패를 인정했다. 그들은 득과 실, 공과 과, 이성과 광란, 이념과 정치라는 상호 대립적인 두 요소가 문혁에 동시에 내포되어 있음에 동의한다. 그런데 '신좌파'가 문혁 평가에 집착하는 목적은 단순히 '역사로서의 문혁'을 추구하려는 데에만 있지 않다. 그보다는 전 지구적 자본주의화시대에 이루어진 중국의 개혁·개방 이후 심화되어 가는 새로운 차별, 새로운 사회모순의 극복을 위해 문혁 시기에 시도되었던 서구 자본주의와 소련 사회주의와 구별되는 실험을 새롭게 평가하여 중국의 현재와 미래에 적용하려는 현실적 필요에 있었다.

---

67 이상 '신좌파'에 대한 비판은 이욱연, 「중국 지식인 사회의 새로운 동향」, ≪중국현대문학≫, 16(1999), pp.496~500; 조경란, 「중국에서 '신좌파'와 비판적 지식인의 조건: 왕후이의 "중국모델론"과 21세기 지식지형의 변화」, ≪시대와 철학≫, 24-1(2013); 성근제, 「왕후이(王暉)는 타락했는가?」, ≪동아시아 브리프≫, 6-4(2011) 참고.

따라서 그들은 기본적으로 실증적 역사가라기보다는 현실 참여 또는 현실 비판적인 지식인 집단이다. 그래서 그들에게 문혁이란 '역사로서의 문혁'이라기보다는 '신념으로서의 문혁'이 될 가능성이 높았다. 게다가 '신좌파'는 기본적으로 공정하고 평등한 국가 사회 속의 개인이 누려야 할 자유와 자율을 존중하며 서구 근대성을 비판적으로 검토하지만, 다른 한편으로 중국이라는 국가 단위의 근대화 추구를 포기하지 않았다. 그들은 현 국가 정책과 이념, 그리고 현실을 비판하지만 당·국가체제를 부정하거나 탈민족주의의 주장으로까지 나아가지 않았다. 그러한 측면에서 그들은 근본적으로는 보수적이라 할 수 있다. 이렇게 본다면 '신좌파'가 상황의 변화에 따라 시장의 유혹이 아니라 제국주의 위협하의 국가적 위기나 국가적 발전 속에서 당국의 담론에 합류할 가능성이 있다.[68] 최근 '중국 모델론'의 대두와 함께 왕후이의 친 정부적 태도를 두고 변절 논란이 발생한 것은 이러한 우려가 단순한 기우가 아닐 수 있음을 보여준다. 결국 이러한 모습은 그들이 문혁 내의 자율적 민간사조 또는 이단사조, 극좌파의 지향에 온전히 동의할 수 없는 반증이기도 하다. 하지만 '신좌파'가 문혁이란 '금구'를 깨고 비판을 감수하면서까지 본격적인 공론의 장으로 끌어들였다는 사실 자체는 문혁 시기 '신사조' 혹은 극좌파의 비판적 정신을 실질적으로 체현했다는 점에서 높은 평가를 받을 만하다.

---

68 王超華, 「90년대 중국 사상계의 정신」, 『고뇌하는 중국: 현대 중국 지식인의 담론과 중국 현실』 (길, 2006), p.55. 또한 '신좌파'의 구체적 주장과 그들의 '국가주의화' 경향에 대한 세밀한 분석에 대해서는 조경란, 『현대 중국 지식인 지도』(글항아리, 2013) 참조.

1. 극좌파의 형성과 특징

둔황(敦煌)은 중국에 있지만 둔황학은 외국에서 이루어지고 문혁은 중국에서 발생
했지만 문혁학은 서방에서 이루어진다.

이는 중국 문혁 연구의 실상을 웅변하는 것으로 중국의 대표적 자유주의 문혁
연구자인 쉬요우위가 문혁 30주년을 즈음해서 했던 말이다.[1] 하지만 2016년 문
혁 발발 50주년을 즈음한 현재에는 이 말이 무색할 정도로 중국에서 다양한 입
장의 문혁 논의가 이루어지고 있다. 비록 서구만큼은 아니며 게다가 여전히 공
식적 문혁관의 틀을 크게 벗어나지 못하는 한계를 지니지만, 문혁은 더 이상 학
술적 '금구'라 할 수 없을 것 같다.[2] 물론 공식적인 언론을 통해 문혁이 공공연하

---

[1] 徐友漁, 「文革研究之一瞥: 歷史·現狀和方法」, 宋永毅 主編 『文化大革命: 歷史眞相和集體記憶』, 上
册(香港: 田園書屋, 2008.2), p.2. 중공중앙선전부는 1986년 11월 지시와 1988년 12월 「關於出
版「文化大革命」圖書問題的若干規定」을 통해 문혁 관련 연구서, 다큐멘터리, 소설 모두의 출판
을 금지했다〔加加美光行, 「中國文化大革命の歷史的意味を問う」, ≪思想≫ No.1101(2016.1), pp.
32~33〕.

게 논의되지 못한다는 의미에서 여전히 연구는 제한적이라 할 수 있다.[3] 하지만 중국 내외에서의 문혁 연구와 토론은 보다 활발하게 전개되어 새로운 의미에서의 '문혁(연구)열'이 심화·확산될 것이다.

'십년호겁(十年浩劫)'·'십년동란(十年動亂)'

1980년대 이후 이와 같은 문혁의 주류적 관점은 학계 내외에서 여전히 큰 영향력을 발휘하고 있다. 하지만 이 '십년문혁설'로는 이 책의 본문에서 주로 다룬 1966년부터 1969년 사이에 전개된 문혁운동의 진정한 의의를 제대로 설명하지 못한다. 왜냐하면 '십년문혁설'에 따르면 문혁은 더 이상 당 관료기구를 상대로 아래로부터 대중이 '자발적'으로 일으킨 2년 혹은 3년의 '대민주' 운동이 아니라 상층 엘리트의 권력 투쟁이거나 중앙파벌 투쟁에 불과하고 대중은 거기에 기만당하고 이용당한 수동적 존재에 불과하기 때문이다. 또한 이 주장은 문혁 전체의 죄악과 책임을 문혁 전기의 '대민주' 실험에 덮어씌움으로써 그들의 이상과 실천을 부정하려는 정치적·이념적 문혁 평가에서 비롯된 것이었다. 그렇다면 극좌파를 통해 본 '역사로서의 문혁상'은 무엇인가?

중화인민공화국 성립 이후 문혁을 사이에 두고 다양한 형태의 대중정치운동이 전개되었다. 삼반(三反) 운동·오반(五反) 운동·진반(鎭反) 운동·숙반(肅反) 운동·반우(反右) 운동·사청(四淸) 운동·계급대오정리(淸理階級隊伍) 운동·일타삼반

---

2   특히 홍콩까지를 포함하거나 국외에서 활동하는 중국인 연구자와 문혁 경험자의 동향까지를 고려하면 더욱 그러하다. 게다가 인터넷상에서는 수많은 문혁 경험, 연구, 회고가 교류되고 있는 실정이다. 중국을 포함한 새로운 문혁 연구자료에 대한 최근 소개로는 안치영, 「문화대혁명 연구의 새로운 자료」, ≪현대중국연구≫, 18(2), 2016 참조.

3   문혁 50주년인 2016년을 즈음한 대륙에서의 문혁 관련 언론 탄압과 자유주의 지식인의 대응에 대해서는 及川淳子, 「現代中國の知識人と文革」, 土屋昌明·「中國60年代と世界」研究會[編], 『文化大革命を問い直す』(東京: 勉誠出版, 2016).

(一打三反) 운동·5·16정리(清查五一六) 운동·비림비공(批林批孔) 운동·우경번언풍조반격(反擊右傾飜案風潮) 운동 등이 그 예이다. 그렇다면 이들과 비교하여 문혁은 어떠한 특징을 지니는가? '양개문혁론'을 주장한 류궈카이는 다음과 같은 네 가지의 특징을 꼽았다. 첫째, 기타의 정치운동이 공격 방향을 대중이나 소수의 간부 또는 기층 간부를 대상으로 삼았던 반면에 문혁은 지방 각급 당 지도부와 중앙지도자도 공격 대상에 포함시켰다. 둘째, 기타 정치운동의 과정에서 공산당 상층 지도부는 기본적으로 통일된 반면 문혁 기간에는 엄중한 분열과 대립을 드러냈다. 셋째, 기타 정치운동에서 공산당 조직은 대중운동에 대한 지도권을 확립했지만 문혁 기간에 공산당 조직은 거의 마비 상태에 빠졌다. 넷째, 문혁 기간 대중은 전에 없이 많은 조직을 결성했고 이들 조직은 집회·시위·결사·언론·출판 등의 정치적 권리를 향유했다.[4]

이렇게 본다면 문혁의 핵심은 비록 마오쩌둥의 권력 투쟁을 위해 동원된 측면이 없지 않지만 본질적으로 사회 정치 혁명을 위한 대중의 자발적 참여에 있다고 할 수 있다. 또한 이 책에서 확인했듯이 이러한 문혁의 핵심적 가치를 가장 잘 보여준 집단이 극좌파가 될 것이다. 그렇다면 극좌파의 평가에 앞서 그것의 형성 과정과 특징에 대해 이 책의 내용을 중심으로 간략하게 정리해보자.

〈그림 1〉은 베이징시 홍위병 조직의 변화를 도식화한 것이다. 이 가운데 실선은 조직의 변천을, 점선은 조직원의 부분적 이동을 가리킨다.[5] 여기서 소수파는 초기 공작조에 반대했던 학생 조직을, 다수파는 공작조를 옹호했던 학생 세력을

---

4   劉國凱, "三年文革與兩條線索", 北美 ≪世界日報≫, 1997.1.26; ≪世界週刊≫; 劉國凱, 『人民文革論』(『人民文革叢書卷四』), 臺灣: 博大出版社, 2006.4, pp.43~46.

5   向前, 「政治身份體系下的社會衝突: 文革初期群衆行爲的社會根源」(上海復旦大學博士學位論文, 2010), p.120 '베이징시 학생홍위병 조직 변화도' 참조. 참고로 그의 정리는 印紅標, 「紅衛兵運動的主要流派」, ≪靑年研究≫, 1997-4와 徐友漁, 『形形色色的造反』(香港: 中文大學出版社, 1999)에 따른 것이다.

그림 1   대중 조직 변화 정황도 1

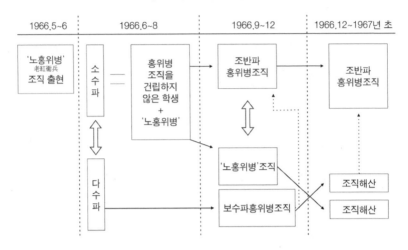

지칭하며 '노홍위병'은 베이징 고급간부 자녀를 중심으로 처음 홍위병을 조직했던 부류로서, 공작조를 옹호했던 보수파와 달리 반대의 입장을 보였다는 측면에서 구별된다.[6] 이어 홍위병 조직은 재차 대립·분열의 과정을 거친다.

〈그림 2〉 역시 문혁 시기 군중 조직의 변화 과정을 도식화한 것으로 보수파와 조반파 그리고 조반파의 분열에 따른 온건파와 급진파 그리고 급진파 내의 극좌파의 위상 등을 잘 보여준다.[7]

이상의 보수파와 조반파 그리고 극좌파의 특징을 대비하면 〈표 1〉과 같다.[8] 보수파, 조반파, 극좌파 가운데 극좌파는 수적으로나 질적으로 큰 역량을 지닌

---

6   이 둘의 구분에 대한 강조는 印紅標, 「老紅衛兵思潮和保守派思潮」, 『失踪者的足跡』, pp.5~56.

7   向前, 「政治身份體系下的社會衝突: 文革初期群衆行爲的社會根源」, p.122, 〈대중 조직 변화 정황도〉 참조.

8   〈표 1〉은 向前, 같은 글, p.123, 〈'보수파'와 '조반파'의 총체(總體) 비교표〉를 바탕으로 극좌파의 특징을 포함시켜 작성했다. 한편, 조반파 내부의 온건파와 급진파의 구분과 그 특징에 대한 설명은 印紅標, 『失踪者的足跡』, pp.75~84; 徐友漁, 『形形色色的造反』, pp.81~121 참조. 쉬요우웨이는 온건조반파의 배후에 저우언라이가, 급진 조반파의 배후에 문혁소조가 있다고 추정했다.

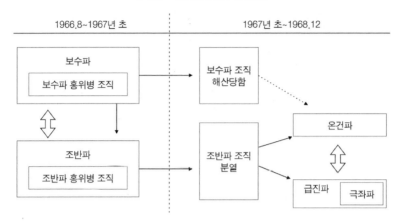

그림 2 대중 조직 변화 정황도 2

| 1966.8~1967년 초 | 1967년 초~1968.12 |

보수파
보수파 홍위병 조직

→ 보수파 조직 해산당함

조반파
조반파 홍위병 조직

→ 조반파 조직 분열

온건파

급진파 극좌파

정규적인 정치 소식이라 할 수는 없다. 극좌파 가 조직 내부의 정체성은 물론 분
명한 연계성을 지닌 연합 조직도 아니고 조직들 사이에 차별성 역시 존재한다.[9]
하지만 이러한 한계 혹은 특수성에도 불구하고 대체로 다음과 같은 몇 가지 사
상적 공통점을 확인할 수 있다.[10] 첫째, 중화인민공화국 성립 이후 17년 동안 계
급 관계에 새로운 변동이 발생하여 관료특권계층이 성립했고 이들과 인민대중
사이의 모순 폭발이 곧 문혁이었다. 따라서 문혁은 정치혁명일 뿐만 아니라 새
로운 관료특권계층을 타도하기 위한 사회혁명이었다. 둘째, 이들은 사회혁명 이

---

9 특히 혁명위원회의 성격을 둘러싸고 대표적인 극좌파 조직인 성무련과 결파는 차이를 보였
   다. 전자는 과도적 기구로 없어져야 할 것이라 한 반면에 후자는 공대회(工代會)를 통해 감독
   을 받아야 할 조직으로 그 존재 자체를 인정했다. 이 문제에 대해서는 中津俊樹, 「中國文化大
   革命期における紅衛兵の「極左思潮」について-革命委員會の成立を巡る動きを中心に-」, ≪アジア經
   濟≫(2005.9) 참조. 또한 혁명위원회 자체의 성격 차이에 강조점을 두어 '배타적' 혁명위원회와
   '포섭적' 혁명위원회로 구분한 연구도 있다. 이에 따르면 한 파벌에 의해 권력이 독점된 '배타적'
   혁명위원회가 형성될 경우 문혁의 폭력 양상이 심화되는 경향이 있었다. 이에 대해서는 谷川眞
   一, 『中國文化大革命のダイナミクス』(御茶の水書房, 2011) 참조.
10 이 정리와 관련하여 극좌 신사조의 특징에 대한 인홍뱌오의 설명도 참조할 만하다(印紅標, 『失
   踪者的足跡』, pp.124~131).

표 1　보수파·조반파·극좌파 비교표

구분	보수파	조반파	극좌파
문혁에 대한 입장	- 문혁 옹호 - 중앙에서 타도하라고 지목한 지도 간부 비판 - '반동학술권위'·자산계급지식분자 비판		- 철저한 문혁 추진
기본 구성	- 공작조 옹호의 '다수파' (공작조 반대의 '노홍위병'은 이때 '보수파'와 동맹)	- 공작조 반대의 '소수파' ('소수파' 가운데의 '노홍위병은 반대의 입장)	- 조반파에서 분열
'혈통론'에 대한 입장	- 기본적으로 지지 - 어떤 때는 '비(非)홍오류'와의 단결을 강조	- '연동' 사상 비판 - 출신론 동의하지 않음	- 결연히 반대·비판 - 출신론과 연결
조직 노선과 인원 성분	- '홍오류'를 중심 - '비(非)홍오류'는 '홍외권(紅外圈)' - '홍전우(紅戰友)' 등 외곽 조직에 참가	- 성원의 가정 출신 제한 없음 - '마오류(麻五類)'가 다수	- 역사 문제 - 가정 출신 문제를 지닌 성원이 중심 - '흑오류' 중심
지방당 조직에 대한 태도	지지	성·시·지·현위에 대한 조반	혁명위원회에 대한 조반
투쟁의 주요 방향	- 하향식 투쟁 - 당 외 투쟁	- 상향식 투쟁 - 당내 투쟁 - 계속혁명이론	- 상향식 투쟁 - 군 내 투쟁 - 외교부 투쟁 - 파리코뮌 건설 투쟁 - 철저·계속혁명 투쟁
'자산계급반동노선'에 대한 태도	- 몰이해 - 무관심	- 주자파에 대한 적극적 비판 - 특권계층 비판	- 특권계층에 대한 적극적 비판 - 저우언라이 비판
존재 시기	- 1966년 8월~1967년 (일부 성은 계속 건재)	- 1966년 8~9월 출현 - 10월 이후 신속 발전 - 1967년 초 분열 - 1968년 이후 해산	- 1967년 후반 등장하여 1968년 탄압으로 해산
강조점	사회주의 체제 유지	프롤레타리아 독재	계속혁명론
수	다수	소수	극소수
회의일체론	반대	찬성 → 반대	전체적 찬성
당 중앙의 입장	비판	지지	비판('반동')

후의 세계에 대해서는 파리코뮌을 이상적 모델로 삼고 정치제도 변혁을 추구했다. 극좌파의 관심은 단순한 정권 내부의 노선 투쟁이 아닌 제도 변혁을 통한 사회모순의 해결에 있었다. 그들은 구국가기구를 타도하고 인민이 직접 선출·파면·감독하는 지도자와 그들의 특권 배제를 강조했다. 셋째, 문혁의 구체적 목표와 임무에서 극좌파는 문혁을 수습하려는 일체의 기도에 반대하여 혁명위원회 반대는 물론 저우언라이, 군대 그리고 더 나아가 문혁파까지 비판의 대상에 포함시켰다. 극좌파가 명시적으로 드러내지는 않았지만 이들에 대한 비판은 실질적으로 마오쩌둥에 대한 공격을 의미했다고 할 것이다. 넷째, 극좌파는 혁명위원회를 통한 문혁 수습에 반대하고 마오쩌둥의 '계속혁명론'에 입각하여 보다 철저하고 지속적인 혁명을 추구했다. 이러한 급진성은 기존의 당·국가체계와 충돌할 소지가 많았고 중앙문혁소조 내의 왕리·관평·치번위 실각 이후 나타난 상층 문혁의 보수화에 따라 '반동 잡동사니 조직'으로서 탄압받았다.

2. 극좌파에 대한 평가

문혁 극좌파에 대한 평가는 문혁에 대한 평가만큼이나 극단적으로 갈린다. 일례로 중국의 대표적 문혁 연구자인 인훙뱌오는 극좌 신사조파에 대해 "형좌실우"이고 시대착오적이며 무정부주의적이고 당시 수습 국면에서 오히려 혼란만 가중시키고 유토피아적이며 유치한 사상이었다고 혹평했다. 또한 특권 제거를 위한 물질적·문화적 조건에 대해 심각하게 검토하지 않았다는 면에서 공상적이었다고 했고 심지어 극좌사조의 주상이 현실에 적용되었더라면 더 큰 재난이 발생했을 것이며 그들이 억압되어 손실이 발생하지 않은 게 다행이라고까지 했다.[11] 하지만 '인민문혁론'의 주장자 류궈카이는 다음과 같이 높이 평가했다.

인민 맥락 특히 그 가운데 선진적 부분은 객관적으로 중공정권에 충격을 주어 통치 기반을 약화시켰다. 인민 맥락의 최고 결정-문혁 신사조는 중국 당대 사상 해방의 기원이 되었다.[12]

문혁이 한창이던 1970년에 이미 극좌파에 주목했던 류궈카이의 주장이었기 때문에 길지만 좀 더 그의 설명을 인용해보자.

(문혁)운동 중·후기에 출현한 극좌사조는 의심할 것 없이 사회적 의식 형태 가운데 가공할 폭탄을 투척한 것이었다. 「중국은 어디로 가는가?」의 외침 소리는 수많은 사람의 심금을 울렸고 수많은 사람의 새로운 사상적 문을 열었고 중대하고 심원한 영향을 끼쳤다. 비록 극좌사조는 공개적으로 비교적 짧게 존재했지만 상당히 광범하게 전파되었다. 많은 사람이 극좌사조의 글들을 진귀하게 여겨 잘 간직했고 믿을 만한 사람들 사이에 전달하여 읽고 열렬하게 토론했다. 1968년 대진압으로 인해 많은 사람이 격분했고 사상적으로 전변했으며 이로써 극좌사조는 더 많은 옹호자와 독신자를 만들어냈다. 「중국은 어디로 가는가?」를 읽지 않은 많은 사람은 일부러 찾아 읽었고 일부 읽은 사람들은 몰래 구두로 선전을 했다. 상당수의 청년학생과 일정한 지식교양을 갖춘 노동자들은 극좌 관점을 접수해 더욱 발전시켰다. 단순한 당파성 투쟁에 그들은 더 이상 흥미를 갖지 않았고 자신들의 시야를 현재의 모든 제도에 맞추면서 일부 본질적인 문제를 상세히 분석하고 사회 병폐의 총체적인 근

---

11 이와 같은 비판적 평가는 印紅標, 같은 책, pp.121, 131.

11 이와 같은 비판적 평가는 印紅標, 같은 책, pp.121, 131.

12 劉國凱, 『人民文革論』(香港: 博大出版社, 2006.4), p.48. 또한 그는 "극좌파가 조반파의 정화이고 조반파의 문혁 초·중기 민주투쟁정신을 발양했기 때문에 극좌파의 중요 성원은 후에 마오쩌둥 중앙으로부터 '엄중한 처벌을 받았다"고 했다〔金玉山, 「略評文革造反派」, ≪北京之春≫, 總第5期 (1993년 10월號), http://bjzc.org/bjs/bc/05/29 (검색일: 2017.5.11)〕. 한편, 저우룬쮀(周倫佐)에 따르면 진위산(金玉山)은 류궈카이와 동일 인물이다(周倫佐, 『「文革」造反派眞相』, p.250).

원을 찾고 진정한 혁명의 길을 탐색하려 노력했다. 그들은 수적으로 적지만 능력이 매우 컸으므로 중국 사회의 전진에 반드시 공헌을 할 것이다. 극좌사조는 현대 중국 사회에 위대한 계몽적 역할을 수행했다. 그것은 파시스트적인 정치적 강압을 타파하고 정신 예속의 흑막을 폭로하며 마치 어두컴컴한 밤하늘에 밝게 빛나는 붉은 별과 같다. 장차 이 붉은 샛별은 구름 한 점 없는 맑은 하늘을 맞이하고 그 노을빛이 만 갈래로 비치게 될 것이다![13]

비록 이것이 극좌운동을 반파시스트 민주화운동 또는 계몽운동의 선구적 형태로 바라본다는 의미에서 그의 현실 정치적 태도가 반영된 평가이기는 하지만, 극좌파·극좌사조와 동시대를 살았던 류궈카이의 이러한 설명은 그들의 존재 이유는 물론 그들에 대한 연구 이의를 집약적으로 표현하고 있다. 이상 살펴본 대로 극좌파는 긍정과 부정의 평가는 물론 좌·우의 이념적 잣대에 따라 다양한 해석을 가능하게 하고 있는 상황이다. 그렇다면 '역사로서의 극좌파'는 과연 어떠한 모습으로 이해되고 또 평가받을 수 있을까?

문혁은 '대민주'를 추구했다. 수많은 홍위병이 민주를 만끽했고 조반을 일으킬 수 있었다. 그러나 그것은 마오쩌둥에 의해 일시적·전략적으로 주어진 것에 불과했고 정치 사회 시스템으로 보장된 것이 아니었다. 결국 마오쩌둥 혹은 문혁파의 의향이나 정치적 풍향의 변화로 언제든지 회수될 수 있었다. 하지만 대표적 극좌파인 양시광은 문혁에서 대중이 자유와 민주를 향유했음을 강조했다. 그들은 당시 진정한 노동자운동, 학생운동, 시민운동을 전개했으며 '정당형 조

---

13   劉國凱, 『文化革命簡析』(香港: 博大出版社, 2006.4), pp.171~172. 이 책은 1970년 초 류궈카이가 자신의 경험을 바탕으로 완성되었다. 이후 1980년 광저우 민간 등사 책자인 『人民之聲』에 등재되었고 1986년 Antia Chan 박사에 의해 영어로 번역되었다. 1996년 『封殺不了的歷史』(香港: 田園書屋)에 실렸고, 2006년 단행본으로 출판되어 '인민문혁총서권1(人民文革叢書卷一)'로 편성되었다.

직'까지 자유롭게 결성했다고 했다.[14] 이러한 평가는 문혁을 민주운동 더 나아가 사회주의에 대한 반체제운동으로까지 확대 해석할 여지가 있어서 비판받을 소지가 많았다. 하지만 자신들의 행동과 지향이 '반혁명' 또는 '반동'으로 비판·탄압받았음에도 불구하고 여전히 극좌파는 문혁의 '대민주' 이상에 충실했다. 물론 문혁 시기의 '대민주'가 진정한 민주가 아니며 민주의식은 문혁 후에 이루어진 독립사고의 결과이지 문혁 중에 생성된 결과물이 아니라고도 할 수 있다.[15] 그러나 극좌파는 문혁을 통해 고도의 독립적 사고를 했고 민주의 고통을 경험했으며 또한 그를 통해 단련되었다. 게다가 마오쩌둥의 전략적 방침에 따라 행동하고 사고했던 일반적인 조반파와 달리 극좌파는 그를 뛰어넘었다. 그렇다면 "문혁으로부터 조반파를 분리하여 조반운동의 직접적 정의성·상대적 독립성·간접적 진보성을 여러 측면에서 탐색"하고자 한 저우룬쭤(周倫佐)의 시도는 역사로서의 극좌파를 통해 성공적으로 이루어질 수 있을 것이다.[16]

더욱이 조반과 '탈권'을 통해 나타난 당과 국가기구에 대한 공격, 그리고 혁명

---

14   양시광의 문혁 후 이러한 평가에 대해서는 楊小凱, 「評『中國「文革」十年史』」, ≪爭鳴≫, 8月號 (1990年), p.79; 楊小凱, 「六四省悟: 爲文革造反派釀案」, ≪中國之春≫, 8月號(1990年), p.43; 楊小 凱, 「再談「文革」」, ≪中國之春≫, 10月號(1992年), p.79, 이상 모두 徐友漁, 『形形色色的造反』, p.249 참조.

15   대표적으로 쉬요우위의 견해가 그러하다. 그는 양자 사이의 형식적 연계성을 인정하지만 문혁 과 당대 중국의 민주운동 사이에는 간접적이고 복잡한 곡절의 관계가 있다고 했다(이에 대해서 는 徐友漁, 『形形色色的造反』, pp.247~255 참조). 저우룬쭤는 양자 사이의 단절을 강조했다. 하지만 그 역시 문혁의 충격이 없었다면 이후의 개혁·개방과 민주운동도 불가능했을 것이라 하여 양자의 간접적 연계를 인정했다(周倫佐, 『「文革」造反派眞相』, pp.244~253).

16   周倫佐, 같은 책, p.9. 또한 그는 '정풍운동'과 '반우파운동' 시기 지식분자의 주장과 문혁 조반파 의 행동은 모두 권위주의체제에 대한 민간좌파의 분명한 급진적 표현이라 했다. 그렇기 때문에 1976년 이후 이들 조반파 대부분은 수구적인 마오쩌둥 일파에서 혁신적인 류사오치·저우언라이·덩샤오핑의 편에 섰다고 주장했다. 이로써 그는 조반파를 체제 혁신과 비판을 담당한 '민간좌파'의 범주에 포함시킴으로써 양시광과 같이 조반파=민주파=우파로 단순화시키지 않았다. 아울러 그는 계승해야 할 인문자원으로 문혁의 '민주성 원칙'과 '헌신성'을 예로 들었다(周倫佐, 같은 책, pp.268~275).

위원회로의 '수습'을 거부하고 공산주의 이상을 향한 보다 근본적이고 철저한 혁명을 추구했던 극좌파는 절대적 진리의 담지자인 '초당(hyper-faction)'이 되어 도덕정치의 이상을 실현하는 '역사 밖의 주체'일 수밖에 없었던" 공산당의 본래 모습을 잘 보여준다. 이러한 도덕적이며 '진정한(authentic) 초당'을 이룩하려는 극좌파로부터 비타협적 전투성을 찾기란 어렵지 않다. 또한 일부 극좌파 논자들이 보여주었던 공산당 개조 또는 새로운 형태의 공산당소조 건립 주장 역시 이를 뒷받침해 준다.[17]

한편, 문혁의 하위 주체이자 (극)소수자로서의 극좌파는 어떠한 의의를 지니는가?[18] 소수자에 대해서는 사회학을 중심으로 다양하게 정의되고 있다. 그 가운데 하나는 드워킨(Dworkin)의 정의로 그는 소수자를 규정하는데 ① 식별 가능성, ② 권력의 열세, ③ 차별 대우, ④ 집단의 식이라는 기준을 제시한다. 그리고 그들은 과거 생득적 요인에 의해 규정되었지만 근대 이후 특정 기간 경험에 의해 후천적으로 규정되기도 한다. 하지만 이러한 규정은 다수자와 소수자, 주체와 타자의 이항대립구도 속에서 소수자 문제를 다수자의 입장에서 파악하는 경향으로 귀결될 위험성이 있다. 이에 윤수종은 소수자의 관점에서 다시 소수자를 '표준화된 인간상을 거부하는 사람'으로 규정하고 다수자에 의한 보편성을 또 다른 하나의 특수성으로 전환시킨다. 이로써 차이 강조를 통해 차별 극복을 추구하는 다양한 정체성과 무한한 창조력을 지닌 존재로 간주한다. 같은 맥락에서 들뢰즈

---

17 이상의 내용은 현대 중국의 기원을 18세기부터 추적한 필립 쿤의 저서 『중국 현대국가의 기원』(동북아역사재단, 2009.7)을 번역한 윤성주의 「해제: 역사 속의 현대중국」, pp.38~39에 등장한다. 같은 맥락에서 역자는 조반파의 사상과 행동을 이러한 '순정한' 초당을 형성하려는 논리의 연장에서 찾을 수 있다고 보면서 그것이 청말 유교근본주의적 '청의(淸議)'운동까지 소급될 수 있음을 시사했다.

18 이러한 문제 제기와 검토는 2013년 제56회 전국역사학대회 공동 주제인 "역사 속의 소수자: 공존과 배려를 위해"에 맞춰 발표된 원고와 논문으로 구체화되었다〔孫承會, 「문화대혁명의 이단자들-광동극좌파를 중심으로-」, ≪역사학보≫, 220(2013.12)〕.

에게 소수자란 다수의 지배적 상태에 반해 새로운 변동을 시도하는, '존재 상태 (state of being)'가 아니라 '됨(becoming) 혹은 변동의 선'을 잇는 모든 존재태를 가리킨다.[19]

그렇다면 극좌파를 위에서 정의한 소수자의 범주에 포함시킬 수 있을까? 기본적으로 근대 자본주의 지배 문화를 전제로 등장한 소수자 문제가 사회주의 사회에서도 적용될 수 있는지에 대한 검토가 필요하다. 이 점에서 문혁 시기의 마오쩌둥 등에 의해 제시되고 동의가 이루어진 문제의식은 '신계급', '삼대 차별', '특권계급', '주자파 혹은 당권파', '혈통론' 등 자본주의 사회문화에 비견되는 '차별'과 '탈주'에 관련되고 있음이 중요하다.[20]

하지만 "소수자 논의가 체제 변화와 정치 실천의 주체를 (노동)계급으로 환원하지 않고 다양한 하위 주체들의 권력 저항과 정치·사회 세력으로의 전환 가능성에서 찾는 흐름과 연루"[21]되어 있다는 지적을 음미해 보고 싶다. 이는 문혁 시기 체제 변혁의 계급적 주체가 원칙적으로 존재하지 않고 다양한 하위 주체가 존재하며 그 가운데 하나가 극좌파로 규정될 가능성을 타진하기 위해서이다. 극좌파가 '관료주의 특권계급'이라는 '신계급'을 타도하기 위해 투쟁한 차별받은 급진 조직이지만 그들의 계급적 정체성은 복합적이었다. '흑오류', 지청, 임시공,

19 이상 소수자 정의에 대한 요약적 정리는 주형일, 「지방민의 삶에 대한 이해」, 한국방송학회 엮음, 『한국 사회 미디어와 소수자 문화 정치』(커뮤니케이션북스, 2011), pp.114, 118; 전규찬, 「소수자 미디어 문화 연구의 구성과 궤적」, 같은 책, pp.3~28 참조.

20 게다가 드워킨의 기준에 극좌파는 명확히 부합한다. 한편, 개혁·개방 이후 나타난 사회주의 중국의 사회·경제의 격차와 불평등을 분석한 것으로 園田茂人, 『不平等國家 中國: 自己否定した社會主義のゆくえ』(東京: 中央公論新社, 2008.5) 참조.

21 전규찬, 「소수자 미디어 문화 연구의 구성과 궤적」, p.3. 그러한 의미에서 다중 그리고 '다중의 시각에서 본 문혁'이 주목된다. 여기서 다중이란 지배 장치에 의해 구조화되지 않으면서 개별자들이 특이성을 지닌 채 상호작용 속에서 자신들의 주체적 욕망과 주장을 결집해 나가는 무리를 가리킨다. 이에 대해서는 네그리·하트, 『다중』, 조정환 외 옮김(세종서적, 2008); 윤수종, 『네그리·하트의 『제국』·『다중』·『공동체』 읽기』(세창미디어, 2014.10) 참조.

하청공, 순환공, 퇴역군인 등 사회주의 중국 내의 새로운 하위 주체들로 구성되어 계급적으로 단일 대오를 형성하지 못했다. 특히 '흑오류' 출신이라는 혈통에 따른 태생적 신분 차별은 대표적 소수자로 알려진 인도의 수드라, 미국의 흑인에 비견될 정도였다.

그리고 '출신론'에서 강조되는 '주관능동성'은 '탈주의 선'을 만들어 끊임없이 울타리 경계를 넘어서려는 소수자의 자발성과 능동성에 연결될 수 있다. 주류의 언어/담론에 의해 (재)영토화의 국가/상태에 저항하는 소수자는 마오쩌둥의 발언에 근거한 '삼결합'·'대연합'으로 대표되는 문혁 수습의 주류 담론에 저항하고 파리코뮌으로 탈주하려는 극좌파의 능동적·창의적 시도를 떠올린다. 비록 그들은 수적으로 소수에 불과하지만 문혁파의 정치·문화·이데올로기를 균열·파탄시킬 수 있는 유력한 존재로서, 자신들의 정체성을 유지하면서 수습의 길로 접어들어 더 이상 혁명이기를 포기한 현실의 문혁을 극좌의 시점에서 '전복'·'해체'시키려 했던 것이다. "혁명위원회 부정", "군 내의 주자파 적출", "저우언라이 타도" 등의 주장으로 마오쩌둥과 문혁파에 대항했던 극좌파는 문혁 수습이라는 '재통합'·'재영토화'·'재코드화'를 거부하며 의미 있는 독자적인 차이 공간을 확보했다. 이상과 같은 비판을 무기로 해서 문혁을 내파하고자 했던 극좌파는 단순한 저항적 존재가 아니라 공산주의적 이상을 향해 탈주하게 되는 주체로 등장할 수 있었다.

물론 극좌파나 극좌사조는 통일적 강령이 없고 사상적으로도 충분히 성숙되지 않았으며 현실 정치에 대해서도 무지했다. 이들 극좌파의 사회·정치체제에 대한 급진적 비판이 1957년 사회평등·공정을 추구했던 우파운동과 유사하기 때문에 극좌파의 사상은 "형좌 실우"하다는 평가를 받기도 한다 [22] 역사적·철학적·

---

22   이러한 평가는 印紅標, 『失踪者的足跡』, pp.118~121 참조. 한편 사회주의제도하의 특권계급 발생 문제에 대해 최초의 문제 제기는 문혁 시기 극좌파이기보다는 1957년 대학생 '우파'였다는

경제적 기초가 결핍된 채 관방의 신문·잡지에 등장하는 사론이나 마르크스나 마오쩌둥의 저작만을 참조하여 성립된 것에 불과했다. 자신들의 정치 강령 가운데 파리코뮌 모델이 가장 중시된 이유도 그것이 접할 수 있는 거의 유일한 대안이었기 때문이었을 것이다. 그러나 극좌파는 이러한 한계에도 불구하고 문혁 시기 사회·문화·정치의 소수자로서 주류문화로부터의 이탈적 탈주선을 끌어내고 내부로 침입해 그것을 파열·전복시키는 역할을 수행했다.[23]

사실은 양자의 관련성을 시사한다는 의미에서 흥미롭다. 이에 대해서는 전리군(첸리췬), 『마오쩌둥 시대와 포스트 마오쩌둥 시대 1949-2009: 다르게 쓴 역사』상, 연광석 옮김(한울, 2012), pp.178~180 참조. 또한 전리군이 인용하는 '우파' 기준법에 따르면 ① 당과 정부의 정책과 제도에 반대하거나 ② 당이 지도하는 다양한 운동의 성과를 부인하고, ③ 공산당과 인민정부 지도기관과 지도부를 악독하게 공격하고 노농 간부와 혁명적극분자를 비방하면 모두 '우파'가 되었다. 그렇다면 극좌파는 곧 '우파'가 된다〔「劃分右派分子的標準」(中共8屆3中全會通過), 전리군, 같은 책, p.229 참조〕.

23　극좌파의 이러한 모습은 극좌파 비판운동 이후 소요파로 전락한 급진 조반파나 농촌의 하향 지청에서도 그 일단을 확인할 수 있을 것으로 보인다. 이에 대한 검토는 추후의 과제로 남긴다.

참고문헌

1. 사료, 사료집, 대사기

중국공산당중앙문헌연구실 편. 1990. 『정통중국현대사: 중국공산당의 역사 문제에 관한 결의』. 허원 옮김. 사계절.

中央文獻出版社 編. 1998. 『建國以來毛澤東文稿』, 第10-13冊.

譚放. 1996. 『文革大字報精選』. 臺北: 明鏡出版社.

北京地質學院東方紅公社. 1966. 『北京地質學院兩條路線的鬪爭』.

上海市求知中學. 1967. 『奮起千鈞棒 砸爛"血统论"』. 上海市求知中学.

省直文化系統革命派批判"省無聯"聯絡站編. 1968.3.15. ≪湖南文藝戰報≫.

首都部分大專院校·中等學校毛澤東思想學習書. 1967. 『天飜地覆慨而慷-無産階級文化大革命大事記』(1963.9~1967.10), 河南二七公社.

≪揚子江評論≫.

余習廣 主編. 1989. 『位卑未敢忘憂國-"文化大革命"상서집』. 長沙: 湖南人民出版社.

『劉少奇選集』(上卷). 1981. 人民出版社.

『劉少奇選集』(下卷). 1985. 人民出版社.

『人民日報·紅旗·解放軍報社論選』(1966-1969), 출판사, 출판 일자 불명.

≪人民日報≫.

≪長沙文史-知識靑年上山下鄕史料專輯≫. 2003.

丁望 主編. 1972. 『中共文化大革命重要資料彙編: 第6冊 中南地區文化大革命』. 香港: 明報出版社.

中共北京市委黨史資料征集委員會. 1987. 5. 「北京市文化大革命大事記」. 『北京黨史資料通訊』.

中共中央文獻研究室 編. 2004. 『鄧小平年譜(1975-1997)』. 中央文獻出版社.

中共中央文獻研究室 編. 2003. 『毛澤東傳記(1949-1976)』. 中央文獻出版社.

中共中央文獻研究室 編. 1998. 『周恩來傳記』. 中央文獻出版社.

中共湖南省委黨史委編. 1992. 『中共湖南黨史大事年表』(社會主義時期, 1949.8~1989.10), 國防科技人學出版社.

中國人民解放軍·國防大學黨建黨史政工敎硏室. 1988. 『"文化大革命"研究資料』, 上冊, 中冊.

曹無眠. 1996. 『文革大年表』. 香港: 明鏡出版社.

編輯部翻印. 1968.3. 『徹底催毁'省無聯'專輯』. 淸遠 ≪東風戰報≫.

湖南省直文化系統革命派批"省無聯"聯絡站. 1968.2.15. 「鄭波同志在省會文藝系的重要講話」.

Red Guard Publications(紅衛兵資料). 1975. Reprinted by Center for Chinese Research Materials Association of Research Libraries: Washington D.C.

Song, Yongyi. 2010(Third Edition). *Chinese Cultural Revolution Database*. Published by Universities Service Center for China Studies.

加加美光行 譯編. 1980. 『資料中國文化大革命-出身血統主義をめぐる論爭』. りくえつ刊.

『文化大革命と現代中國 I』(資料と解題). 1982. アジア經濟研究所.

『文化大革命と現代中國 II-資料と解題』. 1983.3. アジア經濟研究所.

竹內實 編. 1973. 『ドキュメント現代史16・文化大革命』. 平凡社.

『中國プロレタリア文化大革命資料集成』. 東方書店出版社. 1970-1971.

Hector Mandarès 外編. 1976. 『紅衛兵通信集: 毛澤東を批判した紅衛兵』. 山下佑一 譯. 日中出版.

2. 연구서, 회고록

金春明・席宣. 2005. 『文化大革命史』. 나무와 숲.

왕후이(汪暉). 2005. 『죽은 불 다시 살아나: 현대성에 저항하는 현대성』, 김택규 옮김. 삼인.

네그리(Antonio Negri)・하트(Michael Hardt). 2008. 『다중』. 조정환 외 옮김. 세종서적.

맥파커, 로드릭(Roderick MacFarquhar) 엮음. 2012. 『중국현대정치사: 건국에서 세계화의 수용까지 1949-2009』. 김재관・정해용 옮김. 푸른길.

柳銀珪. 2010. 『延邊文化大革命: 10년의 약속』. 土鄕.

마이스너, 모리스(Maurice J Meisner). 2004. 『마오의 중국과 그 이후』, 1・2, 김수영 옮김. 이산.

민두기. 1987. 『중공에서의 역사동력 논쟁: 계급투쟁인가 생산력인가』. 한울.

백승욱. 2012. 『중국 문화대혁명과 정치의 아포리아: 중앙문혁소조장 천보다와 조반의 시대』. 그린비.

백승욱 편. 2007. 『중국 노동자의 기억의 정치』. 폴리테이아.

백승욱. 2007. 『문화대혁명: 중국 현대사의 트라우마』. 살림.

션판(沈汎). 2004. 『홍위병: 잘못 태어난 마오쩌둥의 아이들』. 이상원 옮김. 황소자리.

야부키 스스무(矢吹晋). 2017. 『문화대혁명』. 손승회 옮김. 영남대학교출판부.

왕후이(王暉). 2003. 『새로운 아시아를 상상한다』. 창비.

왕사오광(王紹光). 2010. 『民主四講: 중국, 경제성장의 길목에서 민주주의를 묻다』. 김갑수 옮김. 에버리치홀딩스.

윤수종. 2014.10. 『네그리・하트의 『제국』・『다중』・『공동체』 읽기』. 세창미디어.

이창휘・박민희 엮음. 2013. 『중국을 인터뷰하다』. 창비.

전리군(쳰리췬, 錢理群). 2012.『모택동 시대와 포스트 모택동 시대: 1949-2009』, 상, 연광석 옮김. 한울.

전진성. 2005.『역사가 기억을 말하다』. 휴머니스트.

조경란. 2013.10.『현대중국지식인지도』. 글항아리.

추이즈위안(崔之元). 2005.『중국은 어디로 가고 있는가』. 창비.

최호근. 2003.3.「집단기억과 역사」.」. ≪역사교육≫, 85.

쿤, 필립(Philip A. Kuhn). 2009.7.『중국 현대국가의 기원』. 윤성주 옮김. 동북아역사재단.

한국방송학회 엮음. 2011.『한국 사회 미디어와 소수자 문화 정치』. 커뮤니케이션북스.

한림대학교 아시아문화연구소. 2007.『중국문화대혁명시기 학문과 예술』. 태학사.

한사오궁(韓少功). 2016.11.『2016. 11』. 백지운 옮김. 글항아리.

高文謙. 2003.『晚年周恩來』. 香港: 明鏡出版社.

顧洪章. 1997.『中國知識靑年上山下鄉大事記』. 馬克森 主編. 中國檢察出版社.

顧洪章. 1997.『中國知識靑年上山下鄉始末』. 馬克森 主編. 中國檢察出版社.

喬晞華. 2015.『旣非一個文革, 也非兩個文革-南外紅衛兵打死工人王金事件個案分析-』. 臺北: 博客思出版事業網.

金大陸·金光耀 主編. 2009.『中國知識靑年上山下鄉研究文集』(上). 上海社會科學院出版社.

唐少傑. 2003.「一葉知秋: 淸華大學1968年「百日大武鬪」』. 香港: 中文大學出版社.

鄧鵬 主編. 2006.『無聲的群落-重慶1964·1965年老知靑回憶錄』. 重慶出版社.

鄧鵬 主編. 2009.『無聲的群落(續編)-文革前上山下鄕老知靑回憶錄』上·下卷. 重慶出版社.

羅金義·鄭文龍 主編. 1997.3.『浩劫以外: 再論文化大革命』. 臺北: 風雲論壇出版社有限公司.

魯禮安. 2005.『仰天長嘯: 一個單監十一年的紅衛兵獄中籲天錄』. 香港: 中文大學出版社.

盧弘. 2006.『軍報内部消息: 文革親歷實錄』. 香港: 時代國際出版社.

馬繼森. 2003.『外交部文革紀實』. 香港: 中文大學出版社.

米鶴都. 1993.『紅衛兵一代』. 香港: 三聯書店.

潘鳴嘯(Michel Bonnin). 2010.『失落的一代: 中國上山下鄕運動 1968-1980』. 中國大百科全書出版社.

方廣勝. 2004.『紅衛兵長征日記』. 香港: 中國新聞出版社.

范達人. 1999.『文革御筆沈浮錄: 梁效往事』. 香港: 明報.

徐達深 主編. 1994.『中華人民共和國實錄』. 吉林人民出版社.

徐友漁 編. 1998.『1966-我們那一代的回憶』. 中國文聯出判公社.

徐友漁. 1999.『形形色色的造反: 紅衛兵情神素質的形成及演變』. 香港: 中文大學出版社.

徐曉·丁東·徐友漁 編. 1999.『遇羅克-遺作與回憶』. 中國文聯出版公社.

聶元梓. 2005.『聶元梓回憶錄』. 香港: 時代國際出版有限公司.

宋金壽. 2000.3.「延安整風前後的『輕騎隊』墻報」.『新文學史料』.

沈如槐. 2004.『淸華大學文革紀事: 一個紅衛兵領袖的自述』. 香港: 時代藝術出版社.

宋柏林. 2006.『紅衛兵興衰錄淸華附中老紅衛兵手記』. 香港: 德賽.

宋永毅·孫大進. 1997.『文化大革命和它的異端思潮』. 香港: 田園書室.

宋永毅 主編. 2016.『文革五十年: 毛澤東遺產與當代中國』(上·下). 香港: 明鏡出版社.

宋永毅. 2015.『從毛澤東的擁護者到他的反對派: "文革"中異端思潮文獻檔案』. 國史出版社.

楊建. 2013.『1966-1976的地下文學』. 中共黨史出版社.

楊克林. 2004.『文化大革命博物館』(上·下). 香港: 天地圖書出版公司.

楊曦光. 1994.『牛鬼蛇神錄: 文革囚禁中的精靈』. 香港: 牛津大學出版社.

余夫·汪畢華 編. 1993.『悲愴青春: 中國知青淚』. 團結出版社.

吳法憲. 2006.『吳法憲回憶錄』上, 下. 香港: 香港北星.

王家平. 2004.『文化大革命詩歌研究』. 河南大學出版社.

王年一. 1996.『大動亂的年代』. 河南人民出版社.

王紹光. 1993.『理性與瘋狂: 文化大革命中的群眾』. 香港: 牛津大學出版社.

劉青峰 編. 1996.『文化大革命: 史實與研究』. 香港: 中文大學出版社.

約翰·西西弗斯. 2016.『資深獄吏: 康生與「文革」』. 臺北: 西西弗斯文化出版.

王力. 2013年(第3版).『王力反思錄』上·下冊. 香港: 北星出版社有限公司.

王力. 1993.『現場歷史: 文化大革命紀事』. 香港: 牛津大學出版社.

王紹光. 1993.『理性與瘋狂-文化大革命中的群眾-』. 香港: 牛津大學出版社.

遇羅錦 編著. 2013.『遇羅克與≪中學文革報≫: 遇羅克為之而死被中共封閉至今的六期報紙』. 香港: 晨鐘書局.

于輝 編. 1993.『紅衛兵秘錄』. 團結出版社.

劉國凱. 2006.『人民文革論』. 香港: 博大出版社.

劉國凱. 2006.『廣州紅旗派的興亡』. 香港: 博大出版社.

劉國凱. 2006.『文化大革命簡析』. 香港: 博大出版社.

攸白. 2006.『緣邊人生: 我的文革歲月』. 香港: 夏非爾出版.

唯色. 2006.『西藏記憶』. 臺北: 大塊文化.

劉青峰 編. 1996.『文化大革命: 史實與研究』. 香港: 中文大學出版社.

劉曉. 2000.『意識形態與文化大革命』. 臺北: 紅葉文化.

魏京生. 1997.『魏京生獄中書信集』. 臺灣: 時報出版社.

李魁彩 編著. 2003.『文革秘檔』. 香港: 香港中華文化出版社.

李遜. 1996.『大崩壞: 上海工人造反興亡史』. 臺北: 時報文化.

李遜. 1995.『上海幫風雲』. 臺北: 業強出版社.

印紅標. 2009.『失蹤者的足跡: 文化大革命期間的青年思潮』. 香港: 中文大學出版社.

者永平. 1998.『那個年代中的我們』(上·下). 呼和浩特遠方出版社.

張新蠶. 2003.『紅色小女日記: 一個紅衛兵的心靈軌迹』. 中國社會科學出版社.

張雲生. 1988.『毛家灣紀實』. 春秋出版社.

鄭光路. 2006.『文化武鬥: 文化大革命時期中國社會之特殊內戰』. Paramus, NJ: 美國海馬圖書出版公司.

鄭光路. 2006.『文化武鬥: 文化大革命時期中國文化之喧囂怪狀』. Paramus, NJ: 美國海馬圖書出版公司.

周牧仁. 2006. 『紅衛兵小報主編自述: 中國文革四十年祭』. 臺北: 溪流出版社.

定宜庄. 1998. 『中國知靑史·初瀾(1953-1968)』. 中國社會科學出版社.

周倫佐. 2006. 『「文革」造反派眞相』. 香港: 田園書室.

朱鐘頤. 2005. 『湖南知靑上山下鄕運動硏究』. 長征出版社.

陳伯達. 2000. 『陳伯達遺稿: 獄中自述及其他』. 香港: 天地書室.

陳益南. 2006. 『靑春無痕: 一個造反派工人的十年文革』. 香港: 中文大學出版社.

陳曉農 編纂. 2006(3版). 『陳伯達最後口述回憶』. 星克爾出版(香港)有限公司.

陳煥仁. 2006. 『紅衛兵日記』. 香港: 中文大學出版社.

托馬斯 伯恩斯坦(Thomas P. Bernstein). 1996. 『上山下鄕: 一個美國人眼中的中國知靑運動』. 警官教育出版社.

戚本禹. 2016. 『戚本禹回顧錄』上·下. 香港: 中國文革歷史出版社.

彭小蓮. 2006. 『他們的歲月』. 臺北: 麥田出版社.

彭子誠. 2006. 『我的1976』. 長江文藝出版社.

馮驥才. 1997. 『我的1976』. 江蘇文藝出版社.

郝建 編. 2006. 『文革四十年祭: 2006北京文化大革命硏討會全記錄』. Fort Worth, Texas: 溪流出版社.

海楓. 1971. 『廣州地區文革歷程述略』. 友聯硏究所.

邢小群. 2004. 『往事回聲: 中國著名知識分子放談錄』. 香港: 時代國際出版.

黃慶雲. 2006. 『我的文化大革命』. 香港: 牛津大學出版社.

黃崢. 2006. 『王光美放談錄』. 中央文獻出版社.

Walder, Andrew G. 2015. *China under Mao: A Revolution Derailed*. Harvard University Press.

Walder, Andrew G. 2009. *Fractured Rebellion: The Beijing Red Guard Movement*. Cambridge, Mass: Harvard University Press.

Chang, Tony. 1999. *China During the Culture Revolution, 1966-1976: A Selected Bibliography of English Language Works*. Westport: Greenwood Press.

Esherick, Joseph W., Paul G. 2006. Pickowicz and Andrew G. Walder. *The Chinese Cultural Revolution as History*. Stanford University Press.

Lee, Hong Yung. 1978. *The Politics of the Chinese Revolution*. Berkeley: University of California Press.

Law, Kam-yee(ed.). 2003. *The Chinese Cultural Revolution Reconsidered: Beyond Purge and Holocaust*. Hampshire: Palgrave.

MacFarquhar, Roderick and Michael Schoenhals. 2006. *Mao's Last Revolution*. Cambridge: The Belknap Press of Harvard University Press.

Neale Hunter. 1969. *Shanghai Journal*, Boston: Beacon Press.

Perry, Elizabeth J. and Li Xun. 1998. *Proletarian Power: Shanghai in the Cultural Revolution, Boulder*: Westview Press.

Richard C. Kraus. 1981. *Class Conflict in Chinese Socialism*, Columbia University Press(건국대중 국문제연구소 옮김. 1986. 『중공의 계급구조와 그 갈등』. 汎潮社).

Rosen, Stanley. 1982. *Red Guard Factionalism and the Cultural Revolution in Guangzhou (Canton)*. Boulder, Colo.: Westview Press.

Song, Yongyi and Dajin sun. 1998. *The Cultural Revolution: A Bibliography, 1966-1996*. Cambridge: Harvard-Yenching Library.

Wang Shaoguang. 1995. *Failure of Charisma: The Cultural Revolution in Wuhan*. Hong Kong: Oxford University Press.

White Gordon. 1976. *The Politics of Class and Class Origin: The Case of the Cultural Revolution*. Contemporary China Paper 9. Canberra: Contemporary China Centre, Australian National University.

加加美光行. 2001. 『歷史なかの中國文化大革命』. 岩波書店.

加加美光行. 1986. 『逆說としての中國革命〈反近代〉精神の敗北』. 田畑書店.

國分良成. 2003. 『中國文化大革命再論』. 慶應義塾大學出版會.

谷川眞一. 2011. 『中國文化大革命のダイナミクス』. 御茶の水書房.

クラウス・メーネルト(Klaus Mehnert). 1970. 『北京と新左翼』. 前田壽夫 譯. 時事通信社.

≪思想: 過ぎ去らぬ文化大革命-50年後の省察≫. 2016.1. No.1101.

栗原幸夫編. 1991. 『超克と抵抗』. 社會評論社.

梁恒, 田畑光永 譯. 1983. 『中國の冬』. 東京: サイマル出版會.

魏京生. 1980. 『中國民主活動家の證言: 魏京生(29歲)裁判の記錄』. 日中出版.

張承志. 1992. 『紅衛兵の時代』. 小島晋治 譯. 岩波書店.

園田茂人. 2008. 『不平等國家 中國: 自己否定した社會主義のゆくえ』. 東京: 中央公論新社.

3. 연구논문

고병익. 1976. 「중공의 역사학」, 『東亞史의 傳統』. 일조각.

김도희. 2008.12. 「중국의 신좌파와 자유주의: 1990년대 지식인 논쟁을 중심으로」. ≪세계지역연구논총≫, 26-3.

김미란. 2009.3. 「마오쩌둥의 입시제도개혁과 '출신가정' 문제: 세대갈등을 중심으로」. ≪중국현대문학≫, 48.

김원열. 2003.12. 「민중의 관점에서 바라본 문화대혁명」. ≪시대와 철학≫, 14(2).

김은영. 2008.8. 「문화대혁명시기 대중혁명사상 연구: 혁명문장 분석을 중심으로」. 서울대학교 대학원 중어중문학과 석사학위논문.

김진공. 2005.12. 「문혁시기의 대중 심리에 대한 독법」. ≪중국학보≫, 52.

김진공. 2001.2. 「문화대혁명시기 문예 연구」. 서울대학교 대학원 중어중문학 박사학위논문.

박승현. 2006. 「세계화와 90년대 중국 지식인의 대응: '자유주의'와 '신좌파'를 중심으로」. ≪철학탐구≫, 19.

박영미. 2010.3. 「계몽과 현대성: 중국 신좌파의 현실인식과 지향」. ≪한국철학논집≫, 29.

백승욱. 2010.8. 「천보다(陳伯達)를 통해 본 중앙문혁소조의 문화대혁명」. ≪현대중국연구≫, 12.

성근제. 2011.11. 「왕후이(王暉)는 타락하였는가?」. ≪동아시아 브리프≫, 6-4.

성근제. 2012.5. 「왕후이가 바라보는 중국 정치 개혁의 방향」. ≪역사비평≫, No.99.

孫承會. 2006.9. 「"禁區"에 대한 도전: 중국현대사 연구의 새로운 지평」. ≪歷史學報≫, 191.

孫承會. 2011.5. 「武訓·『武訓傳』 批判과 平反」. ≪대구사학≫, 104.

孫承會. 2016.8. 「1960년대 전반 上山下鄕運動의 전개와 그 성격」. ≪역사문화연구≫, 59.

孫承會. 2015.8. 「文化大革命과 武漢 極左派」. ≪中國學報≫, 73.

孫承會. 2013.3. 「文化大革命 極左派 사상의 형성: 湖南 省無聯을 중심으로」. ≪中國近現代史研究≫, 57.

孫承會. 2017.4. 「문화대혁명과 知靑의 도시 귀환 투쟁」. ≪인문연구≫, 79.

孫承會. 2013.12. 「문화대혁명의 이단자들: 광동극좌파를 중심으로」. ≪역사학보≫, 220.

孫承會. 2013.12. 「신좌파의 문화대혁명 인식」. ≪人文研究≫, 69.

孫承會. 2011.12. 「湖南文革의 전개와 省無聯」. ≪民族文化論叢≫, 49.

신봉수. 2008/2009 겨울. 「마오의 사회주의 중국과 대안적 근대성」. ≪中蘇研究≫, 통권 120호.

더럭, 아리프(Arif Dirlik). 2005. 「역사와 기억 속의 혁명들」. 『포스트모더니티의 역사들: 유산과 프로젝트로서의 과거』. 황동연 옮김. 창비.

안인환. 2010.6. 「중국 '신좌파'의 대중문화 담론 고찰」. ≪중국현대문학≫, 53.

안치영. 2007.2. 「문화대혁명에 대한 연구 자료 안내」. ≪현대중국연구≫, 8(2).

안치영. 2007. 「문화대혁명 연구의 동향과 쟁점」. 『중국노동자의 기억의 정치』. 폴리테이아.

양호환. 2009.3. 「집단기억, 역사의식, 역사교육」. ≪역사교육≫, 제109집.

王暉. 2003. 「신비판정신」. 『고뇌하는 중국: 현대 중국 지식인의 담론과 중국 현실』. 도서출판 길.

王暉·백승욱. 2000. 「근대성의 역설: 중국, 근대성, 전지구화」, ≪진보평론≫, 제6호(겨울).

王暉. 2012. 「충칭사건: 밀실정치와 신자유주의의 권토중래」, 성근제 옮김. ≪역사비평≫, 99 (봄호).

이욱연. 1999.6. 「중국지식인 사회의 새로운 동향: '신좌파'를 중심으로」. ≪중국현대문학≫, 16.

조경란. 2013.3. 「중국에서 신좌파와 비판적 지식인의 조건: 왕후이의 "중국모델론"과 21세기 지식 지형의 변화」. ≪시대와 철학≫, 24-1.

조혜영. 2006.6. 「문화대혁명 초기 군숭운동의 성격과 홍위병 사상 고찰」. ≪중국현대문학≫, 제37호.

"中 후더핑, 보시라이 '충칭모델' 공개 비판". ≪연합뉴스≫, 2012.12.4

황희경. 1999.6. 「현대중국의 '신좌파'와 자유주의 논쟁」. ≪동아시아역사연구≫, 6.

江迅·項惟. 2016.5.29. 「『戚本禹回憶錄』出版前後」. ≪亞洲週刊≫, 第30卷 第21期.

郭建. 2006.2. 「當代左派文化理論中的文革幽靈」. ≪二十一世紀≫, 總第93期.

郭建. 1996.6. 「文革思潮與「後學」」. ≪二十一世紀≫, 總第35期.

郭文亮. 1995.9. 「文革初期的血統論之爭」. ≪中國青年研究≫.

金春明. 1998.3. 「兩個文革說與文化大革命的定性研究」. ≪中國黨史研究≫.

穆欣. 2006. 「劍拔弩張: 中央文革小組實錄」. ≪縱橫≫, 2006-1.

「博覽之窗」. 2016.4. ≪黨史博覽≫.

卜偉華. 2008.6. 「"文化大革命"中北京的"四三派"和"四四派"」. ≪中共黨史資料≫.

史會來. 1994.6. 「血統論在文革中的興衰」. ≪龍江黨史≫.

沈傳寶. 2007. 「中央文革小組的歷史沿革及立廢原因探析」. ≪中共黨史研究≫, 2007-1.

阿里夫·德利克. 1996. 「從歷史角度看「文革」的政治意義」. ≪社會科學學報≫(香港), 第7期.

楊健. 1996. 「紅衛兵集團向知青集團的歷史性過渡」(1968年秋-1971年秋). ≪中國青年研究≫, 1996-2.

楊大慶. 2007.2.20. 「文革中的長沙"紅中會"」. ≪華夏文摘≫, 第557期.

楊小凱. 2004.8.23. 「中國文化大革命對社會主義制度的突破」. ≪華夏文摘≫增刊, 第391期.

楊秀春. 2008.4. 「文化大革命中的血統論論爭」. ≪社會科學論壇(學術研究卷)≫.

楊秀春. 2007.8. 「中央文革對血統論態度的陰晴變化」. ≪湘潮≫.

楊小凱. 1990.12. 「中國向何處去大字報始末」. ≪中國之春≫.

閻長貴. 2008. 「江青在中央文革小組專政」. ≪炎黃春秋≫, 2008-11.

王广宇. 2005. 「關於中央文革建立下屬機構的回憶」. ≪黨史博覽≫, 2005-11.

王紹光. 1995.10. 「拓展文革研究的視野」. ≪二十一世紀≫, 總第31期.

王毅. 1998.12. 「「中央文革小組」及其文化基因」. ≪二十一世紀≫, 第50期.

李傳俊. 2012. 「在中央文革辦事機構的見聞」. ≪炎黃春秋≫, 2012-11.

王朝暉. 2005. 「美國對中國"文化大革命"的研究」(1966-1969). 東北師範大學 博士學位論文.

劉小萌. 1997. 「"文革"中在血統論重壓下的支青」. ≪炎黃春秋≫, 1997-11.

劉布光. 2002.6. 「湖南知識青年上山下鄉始末」. ≪湘潮≫.

李學昆. 1978. 「扼殺歷史科學的惡霸行徑 ─ 再駁戚本禹對翦伯贊翦伯贊同志的誣陷」. ≪歷史研究≫, 1978-10.

李洪林. 1978. 「翦伯贊同志十年祭 ─ 駁戚本禹對翦伯贊的誣陷」. ≪歷史研究≫, 1978-9.

印紅標. 1997.9. 「抗爭者的衝突: 遇羅克與聯動的論爭」. ≪中國青年研究≫.

張聿溫. 2015. 「戚本禹平李秀成引發的政治風雲」. ≪同舟共進≫, 2015-11.

張頤武. 1995.4. 「闡釋"中國"的焦慮」. ≪二十一世紀≫, 總第28期.

張志明. 1995. 「"文化大革命"時期革命委員會研究」. 中共中央黨校 博士學位論文.

鄭謙. 20102. 「"文化大革命"的巴黎公社情結」. ≪中共黨史研究≫, 2010-2.

周泉纓. 1999.9. 「我心中的文革」. ≪華夏文摘≫, 增刊 第193期.

陳建坡. 2009. 「"文化大革命"史研究30年述評」. 中共中央黨校 博士學位論文.

陳益南. 2006.7. 「文革中湖南"省無聯"問題概述」. ≪華夏文摘≫, 第515期.

陳益南. 2009.2. 「從楊曦光到楊小凱」. ≪今日名流≫.

朱鐘頤. 2004.12. 「20世紀60年代初湖南知青上山下鄉評述」. ≪求索≫.

陳通. 2008.「"文革"前知識青年上山下鄉運動發展過程研究」. 南京師範大學 碩士學位論文.

崔之元. 1996.5.26. 「發揮文革中的合理因素」. ≪亞洲週刊≫.

霞飛. 2010.6. 「王力·關鋒·戚本禹的人生結局」. ≪讀書文摘≫.

霞飛. 2012.12. 「中央文革小組骨幹戚本禹」. ≪黨史博采≫.

霞飛. 2005. 「戚本禹沈浮錄」. ≪黨史博覽≫, 2005-7.

霞飛. 2005. 「革命委員會始末」. ≪黨史博覽≫, 2005-2.

郝懷明. 2010. 「文革初的中宣部」. ≪炎黃春秋≫, 2010-12.

向前. 2010. 「政治身份體系下的社會衝突: 文革初期群衆行爲的社會根源」. 上海復旦大學博士學位論文.

華新民. 2004.8. 「我所知道的北京"新思潮"」. ≪華夏文摘≫增刊, 第391期.

Walder, Andrew G. 2002. "Beijing Red Guard Factionalism: Social Interpretations Reconsidered." *Journal of Asian Studies* 61, No.2.

Chan, Anita, Stanley Rosen and Jonathan Unger. 1980. "Students and Class Warfare: The Social Roots of The Red Guard Conflict In Canton." *The China Quarterly*, No.83.

Dirlik, Arif. 1997. "Modernism and Antimodernism in Mao Zedong's Marxism." *Critical Perspectives on Mao Zedong's Thought*. Humanities Press.

Jian, Guo. July 1999. "Resisting Modernity in Contemporary China: The Cultural Revolution and Postmodernism." *Modern China*, Vol.25. No.3.

Lee, Hong Yung. 1975.12. "The Radical Students in Kwantung during the Cultural Revolution." *China Quarterly* 64.

Starr, John Bryan. 1972. "The Paris Commune through Chinese Eyes." *The China Quarterly*, No.49.

Eisenstadt, S. N. Winter 2000. "Multiple Modernity." *Daedalus*, 129-1.

Shaoguang, Wang. 1999. "'New Trends of Thought' on the Cultural Revolution." *Journal of Comtemporary China*, 8-21.

宮川彰. 2010. 「中國のマルクス經濟學研究はどうないつているか」. ≪季刊中國≫, 101(夏季號).

渡邊一衛. 1980.9. 「湖南省無聯から啓蒙社へ」. ≪思想の科學≫, 第6次(122).

渡邊一衛. 1985. 「湖南文革と省無聯」. 加加美光行 編. 『現代中國の挫折-文化大革命の省察』. 亞細亞經濟研究所.

服部佐代子. 2015. 「中華人民共和國における血統論の蔓延と遇羅克の主將に關する一考察」. ≪立命館史學≫, 36.

北野誉. 1999. 「湖南省無聯と「造反」の系譜」. 栗原幸夫編. 『超克と抵抗』. 社會評論社.

王暉. 2011. 「中國における1960年代の消失-脫政治化の政治をめぐって」. 『世界史のなかの中國』. 青土社.

瀧田豪. 2010.2. 「中國「新左派」の民主化論: 王紹光を中心に」. ≪産大法學≫, 43卷 3・4號.

印紅標・土屋昌明 譯. 2012. 「文革後期における青年たちの思想的探求」. ≪專修大學社會科學研究所月報≫, 585.

中津俊樹. 1998. 「中國文化大革命における『極左派』紅衛兵と知識青年運動: 「知識青年上山下鄕運動」との關わりに見る"下からの社會再編の試み"」. ≪國際文化研究≫, 第5號. 東北大學國際文化學會.

中津俊樹. 2005.9. 「中國文化大革命期における紅衛兵の「極左思潮」について: 革命委員會の成立を巡る動きを中心に」. ≪アジア經濟≫.

土屋昌明. 2010. 「書評: 印紅標著 失踪者的足跡-文化大革命時期間的靑年思潮』」. ≪專修大學社會科學研究所月報≫, 244.

4. 인터넷 자료

甘鐵生. 「有關"二流社"的介紹」. http://blog.sina.com.cn/s/blog_6560dfbf01015afh.html

金玉山. 1993. 「略評文革造反派」. ≪北京之春≫, 總第5期(10月號). http://bjzc.org/bjs/bc/05/29

≪記憶≫. http://prchistory.org/remembrance/

≪北京之春≫. http://beijingspring.com/bj2/bbs/index.htm

≪北京知靑網≫. http://www.bjzqw.com/

謝承年. 2010.12.24. 「湖南道縣"文革"殺人大案揭秘」. ≪上海法治報≫. http://www.difangwenge.org/read.php?tid=8127

「上山下鄕文獻及大事記(1967-77年)」. http://www.wengewang.org/read.php?tid =5268&fpage=94

徐友魚. 2013. 「文革對當代中國政治的影響」. http://www.aisixiang.com/data/66291.html

宋永毅. 2005. 「從毛澤東的擁護者到他的反對派: "文革"中年青一代覺醒的心路歷程的本質與毛澤東的執權思想」. 紐約: ≪當代中國研究≫, 2005-4(總第91期). http://archives.cnd.org/HXWK/author/SONG-Yongyi/zk0602c-0.gb.html

宋永毅. 「從毛澤東的擁護者到他的反對派」. ≪當代中國研究≫. 2005-4(總第91期). http://archives.cnd.org/HXWK/author/SONG-Yongyi/zk0602c-0.gb.html

王紹光. 「瘋狂歲月里的理性選擇-訪王紹光教授談他的文革經歷與文革研究-」. http://www.aisixiang.com/data/66150.html

劉自立. 2014.11.12. 「四・三、四・四之爭-寫在文革四十五周年」. ≪北京之春≫. http://beijingspring.com/bj2/2010/170/20141112192514.htm

「人民文革 說駁難」. ≪大紀元≫. 2006.2.14. http://www.epochtimes.com/b5/6/2/14/n1222875.htm

≪中國文革研究網≫. http://www.wengewang.org/

≪昨天≫. http://prchistory.org/yesterday/

≪地方文革史交流網≫. http://www.difangwenge.org/

崔之元. 1996.3. 「鞍鋼憲法與後福特主義」. ≪讀書≫. http://www.aisixiang.com/data/12756-2.html

≪華夏文摘≫. http://museums.cnd.org/

Unger, Jonathan. "Whither China? Yang Xiguang, Red Capitalists, and the Social Turmoil of the Cultural Revolution." http://rspas.anu.edu.au/ papers/ccc/JU_Whither_China.pdf

지은이

손 승 회(孫承會)

1961년 출생. 서울대학교 동양사학과 학사·석사·박사 졸업. 공주대학교, 서울대학교, 청주교육대학교 등에서 시간강사, 성균관대학교에서 연구교수로 근무한 뒤 현재 영남대학교 역사학과 교수로 재직 중이다. 전공은 중국근현대사. 주요 논저로 「만보산사건과 중국공산당」(『동양사학연구』, 2003), 『근대중국의 토비세계』(창비, 2008), 『헤테로토피아와 만주』(공저, 경제·인문사회연구회, 2014) 등이 있고 역서로는 『인물로 본 근대중국』(영남대출판부, 2008), 『덩잉차오평전 1, 2, 3』(소명출판사, 2012), 『중국근현대사: 혁명과 내셔널리즘 1925-1945』(삼천리, 2013), 『동아시아의 사형』(영남대출판부, 2014), 『문화대혁명』(영남대출판부, 2017) 등이 있다.

한울아카데미 2172

중국근현대사학회 연구총서 06

문화대혁명과 극좌파
마오쩌둥을 비판한 홍위병

ⓒ 손승회(孫承會), 2019

지은이 | 손승회(孫承會)
펴낸이 | 김종수
펴낸곳 | 한울엠플러스(주)
편   집 | 조인순

초판 1쇄 인쇄 | 2019년 7월 20일
초판 1쇄 발행 | 2019년 7월 25일

주소 | 10881 경기도 파주시 광인사길 153 한울시소빌딩 3층
전화 | 031-955-0655
팩스 | 031-955-0656
홈페이지 | www.hanulmplus.kr
등록번호 | 제406-2015-000143호

Printed in Korea.
ISBN 978-89-460-7172-8 93910 (양장)
       978-89-460-6683-0 93910 (무선)

중국 근현대사 강의

**18세기 중엽부터 21세기 초에 이르기까지,
동아시아 그리고 세계 속의 중국 읽기**

2000년 이후 한국 학계에 등장해 크게 영향을 미치고 있는 '동아시아 담론'은 근현대 시기가 일국사로 서술되기 어렵다는 사실과 함께, 일국사라는 관점이 지니는 배타성을 극복하고 동아시아 지역의 평화와 공동 번영을 위해 노력해야 한다는 데 기반을 두고 있다. 이 책 역시 동아시아, 더 나아가 세계라는 흐름 속에서 전개된 중국사를 서술했다.

1992년 창립한 이래, 중국 근현대사 분야의 학문적 발전을 선도해 온 중국근현대사학회는 '중국근현대사학회 강의 총서'라는 새로운 시리즈를 기획해 그 첫 번째 책으로 『중국 근현대사 강의』를 내놓았다.

대표 저자 배경한은 "어떤 분야, 어떤 지역을 다루든, 역사 공부의 최종 목표는 한 시대, 한 지역에 대한 전체적 이해 방식, 곧 '시대상'을 파악하는 것이어야 한다. 이렇게 파악한 시대상은, 그 연장으로서의 현재를 이해하는 시각이 되어야 함은 물론이거니와 미래를 향한 현재적 행동들의 출발점이 되어야 한다"고 말한다.

프롤로그와 에필로그 외에 12편의 글을 3부로 구성한 이 책은 중국 근현대사 전반에 대한 개괄적 틀을 구성해 우리 시각으로 쉽게 풀어 씀으로써, 동아시아 그리고 세계사 속의 중국, 한국사 속의 중국을 우리의 시각으로 이해하는 데 기여할 것이다.

엮은이
중국근현대사학회

지은이
배경한 외

2019년 5월 17일 발행
신국판
408면

중난하이
중국 정치와 권력의 심장부

현대 중국의 정치 1번지, 중난하이(中南海)
베일에 싸인 중국 권력의 핵심부를 들여다본다

중난하이는 정치적 의미에서 한국의 청와대, 미국의 백악관과 같은 위상을 갖는다. 그래서 '중난하이에 들어간다'라는 관용구적 표현은 '당의 지도부에 진입한다'라는 의미를 지닐 정도이다. 청와대나 백악관에 아무나 못 들어가는 것처럼 중난하이 역시 그 출입이 통제되고 있고 실상이 베일에 싸여 있다. 이러한 중난하이의 정치적 위상에 입각해 저자 이나가키 교시는 중난하이에서 전개되는 정치를 통해 중국 및 중국 정치를 이해할 수 있다는 관점으로 40년간 연구한 결과를 책 한 권으로 펴냈다.

이 책은 중국의 최고지도자가 거주하는 곳이자 중국 정치 및 정책 수렴의 최종 결정이 이루어지는 장인 중난하이를 대상으로 그 역사, 구조, 현실 및 미래상을 다각적으로 분석한 사실상 최초의 '중난하이 정치' 관련 연구 서적이다.

이 책을 통해 중난하이의 과거 역사뿐만 아니라 마오쩌둥, 저우언라이, 류사오치, 덩샤오핑 등 중국의 지도자들과 중난하이 사이에 얽힌 일화를 흥미롭게 접할 수 있을 것이다. 또한 현재 '중난하이의 주인'인 시진핑 정권의 모습은 물론, 2017년 중국공산당 제19차 당대회 이후 맹활약하게 될 중국 차세대 지도자들의 다양한 면모를 일목요연하게 함께 살펴볼 수 있을 것이다.

지은이
이나가키 교시

옮긴이
이용빈

2016년 3월 14일 발행
46판
288면

덩샤오핑 제국 30년

**개혁의 선구자라는 찬사 뒤 숨겨진 덩샤오핑의 이면,
민주와 자유를 두려워한 독재자의 실체를 폭로하다**

'오늘날 중국을 있게 만든 장본인', '중국 인민에게 가장 사랑받는 지도자', '개혁·개방의 총설계사'. 이는 덩샤오핑에게 흔히 붙는 수식어다. 덩샤오핑에 대한 평가는 유독 관대해 유혈 진압으로 수많은 인명이 학살된 6·4 천안문 사태마저도 '덩샤오핑의 어쩔 수 없는 결단'으로 포장되곤 한다. 과연 그는 그토록 위대한 지도자였을까?

이 책은 개혁·개방의 총설계사로 평가받는 덩샤오핑이 실은 얼마나 자유화에 반대한 보수적인 인물이었는지를 파헤친다. 덩샤오핑이 주도한 개혁·개방은 단지 경제 영역에만 한정되었을 뿐, 그는 다른 영역에서는 철저하게 보수파였다. 덩샤오핑 제국의 형성 과정을 직접 목격한 저자는 그동안 국내에 잘 알려져 있지 않았던 덩샤오핑의 정치적 책모와 현대 중국 정치사의 복잡한 이면을 생생하게 증언한다. 또한 높이 평가되는 경제 영역에서의 개혁·개방에 대해서도 냉철하고 심도 있게 비판하면서, 오늘날의 중국은 '개방'이라는 새로운 형태를 지닌 '공산노예제도'라고 강조한다. 덩샤오핑을 재조명한 이 책은, 역설적으로 정치가 덩샤오핑의 진가를 더욱 여실히 증명하고 인간 덩샤오핑의 모습을 생생하게 보여준다는 점에서 덩샤오핑을 더욱 객관적으로 평가할 수 있도록 한다.

지은이
롼밍

옮긴이
이용빈

2016년 2월 19일 발행
신국판
480면